Johann Georg Lehmann

Urkundliche Geschichte der Grafschaft Hanau-Lichtenberg

1. Band: die Geschichte der Dynastien in Lichtenberg enthaltend

Johann Georg Lehmann

Urkundliche Geschichte der Grafschaft Hanau-Lichtenberg
1. Band: die Geschichte der Dynastien in Lichtenberg enthaltend

ISBN/EAN: 9783743630024

Hergestellt in Europa, USA, Kanada, Australien, Japan

Cover: Foto ©ninafisch / pixelio.de

Weitere Bücher finden Sie auf **www.hansebooks.com**

Urkundliche Geschichte

der

Grafschaft Hanau-Lichtenberg

von

J. G. Lehmann,

prot. Pfarrer zu Nußdorf, correspondirendem Mitgliede der Königl.
Bayer. Academie der Wissenschaften in München und mehrerer historischer
Vereine Ehren- und ordentlichem Mitgliede.

---

1. Band,
die Geschichte der Dynasten von Lichtenberg enthaltend.

Mit einer Stammtafel.

Mannheim.
Druck und Verlag von J. Schneider.
1862.

Seiner Königlichen Hoheit

dem

allerdurchlauchtigsten Großherzoge

Ludwig III.

von Hessen und bei Rhein ꝛc. ꝛc.

widmet

die nachstehende urkundliche Geschichte eines der schönsten und fruchtbarsten Gebiete des ehemaligen Landgrafthums Hessen=Darmstadt

in tiefster Ehrfurcht

Der Verfasser.

Einleitendes Vorwort.

Der Schauplatz der nachfolgenden geschichtlichen Darstellungen ist das untere Elsaß, theilweise auch die Herrschaft Bitsch im lotharingischen Gebiete. Jenes unterscheidet man gewöhnlich in oberes und unteres, das, durch den bekannten, im Jahre 843 abgeschlossenen Vertrag von Verdün von der fränkischen Monarchie getrennt, seitdem einen Bestandtheil des deutschen Reiches und eine der schönsten und blühendsten Provinzen desselben ausmachte, welche besonderen Herzogen und den, diesen untergeordneten Landgrafen, von denen die des unteren Elsasses in der Burg Werd bei Matzenheim ihren Sitz hatten, zur Verwaltung anvertraut war, während das Landgrafthum des oberen Elsasses frühzeitig an die Familie der Grafen von Habsburg gelangte, bei welcher dasselbe auch bis zur Vereinigung des elsäßer Landes mit Frankreich blieb. Es ist dies einer der fruchtbarsten Länderstriche, bewohnt von einem kräftigen und äußerst thätigen Menschenschlage; der östliche milde Theil desselben bildet eine durch den Rhein begränzte, mit Städten und Dörfern besäete Ebene, in welcher alle Arten von Getraide, Hopfen ꝛc.,

sowie sonstige Nahrungsmittel in Menge und Güte
gebaut werden, und nach Westen hin dehnt sich das
vogesische Gebirge mit unermeßlichen Waldungen
und herrlichen wiesenreichen Thälern aus, denen
Bäche entströmen, die die Ebene befeuchten und zur
Fruchtbarkeit des Bodens vieles beitragen, so wie
dieselben auch unzähligen Mühlen, Fabriken 2c.
Nahrung spenden, während an den, mit zahlreichen
Trümmern einer großen Vergangenheit gezierten,
Vorhöhen der von Süden nach Norden ziehenden
Gebirgskette der Vogesen köstliche Trauben und
süße Kastanien reifen, daher man dieses gesammte
Gebiet als ein mannigfach gesegnetes bezeichnen
kann.

Daß das Elsaß auch eine merkwürdige und
höchst interessante Geschichte, und daß dasselbe, be=
sonders in den verschlungenen Geschicken des deut=
schen Reiches und deren Beherrscher, früher keine
untergeordnete Rolle gespielt habe (man gedenke
nur an die beiden wichtigsten freien Reichsstädte des
unteren Elsasses, Straßburg und Hagenau, sowie
an den elsässer Städtebund), ist eine ausgemachte
Sache, wovon zwei Haupt=Geschichtswerke, nämlich
das des tiefgelehrten Schöpflin und des, leider
zu früh heimgegangenen, tüchtigen Strobel, glän=
zende Zeugnisse ablegen[1]). Da nun die Dynasten
von Lichtenberg und von Ochsenstein die ältesten und

---

1) Schöpflini Alsatia illustrata, 2 Foliobände 1751 und Alsatia
diplomatica, ebenfalls 2 Foliobände 1772. Strobel's vaterländische Ge=
schichte des Elsasses, 1841 2c., in 6 Bänden.

bedeutendsten Geschlechter des Unterelsasses waren, deren ansehnliche Besitzungen gegen Ende des fünfzehnten Jahrhunderts als Erbe an die Grafen von Zweibrücken-Bitsch und Hanau kamen, und aber die Benutzung der diese Familien betreffenden, in dem Archive zu Buchsweiler verwahrten Urkunden und Akten dem ehrwürdigen Schöpflin, behufs der Ausarbeitung seines Werkes (Alsatia illustrata et diplomatica), ohngeachtet aller angewandten Mühe, aus leicht zu entschuldigenden Gründen (besonders hinsichtlich des stets sehr mißlichen Verhältnisses mit der Krone Frankreich), von der hanauischen und nachher von der landgräflich hessendarmstädtischen Regierung nicht gestattet werden konnte, so läßt es sich daraus erklären, warum das ebengenannte, sonst sehr verdienstvolle Werk, und folgerichtig auch die Arbeit Strobel's, jedoch ohne beider Verschulden, so wenige Nachrichten über jene vier Geschlechter und Familien enthalten. Dem Verfasser der gegenwärtigen Geschichte hat indessen ein glücklicherer Stern geleuchtet, indem durch die huldvolle Gnade Seiner Königl. Hoheit des jetztregierenden Großherzogs Ludwig III. von Hessen und bei Rhein (vorzüglich durch die gütige, vielvermögende Vermittlung des Herrn Archiv-Direktors Baur in Darmstadt, dessen ehrenhaften Namen ich aus Dankbarkeit ohnmöglich hier verschweigen darf) uns die in Höchstdessen geheimen Haus- und Cabinetsarchive zu Darmstadt aufbewahrten Urkundenschätze (die in unseren Zeiten nur noch geschichtliche Bedeutung haben und jetzt nicht mehr, wie früher, zur Begründung von Gerechtsamen an Land und Leuten im Elsasse oder auch zur Anlage weitaussehender Processe benutzt werden können), mit der nicht genug zu schätzenden, lobenswürdigsten Freigiebigkeit geöffnet und zum Gebrauche überlassen wurden. Durch unsere Bearbeitung der im Elsasse auf dem linken Ufer des Rheines gelegenen Grafschaft Hanau-Lichtenberg wird also nicht nur die, durch den verdienstvollen seligen Wenk begonnene, gründliche Geschichte der zur ehemaligen Landgrafschaft Hessen-Darmstadt gehörigen Gebiete ihrer Vollendung näher gebracht, sondern das Werk jener beiden Männer, Schöpflin's und Strobel's, bezüglich des unteren Elsasses ergänzt, erläutert und vervollständigt, sowie dadurch zugleich manche seither dunkle Partie in der Geschichte Deutschlands, vom dreizehnten Jahrhunderte an, erleuchtet und erhellt.

Nach diesen wenigen Andeutungen, die wir vorausschicken zu müssen uns für verpflichtet hielten, zerfallen also die nachfolgenden, aus bisher unbenutzten und ungedruckten Quellen bearbeiteten, genealogischen Untersuchungen und historischen Darstellungen in vier Haupttheile, nämlich:

A. in die Geschichte der Dynasten von Lichtenberg, dann

B. in diejenige der Herren von Ochsenstein, ferner

C. in die der Grafen von Zweibrücken-Bitsch-Lichtenberg und Ochsenstein und endlich

D. in die Geschichte der Grafen von Hanau-Lichtenberg, bis zu deren Erlöschen 1736, in welchem Jahre die beträchtlichen Gebiete und Ländereien der eben erwähnten Grafen und Herren an das durchlauchtigste landgräfliche Haus Hessen-Darmstadt vererbt wurden.

Bezüglich der in den Noten unter dem Texte befindlichen Daten der Urkunden, müssen wir ein für allemal ausdrücklich bemerken, diejenigen Documente bei deren, in den Noten unter dem Texte befindlichen, Daten keine gedruckten Quellen oder sonstige archivalischen Fundorte angegeben sind, seien sämmtlich dem oben berührten, Großherzoglichen geheimen Haus- und Cabinets-Archive entnommen, wo sie entweder im Originale oder in zuverlässigen Abschriften vorhanden sind, wozu wir noch die Erklärung beifügen, daß wir die darin vorkommenden Orts- und andere eigenen Namen buchstäblich beibehielten, damit man daraus ersehen könne, wie sich dieselben im Laufe der Jahrhunderte bis zu ihrer jetzigen Gestalt verändert und ausgebildet haben. Ueber die Behandlung des sehr reichhaltigen und interessanten Stoffes glauben wir nicht nöthig zu haben, noch etwas weiteres zu sagen, indem dieselbe und der ganze Plan ungezwungen und pragmatisch aus den Thatsachen selbst hervorgehen, was Kenner der Geschichte, denen hier etwas ganz Neues geboten wird, finden und billigen werden, sowie denselben auch das Schwierige und Mühevolle, ein solches wichtiges Geschichtswerk, gleichsam als rauhen

Stein oder aus bisher unbekannten Quellen zu bearbeiten und in ein anschauliches, gefälliges und ansprechendes Ganzes zu bringen, nicht fremd sein kann, daher wir zugleich auf eine nachsichtige Beurtheilung unserer jahrelangen Bestrebungen gerechte Ansprüche zu haben glauben.

A. Erster Theil.

Geschichte der Dynasten von Lichtenberg bis zum Aussterben ihres Geschlechtes im Jahre 1480.

(Siehe Stammtafel Nummer I.)

Abſchnitt I.
Aelteſte Geſchichte bis zur Trennung des lichtenberger Stammes in zwei Aeſte, oder bis zum Jahre 1252.

Die Dynaſten von Lichtenberg theilen gleiches Schickſal mit allen alten edeln Geſchlechtern hinſichtlich der Geſchichte ihres Urſprungs, welchen ein dichter Schleier deckt, der niemals zur Genüge wird gelüftet werden können, weil ſolche Herrn, bis zum Anfange des zwölften Jahrhunderts, ſich nur mit ihren Vornamen ſchrieben und ſie erſt nach dem Untergange der Hoheit des deutſchen Reiches, als eine Folge des unſeligen Kampfes mit dem römiſchen Primate, zur Selbſtſtändigkeit, ſowie zu feſtem eigenen Beſitzthum gelangten und ſich dann, ſeit dieſen entſcheidenden Vorgängen, von letzteren den Namen beilegten. Was alſo der hanau-lichtenbergiſche Beamte, Bernhard Herzog, aus den unzuverläſſigen Turnierbüchern u. ſ. w. über die älteſten Lichtenberger vom Jahr 821 bis in's dreizehnte Jahrhundert hinein vorgebracht hat[2]), gehört in das Gebiet der Fabeln und Erdichtungen, womit man ſpäter in der Regel die Geſchichte eines jeden alten angeſehenen Hauſes ausgeſchmückt hat, um deſſen Entſtehen mindeſtens in die Tage Karl's des Großen und ſeiner Söhne, wo nicht gar in die Römerzeit, hinaufzurücken. In unſerer

---

2) Bernhard Herzog's Chronicon Alsatiae 1592, Buch V. Folio 4 und 5.

nachfolgenden geschichtlichen Darstellung können, natürlicher Weise, nur zuverlässige Nachrichten und Urkunden als Beweise in Betracht gezogen werden.

Der vorerwähnte Chronist erzählt uns: Der fränkische König Cloboveus hätte das früher durch die Alemannen und Gothen eingenommene und besessene Land des vogesischen Gebirges bis zum Rheine hin, wieder unter seine Gewalt gebracht und dann im Jahr 496 die Gränzen dieses Landstriches mit Deutschen und Franken besetzt und einzelnen Herren unter denselben die alten römischen Castelle in den Vogesen eingegeben, die man dann Gränzgrafen genannt habe, unter denen auch die Herren von Lichtenberg, Barre und Ochsenstein, nebst den Grafen von Dachsburg gewesen seien. Gegen wen aber solche Herren die Gränzen der Vogesen hätten schützen sollen, da ja das ganze Elsaß damals zum fränkischen Reiche gehörte und man von Lotharingen noch nichts wußte, ist eine schwer zu lösende Aufgabe, daher auch dieses Vorgeben rein aus der Luft gegriffen ist. Sogar die Aehnlichkeit des Namens Lichtenburg mit Tagesburg diente jenem Autor zur Veranlassung, diese beiden Herren und Grafen mit einander in Verbindung zu bringen. Derselbe kommt jedoch der Wahrheit allmälig näher, wenn er eine Sage als die Ursache angibt, die unsere Dynasten bewogen hätte, ihre Stammveste an dem Orte zu errichten, wo wir dieselbe, freilich mit fremdartigen neueren Umgebungen, jetzt noch erblicken, und zwar mit folgenden Worten: „als „die Herren von Claremont oder Liechtenberg, das Hauß „Liechtenberg bawen wöllen, als sie an dem gebürg einen „gelegenen platz ersucht, durch einen Hirten gewisen und „ihnen gerahten worden sein, ihr wohnung auff den Liechten= „berg zu einem Bronnen, so auß einem Felsen gerunnen zu „bawen, dem sie gefolget, wie dann das Hauß Liechtenberg, „ob es wol auff einem solchen hohen Berg ligt, das man „das vnter gebürg alles vbersehen kann, so ist doch auff „gemeltem Hauß, welches ein besonder Mirackel, kein mangel

„an Wasser, sonder hat eine stattliche Brunnenquellen vnd „Wassergruben ³)", was allerdings auf einem solchen ansehnlichen Berge sehr erwünscht und besonderer Berücksichtigung werth war.

Kurz, unsere Herren wählten sich, nach dem Eintritte der oben angedeuteten bedeutsamen Veränderungen im deutschen Reiche, zur Gründung ihres Stammsitzes, sowie zum Schutze der ihnen zu Theil gewordenen oder an sich gezogenen eigenthümlichen Besitzungen, diese stattliche Höhe, die vermuthlich schon früher, weil vor den übrigen Gegenständen umher zuerst von den Strahlen der aufgehenden Sonne beleuchtet, Lichtenberg geheißen war, und legten sich davon die Benennung bei, wie ja überhaupt dergleichen Burg- oder Familiennamen in den damaligen Zeiten größtentheils aus solchen örtlichen Verhältnissen oder aus sonstigen Zufälligkeiten entsprungen sind. Daß die Lichtenberger bei dieser neuen Anlage auch die nahen Gränzen des mächtigen Herzogthums Lotharingen im Auge gehabt haben mögen, darf nicht im geringsten bezweifelt werden; wie groß indessen der Umfang dieser ursprünglichen Herrschaft gewesen sei, läßt sich jetzt nicht mehr mit Gewißheit ergründen und bestimmen, wiewohl wir mit gutem Grunde annehmen können, dieselbe sei zwischen der Zorn und Zinzel gelegen gewesen und habe sich von der vogesischen Gebirgskette nach Osten hin bis in die Ebene zwischen Hagenau und Brumat ausgedehnt, so daß Buchsweiler so ziemlich den Mittelpunkt ausgemacht und der sichere Herrensitz Lichtenberg das Ganze überwacht hätte; denn wenn man erwägt, welche wichtige Rolle unsere Dynasten, mächtig durch Ansehen, Ehrenstellen und Güterbesitz, bereits in der Mitte des dreizehnten Jahrhunderts gespielt haben, so dürfen wir ihr Stammland nicht als unbedeutend annehmen; übrigens wird sich aber auch aus ihren spätern Erwerbungen, von denen wir genau unterrichtet sind, ein annähernder

---

3) Bernhard Herzog's Chronicon Als. Buch V, 2. —

Schluß auf dasjenige machen lassen, was sie anfänglich besaßen.

Die ursprüngliche Burg ist noch größtentheils vorhanden und sie ruht auf einem Felsen, der die Höhe eines Berges krönt, den man von Ingweiler aus in ohngefähr anderthalb Stunden erreicht. Sowie man auf der Höhe aus dem Walde tritt, wird man durch den Anblick derselben überrascht und wir entdecken sogleich den Umfang der alten Burg, mit dem breiten dunkeln Hauptthurme in der Mitte und um jene herum die neueren Terrassen, Festungswerke und Wälle. Ehe wir dahin gelangen, kommen wir durch das vor derselben gelegene gleichnamige Dörfchen und dann zieht sich rechts auf der Südseite der steile Pfad hinan zur Festung, in welcher gegenwärtig eine kleine französische Garnison liegt. Bei der zweiten Zugbrücke beginnt der alte hohe und gewölbte Eingang zur Burg, rechts in den Felsen gehauen und links mit mächtigen Quadern gemauert, und durch denselben erreichen wir aufsteigend den ehemaligen, jetzt mit neueren Vertheidigungswerken flankirten Burghof. Eine breite Treppe führt in's Hauptgebäude, das sich an den festen Thurm anlehnt, von dessen Höhe man eine weite Aussicht genießt, nach Westen hin auf das mächtige vogesische Gebirge, gegen Südost in die Gegend um Hagenau und über den Rhein auf den Schwarzwald; aufwärts südlich schweift das Auge nach Straßburg, mit seinem erhabenen kunstreichen Münsterthurme, dessen Obervögte die Herren von Lichtenberg waren, und endlich in der Nähe, ebenfalls nach Süden, auf Buchsweiler und dessen Umgebungen hin, so daß also unsere Dynasten von diesem ihrem Sitze, gleichsam wie von einer Hochwacht aus, den größten Theil ihres ursprünglichen, schönen und mit allen Erzeugnissen des Bodens reichlich gesegneten Gebietes überschauen konnten. Unter der obersten oder höchsten Plattform des Thurmes befindet sich das berüchtigte Gefängniß, die Hölle geheißen, das in den Zwisten der Lichtenberger Brüder eine so grausige sagenhafte Rolle spielt und in welchem gegen=

wärtig die Pulvervorräthe aufbewahrt werden. Neben demselben, in der Mitte eines freien Platzes, ist ein Brunnen, der nie versiecht, sowie sich auch noch mehrere andere beträchtliche Quellen daselbst vorfinden, die, wie vorhin bemerkt, die Haupt-Veranlassung zur Erbauung der hohen Lichtenburg auf diesem Felsen gewesen sein sollen. Unten im Hofe sieht man noch, neben neueren Gebäuden und Wohnungen, wie die alte Burg später, besonders im sechszehnten Jahrhunderte, erweitert oder verändert wurde, kenntlich an Balkonen, Thürgestellen u. s. w. im Renaissancestyle, und auch die alte kleine Capelle ist an der Südseite des Hauptthurmes noch unversehrt vorhanden.

Wann unsere Veste errichtet worden sei, kann ebenfalls nicht mit Bestimmtheit angegeben werden; jedoch glauben wir in den nachfolgenden Umständen einen Grund zu der Behauptung gefunden zu haben, es sei dies erst nach dem Jahr 1165 geschehen. Kaiser Friedrich I. hatte nämlich der Abtei Neuburg im Hagenauer oder heiligen Forste (weil mehrere Klöster darin lagen) ein Stück Waldes, Selhoven geheißen, geschenkt, das die geistlichen Herren, durch Ausreuten der Gesträuche und Hecken, wirth- und wohnbar gemacht und in ein fruchtbares Hofgut verwandelt hatten, aus welchem sie jedoch später durch den Landgrafen Gottfried vertrieben und gezwungen worden waren, die Gebäulichkeiten an einen anderen Ort zu verlegen. Kaum hatte aber der eben genannte, damals in der Lombardei abwesende und mit der Belagerung Alexandriens beschäftigte, Monarch von diesem Vorgange Kunde erhalten, so befahl er dem Vogte Rüdiger und dem Marschalle Wolfram von Hagenau, jenen Grafen, sowie den Vogt Albert von Rotbach, genannt Mule, nebst dessen Sohne Wilhelm und fünfzehn Männer aus den umliegenden Ortschaften an den streitigen Platz zu berufen und von letzteren eine eidliche Kundschaft zu erheben, was ihnen von diesem Gute, sowie von des Grafen und des Vogts Besitzungen bekannt sei, und da die Erklärung derselben zu Gunsten der

Abtei ausfiel, so wurden die Mönche wieder in den Besitz eingewiesen, die Gebäude auf's Neue errichtet und zugleich die Grenzen des Gutes genau bezeichnet, um künftigen Irrungen vorzubeugen, welches alles der Kaiser, bei seiner später erfolgten Anwesenheit in Hagenau, beurkundete und bestätigte [4]). Da nun das Dorf Rotbach nahe bei Lichtenberg liegt und später einen Bestandtheil dieser Herrschaft bildete, so ziehen wir daraus den nicht sehr gewagten Schluß, jener Albert, bedeutsam **Vogt von Rotbach** geheißen, sei einer der Ahnherrn unserer Familie und derselbe gewesen, der nachher die Veste Lichtenberg in's Dasein gerufen, sich auch davon den Namen beigelegt habe, und der als Albert von Lichtenberc in einer Verschreibung für die Abtei Selz von 1197 erscheint [5]). Auch kann man überdies noch eben so gut annehmen, dieser Albert sei einer der Herren von Lichtenberg aus Schwaben gewesen und mit dem rührigen, thatkräftigen Hohenstaufen, Friedrich I. oder dem Rothbarte, der sich öfters im Elsasse, vorzüglich in Hagenau, aufgehalten, herübergekommen und habe sich auf dessen Veranlassung in Rotbach niedergelassen, die Schutzvogtei über Straßburg geführt und vielleicht auch, durch eine eheliche Verbindung mit einer Tochter der angesehenen und begüterten Grafen von Werd, die ersten lichtenbergischen Besitzungen erworben, auf welchen Umstand zugleich auch eine Bemerkung in einer sehr alten Genealogie hindeutet. Das Wappen unserer Herren von und zu Lichtenberg bestand in einem schwarzen aufsteigenden Löwen in einem silbernen, roth eingefaßten Felde und ihren Helm zierte ein weißer Schwanenhals.

Unser Albert hatte zwei weltliche Söhne, Heinrich I. und Ludwig I., die in den Jahren 1219, 1224 und 1226

---

4) Datum apud Hagenowa Anno Dominice incarnationis. Millesimo Centesimo LX° V° Indictione. XIII^a. III°. Idus July.

5) Monasticon palatinum auct. Würdtwein II, 95 Nr. XIII; vollständiger in Mone's Zeitschrift für die Geschichte des Oberrheins VI, 423. Nr. 2.

als Brüder und edle Herren von Lichtenberg stets vereint vorkommen [6]). Jener endigte sein Leben vor 1232, indem wir letzteren um diese Zeit allein in Verträgen finden [7]), und zwar fünf Jahre später mit dem Beinamen Vogt der Stadt Straßburg [8]), wie sich aus späteren Urkunden ergeben wird. Beide sollen noch einen Bruder gehabt haben, Rudolf, der 1206 und 1209 als Erzdiacon in Straßburg genannt wird und später Propst zu Sanct Thomas daselbst wurde [9]). Der ältere Bruder Heinrich scheint nur eine Tochter Namens Helia hinterlassen zu haben, die ihr Oheim, unter Vogt Ludwig I., mit Rudolf von Usemberg, um ihre bedeutenden gegenseitigen Feindseligkeiten aufzuheben und beizulegen, vermählte, wozu er, wegen zu naher Verwandtschaft der beiden Verlobten, die Zustimmung des Papstes Innocenz IV. 1247 erwirkte [10]). In dem nämlichen Jahre bezeugte derselbe die erneuerte eidliche Erklärung (von 1244) des straßburger Bischofs Heinrich und seines Capitels: die Vogtei über Straßburg dürfe (wahrscheinlich aus gerechter Besorgniß, dadurch in die damaligen politischen Wirren verwickelt und endlich so verschlungen zu werden) weder einem Kaiser, Könige oder Herzoge, also überhaupt keiner erlauchten Person, übertragen, noch viel weniger aber durch den Bischof zu Lehen gereicht, verkauft, verpfändet oder sonst auf irgend eine Weise verändert und entfremdet werden [11]). Als eine Folge dieser erneuerten Bestimmung mußte sich Ludwig I., nebst seinen beiden weltlichen Söhnen, Heinrich II. und Ludwig II., als straßburger Vogt, zwei Jahre später gegen den Bischof, sowie gegen die Bürgermeister und den Rath in Straßburg durch

---

6) Schöpflini Alsatia diplomatica I, 337. No. 13 und 357. No. 443. Monast. palat. IV, 245. § 71 und Gudeni Sylloge I, 469. No. IX.
7) Schöpflini Alsatia diplom. I, 367. No. 464.
8) Daselbst I, 381. No. 464.
9) Dessen Alsatia illustrata II, 623. § 369 und diplomatica I, 320. No. 381.
10) Dessen Als. dipl. I, 395. No. 522.
11) Daselbst I, 396. No. 526.

einen Eid verbindlich machen, das ihm anvertraute und aller=
dings damals sehr wichtige Amt eines Vogtes oder eines
Schutzherrn über jene Stadt, sammt allen damit verknüpften
Rechten, an Niemanden, wer es auch sei, hohen oder niedern
Standes, weder als Lehen, noch als Tausch zu übergeben,
auch seine Obliegenheiten keiner verdächtigen Person zu über=
tragen oder käuflich abzutreten, und zugleich ging er noch
die Verpflichtung ein, wenn er je mit dieser Vogtei oder mit
seinem sonstigen straßburger Lehen eine Veränderung vor=
nehmen würde, daß dieselben dann seinem Herrn, dem Bischofe
und dessen Kirche, als erledigt heimfallen sollten [12]). Dies
ist die älteste von einem Dynasten von Lichtenberg bekannte
und ausgestellte Urkunde, und was hier Ludwig I. mit seinen
Söhnen gelobte, das hielt er auch treulich, denn er verwaltete
sein Vogtei= und Schirmamt sehr gewissenhaft und erfolgreich,
so daß diese einflußreiche Stelle später erblich bei seinem
Hause blieb, wodurch dasselbe in immer innigere vortheilhafte
Berührung mit jener wichtigen Hauptstadt des untern Elsasses
kam und demnach unsere, früher verborgene, ja unbedeutende
Familie sich in Kurzem zu der mächtigsten und angesehensten
des Elsasses emporschwingen konnte.

Von sonstigen Begebenheiten und Veränderungen während
des Lebens jenes Ludwig I. müssen wir hier noch folgende
erwähnen, weil die sie betreffenden Orte einen Bestandtheil
unserer Herrschaft bildeten, oder in sonstiger Verbindung mit
derselben standen. Der straßburger Sänger und Erzbiacon
Ulrich bezeugte 1237, die Bruderschaft seines Erzbiaconats
habe von dem Kloster Busendorf das Eigenthum des Kirchen=
patronates zu Oswilre nebst dessen sämmtlichen Zubehörden
für 85 Mark Silbers erkauft, die dazu noch fehlende Summe
von 60 Mark aber bei dem Erzpriester Johannes zu Ulvens=

---

12) Acta sunt hec apud Argentinam in palatio domini episcopi anno inc. Domini MCCXLIX in festo sancte Margarethe. Daselbst I, 401. No. 536.

heim, sowie bei dem Dechant Albert in Cinzwilre aufgenommen und beiden dafür jenes Patronat unterpfändlich verschrieben [13]). Eberhart von Etindorf schenkte, mit Uebereinstimmung seiner Gattin und Kinder, 1245 dem Deutschordens-Spitale im gelobten Lande, in der Person des Bruders Gotard, Ordenscomthurs im Elsasse und in Burgund, seinen Hof zu Dan bei Pfwilre mit allen Rechten und Zuständigkeiten zu ewigem eigenthümlichen Besitze [14]). Im folgenden Jahre übergaben jener Herr Eberhart, seine Gemahlin Elisabetha und ihre Söhne Friedrich und Eberhart demselben Orden die sämmtlichen zu ihrem eigenen Gute in Dan bei Cincewilre gehörigen Güter, bestehend in Wiesen, Aeckern und Wald, sammt allem Inbegriff, ebenfalls zu unwiderruflichem Eigenthume [15]), und unter den bei dieser Verschreibung anwesenden Zeugen wird zuerst der Vogt von Lichtenberg genannt. Solche wohlthätige Schenkungen legten den Grund zu einer beträchtlichen Deutschordens-Commende in Dan, über welche die Herren von Lichtenberg später gleichfalls Vogteirechte ausübten.

Das schöne Vorbild Eberhart's und der Seinigen machte auch bei Andern gleichen mildthätigen Eifer rege, denn der Pfarrer Albert zu Cincewilre wendete um dieselbe Zeit jenem Orden alle die Aecker, Wiesen und Wälder in Hoffwilre zu, die er von der heiligen Kreuzabtei zu Busendorf erkauft hatte, unter der Einwilligung des Erzpriesters Johannes von Ulvensheim [16]). Im Jahr 1250 räumte derselbe Edle von Etendorf, nebst seinen Angehörigen, den Deutschordens-Brüdern sein, auf eigenem Gute in Tham erbautes Haus zu immerwährendem Besitze und Genusse ein, sammt allem beweglichen

---

13) Acta sunt hec anno dni M°.CC°.XXX°.VII° proxima secunda feria post festum sti Martini.
14) Actum Anno dni M°.CC°.XLV° mense marcio Iudictionis Tercie.
15) Acta sunt Anno dni M°.CC°.XLVI° Mense octobris.
16) Acta sunt Anno dni M°.CC°.XLVI° Mense octobris.

und unbeweglichem Hausrathe, der sich nach seinem Absterben
darin vorfinden würde, welche Schenkung der straßburger
Bischof Heinrich mitbesiegelte [17]). Als jener Eberhart zwei
Jahre darauf dem Deutschorden vergönnt hatte, das heilige
Kreuzgut in Oswilre, worüber ihm die Vogtei zustand, zu
erwerben, so setzte er, aus Gewissenhaftigkeit und damit sich
nicht später daraus Uebelstände ergeben möchten, ausdrücklich
die ihm gebührenden Vogteirechte fest, er dürfe nämlich jähr=
lich nur drei Mal mit vier Personen und fünf Pferden auf
jenem Gute über Nacht herbergen; aber dagegen sei er auch
verbunden, dasselbe nebst Allem, was damit zusammen hing,
gegen jede Beeinträchtigung zu schützen [18]).

Herr Ludwig I. scheint um's Jahr 1252 das Zeitliche
gesegnet zu haben, denn wir finden seinen ältesten Sohn,
Heinrich II., als Vogt von Straßburg, mit seinen Brüdern
in einer Urkunde desselben Jahres. Von dem Namen seiner
Lebensgefährtin und von deren Abstammung ist keine genaue
Kunde auf uns gekommen; sie soll nach einer alten unzu=
verlässigen Genealogie Abelheid geheißen, nach ihres Gemahles
tödtlichem Hingange den Herrn Dieterich von Kottenberg ge=
ehelicht und 1271 noch gelebt haben. Kinder zeugte er sechs,
fünf Söhne und eine Tochter, Katharina, die den Grafen
Egon von Freiburg zum Gemahle hatte; die beiden weltlichen
Söhne, Heinrich II. und Ludwig II., haben wir bereits ge=
nannt, die drei übrigen waren geistlichen Standes und zwei
davon, Konrad und Friedrich, sind von großer Wichtigkeit
für unser Geschlecht. Der eine, Konrad, ward nämlich, nach
des Bischofs Heinrich Tode, im Jahr 1273 einmüthig zum
Vorstande des Bisthums Straßburg erwählt, zu welcher
Wahl sowohl die Verdienste, die sich sein Vater und sein
Bruder als straßburgische Vögte erworben hatten, als auch

---

17) Datum Anno dni M⁰.CC⁰. Quinquagesimo In Crastino quasimodogeniti.

18) Datum Anno dni M⁰.CC⁰. L⁰.VI⁰ Infra Nat. dni.

seine eigenen Vorzüge, sein lebhafter Geist, seine tiefen Einsichten und sein mannhafter Muth, das Ihre werden beigetragen haben; zugleich schildert auch eine gleichzeitige Chronik sein Aeußeres als: „ein herrlich schöne Person". Er vertauschte das scharfe Schwert öfters mit dem friedlichen Krummstabe, und er verstand jenes meisterhaft zu führen zur Erhaltung oder Wiederherstellung des Rechts und der Ordnung, entweder im eigenen Lande oder wo man sonst seines Beistandes bedurfte und begehrte. Dabei war er aber nicht gleichgültig gegen die Werke der Kunst und des Friedens und hat sich in dieser Hinsicht wirklich ein unvergängliches Denkmal gestiftet, denn dieser Prälat ist es, der, außer der Vollendung des Münsters in Straßburg, den hochherzigen Entschluß faßte, die Vorderseite desselben durch einen großartigen Bau, nämlich mit zwei Thürmen, zu verschönern und dadurch dieses Gotteshaus in die Reihe der ersten Dome Deutschlands zu stellen, wozu er den bekannten Baumeister Erwin von Steinbach berief und am 25. Mai 1276 den Platz weihte, in welchen der Grundstein zu dieser neuen Kunstschöpfung gelegt werden sollte. Diesem herrlichen und kostspieligen Werke widmete er während seiner 25jährigen, oft unruhigen, Regierung, ausdauernde Sorgfalt, Unterstützung und Aufmunterung und erlebte noch die Freude, einen großen Theil seines hehren Riesen-Unternehmens, das wir heute noch in der bewundernswürdigen Vollendung des einen dieser Thürme anstaunen, vor seinem Lebensende zu erblicken. Ueber diesem Hauptbaue und während seiner vielfachen Kriegszüge vergaß er aber die übrigen Gotteshäuser seines Bisthums nicht, sondern es heißt ausdrücklich von ihm: „er „bauwete vnd beßerte auch Dachstein, Ruffach vnd bawt „sonsten viell Kirchen vnd Capellen". Auch der Burg seiner Ahnen gedachte er, indem er zu Lichtenberg „in einem Felsen „ein herrlich schön beschloßene wohnung gebawen, mit thürnen „vnd einem steinern gang; bei seiner Cammer hat er ein „Capell vnd Altbar gestifft, zu der Ehren der h. Dreifaltig-

„keit vnd Maria, vnd ein priesterlich Pfrundten, da man „Gott fur seine eltern vnd jhne petten soll".

Mit dem Könige Rudolf I., dem Habsburger, stand dieser Bischof in der genauesten Verbindung; er war dessen treuer Rathgeber und Helfer und hatte sich deshalb vieler Begünstigungen von demselben zu erfreuen, so daß seitdem die Lichtenberger, gleich den mit jenem Monarchen eng befreundeten und verwandten Dynasten von Ochsenstein, stets warme und ergebene Anhänger des Habsburger Herrscherhauses waren und blieben, daher unser Prälat manche Kämpfe mit dessen Nachfolger, dem Könige Adolf von Nassau, zu bestehen hatte und sich auch unter Anderm nebst seinem Bruder Friedrich, dem Domprobste, 1293 vor demselben bemüthigen mußte, um die Stadt Straßburg zu retten und um dessen Huld und Gnade wieder zu erlangen [19]). Es läßt sich mit Gewißheit unterstellen, ein solcher einsichtsvoller, mächtiger und vielvermögender Geistlicher werde seiner Familie sicherlich große Vortheile zugewendet und dadurch das schnelle Aufblühen derselben auf alle mögliche Weise befördert und begünstigt haben, ob wir gleich keine einzelnen Beweise dafür namhaft machen können. Zuverlässig aber kamen die jenseits des Rheins gelegenen, später lichtenbergischen Aemter Lichtenau, welche Stadt der Oberhirte Konrad 1293 erbauen oder doch wenigstens mit Mauern umfangen ließ [20]) (die, nach einer archivalischen Notiz, am 18. Januar 1313 ihre Vollendung erhielten), und Willstätten, beide mit ansehnlichen Dörfern und Zubehörungen, durch ihn für immer an unser Geschlecht, so daß schon dadurch die Angabe eines Chronisten vollkommen gerechtfertigt erscheint, der von ihm sagt: „Dirre was ein „fromer man vnd ouch krieger vnd erhohete sin geslechte „vaste [21])".

---

19) Dr. Friedrich Böhmer's fontes rerum germanic. II, 79.
20) Königshofen, elsässer Chronik 315. Mone's Zeitschrift für die Gesch. des Oberrh. II, 114.
21) Siehe jenes erstere Werk 256.

Derselbe nahm jedoch ein jammervolles Ende; denn als sein Schwager, der Graf Egon von Freyburg, Todes verblichen war, gerieth dessen gleichnamiger Sohn mit den Bürgern daselbst in Uneinigkeit, „dann sie jhme viel Schmach beweißten", daher er seinen Oheim, sowie auch die gräfliche Wittwe, Katharina, ihren Bruder, unseren Bischof, um Hülfe ersuchten, die er ihnen auch leistete, indem er 1299 mit 12,000 Mann auszog, um die Stadt Freyburg zu erobern „vnd war Bischoff Conradt Veltherr". — Als die Belagerung schon über sechs Wochen gedauert hatte, machten einst die Bürger einen Ausfall vnd die aus dem Lager rückten ihnen entgegen; „da", lesen wir in einer alten Nachricht, „saß „Bischoff Conradt uf ein Pferdt, randt mit bloßem schwert „vmb den hauffen, vnd hat kein harnisch an, dann nur ein „roth seiden wammes, vnd ermahnt sein Volck zum Streitt. „In dem laufft ein Metzger von Freyburg herzue vnd stoßt „ein Langen spieß durch den Bischoff, vnd laufft den nechsten „der Statt zuo, Die Andern volgten jhm nach, aber niemandt „eilt jhn nach vor großem leibt des Bischofs". Die Belagerung ward nun sogleich aufgehoben und der schwer Verwundete nach Straßburg gebracht, wo er auch vier Tage darauf, am 1. August, unter vielen Schmerzen seinen Geist aufgab, und dann seine irdische Hülle in der Sanct Johanniscapelle des Münsters ihre Ruhestätte fand [22]).

---

22) Sein schön gearbeitetes Grabmal befindet sich in dieser Capelle auf der rechten Seite in einer Nische, auf welchem er liegend in seinem bischöflichen Ornate abgebildet ist, mit der Mitra auf dem Haupte und mit dem Krumstabe in der Hand, während seine Füße auf einem Löwen ruhen; oberhalb desselben lesen wir an der Mauer folgende Inschrift, die jedoch seines Hirtenamtes nicht erwähnt, sondern nur seiner Verdienste in weltlicher Beziehung rühmend gedenkt: ANNO . DNI . MCCLXXXXIX . KALN . AVGVSTI . O(obiit) DNS . CONRADVS . SECVNDVS . DE . LIEHTENBERG . NAT . ARGENITNEN . EPS . (episcopus) . HIC . SEPVLTVS . QVI . OMNIBVS . BONIS . CONDICIONIBVS . QVE IN . HOMINE . MVNDIALI . DEBENT . CONCURRERE . EMINEBAT . NEC . SIBI . VISVS . SIMILI . SEST . IN . ILLIS . SEDIT . AVTEM . ANNIS . XXV . ET . MENSIBVS . SEX . ORATE .

Sein Bruder Friedrich, der bisherige Domprobst, wurde darauf, am 1. Oktober 1299, einstimmig zu seinem Nach= folger erkoren, und zwar zur größten Zufriedenheit des Königs Albrecht, dem die Anhänglichkeit der Lichtenberger an sein erlauchtes Herrschergeschlecht genau bekannt war und der dem Erwählten sogleich persönlich die Reichslehen des Bis= thums reichte, sowie derselbe auch von dem ebenfalls anwe= senden Erzbischofe von Mainz zugleich die Weihe und die Bestätigung seiner Würde erhielt. Dieser Prälat hatte früher an den meisten Kriegszügen seines unermüdeten Bruders Theil genommen, allein nach seiner Erhebung auf den Bi= schofsstuhl widmete er sich, müde des unruhigen Fehdelebens, ausschließlich seinem hohen wichtigen Amte und wirkte segens= voll für seinen Sprengel bis zu seinem, im Spätjahr 1306 erfolgten, Tode; er ruhet bei seinem Bruder Konrad in der erwähnten Johanniscapelle ²³).

Johannes, der dritte geistliche Sohn Ludwig's I., war Canonicus in dem Stifte des heiligen Adelphus zu Neu= weiler, und wir lernen denselben als Verwalter der Pfründen jenes Stiftes aus einer Urkunde von 1278 kennen, kraft welcher er und die anderen Stiftsherren, mit der Genehm= haltung des dasigen Abtes Gottfried und zur Hebung des Gottesdienstes, zwei neue Pfründen errichteten ²⁴); von seinen übrigen Lebensumständen ist uns sonst nichts bekannt. In den alten lichtenbergischen genealogischen Tafeln werden noch Elisabetha und Helika, jene angeblich an einen Herrn von Kirkel, diese aber an einen Herrn von Thiersberg verehelicht,

---

PRO.EO. Siehe auch Königshofen, Chron. Alsatiae 571 und Bernhart Herzog's elsässer Chronik IV, 92. Dieses Denkmal des genialen Be= gründers des Münsterthurmes, verdiente wahrlich aus der Ecknische, in welcher es vergessen ruht, in die Mitte der Johannescapelle versetzt zu werden.

23) Bernhart Herzog's els. Chronik IV, 93.

24) Datum et actum apud Nouillari Kl. Augusti, anno dni. M°.CC°.LXX°. Octavo.

namhaft gemacht, die wir jedoch, als nicht urkundlich erwiesen, hinweggelassen haben, obgleich die erstere Angabe viel Wahrscheinlichkeit für sich hat, da wir den Dynasten von Kirkel in späteren Urkunden, als Verwandten der Lichtenberger, begegnen.

Abschnitt II.
Die ältere oder Heinrich'sche Linie bis zu ihrem Erlöschen; vom Jahr 1252 bis 1390.

1) Heinrich II.

Die lichtenberger Brüder, Heinrich II. und Ludwig II., spalteten sich nach ihres Vaters Ableben in zwei Stämme, ohne aber ihre Besitzungen zu theilen, weil sich keine Urkunde darüber vorfindet, weil sie auch größtentheils vereint handelten und zugleich das, durch mehrere glückliche Umstände begünstigte, rasche Aufblühen ihres Geschlechtes in der zweiten Hälfte des dreizehnten Jahrhunderts eine Mahnung an diese Brüder war, ihre Macht ja nicht durch voreilige Theilung zu zersplittern, daher sie, wiewohl zwei Linien gründend, dennoch in gemeinschaftlichem Besitze ihres Gebietes und eng verbunden blieben; erst unter ihnen Söhnen, Konrad I. und Johannes I., ging eine Theilung des lichtenberger Stammgutes vor sich, worüber uns aber gleichfalls keine Urkunde bekannt und aufbehalten ist.

Noch immer flossen dem Deutschordens=Hause zu Dam ansehnliche Gaben und Geschenke zu, denn der Dechant Johannes in Wulwensheim überließ demselben 1255 die ihm von dem Pfarrer in Ofwilre gegen einen jährlichen Gehalt auf Lebenszeit überlassenen Einkünfte der dasigen Kirche ²⁵), und unsere beiden Brüder, Heinrich und Ludwig, bezeugten in demselben Jahre dem Deutschordens-Comthur Eberhart in Spanien ein vor ihnen und vor mehreren Rittern und Knechten gethanes Versprechen ihrer zwei Burgmänner, des Herrn Heinrich Ritters von Waltenheim und dessen Verwandten Rudolf's von Waltenheim, daß sie nämlich das Ordenshaus Tan für allen Nachtheil und Bedrängniß entschädigen und sich dafür verbürgen wollten, den dasselbe durch den Ritter Sifrid von Hattematen, ein Mitglied des gedachten Ordens, erleiden könnte ²⁶). Zu derselben Zeit schenkte der lichtenberger Burgmann, Ritter Sifrid von Hattematen, jenem Ordenshause seine sämmtlichen eigenen und Erbgüter zu Hattematen nebst einem Weinberge in Bruningesheimer Gemark, daher dessen Gattin Agnes, ihre Kinder und sein Bruder auf ihre Rechte an dieses Besitzthum verzichteten, worauf dann unsere zwei Herren den ganzen Vorgang ebenfalls mit ihren Siegeln bekräftigten ²⁷). Also hatten Letztere damals schon Burgmanne und Lehensleute, und es ist nur zu bedauern, daß uns die Vesten, zu denen sie gehörten, nicht näher bezeichnet sind. Zugleich müssen wir aber, sowohl für die Herren von Lichtenberg und von Ochsenstein, als auch für die Grafen von Zweibrücken-Bitsch hier bemerken, daß wir die Activlehen derselben, die größtentheils in Burglehen bestanden, unserem Plane gemäß, nicht alle namhaft machen können, indem dieselben in eine Specialgeschichte dieser Vesten gehören, dahingegen die Passivlehen, die jene Herren und Grafen vom Reiche, Lothringen, der Pfalz, den Bischöfen von Straßburg und Metz ꝛc. hatten, sich aus unserer Geschichte selbst ergeben werden.

In den damaligen gesetzlosen und unsicheren Zeiten hatten

---

25) Actum anno dnj. M°.CC°.L°.V°.IIII. Idus Marcij.
26) Datum et actum Anno dnj. M°. CC°. L°. quinto.
27) Acta sunt hec Anno dnj. M°. CC°. L°. quinto.

die Städte des Elsasses sich mit einander verbunden, um den Frieden und die Ruhe des Landes zu erhalten, daher die lichtenberger Brüder, als Vögte von Straßburg, sich 1256 gegen diese Stadt verpflichteten, den geschlossenen Landfrieden nach Kräften zu schützen und zu handhaben, wofür ihnen der Rath allen Beistand und Hülfe gegen die Störer desselben zusagte [28]). Nichtsdestoweniger geriethen aber die straßburger Bürger später selbst in Streit und Hader mit ihren Vögten und Schutzherren, über allerlei, von den Vogtei-Gefällen herrührende, gegenseitige Forderungen, daher der Bischof Heinrich 1259 diese Sache dahin vermittelte, vier Männer, von jeder Seite zwei, sollten darüber sprechen, und wenn diese sich nicht vereinigen könnten, so möge der Herr Symund von Geroltsegg, als Obmann, dabei entscheidend mitwirken, dessen Spruche sich aber beide Theile unterwerfen müßten [29]). In demselben Jahre verpfändete Herr Otto von Eberstein an Heinrich II. das zu der Mitgift der zweiten Gemahlin des Letztern, Adelheid von Eberstein, gehörende Dorf Niwenburc (Neuburg) mit allen damit verknüpften Rechten, für 250 Mark Silbers, wozu der speyerer Oberhirte, Heinrich, als Lehensherr, seine Zustimmung gab [30]). Damals standen die Lichtenberger auch in Fehde mit dem metzer Bischofe Philipp, denn der Rath der Stadt Metz mußte denselben nachher (1261) wegen des Gerüchtes entschuldigen, als habe er den Straßburgern 500 Pfund metzer Heller und noch andere Summen gegeben, damit sie unsern Dynasten nicht beistehen möchten, was sie für eine baare Unwahrheit erklärten, indem ihr Gebieter dies nicht gethan, ja nicht einmal daran gedacht und in dieser Beziehung über-

---

28) Actum anno Domini M.CC.LVI. Mense Martio. Laguille, histoire d'Alsace preuves page 41 und Wenker's appar. archiv. 167, No. IX.

29) Datum festo sancti Mauricij, anno Domini MCCLVIIII. Schöpflini Alsatia diplom. I, 428. No. 584.

30) Acta sunt hec anno dni. M°.CC°.L°.VIIII°. Mense Ianuar.

haupt keinen Vertrag errichtet hätte ³¹). Die im Jahr 1259 und auch noch 1277 und 1279 als Zeugen erscheinenden Brüder Albrecht und Konrad von Lichtenberg waren Sprößlinge eines Rittergeschlechtes aus dem Würtembergischen und gehören nicht zu unserer elsässer Familie ³²).

Während der schweren Zerwürfnisse des Bischofs Walther von Geroltseck mit der Stadt Straßburg und in den daraus erfolgten Kämpfen der Jahre 1261 und 1262, hatten Heinrich II. und Ludwig II. von Lichtenberg einen harten Stand, denn als Vögte waren sie verpflichtet, jene Stadt zu schirmen, und als des Prälaten Vasallen mußten sie demselben Folge und Gehorsam leisten; sie entschieden sich indessen für den Letzteren und mußten auch alle Unfälle desselben theilen bis zur entscheidenden Schlacht bei Hausbergen, ja bis zu dessen Tode, im Beginne des Jahres 1263 ³³). Ihre jenseits des Rheins gelegene Burg Willstätt nebst Inbegriff wurde bei diesen Kriegszügen durch die straßburger Bürger ebenfalls feindlich heimgesucht und ihnen dadurch großer Schaden zugefügt. In den Jahren 1265 und 1266 treffen wir die beiden genannten Brüder noch als Zeugen oder Bürgen in zwei Verschreibungen des Landgrafen Siegbert von Werd an ³⁴), worauf dann der Aeltere, Heinrich II., plötzlich vom Schauplatze verschwindet, indem er vermuthlich zu Anfang des Jahres 1269 Todes verblich. Seine erste Gattin wird in den alten Stammtafeln Elisabetha genannt, ohne jedoch ihres Geschlechtes zu erwähnen; zur zweiten wählte er sich aber 1251 Adelheid, Otto's von Eberstein II. oder

---

31) Datum in Vigilia Ascensionis Domini Anno Domini MCCLX primo. Wenker's apparatus archivor. 108, No. X.

32) Mone's Zeitschr. für die Gesch. des Oberrheins V, 253. VII, 97 und 99. VI, 307. 423. Remling's speyerer Urkundenbuch I, 355. No. 391.

33) Siehe die schöne Schilderung dieses Kampfes in Strobel's Gesch. des Elsasses II, 1—82; auch Schöpflini Als. dipl. I, 434 etc. No. 597. 603. 607 und 608.

34) Schöpflini Als. dipl. I, 452. No. 632 und 456. No. 639.

des Jüngern Tochter, welcher ihr Vater eine, in Jahresfrist zu bezahlende, Ehesteuer von 350 Mark seines Silbers verschrieb und Bürgen dafür stellte [35]); sie starb am 1. November 1291 und ruht in der jetzt zerstörten lichtenbergischen Capelle der Abtei Neuburg [36]). Kinder hatte er sechs, vier Söhne und zwei Töchter, nämlich Ludwig, der jedoch nur einigemal und zwar zuerst 1269 mit seinem Bruder Konrad I., dann 1272 mit seinem Vetter und Schwager, Rudolf von Lichtenberg, wie wir sogleich vernehmen werden, und zum letzten Male 1274 als Geißel für seinen Oheim, den Bischof Konrad von Straßburg, erscheint [37]); seine Ehe mit Herzlande von Clingen blieb unfruchtbar, und er scheint auch frühzeitig gestorben zu sein; Konrad I. pflanzte das Geschlecht fort; Sigismund, dem dritten Sohne, begegnen wir nur ein Mal in einer unverbürgten Nachricht, als dem Zerstörer der Burg und der Stadtmauern Neuweilers, in der kaiserlosen Zeit des Jahres 1261 [38]); Otto war Sänger im Münster zu Straßburg [39]), er verschied 1283 am 13. März und ward in der Abtei Neuburg beerdigt [40]). Die ältere Tochter, Agnes, erhielt zum Eheherrn Junker Johannes, den Landgrafen des Elsasses, der ihr (1278) 400 Mark Silbers zum Witthum verschrieb, wogegen ihm der Bruder der Braut,

---

35) Acta sunt hec aput schertsheim. Anno dni. M⁰. CC⁰. LI⁰. Proxima dnica post Epiphaniam.

36) Unter folgender Grabschrift: ANNO . DNI . MCCXCI . KALND . NOUEMBR . OBIIT . DNA . ADELHEIDIS . DE . EBERSTEIN . VXOR . DNI . HENRICI . DE . LICHTENBERC.

37) Schöpflini Alsat. diplom. II, 5. No. 694.

38) Dessen Alsat. illustr. II, 223. § 411 und daraus Würdtwein in novis subs. dipl. VIII, 168.

39) Schöpflini Alsat. diplom. II, 22. No. 726.

40) Sein Grabstein hatte folgende Inschrift: CONTEGIT . HEC . FOSSA . CANTORIS . NOBILIS . OSSA . QUEM . SALUES . CHRISTE . CONUENTUS . FLAGITAT . ISTE . OBIT . VII . IDUS . APRILIS . OTTO . DE . LICHTENBERG . ANNO . DOMINI . M . CC . LXXXIII. — Bernhart Herzog's elsäßer Chronik V, 6.

Konrad I., eine gleiche Summe widerlegte⁴¹). Die Jüngere, Kunigunde, ward vor 1279 mit dem Herrn Otto III. von Ochsenstein vermählt, wie wir später am gehörigen Orte anmerken werden.

2) Konrad I.

Sein Vater Heinrich II. hatte der Abtei Neuweiler an ihren Höfen und an ihrem Eigenthume früher mehrmals großen Schaden zugefügt, daher derselbe, noch bei Lebzeiten seiner ersten Gemahlin und in einer schweren Krankheit, die letztwillige Verfügung traf, nach seinem Absterben müßten jener geistlichen Anstalt jährlich 40 Viertel Korn von seinen Einkünften in Schefflingsheim als Entschädigung geliefert werden, wovon die Abtei 20 Viertel erhalten, 5 aber für sein Jahrgedächtniß, 10 zur Unterhaltung des gemeinschaftlichen Tisches und 5 in's Krankenhaus verwendet werden sollten, — welche väterlichen Anordnungen seine zwei Söhne, Ludwig und Konrad, unmittelbar nach ihres Erzeugers Tode, urkundlich abfassen und zugleich mit den Siegeln ihrer beiden Oheime, Konrad des Sängers und Friedrich's, der nachherigen straßburger Oberhirten, bekräftigen ließen⁴²).

Wir haben oben 1261 ꝛc. des Beistandes gedacht, den Heinrich II. und Ludwig II. dem Bischofe Walther in seinem Kriege mit der Stadt Straßburg geleistet hatten, woraus ihnen aber großer Nachtheil erwachsen war, daher die Söhne derselben, Ludwig und Rudolf, bedeutende Forderungen an das Bisthum aufstellten, die aber erst 1272, durch die Bemühungen des vorerwähnten Sängers Konrad, befriedigt wurden, indem Bischof Heinrich 600 Mark Silbers erlegte,

---

41) Diz geschach do man zalte von gotes geburte zwelf hundert vnde ethiv vnde sibenzig Jar vor der liehtmes. Siehe auch Schöpflini Alsat. diplom. II, 16. No. 714.

42) Actum et datum Anno dnj. millimo ducentesimo sexagesimo nono. Siehe auch daselbst I, 466. No. 661.

wovon die lichtenbergische Familie für ihre sämmtlichen Ansprüche 400 Mark, den Rest aber der edle Mann Walther von Clingen erhielt⁴³). Dieser letztere Umstand und weil auch in diesem Vertrage eine Forderung von 200 Mark Silbers, als Aussteuer der Frau Katharina, erwähnt wird, gab uns, in Verbindung mit anderen Nachrichten⁴⁴), Veranlassung, in den beiden Töchtern dieses Walther, Herzlande und Katharina, die Gattinnen jener zwei obengenannten Vögte, Ludwig's und Rudolf's, zu finden, deren Ehen indessen nicht mit Nachkommen gesegnet waren.

Die beständigen Kriegszüge des 1273 zum Prälaten in Straßburg erwählten Konrad von Lichtenberg, sowie die Kämpfe unserer Dynasten, als treue Anhänger des aufblühenden habsburger Regentenhauses, gegen den König Adolf von Nassau, scheinen die Ursache zu sein, daß wir aus diesen Jahren so wenige Urkunden von denselben besitzen. Im Jahr 1280 treffen wir Konrad I. in einem Kaufbriefe über Theile des Dorfes Roitbach, in Verbindung mit seinem Oheime, dem Herrn Ludwig II., wie wir in dessen Lebensgeschichte hören werden. Sein anderer Oheim, Friedrich, damals noch Dompropst in Straßburg, schenkte 1285, mit der Einwilligung seines Bruders, des Bischofs, dem Sanct Nicolaus-Altare in der Capelle dieses Heiligen in der Abtei Neuweiler, seine ihm zuständigen Güter und Gefälle in den Dörfern Luthenheim, Luphenstein und Untermutzheim zur Gründung einer Priesterpfründe, und zugleich ordnete er den dafür zu haltenden Gottesdienst an⁴⁵), welche Stiftung zugleich die Veranlassung war, daß die meisten Glieder unserer Familie sich ihre Grabesstätten in der Nicolaicapelle jenes Stiftes erwählten. Im folgenden Jahre wirkte Konrad I., nebst dem Comthur

---

43) Actum octaua Kln Aprilis Anno dnj Mº. CCº. LXXIIº. Schöpflini Alsat. diplom. I, 470. Nr. 668.
44) Mone's Zeitschrift für den Oberrhein I, 460, 461 u. 469.
45) Datum Nonas Julij Anno dni. Mº. CCº. LXXXº. quinto.

in Lothringen, Bertholb von Northausen, thätig mit zu einem
schiedsrichterlichen Vergleiche zwischen dem Comthur und den
Brüdern des Deutschordens-Hauses zu Tan und zwischen dem
Ritter Friedrich von Hunenburg, wegen allerlei Irrungen
über Güter in Vorstheim⁴⁶). Ebenso bezeugte er 1287 einen
Gütertausch des tauer Comthur's mit dem Abte und Convente
zu Neuburg⁴⁷), und mehrere Monate hernach verkaufte er
seinem Schwager, dem Herzoge Hermann von Tecke, seinen
Theil an dem Gute zu Obernhoven für 150 Mark löthiges
Silber, straßburger Gewichts, wobei die Verwandten der lub-
wig'schen Linie, Friederich der Domprobst, Heinrich der Sänger
zu Straßburg und des Letzteren Bruder, Johannes I. oder
der Aeltere von Lichtenberg, die jenes Gut mit ihrem Vetter
in Gemeinschaft besaßen, erklärten und gelobten, dasselbe,
wenn es ihnen angesonnen werbe, mit dem Herzoge, oder
wem es derselbe zuwende, gütlich theilen zu wollen⁴⁸).

Konrad I. erbat sich von dem Könige Rudolf I. die
Gnade, falls er die Welt ohne männliche Erben verlassen
würde, daß dann die Reichslehen auch auf seine Töchter erben
sollten, oder ihnen übertragen werden könnten, was ihm der
gütige Monarch 1289 gerne zusagte⁴⁹). Ein Jahr nachher
gab das Deutschordens-Haus in Than seine Besitzungen zu
Ofwilre in einen mehrjährigen Pachtbestand⁵⁰), und 1292
bewirkte unser Konrad I. eine gütliche Vereinbarung mehrerer
Bürger aus Hagenau mit dem Comthur jenes Hauses wegen
Gütern zu Zinzwilre, Forstheim und Gumprechtshoven, die

---

46) Actum et datum anno dni M⁰. CC⁰. LXXX⁰. sexto in die
beate Agnetis.

47) Datum feria sexta ante laurencij. Anno dnj M⁰. CC⁰. LXXX⁰.
VII⁰. —

48) Diz geschach ze Bohswiler do von gotes geburte waren 1287
iare. an sante katerinen tage.

49) Datum Esselingen IIII⁰. Kl April. Indic. II. anno dnj
M⁰. CC⁰. LXXX⁰. Nono. Regni vero nri anno XVI⁰. Siehe auch
Schöpflini Als. diplom. II, 42. No. 762.

50) Actum VII⁰. idus Marcij. Anno dni M⁰. CC⁰. Nonagesimo.

der Vater derselben dem Orden vermacht hatte⁵¹). Im Jahr 1293 veräußerte der lichtenbergische Lehensmann Ritter Johannes von Welteringen und seine Gattin Agnes der Priorin und dem Convente des Klosters von Saarburg aus Roth ihre sämmtlichen eigenen und Erbgüter in dem Banne von Dürrenbalheim für 11 ½ Pfund guter straßburger Heller⁵²), und zum letzten Male begegnen wir dem Herrn Konrad I., als er 1294, mit seinem Vetter Johannes I. von Lichtenberg, dem Seeman von Waschenstein vergönnte, seine Braut, eine geborne von Ansolßheim, auf die von ihnen zu Lehen rührenden Güter im Banne von Grieß bei Brumat, mit 150 Mark Silbers verwidmen zu dürfen⁵³); am 26. Februar desselben Jahres starb er und ward in der lichtenbergischen Capelle der Abtei Neuburg bei Dauendorf beigesetzt⁵⁴). Unter der Vermittlung seines Oheims, des vielvermögenden straßburger Bischofs Konrad, schloß er 1282 eine ehrenvolle eheliche Verbindung mit Agnes, einer Tochter des Herzogs Ludwig von Tekke, die von ihrem Vater eine Mitgift von 600 Mark Silber, straßburger Gewäges, erhielt, welches Geld entweder an den genannten Prälaten, an Konrad, des Herzogs Bruder, oder auch an Herrn Ludwig II. von Lichtenberg in bestimmten Fristen bezahlt und dann dafür liegende Güter im Elsasse, zwischen der Brosche und der mater, angekauft werden sollten; Konrad I. aber widerlegte dieses Heirathsgut mit einer gleich hohen Summe⁵⁵) und verpfändete

---

51) Datum Sabbo ante festum bti Johannis baptiste. Anno dnj. M°. CC°. Nonagesimo Secundo.
52) Datum anno dnj M°. CC°. Nonag°. Tercio. Sabbo post festum Purificacionis beate Marie virg.
53) Notiz aus dem großherzogl. Cabinets-Archive in Darmstadt.
54) Unter folgender Grabschrift: ANNO. DOMINI. MCCXCIV. IV. KALEND. MARCII. OBIIT. ILLUSTRIS. DOMINUS. KONRADUS. DOMINUS. IN. LICHTENBERC. Siehe auch Bernh. Herzog's Chronicon Alsatiae V, 6.
55) Diz geschach an dem mantage vor sant Jacobestage do man von gotes geburte zalte 1282 iar.

seiner Gattin im Jahr 1283 für die Hälfte daran, oder für 300 Mark, das Dorf Göteshain mit allen Gerechtsamen und was dazu gehörte [56]), wozu der Pfalzgraf Ludwig II., als Lehensherr über jenes Dorf, einige Wochen später seine Genehmigung ertheilte [57]). Jenes Zugeld war aber von dem Vater der Braut an den ausbedungenen Fristen nicht entrichtet worden, denn erst 1287 quittirte unser Konrad I. seinem Schwager, dem Herzog Hermann von Tecke, über 300 Mark und gestattete ihm, bis zur gänzlichen Abtragung des Capitals, den Rest jährlich mit 30 Mark zu verzinsen [58]). Agnes überlebte ihren Eheherrn nur um zwei Jahre und sie ruht neben ihm in der Familiengruft zu Neuburg [59]). Kinder zeugten sie drei: der älteste Sohn, Johannes II. oder Hanemann, war der Nachfolger seines Vaters, und sein Bruder hieß Heinrich oder Heinkelmann, der jedoch schon am 28. Oktober 1316 als blühender Jüngling aus der Welt schied und zu seinen Eltern in der Erbgruft der Abtei Neuburg eingesenkt ward [60]); die einzige Tochter, Agnes, ehelichte 1310 den Herrn Jofrit von Furpach (Forbach), der seinen Schwägern Hanemann und Heykelmann den Empfang der Ehesteuer seiner Gattin mit 200 Pfund metzer Pfenningen bescheinigte und diese Summe, zu einem Witthume für dieselbe, in Gütern anzulegen versprach [61]). Diese Agnes soll, einer Archival-

---

56) Datum et actum apud Kirchain. anno dnj M°. CC°. LXX°. tercio. X°. Kalen Nouembr.

57) Datum apud Voheburch anno dnj M°. CC°. LXXX°. tercio. V to. Idus Novembr.

58) Diſ geſchach zu Buchſwiler Do von goteſ geborte waren 1287 iare an ſant katharinen tage.

59) Ihr Grab deckte ein Stein mit folgender Umſchrift: ANNO. DOMINI. MCCXCVI. NON. MARCII. OBIIT. DOMINA. AGNES. DE. TECH. MATER. HEINRICI. DE. LICHTENBERC. VXOR. KONRADI. B. Herzog's Chron. Als. V, 6.

60) Auf seinem Grabsteine las man: ANNO. DOMINI. MCCCXVI. IX. KALD. NOUEMBRIS. OBIIT. HEINRICUS. FILIUS. DOMINI. KONRADI. DE. LIEHTENBERC. — Daſelbſt V, 6.

61) Der wart gegeben an der Mittwochen, do man drie wochen hatte nach dem Oſtertage, nach gotz geburte 1310 den jar.

Nachricht zufolge, nach ihres Eheherrn frühem Tode, Aebtin in Lichtenthal geworden und nach dem Jahre 1335 gestorben sein ⁶²).

Wir müssen hier zur Verständigung die Bemerkung machen, daß man im Mittelalter die Gewohnheit hatte, wenn sich in einem edeln Geschlechte oder in mehreren besondern Linien desselben, gleichnamige Glieder vorfanden, sie durch ein Anhängsel an den Namen des Einen oder durch ein sogenanntes Diminutiv von einander zu unterscheiden, welcher Gebrauch sehr gut war, indem sonst manchmal die Aufstellung der Geschlechtsreihen alter Familien, nie oder doch wenigstens sehr schwer aufzulösende Schwierigkeiten darbieten würde. So veränderte man Heinrich in Heinkelmann, Friederich in Fritschemann und, wie wir oben hörten, Johannes II. in Hanemann, weil zugleich mit Letzterem in dem ludwig'schen Stamme auch zwei Johannes I. und III., Vater und Sohn, lebten, die man dann in den Aelteren und Jüngeren unterschied. Ebenso werden wir auch später in der anderen Linie mehrere Ludwige in Ludemann, sowie bei den Herren von Ochsenstein Otto in Ottemann umgewandelt finden, welche Benennungen in der Regel auch in den Urkunden beibehalten wurden.

3) Hanemann II.

Mit dem Beginne des vierzehnten Jahrhunderts fangen die urkundlichen Quellen, sowohl für die Geschichte der Herren von Lichtenberg, als auch für die von Ochsenstein und die Grafen von Bitsch, an reichlicher zu fließen, und je weiter wir in den Jahren vordringen, um so überflüssiger und vollständiger strömen sie, wodurch unsere historische Darstellung immer bedeutsamer wird und uns ein klares Bild des inneren und äußeren Lebens, des Zu= und Abnehmens jener Geschlechter und überhaupt des Treibens im Elsasse in jenen mittelalterlichen Zeiten vor Augen führt.

---

62) Siehe auch Mone's Zeitschrift für die Gesch. des Oberrheins, VII, 379 ꝛc.

Hanemann II., den wir nun zu schildern haben, war ein Mann rauhen Gemüthes, unsittlichen Wandels, ein mannhafter Raufbold und ein muthiger Streiter und als solcher ein Repräsentant des damals sehr stark im Schwunge gehenden Faustrechts. Nicht lange nach seines Vaters Hinscheiden finden wir denselben, sammt seinem Vetter Johannes I. von Lichtenberg, den Herren von Ochsenstein, den Grafen von Zweibrücken-Bitsch, nebst noch anderen Grafen und Herren, in kriegerischer Thätigkeit gegen den deutschen König Adolf, wozu jene drei verschwägerten und innig verbundenen Familien schon durch ihre Anhänglichkeit an König Rudolf I., sowie auch durch ihre Verwandtschaft mit der, so mächtig sich aufschwingenden, habsburger Dynastie, von selbst bewogen wurden, wozu sie ihr Oheim, der an der Spitze des Aufstandes gegen den Nassauer stehende Bischof Konrad von Straßburg, noch mehr begeisterte und die erst mit dem Falle Adolf's bei Göllheim 1298 ihr Ende erreichte, in welchem entscheidenden Treffen sie ebenfalls kräftig mitwirkten [63]) und auch dafür, wie wir noch hören werden, von dem neuen Herrscher, Albrecht I., manche Belohnung und Auszeichnung erhielten. Letzterer erwies aber auch nachher dem gesammten Elsasse eine sehr große Wohlthat, indem er 1301 mit den Bischöfen von Straßburg und Basel, mit den beiden Landgrafen im oberen und unteren Elsasse, sowie mit den Städten Straßburg und Basel, auf vier Jahre lang einen gemeinen Landfrieden errichtete, welcher sich von der Selz bis zur Bürse und von dem Rheine bis zum Wasichen (Vogesen) erstrecken sollte und der, während der festgesetzten Zeit, auf die Ruhe und Sicherheit des Landes und Handels wohlthuend einwirkte [64]).

---

63) Königshofen's Chron. Alsatiae 120. Strobel's Gesch. des Elsasses II, 118 ic.

64) Der wart besigelt, do man von Gotz Geburte zalte 1301 Jar. Lünig's Reichsarchiv, Pars spec. Contin. I, 7. No. IV.

Ritter Seman von Waschenstein erhielt von seinem Herrn, Hanemann II. von Lichtenberg, (1306) 50 Mark löthigen Silbers zu einem rechten Setzlehen zu Lichtenau, wofür er seine sämmtlichen Güter in Monnersheim verpfändete, die ihm vom Könige Albrecht versetzt waren, ablösig mit jenen 50 Mark, welche Summe dann auf andere eigene Güter bewiesen werden sollte [65]). Im folgenden Jahre verschrieb der Bischof Renald von Metz unserem Hanemann und seinen Erben, für seine vielen ihm bisher erzeigten getreuen Dienste, 2000 kleine metzer Turoner, unter der Verpfändung der Stadt Neuweiler, jedoch mit Ausnahme der dabei befindlichen Burg Herrenstein, wofür er ihm aber in seinem gegenwärtigen Kriege mit zwanzig reisigen Knechten helfen und beistehen müsse [66]), und später, 1313, stellte jener Prälat demselben die Versicherung aus, ihn, falls er wegen seiner Bürgschaft bei dem Grafen Werner von Homberg für 1700 Pfund Heller Nachtheil erleiden würde, dafür entschädigen zu wollen [67]).

Unser Herr erscheint auch öfters in Verbindung mit seinem Verwandten Johannes I. von Lichtenberg, denn Beide ertheilten 1313 den Bürgern Hagenau's das urkundliche Versprechen, alle Rechte und Freiheiten ihrer Stadt zu schirmen und zu handhaben, sowie die Bewohner und ihre Güter kräftig zu schützen, für welche Dienste sie nur die dasigen Gerichtsgefälle erhalten und die zur Stadt gehörenden Dörfer, Höfe und Gerichte im Genusse haben sollten, wozu ihnen aber überdem die daselbst gesessenen Juden jährlich noch 50 Mark Silbers entrichten müßten [68]). Der obgenannte

---

65) Der wart gegeben, an bem Samestage, vor Sante valentins tage. In bem Jare Do man zalte von gotz geburte 1306ten Jare.

66) Datum et actum Sabbo post Assumpcionem bte virginis, jn vico Anno dnj Millesimo. Tricentesimo. Septimo.

67) Datum anno domini M°. treccn. tercio decimo feria quarta ante festum beati benedicti.

68) Dis beschach vnde wart birre brief gegeben an bem Samestage vor aller heiligen tage, Jn bem jare ꝛc. 1313ten Jare. Aus der Urkundensammlung ber heidelberger Universitäts-Bibliothek Nr. 199.

meşer Bischof Renald bekannte ein Jahr später, den Herren Johannes I. oder dem Alten und Hanemann II. oder dem Jüngeren für ihre Verluste, die sie in seinem Heere bei Froart erlitten hätten, 200 Mark guten löthigen Silbers zu schulden, wofür er ihnen zur Sicherheit sämmtliche Besitzungen des Hochstifts verschrieb [69]). Zwei Jahre darauf verkaufte der Vogt von Wasselnheim, Ritter Wilhelm von der Heiden, unserem Hanemann II. und seinem Bruder Heinkelmann sein Dorf, Zwing, Bann und alle Rechte zu Weiterswiler um 80 Mark lauteres Silber [70]).

Allgemein bekannt ist der langjährige, für unsere rheinische Gegend verheerende und auch das Elsaß vielfach beunruhigende Kampf des Königs Ludwig von Bayern mit seinem erwählten Gegner, dem Herzoge Friedrich dem Schönen von Oesterreich, um Krone und Reich, an welchem auch unsere Lichtenberger, vorzüglich aber die Ochsensteiner und die bitscher Grafen thätigen Antheil nahmen, und zwar, wie sich der habsburger Verwandtschaft wegen sicher erwarten ließ, auf Friedrich's Seite, der jedoch endlich unterliegen mußte; allein bemohngeachtet schlossen sich jene drei Familien nicht enge an den Sieger, den Kaiser Ludwig, an, und erst in späteren Jahren gestalteten sich die Verhältnisse zwischen Letzterem und unseren Herren etwas freundlicher. Während dieser kriegerischen Vorgänge vergaß jedoch Hanemann der Sorge für seine Besitzungen nicht, denn 1321 erkaufte er von dem Herrn Heinrich von Winstingen einen, in dessen Dörfern Buselsbach und Mörsberg fälligen, jährlichen Zins von 20 Pfund Pfenniugen für 300 Pfund kleiner schwarzer Turnose, wofür er demselben Bürgen stellte [71]). Der Abt

---

69) Datum et actum anno dnj Millio trecent. quarto decimo feria quinta Mensis Septembris.
70) Diz geschach an dem Mantage, nach der großen vasenacht, do man zalte ec. 1316ᵇ⁼ᵃ Jare.
71) Dirre brief wart gegeben an deme mantage nach sante Margareten Dage ec. 1321 Jar.

von Neuweiler, Hanemann II., und sein Vetter Ludwig III.
von Lichtenberg, präsentirten 1325 dem Erzdiacon in Straß=
burg, Hermann von Geroltseck, den Sohn des Ritters Fritz=
mann von Westhusen, Namens Werner, zum Geistlichen in
Zinswilre, der auch denselben durch den Pfarrer von Burne
daselbst einführen ließ [72]). Noch fanden wir einige gericht=
liche Verschreibungen mehrerer Bürger aus Korte und aus
anderen Ortschaften von dem J. 1328, in welchen sie be=
kannten, unserem Herrn theils 20, theils 40 Pfund straß=
burger Pfenninge zu schulden [73]).

Von nun an beginnt eigentlich die unruhige und kriege=
rische Periode Hanemann's II., denn 1328 ging er mit dem
Markgrafen Rudolf von Baden, „des pforzheim ist", und
mit dem Grafen Ulrich von Würtemberg ein Bündniß ein,
auf drei Jahre lang einander treulich zu helfen, zu rathen
und zu dienen mit Gut und Blut; namentlich machte sich
aber Ersterer verbindlich, seinen beiden Verbündeten in ihrem
Kriege gegen den Herzog von Lothringen Hülfe zu leisten [74]).
Während dieser Zeit hatte er auch Mißhelligkeiten mit dem
Ritter Reimbolt und dem Edelknechte Johannes Humbel von
Staufenberg wegen mehrerer von denselben und ihren Vor=
ältern erkauften Güter, weshalb er sie überfiel und nach
Lichtenau in's Gefängniß legte, aus welchem sie sich nur
durch das, mit einem gestabten Eide besiegelte, Versprechen
lösen konnten, deswegen auf's Künftige nie mehr gegen ihn,
ihren Herrn, seine Diener oder Helfer zu sein, ihrer Ge=
fangenschaft halber keine Rache auszuüben, sowie auch den
Lichtenbergern sämmtliche von ihnen oder ihren Vorältern
und Gemeinern erworbenen Besitzungen rechtlich zustehen

---

72) Sub anno dni M°. CCC°. vicesimo quinto feria scda ante
Symonis et Jude.

73) Dieselben sind an einem Tage ausgestellt: Actum . Nonas.
Marcij . anno . dni . M°. CCCmo vicesimo octavo.

74) Der wart gegeben an dem Sonnentage nach See Gregorien
tage, Des Jares rc. 1328sten Jare.

sollten; würden sie jedoch diese Zusagen brechen, so seien sie aller ihrer lichtenbergischen Lehen verlustig. — Markgraf Rudolf von Baden, Konrad von Kirkel, der Custos und Ritter Claus Zorn, der Schultheiß zu Straßburg bekräftigten diese Sühne mit ihren Siegeln [75]).

Wir haben oben der Verpfändung der Stadt Neuweiler von Seiten des Bisthums Metz an unsere Familie gedacht, weshalb sich Hanemann II. 1329 gegen den Bischof Ademar verbindlich machen mußte, demselben jene Stadt gegen Erlegung der Pfandsumme sogleich wieder zustellen zu wollen [76]), und in dem genannten Jahre errichtete er auch noch mit dem Bischofe Berthold von Straßburg, auf ihre Lebenszeit, ein Schutz- und Trutzbündniß zu beiderseitigem treuen Rathe und zu kräftiger Hülfe gegen Jeden, mit Ausnahme des Stuhles zu Rom und des Reiches [77]). Unterdessen war unser Dynast mit dem metzer Prälaten in Streit gerathen, so daß Herr Heinrich von Winstingen, in des Letzteren Namen, mit Jenem und seinen Freunden und Helfern 1330 eine vierwöchentliche Waffenruhe abschloß und sich zugleich anheischig machte, ihnen allen Schaden zu vergüten, den sie etwa während dieser Zeit erleiden könnten [78]). Im October des nämlichen Jahres mußte sich ein Diener Hanemann's II., Otto von Gottesheim, pflichtig machen, nie von seinem Herrn zu lassen und zu weichen, würde er aber dennoch abtrünnig werden, so müsse er demselben 100 Mark reinen Silbers entrichten, für welche Zusage er einige Bürgen stellte [79]).

---

75) Dirre brief wart geben vnd geschach an sancte katharinen tag, in dem jare rc. 1328 jar.
76) Actum anno Domini M. CC. vicesimo nono. XIII Kal. Februarij. Schöpflini Als. dipl. II, 139. No. 940.
77) Der wart geben zu zabern an vnserer vrowen abende der erren, da man zalte von Gotz geburte 1329 Jar.
78) Der wart gegeben do man zalte rc. 1330 jare des fritages vor dem palme Dage.
79) Actum II Idus Octobr. Anno dni M°. CCC°. Tricesimo.

Die Edeln Konrad und Johannes von Schauenburg, von Winterbach geheißen, standen in langwieriger Fehde mit dem straßburger Oberhirten und hatten den Besitzungen des= selben, sowie auch der Stadt Hagenau und anderen Herren bedeutenden Schaden zugefügt, allein endlich wurden sie doch, nebst ihrem Anhange, zu Paaren getrieben und Einer von ihnen, Konrad, fand durch einen Gemeiner der Burg Win= stein, Namens von Schmalenstein, Aufnahme und Schutz daselbst. Kaum hatten dies der Bischof und die von Ha= genau in Erfahrung gebracht, so zogen sie mit ihren Haufen und mit denjenigen ihrer Verbündeten, des Landvogts Graf Rudolf von Hohenberg und des Herrn Hanemann von Lichtenberg, 1332 vor jene Felsenveste, nahmen sie nach einer mühsamen Belagerung von 10 Wochen ein, zerstörten sie gänzlich und trafen, ehe sie den Schauplatz ihrer Thätigkeit verließen, falls sich Jemand, wer es auch seie, den Kaiser oder einen römischen König allein ausgenommen, später beigehen lassen würde, die gebrochene Burg wieder zu erbauen, noch die Uebereinkunft, dies nicht zu gestatten, sondern es mit aller ihrer Macht verhindern zu wollen [80]).

Ludwig von Thierstein, Sänger zu Basel, und dessen Bruder Otto lebten 1333 in großer Feindschaft mit dem Custos am straßburger Münster, Konrad von Kirkel, sowie mit seinem Bruder Johannes, und da sich unser Herr auf der Letzteren Seite schlug und jenen stark zusetzte, so beschwo= ren sie mit demselben eine „rechte vruechte vnde eine luter „Sone", ihn nie mehr beeinträchtigen zu wollen, und gaben zugleich alle Ansprüche auf Vergütung des Schadens auf, den ihnen derselbe zu Weihersheim und zu Rinstetten, sie aber ihm zu Wilstetten und zu Kork angerichtet hätten [81]).

---

80) Der wart gegeben vor winstein an sant Einphrians tage. Des iars zc. 1332 iar. Siehe auch über diese Begebenheit: De rebus gestis Bertoldi ep. argentin. apud Vratis. Coll. script. germ. II, 171 und Königshofen's elsäßer Chronik 322ᵃ.

81) Der wart gegeben an sante Matheus abende des zwelfbotten, da man zalte zc. 1333ften Jare.

Auch Heinz von Falkenstein war damals in Irrungen mit dem Abte von Neuburg gestanden, und Beide wählten unsern Lichtenberger zum Vermittler derselben, der dann jenen Heinz auf Montag Sanct Jacobstag 1334 vor sich in die Veste zu Buchsweiler beschied und ihm und seinen Helfern deshalb Schutz und Sicherheit auf zwei Tage lang zusagte, um diesen Handel beilegen zu können [82]), und gegen Ende desselben Jahres mußte ihm der Edelknecht Heinrich Bruno von Staufenberg, welche Familie wir bereits oben (1328) erwähnt haben, nochmals einen Verzicht auf alle von den Lichtenbergern erhaltenen Briefe und Verschreibungen über Güter ausstellen und dieselben kurzweg für todt und ungültig erklären [83]).

Wir werden später, in der Geschichte Ludwig's III. von Lichtenberg, hören, welche bedeutenden Erwerbungen unsere Herren von den Landgrafen des Elsasses 1332 machten, namentlich Brumat, Arnsburg und Niederbronn mit den dazu zählenden Ortschaften. Bezüglich Brumat's bat nun Hanemann II. im J. 1336 den deutschen Kaiser Ludwig den Bayern, dem Rathe und den Bürgern daselbst zu gestatten, „daz si ir veste Brumat, vmbe muren vnd vmbe graben sullen vnd ein Stat dar vz machen sollen", welche Bitte jener Monarch nicht nur sogleich gewährte, sondern auch zugleich der neuen Stadt alle Gewohnheiten, Ehren und Rechte ertheilte, die die Stadt Hagenau zu genießen habe [84]). Wegen der obgedachten Zerstörung Winsteins hatte derselbe doch nachher noch manche Mißhelligkeiten mit den Gliedern derjenigen Familie, welcher jene Veste zu eigen gehörte, allein sie konnten gegen unseren mächtigen und stets kampfgerüsteten

---

82) Dirre brief wart gegeben an sancte marien magdalenen tag. Do man zalte ⁊c. 1334 iar.

83) Der wart gegeben an der Mittewochen in der vrone vasten vor winnachten jn dem jare ⁊c. 1334 jar.

84) Der geben ist bi frising vf dem velde an Suntag nach sanct Matheustag des Zwelfboten, Nah tristes geburt 1336ßeim iar.

Dynasten nichts ausrichten und mußten sich endlich unterwerfen, daher der Edelknecht Cunz von Winstein sich mit demselben 1337 aussöhnte und auf alle möglichen Ansprüche und Forderungen an ihn und an seine Helfer wegen des gewaltsam gebrochenen Wohnsitzes seiner Ahnen Verzicht leistete [85]). Die Zerwürfnisse Hanemann's mit Johannes von Sirk legte Herr Ludwig III. von Lichtenberg am 1. Oktober 1337 folgendermaßen einfach und gütlich bei: der Schaden, den der von Sirk seinem Vetter und dessen armen Leuten zugefügt, sollte gegen die Dienste verglichen sein, die er ihm früher erwiesen hätte, und Einer sollte dem Andern nichts mehr schuldig, sondern Beide von nun an ausgesöhnt sein [86]).

Mit dem damals kräftig aufstrebenden und immer weiter um sich greifenden pfälzischen Hause, namentlich mit dem Pfalzgrafen Rudolf II., hatte unser Hanemann II. während des Jahres 1338 ernste Kämpfe zu bestehen, und Beide suchten ihre gegentheiligen Besitzungen und Unterthanen zu beeinträchtigen, wie und wo sie nur konnten. Um nun solchem verderblichen Unwesen Schranken zu setzen, näherten sie sich einander und beschlossen, ihre seitherigen Irrungen durch erkorne Schiedsleute austragen zu lassen; auf des Pfalzgrafen Seite wurden Schenk Konrad von Erbach und Herr Johannes von Meckenheim, durch die Lichtenberger aber Herr Götz von Grostein (Graustein) aus Straßburg und Herr Wolfhelm von Hochfelden erwählt [87]) und denselben der speyerer Bischof Gerhart als gemeinschaftlicher Obmann beigegeben, welcher Letztere sich aber partheiisch auf des Pfälzers Seite neigte, wiewohl er im Sühnvertrage mehrmals bekannte: er habe „Fursten, Herren, Ritter vnd wiser pfaffen Rat „gehabt". — Ueber den „vride vnd vmb die bezzerung vnd

---

85) Der geben wart vf den Dag do man zalte ⁊c. 1337 des Sametstages in der Osterwochen.
86) Der wart Geben an Sant Remaistage, da man zalte ⁊c. 1337 Jar.
87) Der wart gegeben an dem Dornstage in der wihennacht wochen do man zalte 1338 iar.

„pene beʒ vribe" gab dieſer Prälat, nach dem Gutachten der pfälziſchen Rathleute, gar keine Entſcheidung, und zwar aus dem unverſtändlichen Grunde: „wan eʒ geliber angat vnd „vnſer ampt vnd pfaffheit rürt". Der Punkt wegen des Raubes und Brandes, ſowie auch wegen des „ſackraubs", den der Lichtenberger und die Seinen dem Herzoge Rudolf und deſſen armen Leuten zugefügt hatte, ward, jedoch nur nach dem Gutachten der pfälziſchen Rathmänner und ohne die geringſte Mitwirkung der lichtenbergiſchen, einſeitig ent= ſchieden und beigelegt. Hinſichtlich der Zweiungen unter den Dörfern Steinweiler, Erlenbach, Candel, Archenweyher und Minderslachen über Waide, Wälder und Almenten ſollte der frühere Vertrag in Kraft bleiben und gehalten werden und des Schadens wegen, den der Pfalzgraf dem Herrn Hane= mann und ſeinen Leibeigenen zugefügt haben ſoll, ſeie er demſelben, der ſich in des Reiches Acht befinden ſoll, keine „Bezzerung" oder Entſchädigung ſchuldig [88]). Solch' ein= ſeitiger Spruch konnte den Frieden und die Eintracht der Habernden nicht vollſtändig und dauerhaft herſtellen, daher beide Theile noch Jahrelang einander abgeneigt blieben und ſich gegenſeitig befehdeten, bis ſie es dann endlich für's Ge= rathenſte hielten, ohne Schiedsmänner zuſammenzutreten und ſich „vmb alle Miſſehellunge, krieg vnd zweiunge, als „wir mit einander biʒ her vf dieſen hutigen tag gehabt ha= „ben, lieplichen vnd gutlichen zu verrichten vnd zů verſunen", was ihnen auch im J. 1341 ſo gelang: der von Lichtenberg wurde des Herzogs Mann, gab ihm ſein Dorf Gottesheim, mit allen Rechten und Nutzungen, ſeinen daſigen Bauhof allein ausgenommen, auf und empfing es von demſelben zu Erblehen; der unſerem Hanemann zuſtändige Theil an der Stadt Brumat ſollte von nun an des Pfalzgrafen und ſeiner Nachkommen offenes Schloß ſein, damit er und die Seinen

---

88) Daʒ gegeben wart ʒe frankenfurth da man ʒalt ꝛc. 1339ſten Jare, an dem Donrſtag nach Mitter vaſten.

sich daraus in der Munbat behelfen möchten, die von jeher zur Pfalzgrafschaft gehört hätte, und zum Schlusse übernahm Jener noch die Verbindlichkeit, allen den Schaden zu vergüten, den die Bewohner Steinweilers, Erlenbachs und anderer Dörfer, sowie auch die Bürger zu Brumat und in anderen lichtenbergischen Städten, Vesten und Ortschaften durch den pfälzischen Herzog, seine Ritter und Diener während der bisherigen Feldzüge erlitten hätten [89]). Hanemann II. hatte also, solchen Bestimmungen gemäß, in diesem Kampfe den Kürzeren gezogen und sich durch sein unverträgliches Benehmen großen Nachtheil bereitet.

Die, weil gemeinsam erworbene und also auch durch die lichtenberger Stämme gemeinschaftlich besessene, Stadt Brumat scheint indessen vielfachen Stoff zu Uneinigkeiten unter denselben gegeben zu haben, denn so mußte der Graf Nicolaus von Salm, bereits 1339, mit Ludwig III. von Lichtenberg eine Irrung schlichten zwischen unserem Hanemann und dem straßburger Domprobste Johannes von Lichtenberg, wegen des Patronates zu Brumat [90]), und einige Tage hernach entschieden die beiden Ersten nochmals eine Mißhelligkeit unter denselben dahin, Jener sei nicht schuldig und verbunden, dem Propste die gemeinschaftlichen Briefe herauszugeben [91]). Selbst Kaiser Ludwig hatte Unannehmlichkeiten mit unserem Dynasten und mit den Bewohnern Brumats, die aber 1341 verglichen wurden, indem der Kaiser erklärte: er sei mit ihnen gesühnt und die Bürger müßten ihm 600 kleine florenzer Goldgulden entrichten, die ihm Hanemann, im Namen der Stadt, bis nächsten U. L. Frauen Geburts-

---

89) Der ist geben zu der Nuwenstat an dem None abent do man zalt von Cristes geburte 1341sten Jare.

90) Der da gescriben wart vf den dag als man zalte ꝛc. in Metzer Bystumme 1338 iar des nehsten mantages vor dem zwentzigesten tage nach wihennachten.

91) Der do wart geben an dem Samesdage vor dem zwentzigostem Dage nach wihennachten ꝛc. 1339 iar.

tag zu bezahlen versprach, welche Summe er aber von den basigen Bewohnern wieder eintreiben dürfe ⁹²). Am folgenden Tage traf derselbe Monarch eine Anordnung zur Beilegung der Irrungen unseres Lichtenbergers mit der Reichsstadt Hagenau; beide Theile sollten nämlich je zwei Schiedsleute erwählen, um den Gegenstand entweder mit der Minne oder rechtlich zu erledigen; könnten sich aber diese vier Männer darüber nicht einigen, so möge dann der straßburger Bischof Bertholt, als Obmann, den Ausschlag geben, dessen Spruche sich die Parthieen fügen müßten ⁹³).

Neue Zerwürfnisse erhoben sich zwischen dem Lichtenberger und dem Prälaten Abemar von Metz, wegen des alten Zankapfels, der verpfändeten Stadt Neuweiler und der Burg Herrenstein, die jedoch durch folgende Bestimmungen beschwichtigt wurden. Wenn nämlich der geistliche Herr diese beiden Gegenstände wieder einlöse, so mache er sich anheischig, Hanemann II., als den Mächtigsten in jener Gegend, zum Schutze als Amtmann daselbst zu belassen; wolle er aber solches Amt einem anderen und geringeren Manne übertragen, so dürfe dies nur mit dem Rathe und der Zustimmung jenes Dynasten geschehen, der dann auch diese Besitzungen der metzer Kirche schützen und vertheidigen müsse, — und endlich versprach der Bischof, weil seine Leute in der bisherigen Fehde die lichtenbergischen Angehörigen sehr beschädigt hätten, den angerichteten Schaden durch den straßburger Oberhirten untersuchen zu lassen und ihn dann auch nach dessen Entscheidung zu ersetzen ⁹⁴). In demselben Jahre vergönnte Herr Symunt zu Lichtenberg seinem Verwandten Hanemann II., in seinem und seines Bruders Ludwig Namen,

---

92) Der geben ist ze franchenfurt am Mittwochen vor Sunwenden Nach Christus geburt 1341ſten iare.

93) Der geben ist ze Franchenfurt, an Donerstag vor sant Johans tag ze Sunnewenden, Nach kristus geburt ꝛc. 1341ſten iar.

94) Datum Sabernie anno dnj 1341 sabbo post festum bi luce Euangeliste.

Die ältere oder Heinrich'sche Linie bis zu ihrem Erlöschen. 49

das Ungelt, sowie verschiedene andere verpfändete Gülten und Gefälle in Brumat an sich zu kaufen und ihm aber später die Wiedereinlösung zu gestatten⁹⁵). Die Brüder und Edelknechte Walther, Anßhelm, Hensel und Heintz von Falkenstein verkauften 1342 unserm Herrn ihre Meiereien zu Geißwiler und zu Melsheim, nebst Zehnten, Gülten und die halbe Mühle in letzterem Orte, sammt den damit verknüpften Gerechtsamen, wie sie dies Alles von ihrem seligen Vater Heinrich ererbt hätten, für 160 Pfund straßburger Pfenninge⁹⁶).

Mit dem Edelknechte Heintze von Fleckenstein, genannt von Sulz, führte Hanemann auch langjährige Kriege, bis er sich endlich 1344 mit demselben vergleichen und ihm 140 Pfund straßburger Pfenninge als Schadenersatz erlegen mußte⁹⁷), und mit dem Abte Dielmann zu Neuweiler hatte er, in Verbindung mit seinem Vetter Symunt von Lichtenberg, ebenfalls „vintschaft stoß vnd vngunst", allein in dem nämlichen Jahre söhnten auch sie sich vollständig aus, versprachen einander gegenseitige Sicherheit ihrer Personen auf Lebenszeit und setzten fest, die Wiederaufnahme der Spänne müsse dem geistlichen Herrn einen Monat zuvor angezeigt werden⁹⁸). Seiner an den Grafen Symon von Zweibrücken-Bitsch vermählten Tochter, Agnes, hatte Hanemann eine Mitgift von 800 Mark Silbers wohl zugesagt, aber bisher noch nicht ausbezahlt, was seinem Eidam großen Nachtheil bereitete, daher er demselben und seiner Tochter für die ihnen schuldigen 1200 Mark (nämlich die festgesetzten 800 und 400

---

95) Der wart geben an dem nehesten Zinstage noch sant katherinen Tage, In dem iore ꝛc. 1341 Jor.

96) Der geben wart vor Sant Johanstag zu Sungihen an Sant Barnabas tag des zwolffbotten do man zalte ꝛc. 1344ſten Jare.

97) Der geben wart an dem zwelften abende ze wihennehten, Do man zalte ꝛc. 1344ſten iare.

98) Gegeben zu ſtrazburg an dem erſten Sametztage nach dem zwelften tage zu winnahten, da man zalte ꝛc. 1344 Jare.

I 4

Mark Entschädigung) im Jahre 1347 die Veste Neuburg am
Rhein, mit dem davor gelegenen Flecken, sammt allen Zu=
ständigkeiten, besonders den Zoll auf dem Rheine, verpfän=
dete und sie zugleich zu sich in die Gemeinschaft eines Vier=
theils an jener Burg, sowie am Flecken und Zolle, jedoch
nur auf seine Lebensdauer, nutznießlich aufnahm *⁹), worauf
Symon und seine Gattin Agnes, für sich und ihre Erben,
gelobten, ihn an allen mit der Veste verbundenen Gütern,
und Zubehörden nicht zu hindern oder zu beirren; würden
sie aber jemals dagegen handeln, so erklärten sie sich schon
im Voraus für treulos, ehrlos und meineidig ¹⁰⁰). Zu glei=
cher Zeit ward, wie wir später in der Geschichte des Haupt=
stammes vernehmen werden, unsere Familie durch den König
Karl IV. mit einer wahren Fluth von Gnadenbezeugungen 2c.
überhäuft, und unser Hanemann erhielt dabei noch besonders
die Erneuerung des vorerwähnten Reichszolles auf dem Rhein
bei Neuburg ¹⁰¹).

Er besaß, wie wir bereits wissen, die Stadt Brumat
gemeinschaftlich mit seinem Vetter Symunt, welchem er 1352
bezeugte, derselbe hätte die Hälfte des dasigen Ungeltes, das
er mit dessen Einwilligung für 300 Pfund straßburger
Pfenninge an sich gekauft, mit 150 Pfund wieder von ihm
eingelöset ¹⁰²). Dasselbe gemeinsame Verhältniß zwischen Bei=
den bestand auch, vor der Theilung, zu Hatten, Rüters=
hoven und in den zwei Bettensdorf, sowie überhaupt im
Hatt= oder Hettgaue, und da jene Dörfer wegen des ihrem
Herrn Symunt von Lichtenberg zustehenden Atzrechtes einige
Schwierigkeiten erhoben, so erklärte Hanemann II. 1352, er

---

99) Der da geschrieben vnd geben wart an der Mittewochen aller
nehst vor vnser frouwen Clibeln Dage. Do man zalte 2c. 1347 Jar.
100) Der bo wart geben an dem Frigebage in der fasten vor dem
palme Dage des Jares 2c. 1347 Jar.
101) Geben ze Hagenawe 2c. 1347 Jar, an sant Lucien tag.
102) Der geben wart an vnseren vröwen abent der Liehtmez, Des
iares 2c. 1352 Jar.

Die ältere oder Heinrich'sche Linie bis zu ihrem Erlöschen. 51

habe dieses Recht schon öfters mit seinen Begleitern ausge-
übt, und an dem nämlichen Tage stellten zwölfe vom Adel,
auf ihren Rittereid, eine „Kuntschaft" aus: die letzten elsässer
Landgrafen, Ulrich und sein Sohn Johannes, hätten, als
sie noch den Hattgau von des Reiches wegen inne gehabt,
nicht nur in den genannten Orten, sondern auch in Wit-
bruch und Brunigesdorf, die Atz- und Herbergsgerechtsamen
genossen [103]).

Das Jahr 1359 liefert uns einen Beweis sowohl von
den damaligen betrübten Verhältnissen zwischen den Städten
und dem Adel, als auch von der äußerst mangelhaften Handhabung des Rechts und der öffentlichen Sicherheit und endlich noch von der Schwäche und Ohnmacht des elsässer Unter-
Landvogtes, während des sogenannten Krieges mit der
Reichsstadt Hagenau, in welchem sich leider die Raufbold-
natur und das barsche Wesen unseres Hanemann besonders
auf's Deutlichste offenbarte, was wir jetzt nur in einigen
Zügen kurz schildern wollen. Denn obgleich derselbe eine
Vereinbarung mit Hagenau auf zehn Jahre lang abgeschlossen
hatte, Bürger daselbst zu sein und die Stadt schützen zu
wollen, so überfiel er doch, auf die Fastnacht 1359, mit
dem Grafen von Bitsch das Reichsdorf Grieß, stieß die Einwohner daselbst, sowohl hagenauische, als eigene Angehörige,
mit Brand an, warf auf den Landstraßen hagenauer und
landvogteiliche Knechte nieder, raubte ein Pferd und verübte
noch anderen empörenden Unfug, obgleich die Zeit des vorgedachten zehnjährigen Bündnisses noch nicht abgelaufen war.
Unmittelbar nach jenem gewaltthätigen Ueberfalle kam des
Nachmittags ein Absagebrief Heinrich's IV. oder des Jüngern
von Lichtenberg, eines Sohnes des Herrn Lubemann III., in
Hagenau an, wegen des Unrechtes, das die Bürger seinem

---

[103]) Beide Urkunden sind ausgestellt: Der geben wart In dem
Jare ꝛc. 1352 iar an dem zinstage vor Symonis et Jude der heilgen
zwelfbotten.

4*

Blutsfreunde, Hanemann II., angeblich angethan hätten, und Abends schrieb Letzterer selbst an den Rath: er hätte seine Leibeigenen in Grieß mit vollem Rechte gezüchtigt, weil sie ihm die schuldige Herbergspflicht verweigert, und er habe also die Stadt nicht beeinträchtigen wollen, worauf der Rath sogleich antwortete, wenn er den ihren Bürgern in Grieß zugefügten Schaden vergüten wolle, so würden sie sich zufrieden geben und ihren Herrn und guten Freunden den Vorgang nicht klagen; da sie aber bis zum Dienstage ohne Antwort blieben, so zogen sie in jenes Dorf, fochten und rauften sich mit Hanemann's Dienern und mit seinen Helfern, die der Stadt widersagt hatten, herum, behielten das Feld und brachten des Lichtenbergers erbeutetes Panier siegreich mit in ihre Mauern zurück.

Darauf legten sich die von Straßburg, nämlich der Bischof, ein geborner von Lichtenberg und die Stadt selbst, welche beide natürlich auf der lichtenberger Seite standen, in's Mittel und trugen den Hagenauern einen Waffenstillstand an, um diesen Handel ausgleichen zu können, wozu sich auch Letztere sogleich bereit erklärten [104]), nachdem sie jedoch die zwei Grafen, Hanemann I. und Symon Wecker II. von Bitsch, von den Verhandlungen ausgeschlossen hatten; man trat nun wirklich in Straßburg zusammen, allein die Versammlung zerschlug sich und es ward, da man die von Hagenau, weil im Rechte, unter allerlei Vorwänden hinzuhalten suchte, nichts entschieden und ausgemacht. Der Unterlandvogt zu Hagenau, Ritter Ulmann von Pfirt, nahm sich jetzt dieser Sache an und schrieb in des Kaisers und des Herzogs von Oestreich Namen an den Bischof in Straßburg, an den dasigen Rath und an die Herren von Lichtenberg, hielt ihnen den dem Reiche und den Reichsbürgern zugefügten Nachtheil vor Augen und ersuchte sie um Wiedererstattung

---

[104]) Der geben wart an dem Samstage nach dem Sunnentage, also man singet Invocavit. Do man zalte ꝛc. 1359sten Jare.

desselben, sowie um Verwarnung ihrer untergebenen Mannschaften und Leute vor ähnlichen künftigen Uebergriffen und Ungerechtigkeiten. Als aber der Unterlandvogt und die Hagenauer auch auf dieses Schreiben keiner Antwort gewürdigt wurden, so fielen Letztere in das lichtenberger Gebiet ein und verbrannten zehn bis eilf Dörfer, ja sie hätten noch mehr Feuerschaden verübt, wenn, wie es ausdrücklich heißt: „daz sie ez durch gelimpfes willen liessent". — Auf diesen Vorgang erfolgte ein Absage- oder Feindsbrief vom Bischofe, sowie vom straßburger Rathe an die von Hagenau[105]), worauf Jene zugleich mit ihren Mannen und Reisigen in die Reichsdörfer einbrachen und in denselben viele Reichs- und Hagenauer Bürger mißhandelten und beschädigten.

Nochmals erließ der Unterlandvogt ein Schreiben an die in Straßburg und beschwerte sich über ihre Gewaltthätigkeiten, da sie doch durch die Hagenauer keinen Schaden erlitten, sondern diese nur des Reiches Feinde, die Herren Hanemann II. und Ludemann III. von Lichtenberg, angegriffen und beeinträchtigt hätten. Die Antwort der Straßburger auf diese Erklärung bestand darin, daß sie, nebst den Ihren und den lichtenberger Helfern, mit bedeutender Heeresmacht vor Hagenau rückten, die Stadt mehrere Tage lang beschossen, ihr hart zusetzten und sie mit Gewalt einzunehmen suchten, während sie die in der Umgebung befindlichen Mühlen und Höfe verwüsteten und dann, nach mißlungenem Eroberungsversuche, wieder nach Hause zurückkehrten. — Jetzt trat Herr Ottemann V. von Ochsenstein als Vermittler auf und beredete unter den erbitterten Streitenden einen gütlichen Tag nach Gödertheim, wohin sie ihre Räthe und Boten senden sollten; allein seine Bemühungen blieben ebenfalls fruchtlos. Endlich mußte sich Kaiser Karl IV. dieser Zerwürfnisse annehmen, und er beauftragte den Herrn Symon I. von Lichten-

---

105) Datum Argentine feria quinta proxima ante dnicam Letare sub anno dni M° CCC° L° nono.

berg, um dieselben auszugleichen und friedlich beizulegen, der dann auch, in seines Herrn Namen, sogleich eine Waffen=
ruhe, bis zu Sanct Johannis des Täufers Tage, anordnete, welchen Vorschlag alle Parthieen einstimmig annahmen; allein noch während der desfälligen Verhandlungen setzten haupt=
sächlich die Lichtenberger die Beschädigungen fort, bis zuletzt, im April des folgenden Jahres, unter der besonderen und kräftigen Vermittlung der elsässer Reichsstädte, der so sehn=
lichst gewünschte Friede zu Stande kam, vermöge dessen der durch Raub, Brand und Gefängniß angerichtete Schaden zwischen den Betheiligten, nämlich dem Bischofe Johannes, den Herren zu Lichtenberg und der Stadt Straßburg, sowie auf der andern Seite mit Hagenau und sieben anderen elsässer Reichsstädten, vollständig gesühnt ward [106]).

Während dieser Vorgänge traf Hanemann II. 1359 mit dem Ritter Johannes Stille folgende Uebereinkunft; jenem waren nämlich von dem Reiche jährlich fünfzehn, diesem aber nur vier Fuder Weingülte in Balbeborn schriftlich zugesichert; da sie jedoch in gegenseitiger Forderung und Abrechnung mit einander standen, so setzten sie fest, Ersterer wolle jährlich nur vier und Letzterer nur ein Fuder erheben und auf die übrigen verzichten, bis Jeder vollkommen befriedigt sei; allein später sollten die kaiserlichen Verschreibungen darüber in ihrem vollen Rechte verbleiben [107]). Gegen Ende dieses Jahres wies der=
selbe, in Verbindung mit seinem Sohne Heinrich III., seiner Tochter Agnes, der oben bemerkten Wittwe des Grafen Sy=
mon I. von Zweibrücken=Bitsch und ihren fünf Söhnen, für

---

[106]) Der wart geben zu Erstheim an dem ersten Samsdage vor Sant Georien dag Anno 1360. Wenker's Disquisitio de Ussburgeris 79. No. I. Siehe auch über diese Begebenheiten: Factum et tractatus von des Bischofes, der von Lichtenberg vnd von straßburg krig wider die von Hag. Heidelberger Univ.=Bibliothek Msc. Nr. 77, abgedruckt in Mone's Zeitschr. für die Gesch. des Oberrheins V, 175—186.

[107]) Der geben wart an der neheften Mittewochen nach sante sirtag In dem iere ꝛc. 1359 iare.

ihre sämmtlichen Erbansprüche, jährlich 100 Mark Silbers auf die Gefälle und Einkünfte der Dörfer Mellesheim, Bruningesheim, Ringendorf, Schalkendorf, Obern- und Niebernsulzbach, Utwilre, Mönchenhoffen, Gibchwilre, Nievern, Mütensheim, Gumprechtshoven und Zinzwilre an, ablösbar mit einer Summe von 1200 Mark Silbers ¹⁰⁸), worauf dieselbe und ihre Söhne auf alle Erbforderungen an ihren Vater und Großvater, namentlich aber auf die Veste Neuburg nebst Zoll, sowie auf die Burg Willstetten sammt zugehörigen Ortschaften, die ihr beide zum Witthum verschrieben waren, Verzicht leisteten ¹⁰⁹).

Mit herannahendem hohen Alter ward Hanemann II. etwas kühler und ruhiger, und wir finden nur noch eine Nachricht von demselben aus dem J. 1363, und zwar noch eine Folge seines muthwilligen Krieges mit der Stadt Hagenau, indem er seinem Enkel, dem Grafen Hanemann I. von Zweibrücken-Bitsch, allen Verlust und Schaden ersetzen mußte, den er dabei erlitten hatte, worauf derselbe erst einen Verzichtsbrief ausstellte, doch ohnbeschadet der früheren Verschreibungen seines „Atten", welche sämmtlich in Kraft bleiben sollten ¹¹⁰). Nach Verlauf von drei Jahren endigte er, hochbetagt, sein unruhiges Leben am 16. Februar 1366 und wurde in der Gruftcapelle des Klosters Neuburg, bei seinen Aeltern, eingesenkt ¹¹¹).

Im J. 1318 vermählte er sich mit Johanna, oder Jutta, einer Tochter des Grafen Josried von Leiningen-Hartenburg,

---

108) Dis geschach vnd wart birre brief geben an dem nehsten fritag vor sant katherinen dag, In dem Jare rc. 1359 Jar.

109) Dis geschach vnd wart birre brief geben an dem nehsten Zinstag nach sant katherinen dag, In dem Jare rc. 1359 Jar.

110) Der geben wart an vnser fröwen tag der Liehtmesse in dem Jare rc. 1363 Jar.

111) Auf seinem, früher daselbst vorhandenen, Grabsteine war folgende Schrift eingehauen: ANNO . DOMINI . M . CCC . LXVI . XIV . KL . MARCII . OBIIT . ILLUSTRIS . DNUS . HANNEMANNUS . DNUS IN . LIEHTENBERG. —

welcher er, unter der Genehmigung des Bischofs Johannes von Straßburg, 800 Mark Silbers auf Willstätt, sowie auf die damit verbundenen Dörfer zum Wittthum verschrieb [112]) und von deren Mitgift zu 2000 Pfund Heller er 600 Pfund oder eine jährliche Rente von 60 Pfund auf die Veste Neuburg am Rheine verlegte, wozu der Bruder seiner Gattin, der Bischof Emich zu Speyer, als Lehensherr, seine Einwilligung ertheilte [113]). Ihre Ehe war nur mit zwei Kindern gesegnet, mit einem Sohne, Heinrich III. oder dem Aelteren, der in der Regierung nachfolgte, und mit einer Tochter, Agnes, die von dem Grafen Symon I. von Bitsch als Hausfrau heimgeführt ward, der das Wittthum derselben mit 1000 Mark Silbers 1334 auf die Burg Bitsch anwies [114]). Das anfangs glückliche eheliche Verhältniß Jutta's wurde durch den rohen, unsittlichen Wandel Hanemann's auf's Häßlichste gestört, denn er erkaltete gegen seine edle Gattin [die von Zeitgenossen als »proba« und „biederbe" bezeichnet wird [115])] und hing sich, wie die Chronik berichtet, „an eine unelich böse wip", Lise von Steinbach geheißen, mit welcher er drei uneheliche Töchter zeugte, Agnes, Kunigunde und Adelheid. Das eheliche Glück, sowie der Frieden des Hauses waren nun dahin und besonders empfindlich wurde der Sohn, Heinrich III., von diesem strafbaren gewissenlosen Betragen seines Erzeugers berührt, jedoch mußte er sich in das Unvermeidliche fügen und sogar seine Zustimmung geben, daß sein Vater der „Jungfrowe" Lisen und ihren Kindern (für deren Zukunft sie, nach der Weise ihrer Standesgenossen, hinreichend zu sorgen suchte) 1345 folgende lichtenbergische

---

112) Geben uff Mitwoch nach Sant Veltins tag rc. 1318 jare.

113) Der geben wart do man zelde von Cristes geburte 1318 iar, an sante Mathias abende des Zwolfbotten.

114) Kremer's Geschichte des ardennischen Geschlechts II, 159. No. XI.

115) Chronicon Alberti argentinensis apud Vrstis. II, 157 und Königshofen, elsäßer Chronik 329.

Güter und Gefälle als erb und eigen verschrieb, mit Namen: sämmtliche Aecker, Matten (Wiesen), Reben und Gülten zu Hattematten, mit allen damit verknüpften Rechten, ferner die Reben (Weinberge) in dem Banne von Detwilre, die Mühle und den Zehnten zu Melleßheim, den Hof zu Utwilre, mit einer jährlichen Gülte von 47 Vierteln Roggen und 31 Vierteln Hafer, dann den, von dem von Westhausen erkauften, Hof zu Buchswilre und endlich noch die daselbst von dem von Wildesberg erworbenen Güter [116]). Im folgenden Jahre reuete es aber den Sohn, zu der Vergebung der Güter seines Stammes so gutmüthig eingewilligt zu haben, daher er, in Verbindung mit seinem mütterlichen Oheime, dem Grafen Emich V. von Leiningen, die berüchtigte Lise nebst ihren Kindern gefangen nahm und sie in sicheren Gewahrsam brachte; Vater und Sohn befehdeten darauf einander, bis endlich der Bischof Berthold von Straßburg die „stöße vnde missehelle, so su mittenander gehebet hant vntz „an disen hutigen tag" durch eine stäte und getreue Sühne folgendermaßen gütlich beilegte, worin jedoch auf's Bestimmteste ausbedungen ward, daß derjenige, der dieser Vereinbarung zuwider handle, seiner Ansprüche auf lichtenbergisches Gut und Erbe, eigen wie Lehen, für immer verlustig sein sollte. Herr Hanemann II. machte sich nämlich für sich und seine Helfer anheischig, die Gefangenschaft der Lise und ihrer Töchter, weder heimlich noch öffentlich, mit Rath oder mit That, rächen zu wollen; beide, Vater und Sohn, sagten einander auf's Feierlichste zu, sich gegenseitig einander nicht zu enterben, noch auch einander die Güter zu entfremden, deren Besitz sie sich zugesichert hatten, Niemand zu Lieb noch zu Leide, weder durch Freundschaft oder Feindschaft; zugleich gab der Vater seinem Sohne folgende Besitzungen zum Genusse ein: das straßburgische Lehen Willestetten mit allen

---

[116] Der wart geben an dem Zinstage nach dem zwentigesten Dage In dem iore ꝛc. 1345 Jar. Aus dem fürstlich leiningischen Archive.

Zubehörden, desgleichen das von den Liebenzellern herrührende Dorf Eckebrechtzwilre, dann die Veste Arnesberg mit ihrem Begriffe und endlich die Dörfer unterhalb der Selz, Münbeuelt, Frickenuelt, Kanle, Münderslache und Dierbach; auch versprach er, seinen Sohn an denjenigen Gütern ungeirrt zu lassen, auf die er das Witthum seiner Gattin verlegt hätte, und wenn Herr Hanemann mit seiner Gemahlin später wieder in ehelicher Gemeinschaft leben würde, so solle Heinrich dennoch im Besitze und Genusse aller verschriebenen Güter bleiben, wiewohl einige derselben zu der Mitgift seiner Mutter gehörten [117]).

Obgleich diese Sühne, wie oben bemerkt, auf's Feierlichste ausgefertigt und sogar zu mehrer Bekräftigung mit den Siegeln der nächsten Verwandten, des Dechants zu Straßburg, Johannes' von Lichtenberg, Ludemann's III. und Symon's I., des Grafen Emich V. von Leiningen, sowie Hugo's und Symunt's von Geroltseck, versehen worden war, so nahm Hanemann die Lise, wiewohl sie sich vor ihrer Loslassung durch eine Urfehde verpflichtet hatte, von ihm zu lassen, dennoch wieder zu sich nach Lichtenberg, wo sie ihm noch ihr jüngstes Töchterlein, Adelheid, gebar, und er wendete ihr fortwährend heimlich Gefälle zu, wie er denn in einem höchst vertraulichen Schreiben von 1350 seinen Vetter Symunt I. von Lichtenberg („wan ich bir aller dinge wol getruwe vnd es och „an bir wol befunden habe vnd bir och getruwen sol vnd „wil") auf's Inständigste ersuchte, seinen Antheil an den fälligen Königsgeldern, falls er sich zu der Zeit nicht im Elsasse befinden sollte, der „vrouwen lisen von steinbach vnd „konigvnde vnd adelheid iren kinden" zu überliefern [118]). Allein dies alles genügte derselben nicht, sondern sie wollte die Herrin spielen und vermochte nachher den, in ihren buh-

---

117) Der geben wart zu zabern an deme Sunnentage vor aller heiligen tage, da man zalte rc. 1346 iar.

118) Der wart geben do man zalte rc. 1350 iar an deme donrestage vor sante gregorien tage.

lerischen Netzen gefesselten, ehrlosen Gebieter, seine Gattin und Kinder im J. 1352 aus der Burg zu verstoßen, was auch wirklich erfolgte. Nach diesem unerhörten Gewaltstreiche verband sich nun der Sohn Heinrich nochmals mit seinem Oheim Emich V. und mit anderen Getreuen, um diesem schändlichen Unfug für immer ein Ende zu machen; sie zogen vor die Veste Lichtenberg, eroberten sie nach vielen Anstrengungen und nahmen den Hanemann sammt seinem Kebsweibe Lise gefangen, welche Letztere von den aufgebrachten Edeln — eine fürchterliche und prompte Justiz in jenen gewaltsamen Zeiten — aus einem Fenster der hohen Burg hinabgestürzt wurde, wo sie, ehe sie die grauenvolle Tiefe erreichte, an den Felsen zerschellte; unser Herr aber mußte wegen der an Weib und Kindern verübten Treulosigkeit und Ungerechtigkeit lange Zeit in dem Gewahrsam seines Sohnes schmachten, bis er endlich, nach schweren Opfern und unter dem nochmaligen eidlichen Gelöbnisse, seinem Sohne das Geschehene nicht nachtragen und ihn nicht enterben zu wollen, nach Jahresfrist seine Freiheit wieder erhielt [119]).

Demohngeachtet blieb aber dessen verwildertes Gemüth gegen die Seinigen verstockt und verhärtet, und ausschließlich beschäftigte ihn die Sorge, seine drei unehelichen Kinder anständig unterzubringen, was ihm jedoch nur mit der ältesten, Agnes, gelang, indem sich endlich noch, 1354, ein ehrloser Edelknecht, Götz von Grostein, fand, der sich durch die ansehnliche Mitgift von 500 Mark Silbers bewegen ließ, die lichtenberger Bastarttochter zur Ehe zu nehmen, für welche Summe ihm deren Vater bedeutende Güter und Gefälle zu Hattematten, Mellesheim, Wulfesheim, Detwilre, Mönchenhofen u. s. w. als eine Schenkung unter Lebenden, im Werthe

---

[119] Siehe auch über diese Vorgänge **Alberti Argentin.** Chronicon apud Vrtis II, 157; **Königshofen's** elf. Chronik 329. **Bernhart Herzog's** Chronicon Alsatiae V, 6 und 7, und dessen Calendarium historicum Alsatiae unterm 10. April.

von 700 Pfund Heller, vor dem geistlichen Gerichte zu Straß=
burg überwies und aufgab [120]). Seine zwei anderen natür=
lichen Töchter, Kunigunde und Adelheid, brachte er, in dem=
selben Jahre, als Nonnen in das Kloster Stephansfeld,
steuerte fie, unter der Einwilligung seines Sohnes Heinrich III.
und seines Enkels Konrad II., mit einer jährlichen Rente
von 14 Pfund Hellern aus und sicherte ihnen überdies noch
einen jährlichen Zuschuß von 10 Pfund Hellern, später in
eine Gülte von 60 Vierteln Früchte zu Ingenheim verwan=
delt, zu, die aber nach ihrem Absterben wieder an die Herr=
schaft Lichtenberg zurückfallen müsse [121], daher auch die, im
Jahre 1387 allein noch am Leben befindliche, Nonne Kunigunde
gerichtlich erklärte: diese letztere, bei ihrer Einkleidung aus=
gestellte, Versicherung sollte ab und todt sein [122]).

4) Heinrich III. oder der Aeltere.

Diesen Herrn treffen wir zum erstenmale als Helfer des
Königs Philipp VI. von Frankreich bei dessen unglücklichem
Feldzuge gegen die Engländer, in welchem er, als deutscher
Ritter, mit eilf seiner Vasallen, vom 3. April bis zum 7. Au=
gust 1347, unter dem Oberbefehle des Herzogs der Nor=
mandie und Guienne stand und mitfocht, daher der König
seinen Kriegs-Schatzmeister beauftragte, demselben für seine
geleisteten Dienste die Summe von 279 Livres 8 Sols und
4 Deniers auszuzahlen [123]). Seinem Verwandten, dem

---

120) Actum V^ta Nonas Marcij. Anno dnj 1354to. Darin heißt
es ausdrücklich von Hanemann: ob paternum et naturalem affectum,
quem dicebat se habere erga Agnetim eius filiam, a quondam lysa
dicta de Steinbach procreatam etc.

121) Der wart gegeben an der nehesten Mittewochen noch vnserer
frowen Dag der Jünger, In dem iore rc. 1354 ior.

122) Actum VIII°. Klnd Augusti Anno dni 1387mo.

123) Donné sous mon segruet le XXVI Jour daoust lan dessdit.
(XLVII). —

Herrn Ludemann III., versprach er 1350, ihn wegen einer Bürgschaft für 14 kleine Goldgulden, von dem verpfändeten Walde zu Obernhoven herrührend, schadlos zu halten [124]), und sein anderer lichtenberger Vetter, Herr Symunt, mit welchem er Arnsburg in Gemeinschaft inne hatte, bescheinigte ihm den richtigen Empfang von 16 Pfund straßburger Pfenningen, die durch jenen in der genannten Veste an Thoren und Brücken verbauet worden waren [125]), nachdem er, einige Wochen zuvor, dem Abte zu Stürzelbronn die Versicherung ausgestellt hatte, er wolle die Sache wegen des von der Abtei schuldigen Zinses nach jener Burg so lange beruhen lassen, bis er sich mit dem erwähnten Herrn Symunt verständigt haben würde, wer von ihnen Beiden den fraglichen Zins eigentlich zu fordern hätte, „vnd sprechen ouch das wyr „hierzwüschent des Abts vnd Closters gutt freundt wöllent „seyn" [126]).

Das Zugeld der Mutter unsers Heinrich, Johanna's von Leiningen, war bei ihrer Vermählung theilweise auf die, zur Gutenburg gehörenden, Dörfer Freckenfeld, Minfeld, Kandel, Minderslachen und Dierbach verwiesen worden, welche Orte, wie wir aus der oben berührten Uebereinkunft Hanemann's II. mit seinem Sohne von 1346 wissen, Letzterem eingeräumt worden waren. Da nun dessen Oheim, Graf Emich V. von Leiningen, diese Pfandschaft gerne einlösen wollte und man aber die darauf verlegte Summe nicht kannte, so geriethen Beide, wie es damals bei der geringfügigsten Veranlassung der Fall war, darüber in „zweyung vnd kriege", bis endlich 1355 der pfälzer Kurfürst Ruprecht I. und Johannes, der straßburger Bischof dazwischen traten und den

---

124) Der geben ist an dem achten Dage nach Ostern. Anno dni M°. CCC°. quinquagesimo.

125) Der wart geben an dem Mendag nach sant Lucien Dag des iares rc. 1352 iare.

126) Datum Crastino Catharine Anno Domini Millesimo Trecentesimo quinquagesimo Secundo.

Streit so vermittelten: Hanemann II. sollte, bei geschwornem Eide, zwischen hier und dem nächsten Johannistage erklären, für welche Summe seiner Gattin obige Dörfer verpfändet seien, und dafür müsse sie Heinrich III. dem Leininger oder dessen Erben zu lösen geben; würde aber Jener in der anberaumten Frist keine Erklärung von sich geben, so möge dann Graf Emich, in den darauffolgenden vierzehn Tagen und bei seinem Eide, die Auslösungssumme selbst bestimmen [127]). Diese Vermittlung hatte den gewünschten Erfolg, denn Heinrich III. quittirte seinem Oheime, unmittelbar nach dem Tage Johannis des Täufers, den richtigen Empfang des Lösegeldes mit 1500 Pfund speyerer Heller [128]). Nachher geriethen indessen Beide wegen ausgestoßener beleidigender Reden, sowie wegen Besitzungen der Leininger im Elsasse, wieder mit einander in Haber, den der erwähnte Bischof 1359 wohl vorläufig beschwichtigte [129]), allein bald darauf brachen die Feindseligkeiten auf's Neue aus, die jedoch eine vermittelnde Uebereinkunft von 1361 ebenfalls nicht vollständig dämpfen konnte, bis dann zuletzt ein wiederholter Vertrag vom Jahre 1362 die Ruhe vollständig herstellte [130]), aus welchen Vorgängen hervorzugehen scheint, unser Heinrich III. habe sich Manches von dem hartnäckigen Charakter seines Vaters angeeignet. Wenige Wochen vor des Letzteren tödtlichem Hingange, zu Anfang des Jahres 1366, übernahm er für seinen Eidam Heinrich von Geroltseck, Herrn zu Lare jenseits Rheins, sowie für den Rath der Stadt Lare, eine Bürgschaft für 100 Pfund Geldes, daher Beide demselben,

---

127) Der geben ist zu wyssenburg an dem bornstage in der pingestwochen rc. 1355sten Jare.

128) Der geben wart an dem bunrestage nach sancte iohannes bage des heiligen töffers zu sunegißte des Jars rc. 1355. Diese beiden Urkunden stammen aus dem hochfürstlich leiningischem Archive. Siehe auch meine Geschichte der pfälzischen Burgen, Bd. I, 220 u. 221.

129) Der geben wart an dem nehesten Zinstage vor dem heiligen Pfingestage des Jares ba man zalte rc. 1359 Jare. Eben daher.

130) Siehe meine urkundliche Geschichte der pfälzischen Burgen III.

als ihrem gnädigen Herrn, deßfalls Schabloshaltung ge=
lobten ¹³¹).

Nach Hanemann's II. Tode trat deſſen an den Grafen
Symon I. von Bitſch verheirathete Tochter, die Wittwe Agnes,
deren bereits früher berührte Mitgift-Angelegenheit noch un-
bereinigt war, nicht nur wegen dieſer alten Forderung, ſondern auch noch mit neuen Anſprüchen an das nun eröffnete
väterliche und mütterliche Erbe gegen ihren Bruder Heinrich
und deſſen Sohn Konrad II. auf, daher ſich dieſelben, durch
die Zuſicherung einer Summe von 1800 Mark löthigen Sil=
bers, oder, bis zu deren Abtragung, mit einer jährlichen
Rente von 150 Mark, mit ihr gütlich abfanden, jedoch unter
der ausdrücklichen Bedingung: die Gräfin ſollte an den
Schulden ihres Vaters, die, nach der Concubinenwirthſchaft,
nicht unbeträchtlich geweſen ſein müſſen, nichts zu bezahlen
haben ¹³²). Im folgenden Jahre ſtellte nun dieſelbe ihrem
Bruder und Neffen einen Verzicht auf alle möglichen Erb-
anſprüche an die Herrſchaft Lichtenberg aus ¹³³), den das zuſtändige Gericht als gültig anerkannte ¹³⁴), und quittirte zugleich ihrem Bruder die 150 Mark für's laufende J. 1367 ¹³⁵).

Folgender merkwürdige Vorfall überzeugt uns auf's
Augenſcheinlichſte, die Finanzen unſerer Linie ſeien durch die
tolle Wirthſchaft Hanemann's II. ſehr in Verwirrung gekommen; denn ſein Sohn, Heinrich III., und ſein Enkel, Konrad II.,
waren nämlich mit Schulden belaſtet und wurden, beſonders
durch den übertriebenen Wucher eines ſtraßburger Juden,
äußerſt hart bedrängt und betrogen, ſo daß ſie ſich weder zu

---

131) Der geben wart an bem ſamſtage vor bem zweilften bage der
winnabten. In bem iare ꝛc. 1366 iare.

132) Diſer Brief wart gegeben zu Buhſwiler an dem neheſten
donreſtage noch aller Heillingen tag In bem Jore ꝛc. 1366 Jor.

133) Vnd wart dirre brief gegeben an dem neheſten Zinſtage vor
ſante Agneſen bag, In bem iar ꝛc. 1367 jar.

134) Actum XIIIIᵐᵒ Kaln Febr. Anno dni 1367ᵐᵒ.

135) Vnd wart dirre brief gegeben an dem neheſten mendage nach
Sante Agneſe bag. In bem iar ꝛc. 1367ᵐᵒ.

rathen, noch zu helfen wußten; von der weltlichen Gewalt hatten sie voraussichtlich keine Abhülfe zu erwarten, und sie wandten sich deshalb endlich an den heiligen Vater, Gregor XI., in Avignon, der dann auch zu Anfang des Jahres 1371 dem Abte in Neuweiler den Auftrag ertheilte, jenen Israeliten anzuhalten, unseren Herren das wucherisch abgenommene Geld wieder zurück zu geben, die darüber verfaßten Verschreibungen für ungültig zu erklären und die Bürgen ihres Eides quitt und lebig zu sprechen [136])! — Der vorhin gedachte Heinrich von Geroltseck, Herr zu Lare, der die einzige Tochter unseres Heinrich III., Abelheid, geehelicht hatte, bescheinigte demselben und seinem Schwager Konrad II. einige Monate nachher den richtigen Empfang von 400 Pfund straßburger Pfenningen von dem Zugelde seiner Frau [137]). Am Himmelfahrtsfeste dieses Jahres schloßen Herr Thiebold zu Blankenberg und Heinrich (dessen Sohn), unser Heinrich III. und sein Sohn Konrad II., Symunt Herr zu Lichtenberg und Johannes IV. (dessen Sohn), der Graf Johannes zu Salm, Johann und Ulrich Herren von Vinstingen, die Grafen Hanemann I. und Symunt II. von Zweibrücken-Bitsch, Heinrich der Jüngere oder IV., Herr von Lichtenberg, Graf Eberhart zu Zweybrücken und Jakob von Vinstingen, ein Bündniß mit dem Markgrafen Rudolph von Baden zu gegenseitiger Hülfe, von jetzt an bis Weihnachten und dann noch auf ein Jahr lang [138]).

Die Geldverlegenheiten unserer lichtenberger Herren, des Vaters und des Sohnes, treten von nun an immer deutlicher zu Tage, so daß wir von denselben größtentheils nur Verkäufe oder Verpfändungen zu melden haben. Im Jahre 1372 veräußerten sie dem Ritter Johann Bernach von Kutzelsheim, dessen Ehehälfte Anna von Wildesperg und

---

136) Datum Auinion XVI° Kln februarij. Pontificatus nri anno primo.
137) Der geben wart an dem fritage vor dem Balme tage, In dem Jare zc. 1371 Jar.
138) Der geben wart an dem None tage do man zalte zc. 1371 Jar.

Die ältere oder Heinrich'sche Linie bis zu ihrem Erlöschen.   65

ihren zwei Söhnen, Johannes und Bernach Münch, ihren
Antheil an Arnsburg, den Letztere bisher lehensweise besessen
hatten, um 1500 Gulden, jedoch auf Wiederlösung und mit
dem Vorbehalte, daß jene Veste der Verkäufer und ihrer
Leibeserben offenes Haus sein sollte, zu allen ihren Kriegen
und Nöthen [139]). Einige Wochen später verzichteten beide
gegen ihren Vetter, den Herrn Symunt zu Lichtenberg, auf
den Burgfrieden, den sie mit demselben darin beschworen
hatten, und sprachen ihn zugleich seiner dießfälligen Gelübde
los und lebig, bis zu der Zeit, wann sie ihren Theil wieder an sich lösen würden [140]). Im folgenden Jahre verkauften sie, ebenfalls wiederlöslich, dem Hensel Schantz von
Bußwilre ihre Schäferei mit Haus, Hof, Scheuern und
sonstigem Anhange in Detwilre, nebst dem Weidgange und
dem Rechte, ihre Bänne zu Mellesheim und Göttesheim auch
noch als Weide benutzen zu dürfen, für die Summe von
150 guter schwerer Goldgulden von Florenz [141]).

Herr Heinrich der Aeltere hatte um diese Zeit auch eine
schwere Fehde mit Johannes von Appermont, Herrn zu Forbach, denn er stellte mit seiner Ehefrau Margaretha, 1373,
den Ortschaften Wald- und Minre-(Klein-)Hagenbach,
Ufheim und Vollesperg einen sogenannten Trostbrief aus,
daß sie während seines Krieges mit jenem nicht beschädigt
werden sollten [142]). Ein Jahr später überließ derselbe und
sein Sohn ihrem lichtenberger Verwandten Symunt käuflich
die ihnen zustehende Hälfte der Dörfer Zinswiler und Gumprechtshoven, sammt Allem, was dazu gehörte, mit alleiniger

---

139) Der geben wart an dem nehsten Samsbage nach dem heiligen Osterbage, In dem Jare ꝛc. 1872 Jare.
140) Der geben wart an der nehesten Mittewuchen vor dem Heiligen Pfinkest bage, des iares ꝛc. 1372 iare.
141) Der geben wart an dem nehesten Zinstag nach dem heiligen Ostertag, In dem Jare ꝛc. 1373 Jare.
142) Der geben wart an dem nehesten samestage vor sante Kathe-rinen tag, In dem Jahre ꝛc. 1373 Jare.

I   5

Ausnahme ihrer eigenen Wiesen in letzterer Gemarkung, für 200 Pfund straßburger Pfenninge baares Geld [143]), und nicht lange hernach stellten sie, nebst ihren Amtleuten, dem Edelknechte Reinhart von Burne die Versicherung aus, von ihren Gefällen in der Stadt Brumat nichts einnehmen zu wollen, bevor seine Forderung an sie mit 40 Pfund Hellern bezahlt sei [144]).

Die Geldnoth unserer beiden Herren wurde immer drückender, so daß sie, um sich aus solchen Verlegenheiten zu retten, einen entscheidenden Schritt thun mußten. Sogar die, schon mehrmals besprochene, Mitgift seiner Schwester, der gräflichen Wittwe Agnes von Bitsch, hatte Heinrich III. noch nicht abtragen können, daher er, in Verbindung mit Konrad II., seinem Sohne, und seinem Stammesfreunde, dem Herrn Heinrich IV. von Lichtenberg, um „kunftige notdorfft vnd „grösseren schaden zu vermybende", am 3. Mai 1377 folgende Güter, Gerechtsamen und Gefälle einräumte, wie er sie bisher innegehabt, besessen und genossen habe, nämlich die halbe Veste Neuburg am Rhein und die Lösung der anderen Hälfte, nebst dem dabei befindlichen Flecken und Weiler; Brumat, Burg und Stadt, halber sammt der Schäferei daselbst; die halbe Vogtei zu Stephansfeld und dann folgende Dörfer zur Hälfte: Atzenheim, Mittelhusen nebst der Büttelei, Frankenheim mit der Vogtei und den dasigen Reben, Kirwilre, Gries, Wilre, Wolfisheim, Waltenheim, Schwindratesheim und Schnersheim; ferner die Burg und den Flecken Willstett mit den dazu zählenden Leuten, Ortschaften und Rechten; ein Viertheil des Geleites zu Ingwiler; die Vogtei über die der Abtei Neuweiler zuständigen Höfe Noteburn (Reutweiler) und Atzenheim, die jährlich 60 Viertel Roggen und zwei Fuder Wein ertrugen, und endlich die dem Kloster Craftal gehörige

---

143) Der geben wart an der nehesten mittewuchen nach dem palme tage, Jn dem Jare ɛc. 1374 Jare.

144) Der geben wart an dem nehesten Sonnenbage vor sce walpurge bage, des iares ɛc. 1374 Jar.

Vogtei, ebenfalls in jenem Rotbure, jährlich zu 20 Viertel Roggen und einem halben Fuder Wein angeschlagen; — dies Alles erhielt Heinrich IV. zu erblichem, ewigem und eigenthümlichem Besitze und Genusse, unter der Verbindlichkeit, der vorbemerkten Gräfin Agnes und ihren Erben jedes Jahr 150 Mark Silbers zu entrichten, welche Rente jedoch, vermöge der darüber abgeschlossenen Uebereinkunft, mit 1800 Mark abgelöset werden könne, und zugleich müsse er an den Ritter Johannes Zorn in Straßburg jährlich 56 Pfund Pfenninge bezahlen, herrührend von den auf Brumat und Willstett haftenden 1200 Pfund [145]).

Lobenswerth war es von unserem Heinrich III., daß er diese schönen Besitzungen wieder dem lichtenberger Hause zuwandte, damit sie demselben nicht entfremdet werden möchten. Der erste Schritt war nun gethan, welchem, einige Wochen darauf, ein noch weit entschiedener folgte, indem er in die Hand, Gewalt und „Gewere" seines „lieben" Sohnes Konrad alle seine übrigen Besitzthümer, als unwiderrufliche „Gift", zu wahrem rechtmäßigen Eigenthume übergab und namentlich seine Theile der Burgen und Städte Lichtenberg und Buchswilre, die Veste Arnsburg mit dem Auslösungsrechte und endlich die Lösung zu Gerlingesdorf, und zwar diese sämmtlichen Stücke mit allen damit verbundenen Dörfern, Gütern und Gefällen; an demselben Tage leistete er auch Verzicht auf den Burgfrieden zu Brumat und entband zugleich seinen Vetter Symunt von Lichtenberg des ihm deshalb geleisteten Eides [146]). Zu seinem Lebensunterhalte mußte ihm aber sein Sohn Konrad II. jedes Jahr 100 Pfund straßburger Pfenninge verabreichen, sowie auch 120 Viertel Roggen, 65 Viertel Hafer und 2½ Fuder Wein liefern, und da sich der Lichtenberger Heinrich IV. für jene Summe Pfenninge

---

145) Der wart geben an bez heiligen Cruzes tage als es funden wart. In dem iare 2c. 1377 Jare.

146) Beide Urkunden sind ausgestellt: Der wart geben an Sant Urbans tag des Babestes. In dem Jar 2c. 1377 Jare.

verbürgt hatte, so mußte ihm Konrad II., zu mehrer Sicherheit und bis zu seines Vaters Ableben, die Dörfer Schalckendorf, Ringendorf und Erolzheim, jedes zur Hälfte, ferner seinen Theil an Obern= und Niedernsultzbach und endlich die zwei Orte Utwilre und Menchenhoffen ganz verpfänden [147]); für die, von der Vogtei über die Klosterhöfe fallenden, jährlichen Fruchtgefälle übernahm indessen Herr Symunt von Lichtenberg die Bürgschaft, daher Konrad II. demselben eidlich zusagte, ihn für allen daraus entspringenden Nachtheil entschädigen zu wollen [148]). Konrad trat nun die Verwaltung der Herrschaft an und nannte sich seitdem, sowohl in Briefen, als auch in seinem Siegel, **Herr zu Lichtenberg**.

Sein Vater überlebte diese Veränderung nur um einige Jahre, denn er verließ die Welt, die ihm wenig Erfreuliches geboten hatte, gegen Ende des Jahres 1379, da sein Eidam, Heinrich von Geroltseck, Herr zu Lare, im Februar 1380, an dessen Stelle einen anderen Blutsfreund, Heinrich IV. oder den Jüngeren von Lichtenberg, für eine Schuld zu Bürgen einsetzen mußte [149]). Zur Lebensgefährtin hatte ihm sein Vater Elisabetha oder Else von Geroltseck erwählt, der auch mit dem Herrn Egen von Geroltseck am Wasichen (oder in den Vogesen) im Jahre 1337 die Eheberedung abschloß (nach welcher die Vermählung zwischen heute und der nächsten Fastnacht vollzogen und die dahin einschlägigen Verschreibungen ausgefertigt werden sollten) und dem Bräutigam 800 Mark löthiges Silber, straßburger Währung, zusagte, während Egen dem Bräutchen eine Mitgift oder ein „Zugelt" von 1000 Mark verschrieb und beide zugleich für die ange-

---

147) Der wart geben an sant Johanses tage bez töffers alse er geborn wart, In dem Jare ꝛc. 1377 Jare.

148) Der geben wart an dem nehesten Dunrestage nach sante Michelstag In dem iare ꝛc. 1377 Jare.

149) Der da geben wart an der nehsten mitwochen vor sant Mathis tag des heilgen Zwölfbotten In dem Jare ꝛc. 1380 Jare.

gebenen Summen Bürgen stellten¹⁵⁰). Nicht lange darauf
sicherte oder verlegte Letzterer, nebst seinen zwei erwachsenen
Söhnen, Symund und Hugo, sowie seiner unmündigen Kinder, Henselin und Friederich, die Ehesteuer seiner Tochter
mit 1000 Mark Silbers auf Güter, Fruchtgülten und Geld-
zinse in den Orten Dunkenheim, Schselsheim, Marley,
Wasselnheim, Detwilre, Suersheim, Gunsheim, Berstetten,
Lutenheim und auf der Mühle zu Olfsheim¹⁵¹). Aus dieser Verbindung gingen ebenfalls nur zwei Kinder hervor, ein
Sohn Namens Konrad, den wir bereits mehrfach in Ver-
bindung mit seinem Vater haben kennen lernen, und eine
Tochter, Adelheid, die den Heinrich von Geroltseck, Herrn zu
Lare jenseits Rheins, 1357 zum Gemahl erhielt, welchem
Kaiser Karl IV. gestattete, dieselbe mit 1700 Mark löthigen
Silbers auf die Reichslehen, Burg und Stadt Malberg und
auf das Dorf . . . . (ist im Original zerfressen), zu verwid-
men¹⁵²), und im nächsten Jahre verschrieb derselbe von der
Mitgift seiner Adelheid 500 Pfund straßburger Pfenninge
auf das Dorf Dundelingen, sammt allen Rechten und Zu-
ständigkeiten¹⁵³).

5) Konrad II.

Dieser Herr räumte, gleich bei seinem Regierungsantritte,
dem Ritter Götz von Grostein zu Straßburg, der bekanntlich
eine natürliche Tochter Hanemann's II. geehelicht hatte, den
Ort Götesheim, mit allen möglichen Zubehörungen, Ding-
höfen, einer jährlichen Rente von 25 Pfund Pfenningen und

---

150) Dirre brief wart geben an dem Cynstage nach dem zwelften
dage do man zalte ꝛc. 1337 Jare.
151) Dis beschach vnd dirre brief wart geben an sant Valentins
dag In dem Jare do man zalte ꝛc. 1337 Jare.
152) Der geben ist zu Metze ꝛc. 1357 Jare des nehsten freitags
nach des heiligen Cristes tage.
153) Der geben wart an dem nehsten Sammestage vor dem Meietage, Des iars ꝛc. 1358 iar.

einer Fruchtgülte von 80 Vierteln, lebenslänglich ein, welches alles also nach seinem Hinscheiden an die lichtenberger Familie wieder zurückfallen müsse, für welche Uebergabe derselbe unserem Konrad II. und seinen Erben seine Höfe in der Stadt Buchswilre und zu Utwilre, sammt allen Feldern, Rebäckern, Zinsen und Gefällen, überließ, auch auf eine Schuldforderung von 600 Gulden verzichtete und sich noch wegen des Rückfalls von Götesheim reversirte [154]). Wir ersehen daraus, wie Konrad bemüht war, die durch seinen Großvater an seine unehelichen Kinder verschleuderten Besitzungen (worüber er um dieselbe Zeit ein genaues Verzeichniß anfertigen ließ, das jedoch ohne Datum ist) wieder zu erwerben; aber dennoch konnte er dem zerrütteten Wohlstande seines Hauses nicht mehr aufhelfen, sondern er sah sich 1378 genöthigt, die ihm in den Bännen von Wasselnheim und Ueberechlingen zuständigen Matten, Aecker und Weinberge, nebst den damit verbundenen Gerechtsamen, an den alten Ammeister in Straßburg, Johannes Kanzeler, um 43½ Pfund straßburger Pfenninge auf Wiederlösung zu veräußern [155]).

Mit dem Herrn Symunt zu Lichtenberg traf er 1379, um künftigen Irrungen zuvorzukommen, folgende Vereinbarung: Die Dörfer Rotpach mit der Mühle, Winmenowe und Oswilre sollten ihnen gemeinsam zustehen, dagegen aber die Leibeigenen in Ruwilre, Ingwiler und Buchswilre jenem allein zugehören [156]). Einige Monate hernach verkaufte unser Dynast demselben und seinen Erben die Hälfte der Mühle in Mellesheim mit allen darauf ruhenden Rechten und namentlich mit allen „malern, die darzu gemalen hant" zu

---

154) Beide Briefe sind ausgestellt: Der wart geben an Sant Jacobs des heiligen Zwolffbotten, In dem Jare ec. 1377 Jare.

155) Der wart geben an dem Ersten samstage vor den heiligen zwölften tage In dem Jare ec. 1378 Jare.

156) Der geben wart an sante Paulustag alse er bekert wart, In dem iare ec. 1379 Jare.

Duntzenheim, Mellesheim, Götesheim, Brüngisheim und
Willingeshusen, für eine nicht genannte Summe Geldes [157].
Mit den Brüdern Johannes Münch, Hensel und Petermann
von Kutzelsheim gerieth er damals in Streit und Fehde,
vermuthlich wegen des denselben versetzten Theils an Arns=
burg, ja er hatte sie sogar niedergeworfen und in's Gefäng=
niß gelegt, allein vermöge einer, durch den Bischof Friede=
rich von Straßburg vermittelten Sühne, mußte er dieselben,
gegen eine Urfehde wieder ihrer Haft entlassen [158].

Im folgenden Jahre ging er gegen den Herrn Jo=
hannes IV. zu Lichtenberg die eidliche Verbindlichkeit ein,
seinen Theil der Veste Lichtenberg „vnd daz stettelin do vor
„vnd den berg mit aller zugehörden, als verre der Burg=
„frieden Cirkel gat", ohne dessen Willen und Gehelle an
Niemand zu verkaufen, zu versetzen oder sonst zu verändern,
würden aber er oder seine Lehenserben dieser Zusage zuwider
handeln, so sollten sie meineidig und ehrlos sein und sein
Theil an der Burg sei dann für erb und eigen an jenen
Johannes und an dessen Erben verfallen [159]. Dieser suchte
sich also, weil Konrad II. keine männlichen Nachkommen
hatte, dadurch den alleinigen Besitz der Stammburg des
lichtenberger Geschlechtes, ohne fremde Einmischung, zu
sichern und zu wahren. Letzterer versöhnte sich abermals
mit den obgemeldeten drei Brüdern von Kutzelsheim im
Jahre 1382, über die „Stöße vnd Mißhel", die sie, wegen
der von den Dynasten von Ochsenstein herrührenden Gülten
mit einander gehabt hatten, in welchem Sühnbriefe von
Gefangenen und von Raub die Rede ist; auch sollte Konrad
jene mit den Ochsensteinern vertragen und überhaupt ein

---

157) Der geben wart an dem nehsten Zinstag nach dem heiligen
Ostertag In dem Jare ꝛc. 1379 Jare.
158) Der geben wart uf den nehsten Sunnentag vor dem Schönen
Nonetage. Des Jares ꝛc. 1379 Jare.
159) Der geben wart an dem nehsten zinstage nach sant Michelstag
In dem Jare ꝛc. 1380 Jare.

Verzicht auf alle gegenseitigen Ansprüche und Forderungen stattfinden [160]). Unser Herr hatte auch, unter der Bedingung des Rückkaufes, dem Götzen von Ingenheim eine, zu Zinswiler, Rotpach und zu Ringendorf fällige, jährliche Geldrente von 16 Pfund straßburger Pfenningen übergeben; allein da er diese Dörfer gemeinschaftlich mit seinem Verwandten Johannes IV. besaß, so versprach er demselben im Jahre 1384 die Pfandschaft baldmöglichst auszulösen und den Schaden, den er etwa dabei erleiden könnte, wieder zu vergüten, thue er dies aber nicht, so möge sich dann jener mittelst seiner sonstigen Güter zu entschädigen suchen [161]).

Die Edelknechte Rudolf von Bütenheim und Reinhart von Burne verzichteten 1385 auf alle Forderungen an Konrad II., theils wegen ihrer bisherigen Spänne und Mißhelligkeiten, theils aber auch wegen Dienstgelder, als sie mit ihm, ihrem seligen Herrn, dem metzer Bischofe, zu Hülfe gezogen waren [162]). Noch einmal erscheint derselbe als Lehensherr über den, den Fleckensteinern zustehenden, Laienzehnten zu Berstheim und Wintereshusen 1389 [163]), denn am 20. August des folgenden Jahres schied er aus diesem Leben und ward in der Nicolauscapelle des Stiftes Neuweiler beigesetzt [164]). Er begab sich 1371 in den Stand der Ehe mit Johanna von Blankenberg, gewöhnlich Jenate oder Jenache geheißen, deren Wittum durch seinen Vater, Heinrich III., mit 5000 Gulden auf die Geld- und Fruchtgefälle von fünfzehn lichtenbergischen Dörfern verlegt ward, wozu der Oberhirte von

---

160) Der geben wart des Dunerstags in der Osterwochen do man zalte ꝛc. 1382ſten Jaren.

161) Dis geschach vnd wart dirre brief geben an dem nehſten manbage nach dem Palmetage. In dem Jare ꝛc. 1384 Jare.

162) Der geben wart off den nehſten Samſtag vor ſante Snrtes tage des heiligen Babeſtes. In dem Jare ꝛc. 1385 Jare.

163) Der geben ist an ſant Gallen tag, In dem ꝛc. 1389 Jare.

164) Unter folgender Grabschrift: ANNO . DOMINI . M . CCC . LXXXX . XIII . KL . SEPTEMBR . OBIIT . CONRADUS . DOMINUS . DE . LIETHENBERG.

Metz, Dietrich, als theilweiser Lehensherr, sowie auch Heinrich IV. von Lichtenberg, Herr zu Lichtenau, als Mitbesitzer einiger jener Ortschaften, ihre Zustimmung ertheilten; Herr Thiebolt von Blanckenberg steuerte seine Tochter mit 4000 Gulden aus, worauf sie auf alle väterliche und mütterliche Erbansprüche verzichten mußte, weil, wie der Bräutigam erklärte: „dz min herre von Blanckenberg vorgen vber laiben ist „mit kinden" [165]).

Aus dieser Ehe waren nur eine Tochter, Elisabetha, die an Herrn Walther von Geroltseck jenseits Rheins verheirathet ward, und zwei Söhnchen entsprossen, Thiebolt und Hanemann, welche aber beide in jugendlichem Alter, noch vor dem Vater, dahinstarben, daher sich die Wittwe Johanna, sogleich nach ihres Gemahls Hinscheiden, der die Heinrich'sche Linie unseres Geschlechtes beschloß, der ungünstigen finanziellen Verhältnisse wegen, in den Besitz der ihr zum Witthum angewiesenen Orte setzte, worüber sie jedoch mit den lichtenberger Erben, hauptsächlich mit Herrn Johannes IV., in großen Unfrieden und in viele Unannehmlichkeiten gerieth, welcher Letztere sie daraus zu verdrängen suchte. Sie rief also einen Verwandten, den Grafen Friederich von Zweibrücken-Bitsch, um Hülfe an, der sich auch seiner Muhme auf's Kräftigste annahm, indem er sich 1391 der ihr zuständigen Dörfer Duntzenheim, Mellesheim, Brunigsheim, Gichwilre, Mönnichhoven, Obern- und Unternsultzbach, Utwiler, Bossolshusen, Geißwilre, Wilgeshusen und Erolzheim bemächtigte und dieselben wie seine eigenen Güter zu schirmen versprach, bis die Senate oder ihre Erben es ihm absagen würden, während die Bewohner jener Ortschaften ihm für seinen Schutz jedes Jahr 10 gute alte Gulden entrichten müßten [166]).

---

[165] Sämmtliche Briefe sind ausgestellt: Die da gegeben wurden do man zalte von gots geburte 1371 Jar vf den nesten bonrestag vor see Micheles tage.

[166] Der geben wart vf den nehsten Sonnentag noch dem osterlichen tage So man singet in der heiligen kirchen Quasimodo, Des Jares ꝛc. 1391.

Dessenohngeachtet setzte aber Johannes IV. seine Beeinträchtigungen fort, so daß sich die Wittwe gedrungen sah, klagend gegen denselben aufzutreten, worauf dann im nächsten Jahre ein Schiedsgericht von sieben Männern und unter diesen vier Edelknechte, ein Domherr und der Vogt zu Neuweiler, nebst dem Schaffner in Buchsweiler, durch einhelligen Spruch das gute Recht derselben auf jene Dörfer anerkannten [167]). Besonders unangenehm und störend war unserem Johannes IV. der Mitbesitz in Burg und Stadt Buchsweiler von Seiten seiner Muhme, worin sie mit Junker Ludwig IV. von Lichtenberg und mit ihrem Tochtermanne Walther, Herrn zu Geroltseck, 1394 den Frieden gelobte [168]).

Jener zog also gelindere Saiten auf und suchte auf anderem, heimlichem, Wege zu erlangen, was er mit offener Gewalt nicht durchsetzen konnte. Jenate befand sich nämlich oft in Geldnoth und verkaufte daher 1395 ihrem „lieben vetter" den britten Theil an ihren vier Schäfereien zu Buchswilre, Utwilre, Mönichenhoven und Brunigesheim für 60 Pfund gute straßburger Pfenninge [169]), und einige Wochen hernach veräußerte sie an denselben noch einen vierten Theil an den Dörfern Brunigesheim, Obern- und Niedernsultzbach, Utwilre, Mönichenhofen und Ernoltzheim um 200 Pfund guter Pfenninge, jedoch mit dem Rechte der Wiedereinlösung, worüber Herr Johannes IV. „der Edel, siner lieben Mume Jenathe" einen Rückschein ausstellen mußte [170]). Die Freundschaft Beider währte indessen nicht lange, und Letzterer war unedel genug, eine schwache bedrängte Wittwe bald darauf mit Ge-

---

167) Der geben wart vff die neheste mittewuche vor dem heiligen schonen None abende des Jares ꝛc. 1392 Jare.
168) Dirre brief wart geben an vnsere vrowen Abent der Cremmesse also sü zu himmel fur In dem Jare ꝛc. 1894 Jare.
169) Der geben wart an dem nechsten Frytag nach Sant Johanns Baptisten tag In dem Jare ꝛc. 1395 Jare.
170) Der geben wart an dem nechsten Samstag nach vnser Frawen tag der Jungern, In dem Jare ꝛc. 1395 Jare.

Die ältere oder Heinrich'sche Linie bis zu ihrem Erlöschen. 75

walt aus Burg und Stadt Buchsweiler zu vertreiben oder, wie sie selbst sagt, „vns entwerte vnd vns das angewan". Jenate klagte wohl nachher über diese ihr widerfahrenen Ungerechtigkeiten bei dem pfälzer Kurfürsten Ruprecht III., der auch 1400 den Befehl erließ, ihre Ansprüche genau zu untersuchen, und sogar Schiedsleute ernannte, um über dieselben endgültig zu sprechen [171]), allein demohngeachtet konnte sie nicht mehr zum rechtlichen Besitze der ihr zum lebenslänglichen Genuße verschriebenen Güter gelangen, und da ihr hauptsächlichster Dränger, Johannes IV., das letzte Glied seiner Linie, keine männliche Erben hatte, so leitete sie nach dessen, im Jahre 1405 eingetretenen, Tode, wegen ihrer gegründeten Ansprüche an die Gefälle in jenen genannten Ortschaften, mit den von dem lichtenberger Stamme damals allein noch übrigen Brüdern Ludwig IV. und Johannes, Unterhandlungen ein, die jedoch der Zähigkeit ihrer Verwandten halber erst im Jahre 1408 durch eine gütliche Uebereinkunft ein erwünschtes Ende erreichten, kraft deren sie von ihrer Forderung an Buchsweiler, nebst den damit verbundenen Dörfern und Einkünften, abstand und dafür von jenen Brüdern auf ihre Lebensdauer jährlich 60 Pfund straßburger Pfenninge und fünf Pfund Pfenninge für Hausmiethe, ferner noch 60 Viertel Roggen, 40 Viertel Hafer und fünf Fuder Wein zugesichert erhielt [172]), welchen Gehalt sie noch vierzehn Jahre lang genoß, indem sie 1422 ihr Dasein beschloß.

---

171) Datum sexta feria post Dominicam Reminiscere anno Domini Millesimo quadringentesimo.

172) Der geben wart off den nechsten Zinstag vor sant Michels tag des heiligen Ertzengels, des jores ꝛc. 1408 Jore.

Abschnitt III.
Die jüngere oder Ludwig'sche Linie der Herren von Lichtenberg, bis zum Aussterben des älteren Hauptzweiges derselben, vom Jahre 1252 bis zum Jahre 1405.

1) Ludwig II.

Wir sind bisher über die Geschichte der Heinrich'schen Linie schnell hinweggeeilt, weil dieselbe so wenig Bemerkenswerthes darbot und sie auch nicht von langer Dauer war; allein in der Ludwig'schen Linie treffen wir wichtigere Momente an, denn wir sehen dieselbe bald an Macht und Güterbesitz bedeutend zunehmen und überhaupt das lichtenberger Geschlecht sich in kurzer Zeit zu dem ersten und einflußreichsten des unteren Elsasses emporschwingen.

Weil die Brüder Heinrich II. und Ludwig II., die damals noch geringen und bescheidenen Besitzungen ihres Stammes ungetheilt inne hatten und also auch, wie wir bereits oben vernommen haben, größtentheils oder vielmehr immer gemeinsam handelten, so haben wir die Lebensmomente des Letzteren bereits mit denen seines Bruder's erwähnt, und haben wir also nur noch kurz dasjenige anzuführen, was denselben allein betrifft. Im Jahre 1257 bekräftigte er eine friedliche Uebereinkunft des Bischofs Jacob von Metz mit dem Abte und Convente zu Ruwilre wegen der Benutzung und Unterhaltung einer zwischen Ruwilre und Dossenheim gelegenen Mühle, sammt dazu gehörigem Weiher [173]). Nach seines Bruders Tode finden wir denselben 1278 als Bürgen in der, schon früher bemerkten, Witthumsverschreibung für seine Nichte Agnes, die den elsäßer Landgrafen Johannes zum Gemahl erhalten hatte, und zwei Jahre später erkaufte er und sein Neffe Konrad I. von Herrn Eberhart von Etendorf dessen

---

[173]) Actum anno dni M°. CC°. L°. VII°. III. Kl. Decembr.

Dorf Roitpach, nebst allen Gerechtsamen, Unterthanen und deren Kindern, sowie mit dem Kirchensatze daselbst und dem Rechte an der Vogtei zu Selhofen, um 160 Mark Silbers [174]). Zum letztenmale begegnet uns Ludwig II. 1282 in dem Hinlichsbriefe der Herzogin Agnes von Teck mit dem ebengenannten Konrad I. von Lichtenberg.

Sein Todestag, sowie der Ort seines Begräbnisses sind nicht bekannt, und dieselbe Ungewißheit herrscht über seine Gemahlin; eine alte lichtenberger Genealogie nennt sie Adelheid, jedoch ohne Geschlechtsnamen; Hübner führt als solche unterm Jahr 1284 Agnes von Lützelstein an [175]), und Schöpflin bezeichnet sie als eine Tochter des Markgrafen Herrmann von Baden, Namens Elisabetha [176]), welche letztere Angabe die richtigere zu sein scheint, denn die markgräflich badischen Brüder, Friederich und Rudolph, nennen, in einer später anzuführenden Urkunde von 1319, den Enkel Ludwig's II., Johannes III., ausdrücklich ihren Oheim oder Verwandten. Sie wurde Mutter von vier Söhnen, Rudolph's, der jedoch mit seiner Gattin, Katharina von Clingen [177]), keine Erben hinterließ und dem wie nur einigemal in den Jahren 1270 und 1272 begegnen; der zweite Sohn, Johannes I. oder der Aeltere geheißen, folgte seinem Vater in der Herrschaft Lichtenberg nach, und die beiden übrigen Söhne waren geistlichen Standes, denn Heinrich kommt 1287 als Sänger am hohen Stifte zu Straßburg, in dem oben angeführten, durch Konrad I. vollbrachten Verkaufe eines Gutes zu Obernhoven an den Herzog Herrmann von Teck vor, und sein Bruder Sybobo oder Sigibobo verwaltete das

---

174) Geben an Sant Johannes Abend Baptisten des Jars rc. 1280 Jare.

175) Hübner's genealogische Tabellen II, Nr. 859.

176) Schöpflini Alsat. illustr. II, 623. Schöpflin erhielt diese Tabelle von der landgräflich hessischen Regierung zu Buchsweiler.

177) Mone's Zeitschrift für die Geschichte des Oberrheins I, 460. 461 und 469.

Bisthum Speyer mit vieler Umsicht und großem Eifer; er ward am 8. März 1302 erwählt und schied aus diesem Leben am 12. Januar 1314.

2) Johannes I. oder der Aeltere.

Denselben treffen wir zum erstenmale 1286, da er und sein Vetter Konrad I. von Lichtenberg ihrem Vasallen, Eberhart von Landesberg, die Einwilligung ertheilten, seiner Tochter Elisabetha 100 Mark Silbers auf dem Lehen Batzendorf anzuweisen, welche Summe dieselbe ihrem Ehewirthe, Johannes von Hohenstein, als Witthum zuwies [178]), und im nächsten Jahre erscheint er in einigen, bereits oben angeführten Verträgen desselben Verwandten mit dem Herzoge von Teck. Mit dem Walther von Huneburg schloß Johannes I. 1288 wegen des Hauses Huneburg folgende Uebereinkunft ab: beide sollten diese Veste, sammt dem Felsen und allen Zuständigkeiten, einander helfen vertheidigen mit Leib und Gut und mit aller ihrer Macht; Walther dürfe seinen Antheil an der Burg niemand Anderem verleihen, verpfänden oder verkaufen, als nur unserem Lichtenberger, würde er aber gegen diese Bestimmung handeln, so solle dann sein Theil jenes Hauses dem Letzteren von Rechtswegen verfallen sein und zugehören, der zugleich noch die Verpflichtung übernahm, den Walther in des Reiches Namen vor aller Gewalt und Beeinträchtigung zu schirmen, sowie ihm überhaupt berathen und behilflich zu sein, insofern er es vermöge und das Reich es ihm erlaube. Zu mehrer Bekräftigung und festerer Haltung ließen sie diese Vereinbarung durch den König Rudolph I., den Bischof Konrad von Straßburg und den Grafen Heinrich von Veldenz besiegeln [179]).

---

178) Dis geschach an vnserre frowen abende der Erren mez, da von gotes geburte warent tusent Jar zwei hundert Jar vnd Sechzi vnd achzig Jar.

179) Dis geschach, da von gotes geburte warent 1288 Jar.

Der ebengenannte König nahm 1291, gleich seinen Vorfahren am Reiche, die Abtei Neuburg mit allen ihren Besitzungen und Gütern, unter denen die Höfe Roitpach, Selhoven und Schönfelt ausdrücklich angeführt werden, in seinen besonderen Schutz und verbot Jedem, irgend ein Vogteirecht über jenes Gotteshaus und dessen Zubehörungen auszuüben [180]), welche Verfügung sein Nachfolger, Adolf von Nassau, ein Jahr nachher in Beisein der Herren Johannes I. von Lichtenberg und Otto III. von Ochsenstein, des Landvogtes im Elsasse, bestätigte [181]). In demselben Jahre übergab der elsässer Landgraf Ulrich dem Herrn Rulin, des Spittlers Sohn von Brumat, 20 Mark Silbers zu einem Setzlehen, wofür er demselben 15 Viertel Korn von der Bete im Dorfe Wippruch verpfändete [182]), und wir werden von nun an den Inhalt der landgräflichen Urkunden, die wir noch vorfanden, jedesmal genau mittheilen, weil die Schicksale jener Landgrafen des unteren Elsasses noch sehr der Aufklärung bedürfen, und dann besonders deshalb, weil sie zur Vervollständigung unserer Geschichte dienen, indem bei weitem der größte Theil der Besitzungen derselben später in die Hände der Herren von Lichtenberg gelangte. König Adolf genehmigte auch die zu Speyer getroffene Uebereinkunft über die Zurückgabe der zwei Burgen Ortenberg und Bilstein an das Haus Habsburg, in der Person des Grafen Albrecht von Hohenberg, und bekräftigte zugleich den deshalb, durch den Landgrafen Johannes von Werd, Johannes I. von Lichtenberg und Ludwig und Johannes von Amoltir, mit dem edlen Manne Otto III. von Ochsenstein, Landvogte im Elsasse, geschlossenen Frieden [183]).

180) Datum Spire V^{to} Idus Aprilis, Anno dni 1291.
181) Datum Hagenove tercio Klnd Decembris ind. sexta, Anno Domini 1292. Beide Daten aus einer sicheren Notiz des hanau-lichtenbergischen Archives zu Darmstadt.
182) Dis geschach des Jares so man zelete ꝛc. 1292 Jar, an der cleinen vahsnacht.
183) Datum Heiligbrunnen X°. Kl Aprilis, Anno dni M°. CC°. LXXXX°. III°.

Der Burgmann Krebs in Lichtenberg übergab 1295 seinem Sohne Johannes, vor seinen anderen Kindern zum voraus, seine erbeigne Mühle zu Gybichwilre, welche Gift vor seinen beiden Herren, Konrad I. und Johannes I. von Lichtenberg, geschah, die sie auch mit ihren Insiegeln beglaubigten [184]). Dieselben verliehen ein Jahr hernach der Ehefrau des Ritters Helewig von Buhswilre, Frau Junten von Huneburg, wegen dessen und seiner Vorältern geleisteten treuen Dienste, das Seßlehen, das gedachter Helewig auf einer Mühle zu Gerlingesdorf von ihnen hatte, und zwar mit der Vergünstigung, jenes Lehen sollte, wenn Helewig ohne Söhne abgehe, auf seine Frau und nach deren Tode auf zwei ihrer Töchter fallen und erben [185]). Friederich, des seligen Herrn Walther's Sohn von Huneburg belehnte 1297 Götzen von Lupphenstein und Heinrich von Werdenberg mit seinem Theile an der Veste Huneburg, sammt allen Rechten und Zubehörden, unter der Einwilligung seines Herrn, Johannes I. von Lichtenberg, und verpflichtete sich zugleich, dessen Vertrag mit seinem seligen Vater stät und fest halten zu wollen [186]). Einige Monate darauf genehmigte König Adolf, daß, nach dem Ableben Heinrich's, des Sohnes Otto's, genannt Osselin von Westhofen, dessen Reichslehen zu Balbeburnen, bestehend in 7 ½ Fuder Wein, an Hugo von Lampritheim und an dessen Erben fallen sollte [187]). Während der Regierung dieses Monarchen war mehrmals ein kriegerisches Wesen im Elsasse, woran hauptsächlich Bischof Konrad in Straßburg und sein Neffe, Johannes I., als eifrige Anhänger und Ver-

---

184) Der wart gegeben, an dem nehesten tage vor sant Johannes abent zu Sunnigehten, Do man zalte ꝛc. 1295 Jaire.
185) Dis bezhac an dem menbage wor Sancte vrbanes dage ꝛc. 1296 iar.
186) Beide sind gegeben: Diz geschach do von Gottez geburte warent 1297 jar, an deme Mentage vor sce vrbanestage.
187) Actum et datum Slezstad anno dni M°. CC°. LXXXXVII°. II. Kal Septembris.

Die jüngere oder Ludwig'sche Linie bis zum Jahre 1405.

wandten des habsburger Regentenhauses thätigen Antheil nahmen, und Letzterer zeichnete sich besonders im Jahre 1298 rühmlich aus, als König Adolf, der es vorzugsweise auf die Besitzungen des Hochstifts Straßburg abgesehen hatte, die bischöfliche Stadt Ruffach belagerte. Johannes I. hatte den Oberbefehl darin, er machte mit 1500 Reitern öfters Ausfälle und tödtete oder fing aus dem königlichen Belagerungsheere bei 300 Mann, so daß sich Adolf genöthigt sah, am 11. Juni von Ruffach abzuziehen und sich vor die Stadt Egisheim zu lagern. Als er aber bald darauf vernahm, sein Gegner, der Herzog Albrecht von Oesterreich, Rudolf's I. Sohn, sei in Maynz zum Reichsoberhaupte erwählt worden, so wandte er sich den Rhein abwärts und fand endlich am 2. Juli 1298, in der entscheidenden Schlacht bei Göllheim, welcher auch unser Johannes I. beiwohnte, seinen Tod [188]).

Einige Wochen nach diesem Treffen begab sich der Sieger, König Albrecht I., der nun nochmals in Frankfurt einstimmig zum deutschen Herrscher erkoren worden war, mit seinem unerschütterlichen Anhänger, dem straßburger Bischofe Konrad von Lichtenberg, der seinen erhöheten Herrn in der Wahlstadt auf's freudigste begrüßt hatte, hinauf in's Elsaß und zog mit großer Pracht und unter lautem Jubel der Bürgerschaft in Straßburg ein, wo er an einem glänzenden Hoftage seine Getreuen belohnte und unter Anderem auch Johannes I. zum Landvogte im Elsaße ernannte [189]). Hier genehmigte er

---

188) Siehe auch: Geschichte des Elsaßes von Strobel II, 117 und 118. Von Johannes I. singt ein Augenzeuge und Theilnehmer an der Schlacht bei Göllheim:

  Mit den ein rotte sluch mit sporn
  Der rauchgraf von Stolzenberch
  Jorge, unt der von Liehtenberch
  Der edle werde Johan,
  Der lob von Liehtenberch ie bran
  In eren als ein karvunkel
  Je Dienst der nähte tunchel. —

Dr. Böhmer's Fontes rerum germanic. II. 484.

189) Schöpflini Alsatia illustr. II, 562. § CCXXVII.

zugleich nochmals die von Heinrich, Oehſelin's Sohn (von Weſthofen), durch eine Schenkung oder „Smechet" bewirkte Uebertragung des Reichslehens in Balbeburne von 7½ Fuder Weins an Hugo von Lampertheim und an ſeine Nachkommen [190]).

Der Landvogt Johannes I. legte im Jahre 1300 mehrere Mißhelligkeiten in den edeln Familien von Bergheim und von Andlau gütlich bei [191]), und im nächſten Jahre belehnte Biſchof Friederich in Straßburg, mit der Einwilligung ſeines Capitels, dieſen ſeinen Verwandten mit der erledigten Burg Schöneck am Waſichen und mit deren ſämmtlichen Zubehörungen [192]). Im Monate September befand ſich unſer Landvogt in dem Heere des Königs Albrecht bei der Belagerung von Bingen und hier erneuerte derſelbe jenem und den Bürgern von Buchswilr die den letzteren durch ſeinen Vater Rudolf I. ertheilten Freiheiten [193]). Dieſer Monarch verſprach auch bei der Belagerung von Cöln dem Landvogte Johannes I., 1302, für ſeine vielen, treulich erwieſenen und noch zu leiſtenden Dienſte, 1000 Mark Silbers, ſtraßburger Gewichtes, und verpfändete ihm, bis zur Auszahlung dieſer Summe, die Dörfer Weſthouen und Balbeburnen mit ihren Einkünften, Rechten und Allem, was dazu gehörte [194]), und zwei Tage hernach erſuchte er die Kurfürſten um ihre Einwilligung zu dieſer Verpfändung [195]), was auch von den drei

---

[190]) Datum argent. XVIII°. Klu Septembr anno domi M°. CC°. Nonag°. Octauo.

[191]) Dirre brief wart giſriben an deme ſameſtage vor ſancte Gregorien bage in deme jare ꝛc. 1300 jar. Schöpflini Als. dipl. II, 74. No. 817.

[192]) Dis geſchach an dem Einsdage vor dem Balmedage ꝛc. 1300 Jar.

[193]) Datum in Castris ante Pingwiam anno dni 1301 VI Kalen Octobr. Indictoe V°.

[194]) Datum in Castris prope Coloniam, XII. Kaln Nouembr anno domini 1302 Ind. Prima.

[195]) Datum in Castris prope Coloniam Anno domini 1302 X°. Kalen Nouembr. Indcone Prima.

Erzbischöfen in demselben Jahre, durch den Markgrafen Herrmann von Brandenburg, den Herzog Rudolf von Sachsen, den König Wenzel von Böhmen und den Pfalzgrafen Rudolf I. aber erst im folgenden Jahre geschah.

Hugo von Batzendorf gab 1303 seinem Lehensherrn Johannes von Lichtenberg, dem Landvogte, den Kirchensatz in Berstein, welches Dorf von Letzterem zu Lehen ging, zu Gunsten des Ritters Heinrich von Fleckenstein, auf [196]), und einige Monate später willigte der straßburger Bischof, Friederich von Lichtenberg, ein, daß sein Neffe, Burkart Herr zu Geroltseck, seinem Vetter, Gebhart von Geroltseck, dessen Gerechtsame in dem Dorfe und Banne von Herd abkaufte, die von dem Hochstifte lehenrührig waren [197]). Im Jahre 1304 wendete sich der Erzdiacon in Straßburg, Herrmann von Thierstein, auf die Anzeige des Comthurs Otto im Templerhause zu Tan, welchem die widerspenstige Gemeinde Ofwiller die Lieferung der schuldigen Zinsen, Gülten und Zehnten verweigerte, an seinen Oberhirten, sowie an den Landvogt Johannes I., mit der Bitte, diese Angelegenheit in der Güte vergleichen zu wollen [198]), und im nächsten Jahre übergab König Albrecht, bei seiner Anwesenheit in Straßburg, dem Ritter Hans Bechtold von Truffenheim und seinem Vetter Frenzel, wegen ihrer treuen Dienstleistungen, das Dorf Truffenheim zum Eigenthume, das bisher ihm und dem Reiche ablösig zugestanden hatte, jedoch unter der Bedingung, daß sie und ihre Erben, auf jedesmaliges Erfordern des Reichsrichters zu Hagenau, demselben Recht sprechen helfen müßten, sowie sie dies von Alters her, des Lehens wegen, zu thun schuldig gewesen seien [199]).

---

[196]) Der wart gegeben, an den mandage nach dem ostertage, bez iares ꝛc. 1303 iar.

[197]) Dirre brief wart gegeben an sante Mauricien tage, do man zalte ꝛc. 1303 Jar.

[198]) Datum feria quinta post. dom. Innocauit Anno dni 1304°.

[199]) Gebenn zu stroßburgk ꝛc. des trytten tags des monnetz may Anno dni 1305.

Werner von Bolanden, Propst zu Sanct Victor bei Maynz, der Reichstruchseß Otto von Bolanden und seine Gattin Lorette stellten 1307 ihrem Neffen, dem Wildgrafen Friederich und seinen Erben, ihr Haus zu Wörth, mit allen damit verbundenen Gefällen und Gerechtsamen, zu; sollte aber der Graf Heinrich von Zweibrücken, Otto's Stiefvater, oder seine Mutter Kunigunt, oder auch der edle Herr Dilmann von dem Haue, sich einiges Recht an jenes Haus anmaßen wollen, so machte sich Ersterer verbindlich, seinem Neffen und seinen Angehörigen deshalb „Werschaft" zu thun [200]). Der vorhin erwähnte Hug von Batzendorf setzte seinen lieben „mag", Heinrich von Fleckenstein, zu sich in die Gemeinschaft des lichtenberger Lehens zu Verstein, bestehend in dem ganzen Zehenten daselbst und zu Wintershusen, wofür ihm derselbe, jährlich und lebenslänglich, 20 Viertel Roggen, 1 Fuder edeln Weins und 1 Pfund straßburger Pfenninge liefern sollte; auch ward noch das Nöthige wegen der Erbfolge in diesem Lehen bestimmt, und Hug versprach zugleich, die Belehnung für seinen Vetter bei dem Herrn von Lichtenberg bewirken zu wollen [201]). Der Wildgraf Friederich behielt indessen das ebenbemerkte Haus, oder vielmehr die Burg in Wörth, vermuthlich wegen der weiten Entfernung von seinen Stammgütern auf dem Hunsrücken, nicht ein Jahr lang im Besitze, sondern er verkaufte dieselbe, mit ihren Zubehörden, es seien Kirchensatz, Leute, Männer oder Frauen und mit allem Anderen, wo es gelegen sei, es bestehe in Riet, in Wasser, Weiden oder Wäldern, unserem Dynasten Johannes I. und seinen Erben für 540 Mark Silber, straßburger Gewäges, baare Zahlung [202]), und im nächsten Jahre bezeugte

---

200) Dirre brief wart gegebin do man zalte ꝛc. 1307 iar, an sante Petirs dage in der ernin.

201) Diz geschach an dem Samesdage nach aller Selen dag do von Got geburte worent 1307 jar.

202) Der brif ist gegeben, do man zalte ꝛc. 1308 jar, an deme Sonendage vor halpvasten.

er, da sich wahrscheinlich von Seiten des Käufers einige Anstände, wegen der mit jener Burg verknüpften Lehen, ergeben hatten, auf seinen Eid, er hätte die im Banne und Gebiete von Wörth befindlichen Güter, welche Dieterich von Ubirsberg und dessen Ehehälfte von Reidinbach, von ihm und seinen Vorgängern zu Lehen gehabt habe, nach dessen Tode dem Edelknechte Wilhelm von Meckinbach, zwei Jahre vor dem Verkaufe der Veste Wörth, lehensweise übertragen [203]). Einige Jahre darauf vermachte unser Herr, mit der Einwilligung seiner Gattin Adelheid und seiner sämmtlichen Kinder, dem Abte Herrmann und dessen Convente zu Stürzelbronn das Patronatsrecht der Kirche in Wörth, nebst 'allen Zuständigkeiten, zu ewigem Besitzthume und zu einem „Seelengerethe" für sich und die Seinen [204]), welche Schenkung dessen Sohn, Herr Ludemann III., 1325, genehmigte und bestätigte [205]).

Für Herrn Johannes I. war, mit der Ermordung des Königs Albrecht 1308, auch zugleich die landvogteiliche Würde erloschen, denn dessen Nachfolger, Heinrich VII., übertrug dieselbe dem Grafen Jofried von Leiningen und dieser Kaiser verlieh auch, 1311, auf die Bitten eines gewissen Ochselin, das bereits mehrfach besprochene Weinlehen, „Ochselinslehen" geheißen, zu Balbebrunne den Strengen Burkart Philer und Burkart und Hugo, genannt Schoub [206]). Damals hatte unser Dynast auch eine Fehde mit dem Grafen Symon I. von Zweybrücken-Bitsch, den er, nebst vielen seiner Manne, zum Gefangenen machte, daher derselbe und sein Vater Eberhart auf alle Ansprüche wegen dieses Gefängnisses Verzicht

---

203) Datum anno dni M°. CCC°. Nono feria quinta ante festum Simonis et Jude.
204) Acta sunt hec. Anno ab Incarnacione Dni 1311ᵐᵒ In festo Beate Agatho virginis et Martyris. Codex stürzelbronn. Folio 315.
205) Datum Anno Dni M°. CCC°. XX°. Quinto In previgilia Epiphánie Dni. Daselbst Folio 315, verso.
206) Datum in Castris ante Brixiam XVII°. Kln. Augusti anno dni 1311. —

leisteten ²⁰⁷). Der mehrgedachte Hug von Batzendorf ersuchte im folgenden Jahre die Herren von Lichtenberg, seine fleckensteiner Vettern als Gemeiner im Kirchensatze zu Berstein anzuerkennen, und gab ihnen dann dieses Lehen auf, mit der Bitte, dasselbe seinen Magen zu übergeben ²⁰⁸), die auch, nämlich die Brüder Johannes und Heinrich von Fleckenstein, Söhne Heinrich's, nach Monatsfrist durch Johannes I. und Hanemann II. mit jenem Patronate beliehen wurden ²⁰⁹). Auf Ansthen dieser beiden lichtenberger Herren ertheilte der Erzbischof Nicolaus von Upsala 1312 der Pfarrkirche des heiligen Leobegar zu Buchswilre, für alle Gläubigen, die dieselbe an bestimmten festlichen Tagen besuchen würden, einen vierzigtägigen Nachlaß ihrer Sünden, jedoch unter der Genehmhaltung des straßburger Oberhirten ²¹⁰). Gegen Ende dieses Jahres stellte der Ritter Burkart Flesche von Bischofsheim dem elsässer Landgrafen Ulrich einen Rückschein aus, über ein Lehen von 2 Pfund 4 Schillinge Heller, das auf dem Brühel zu Brumat fällig und mit 11 Mark Silbers abzulösen war ²¹¹). Die letzte Nachricht von unserem Herrn ist vom Jahre 1314, da ihm der, zum deutschen Könige erwählte, Ludwig der Bayer, für seinen treuen Beistand bei Frankfurt am Main mit dreißig gerüsteten Schlacht- oder Ritterpferden zur Erlangung der königlichen Würde und des Reiches, sowie auch für die Dienste, die er ihm bis nächsten Sanct Martinstag und von da an über ein Jahr lang,

---

207) Und gechait bis, do Man zalte von Cristes geburte 1311 jar

208) Diese drei Urkunden sind auf einen Tag ausgestellt: Der wart gegeben an dem ersten mantage nach sancte Gregorien tage, des Jares rc. 1312ten Jare.

209) Der wart gegeben an dem ersten mantage nach sancte Georgen tage des Jares rc. 1312ten Jare.

210) Datum vienn tempore Concilii generalis celebrati ibidem Kl April anno dni 1312 Pontif. Dni Clementis Pape Quinti Anno Septimo.

211) Diz geschach an dem zins dage noch sante Niclaweses dag rc. 1312 Jar.

zwischen Straßburg und Achen, jedoch auf des Monarchen Kosten und Schaden, erweisen würde, tausend Mark reinen Silbers zu geben versprach, und zwar die eine Hälfte dieser Summe bis zum kommenden Weihnachtsfeste und die andere auf künftiges Osterfest, welche Zusagen derselbe, in Ermangelung eines königlichen Siegels, mit demjenigen der Pfalzgrafschaft am Rhein und des Herzogthums Bayern bekräftigte ²¹²).

Johannes I. endigte sein rühmliches Dasein am 22. August 1315 und er fand seine Ruhestätte in der Burgcapelle zu Buchsweiler, wo ihm sein Sohn Johannes III. ein schönes, während der großen französischen Revolution jedoch zerstörtes, Grabmal errichten ließ, auf welchem er lebensgroß und gewappnet, mit übergeworfenem Rittermantel, abgebildet war; in der Linken hielt er das Schwert, mit dem er umgürtet war und dessen Scheide seine Rechte deckte, sein bloßes lockiges Haupt lag auf einem verzierten Kissen, und neben demselben befand sich das lichtenberger Wappen mit dem Löwen; seine Füße aber ruheten, nach damaligem symbolischen Gebrauche, auf zwei Löwen ²¹³). Er hatte sich mit Adelheid von Werdenberg-Montfort verehelicht und vier Kinder mit derselben erzeugt: Johannes III., seinen Nachfolger in der Regierung; Susanna, die Gattin Ulrich's, des Landgrafen im Elsasse; Adelheid, die 1349 als Nonne zu Lichtenthal genannt wird und am 25. October 1383 starb ²¹⁴), und endlich Ludwig oder Ludemann III., der eine besondere Linie seines Hauses gründete.

---

212) Datum in castris apud Frankenuord. Anno dni Mº. CCCº. quarto decimo, Nono Klnd Nouembr. Es ist dies die erste Urkunde, welche Ludwig der Bayer als erwählter König ausstellte.

213) An dem Rande des Sarkophages, auf welchem er ruhete, war folgende Schrift eingehauen: ANNO. DNI. Mº. CCCº. XVº. XI. KAL. SEPTEMBR. OBIIT. IOHANNES. DE. LIEHTENBERG. —

214) Mone's Zeitschrift für die Geschichte des Oberrheins VII, 358.

3) Johannes III. oder der Jüngere.

Der Landgraf Ulrich zu Elsaß und Johanneselin (III.), Herrn Johannes' I. oder des Aelteren Sohn von Lichtenberg, versprachen 1313 den Rittern Burkart dem Pfiler, Burkart und Hug Schouben von Straßburg, sie an ihrem Reichslehen der 7½ Fuder Weins zu Balbeburnen nicht zu hindern oder zu irren, so lange nämlich dieses Dorf in ihrer Hand und und Gewalt stehe[215]), und König Ludwig der Bayer gelobte im Jahr 1315 unserem Johannes III., einige Monate vor seines Vaters Ableben, ihm bis nächstes Pfingstfest, für seine bereits geleisteten und noch zu leistenden Dienste, 2000 Mark Silbers zu bezahlen, würde er aber zur bestimmten Zeit nicht Wort halten, so sei derselbe nicht mehr verpflichtet, ihm zu dienen, allein es stehe ihm dennoch frei, entweder Reichs- oder andere Güter des Königs mit Pfandschaft zu belegen, um sich für jene Summe bezahlt zu machen[216]).

Der Tod Johannes' des Aelteren machte wohl seinen Sohn, Johannes III., zum Herrn schöner Besitzungen, allein er mußte auch damit zugleich, weil sein Vater viele Güter erworben, deswegen noch ansehnliche Verbindlichkeiten hatte und auch dessen letzten Kriegszüge mit großem Aufwande verknüpft waren, nebst der Vormundschaft über seinen jüngeren Bruder Ludwig III., anfänglich viele Schulden übernehmen, daher er sich genöthigt sah, im Jahre 1317 einem Geistlichen, Kuno von Lupfenstein, und seinen Erben Güter in dem Banne von Lupfenstein für 150 Mark Silbers für frei und eigen käuflich zu überlassen, wozu er später die Einwilligung seines Bruders Ludwig beizubringen versprach[217]). Seiner, an den Landgrafen Ulrich zu Elsaß vermählten, Schwester

---

215) Der wart geben an dem Mantage nach vnsere vrowen tag der Jongeren. In dem Jare ꝛc. 1313 Jar.
216) Datum Spire XIII°. Kalen Aprilis anno dni M°. CCC°. quinto decimo.
217) Datum Id. Nouembr anno dni M°. CCC°. Decimo septimo.

Susanna waren 1200 Mark Silbers als Ehesteuer wohl verschrieben, aber bisher noch nicht abgeliefert worden, daher dieselbe und ihr Gemahl, nach des Vaters Hinscheiden, nicht nur mit dieser Forderung, sondern auch mit Ansprüchen an mütterliches Erbe auftraten, und da unser Herr außer Stande war, sie zu befriedigen, so war darob großes Mißbehagen und gegenseitiger Unwille entstanden, um deren Ausgleichung beide Theile den straßburger Oberhirten Johannes ersuchten, der dann auch 1317 diesen verdrüßlichen Handel folgendermaßen gütlich schlichtete: die gesammte Forderung der Landgräfin an Mitgift und Erbe ward auf 1400 Mark Silbers festgesetzt und ihr dafür die zwei Dörfer Westhouen und Balbeburnen mit allen Einkünften und Berechtigungen eingeräumt, sowie beide als Reichslehen an ihren seligen Vater gekommen seien und er sie bisher besessen habe, wogegen sie aber auf alle weiteren Ansprüche an das lichtenberger Haus verzichtete und auch zugleich der Verbindlichkeit enthoben wurde, an der Berichtigung der vorhandenen Schulden Theil zu nehmen, zu welchen Bestimmungen ihr Bruder, Johannes III., die Genehmigung des Jüngsten der Geschwister, Ludwig's III., nach dessen erreichter Volljährigkeit, beizubringen hätte. Zum Schlusse hielt sich noch Susanna, für den Fall, daß ihre zwei Brüder ohne Leibeserben verfallen und sie dieselben überleben würde, ihre weiteren Erbansprüche auf deren Nachlaß, nach bisherigem Gebrauche und Rechte (sicut consuetudinis fuerit atque juris), bevor; verlasse sie aber die Welt ohne Kindersegen, so sollten jene beiden Dörfer ebenfalls wieder an den lichtenberger Stamm zurückfallen [218]).

Zwei Jahre darauf bekannte der Ritter Symunt Fürste von Brumat, er trage von dem Landgrafen Ulrich zu Lehen dessen Haus (Burg) zu Brumat, „das bo in der matten „ober die Sorne, gegen minem hof ober gelegen ist, mit hofe-

---

218) Datum V Kln Decembr anno dni M°. CCC°. Decimo septimo.

„stette vnd allem dem buwe der do vffe ist, was sin ist, inne-
„wendig des graben, der ietze darumbe gat, oder der graben
„die darumbe gande" [219]). Mit den markgräflich badischen
Brüdern, Friederich und Rudolf, stand Johannes III. damals
auch in einer Fehde, deren Gegenstand jedoch nicht bekannt
ist, daher jene diesem, ihrem Oheime, gegen Ende des Jahres,
eine sogenannte Tröstung oder Zusicherung ausstellten, ihm
acht Tage vor Eröffnung der Feindseligkeiten wider- oder absagen zu wollen, und ein Gleiches sagte auch der Lichtenberger
seinen Verwandten zu [220]). Otto IV., Herr von Ochsenstein,
der Landvogt im Elsasse, verschrieb sich 1320 für seine lichtenberger Vettern, Hanemann II. und Johannes III., als Haft
und Bürge gegen den Edelknecht Kuntzlin Stange wegen einer
Schuld, bis zu nächster ausgehender Osterwoche [221]), und
einige Wochen darauf verzichteten die drei Schwestern, Anna,
Phyna und Junta, Töchter Jacob's des Aelteren genannt
von Barre, eines straßburger Bürgers, auf alle Geldforde-
rungen an unsere Familie, namentlich auf sämmtliche Schuld-
briefe, die Herr Johannes I. und dessen Gattin Adelheid entweder jenen Jungfrauen oder deren Vater ausgestellt hätten,
und erklärten dieselben für todt und kraftlos, mit Ausnahme
einer Verschreibung über 360 Pfund und 5 Schillinge straßburger Pfenninge, welche, bis zur Abtragung dieser Summe
durch Johannes III., noch Kraft und Bestand haben sollte [222]).

Im Jahre 1323 bekannte Ritter Kunemann, der Vogt
von Wasselnheim, von seinem Herrn, Johannes dem Jüngern
von Lichtenberg, 50 Mark lauteren und löthigen Silbers
empfangen zu haben, um damit in Jahresfrist Güter anzu-
kaufen und sie dann von demselben als Lehen zu empfangen,

---

219) Der wart geben vnde geschach bis an dem nehesten mandage
vor sce Margreden dag ꝛc. 1319den Jare.

220) Der wart Geben an dem Mandag voͤr sant thomas dage des
zwelf Buten, da man zalt ꝛc. 1319den Jar.

221) Der ist geben an der vritage vor der Liehtmes do man zalte ꝛc.
1320sten Jaru.

222) Actum . VII . Kalend . Mareij . anno dnj 1320.

geschehe dies aber nicht während der anberaumten Frist, so müsse der Vogt jene Summe auf seine eigenen Güter verlegen und dieselben seinem Gebieter lehnbar machen [223]), und gegen Ende dieses Jahres ließ er das ihm verliehene Geld durch einen zuverläßigen Boten bei seinem Lehenherrn abholen [224]). Der oben berührte Krieg der Markgrafen Friedrich und Rudolf von Baden, genannt von Pforzheim, mit unserem Johannes III. war um diese Zeit noch nicht beendigt, daher Markgraf Rudolf der Aeltere in demselben Jahre einen stäten Frieden und Tröstung, oder eigentlich einen Waffenstillstand bis zum nächsten Geburtstage Mariä, zwischen seinen Vettern, seinem lichtenberger Oheime und allen ihren Helfern und Dienern errichtete [225]), allein die kämpfenden Partheien konnten sich indessen nicht vereinigen, so daß der nämliche Vermittler, in der letzten Woche dieses Jahres, nochmals eine Waffenruhe unter ihnen und ihren sämmtlichen Anhängern auf so lange abschloß, bis er oder seine Vettern dieselbe dem Herrn Johannes III., vierzehn Nächte vorher, aufkündigen würden [226]).

Im folgenden Jahre ging Letzterer, von der Hand des Todes plötzlich berührt und in der Blüthe seines Lebens, in das Land des ewigen Friedens hinüber und hinterließ, nebst seiner Wittwe, Metza oder Mathilde Gräfin von Saarbrücken [227]), fünf unmündige Kinder, über welche ihr väterlicher Oheim Herr Ludemann III. die Vormundschaft übernehmen mußte. Dieselben hießen Metza, 1345 Nonne zu Lichtenthal, und Adelheid, die 1335 den Grafen Nicolaus von

---

223) Der wart gegeben an Sante Laurencien abende, do vor got geburte zalete 1323 Jar.

224) Der war geben an deme samestage nach sancte Steffans tage ꝛc. 1323 Jar.

225) Der wart gegeben an sante Peters und sante Paulus abende der zwelfbotten, In dem Jare ꝛc. 1323 Jar.

226) Der wart gegeben, an dem fritage nach dem wihennaht tage. In dem Jare ꝛc. 1323 Jar.

227) Fr. Köllner's Geschichte von Nassau-Saarbrücken I, 122.

Salm zum Ehegatten erhielt; der älteste Sohn, Johannes, ward am 30. November 1353 zum Bischof in Straßburg erwählt, nachdem er vorher, vom Pfarrer in Zinzwilre an, wozu er durch Hanemann II. und Ludemann III. 1330 dem Erzdiacon Herrmann von Geroltseck zu Straßburg präsentirt wurde [228]), alle Stufen hoher kirchlicher Würden durchlaufen hatte, auch durch den Erzbischof Balduin von Trier 1349 zu seinem erzstiftischen Stellvertreter in geistlichen und weltlichen Sachen ernannt worden [229]) und zuletzt straßburgischer Bisthumsverweser gewesen war; er starb am 13. September 1365 und seine irdische Hülle nahm die Sanct Johannis-Capelle im Münster zu Straßburg auf, wo auch die früheren Bischöfe, Konrad und Friedrich von Lichtenberg, ihre Ruhestätte gefunden hatten [230]). Derselbe war ein würdiger Vorstand seiner Diöcese, jedoch hatte er ebenfalls viele verdrüßliche Händel mit dem Rathe der Stadt Straßburg wegen der Pfahlbürger; seine Verwaltung zeichnete sich aber besonders dadurch aus, daß er, in den Jahren 1358 und 1359, von den Grafen Ludwig dem Aelteren und dem Jüngern von Oettingen den Rest der landgräflichen Besitzungen, bestehend in den Burgen Werd und Frankenberg, sammt den damit verbundenen zehn Dörfern, dann in der Veste Königsburg, in der Stadt Sanct Hippolyt u. s. w. und den noch übrigen Vasallen, Gefällen und Rechten der unterelsäßer Landgrafschaft für 24,883 florenzer Goldgulden, käuflich erwarb, daher die Bischöfe zu Straßburg seither den Titel führten: Landgrafen

---

228) Datum Quinto Non Julij Anno Dnj Millesimo Trecentesimo Tricesimo. Codex stürzelbronnensis. Fol. 336.

229) Geben ꝛc. Donnerstag nach Allerheiligen Anno dni 1349. Siehe auch Urstisii scriptor. rerum germanic. II, 153.

230) Unter folgender Grabschrift: ANNO . DNI . M . CCC . LXV . IDIBVS . SEPTEMBR . OBIIT . VENERABILIS . DNVS . IOHANNES . DE . LIEHTENBERC . EPISCOPVS . HVIVS . ECCLESIE . ARGENTINENSIS. — Dieser Grabstein ist jetzt nicht mehr vorhanden.

Die jüngere oder Ludwig'sche Linie bis zum Jahre 1405.   93

im Elsasse [231]). — Von demselben fanden wir, zum Beweise seiner musterhaften Amtsführung, noch Folgendes aufgezeichnet: „Nach seinem Todt haben etliche gemeint, er wehre hey„lig vnd thette Zeichen, darumb ist sein grab mit viel wachs „vnd Kertzen behenckt worden, doch in eim Jahr ist der Hey„ligkeit vnd Zeichen vergessen worden" [232]). — Der zweitgeborne Sohn, Symon oder Symunt, pflanzte das Geschlecht fort und der Jüngste, Ludwig, war Canonikus am Münster zu Straßburg. Da diese Söhne des Herrn Johannes III., nach erlangter Mündigkeit, mit ihrem Oheim und Vormunde Ludemann III. im Jahre 1335 die Besitzungen des Ludwig'schen lichtenberger Stammes theilten und zwei besondere Linien stifteten, so wollen oder müssen wir vorerst dasjenige mittheilen, was wir von jenen jungen Herren, sowie von Ludemann III. und über sonstige Verhältnisse, bis zu der entscheidenden Begebenheit der Theilung, vorgefunden haben.

Der verstorbene Johannes III. hatte seinem Bruder Ludwig III., während dessen Minderjährigkeit, zu seinem Unterhalte verschiedene Gefälle angewiesen, denn Ulrich, der Sohn Gerboto's von Mater, stellte 1319 vor dem geistlichen Gerichte zu Straßburg Bürgen dafür, daß er bis nächsten Marien Himmelfahrtstage, dem Junker (domicello) Ludwig von Lichtenberg, dem Sohne des seligen Herrn Johannes I., eine Schuld von 40 Mark Silbers abtragen wolle [233]), und 1321 bekannten mehrere Einwohner in Ulwiler vor dem nämlichen Gerichte, demselben Junker 29 Mark schuldig zu sein [234]). Der Landgraf Ulrich im Elsasse verschrieb, nebst seinem Bruder Philipp und seinem Sohne Henselin, im Jahre

---

231) Schöpflini Alsat. diplom. II, 223 etc. N. 1083, 1087, 1088 u. 1089.
232) Bernh. Herzog's Calend. historicum Alsatiae unterm 30. November. Macpt.
233) Datum . V. Kalen . Junij . anno . Dni M°. CCC°. Decimo nono.
234) Datum IIII°. Non . Julij . Anno dni M°. CCC°. vicesimo Primo.

1323 dem Edelknechte Reinbolt von Liebenzeller und seinen
Erben eine jährliche Rente von 6 Pfund Heller auf der
Bete zu Brumat [235]), und einige Monate hernach bezeugte der
Ritter Johannes von Mülheim, Ersterer könne den ihm auf
derselben Bete verliehenen Hellerzins von 6 Pfund mit 30
Mark Silbers wieder ablösen [236]).

Welch sonderbarer Wechsel des Schicksals! Ludemann III.,
kaum unter der Bevormundung seines Bruders zur Voll=
jährigkeit gelangt, mußte nun, nach dessen frühzeitigem und
unvermutheten Tode selbst die Vormundschaft über dessen
Kinder übernehmen. Er hatte denselben ebenfalls Einkünfte
überwiesen, indem wir unter Anderem von acht Bürgern aus
Detwilre 1325 eine gerichtliche Erklärung vorfanden, sie
seien dem Junker (domicellus) Johannes von Lichtenberg
(dem nachherigen Bischofe), dem Sohne des seligen Johan=
nes III. oder des Jüngern, 100 Mark Silbers schuldig [237]).
Nach kurzem Zwischenraume verlegte der Edelknecht Burchart
von Burn das Witthum seiner Hausfrau, Agnes von Dor=
rolzheim, mit 40 Mark Silbers auf Güter zu Oberbronn,
die er von dem elsässer Landgrafen zu Lehen hatte und der auch
dazu einwilligte [238]) und zugleich sprach ein Edelknecht aus
Brumat, Walther genannt von Butenheim, jenem Landgrafen,
seinem Bruder Philipp und seinem Sohne Johannes das
Recht zu, die ihm auf Gütern zu Brumat verliehenen 30 Viertel
Früchte mit 30 Mark wieder an sich zu bringen [239]). Noch
haben wir von diesem Jahre zu bemerken, daß der Bischof
Heinrich Delphin von Metz die Güter seines Hochstifts in

---

235) Der wart geben an dem Samestage vor sante Mychahels tag,
do man zalt ꝛc. 1323 jar.

236) Der geben wart an sante Stephans tag in den wynnahten
Do von Gotes geburte worent 1323sten Jare.

237) Actum Non. Jan. Anno dni M°. CCC°. vicesimo quinto.

238) Dirre brief wart gegeben an sante Matises dage, do man
alte ꝛc. 1325 Jare.

239) Der wart gegeben an dem nehesten fritage nach vnser frowen
tage der eren, in dem iare 1325 iar.

Detwiler, die bisher Ritter Hugo von Herrenstein vermannt hatte, nach dessen Tode dem Lutzemann, einem Sohne des verstorbenen Ritters Lutzemann von Geroltseck, zu Lehen reichte ²⁴⁰); allein schon nach Verlauf von zwei Jahren trug Herr Hugo von Geroltseck diese metzer Lehenstücke Andern zu Afterlehen auf ²⁴¹). Der Nachfolger jenes Delphin im Bisthume Metz, der Prälat Ludwig, bekannte 1327, er sei unserem Ludwig III. und den Kindern seines Bruders, Johannes' des Jüngeren, 1000 Pfund kleine Turoner schuldig, wofür er denselben die Stadt Nuwilre, sammt allem Inbegriff, versetzt habe, und zugleich erkannte er auch die alte Schuld von 2000 kleinen Turonern an, die der Bischof Rainald von des Ersteren Vater, Johannes I. oder dem Aelteren, geliehen hätte ²⁴²).

In dem Jahre 1329 war „groz stoz vnd missehelle uf „erstanden" zwischen Herrn Ludemann III. und zwischen Hanemann II., den Verwandten von Lichtenberg, „da von Lute erschla„gen vnd vestenen vnd gut behebet wurden, vnd ander groz vnge„limph vnd krieg in waz", hauptsächlich wegen der ihnen gemeinsam zustehenden Burgen Lichtenberg, Buhswilre und Gerlingesdorf mit Zubehörden, daher sie endlich des langen Kampfes müde, dem straßburger Bischofe Berthold und dem Markgrafen Rudolf von Baden, genannt von Pforzheim, die Entscheidung ihrer Zerwürfnisse anheimstellten und auf's Feierlichste eidlich angelobten, sich und Ludemann zugleich noch für seine Neffen, „alle biewilen er ir vogt ist", deren Spruche unterwerfen zu wollen, welcher so ausfiel: sie sollten in jenen Vesten, mit ihren Leuten und Dienern, einen stäten, wahren und getreuen Burgfrieden beschwören, so daß Keiner den An-

---

240) Datum apud Sarburgum jn die Philippi et Jacobi Apostolorum Anno domini 1325.
241) Des iares gezalt ꝛc. 1327 jar an dem neheſten Samstage vor Sante Andreas tage.
242) Datum et actum aput vicum, Sabbato proximo post festum purificacionis beate virginis. Anno dnj 1327.

dern darin beschweren, ihn gar aus derselben stoßen, oder sonst vergewältigen dürfe; wer aber dagegen handle und frevle, der solle nicht nur von Rechts wegen seines Antheils an jenen Burgen, sondern auch noch aller Lehen des Bisthums Straßburg verlustig sein, was dann alles demjenigen zufallen sollte, der das Unrecht und die Beeinträchtigung erlitten hätte; würden indessen nachher Spänne unter ihnen eintreten, so müßten sie dieselben durch vier ihrer Manne, Burgmanne oder Diener, und zwar auf Hanemann's Seite, durch Cunemann Vogt von Wasselnheim und Walther von Utenheim, von wegen Ludemann's aber durch Fritzemann Münch von Telingen und Hug von Widen entscheiden lassen; könnten sich jedoch diese zu keinem Spruche vereinigen, so möchten sie denselben noch einen gemeinen Obmann zugeben [243]). Die beiden Herrn kamen bald darauf diesem Entscheide gewissenhaft nach, beschworen den Frieden in den genannten Vesten und gelobten, sämmtliche Bestimmungen dieser Sühne treulich halten zu wollen; ja in einer besonderen Urkunde machten sie sich noch ausdrücklich anheischig, Keiner dürfe den Andern an Leib oder Gut beschädigen und ihm sonst Leids anthun, er habe es ihm denn acht Tage zuvor angesagt [244]), und auf solche Weise war dann der Frieden und die Ruhe wieder hergestellt.

    Wir haben oben gehört, dem Landgrafen Ulrich vom Elsasse seien, wegen der Mitgift seiner Gattin, die beiden, den Lichtenbergern verpfändeten Reichsdörfer Westhouen und Baldeburn eingeräumt worden, und bezüglich der darin wohnenden Bürger setzte nun Kaiser Ludwig im Jahre 1330 fest: sie müßten dem Landgrafen Steuer, Bete, Wacht- und andere Dienste leisten, auch dürfe kein regierender Herr oder sonst

---

243) Der geben wart zu Strazburg ꝛc. an deme nehesten Sammestage nach unserre frowen tage, der Erren, des jares ꝛc. 1329 Jar.

244) Beide sind datirt: Diz geschach an dem Sonnentage nach sante Matheustag bez zwölfbotten, In dem Jare 1329 Jar.

Jemand anders die Bewohner zu Bürgern aufnehmen, weil sie des Reiches Angehörige wären [245]). In demselben Jahre veräußerte Ludemann III. für sich und seine Mündel, an den Ritter Reinbold von Butenheim und an dessen Tochtermann, beide Bürger zu Straßburg, Güter in den Dörfern Utenheim und Hentschuchsheim mit allen Gerechtsamen und Zubehörungen, für 100 Mark Silbers [246]), und nach Jahresfrist trug Landgraf Johannes einigen hagenauer Bürgern, wegen der ihm geleisteten Dienste, seine Dörfer Wippruch, Gries, Wilre und Kutzenhusen, mit Zwing, Bann, Gericht und allem Begriffe und darunter namentlich die Hart, zu Lehen auf mit dem Versprechen, sie darin schützen zu wollen [247]). Zugleich stellte Volmar, Herr zu Lützelstein, dem Dorfe Wimmenowe einen Trost- und Schirmbrief aus, dasselbe sollte während des Krieges, den er und Herr Egen von Geroltseck mit Hanemann II. und unserem Ludemann III. führten, an Leuten und Gütern keinen Schaden erleiden [248]); nach wiederhergestellter Ruhe traf jener Egen mit seinem Oheim Ludemann III., sowie mit dessen Neffen, deren Vormund er sei, einen Tausch wegen mehrerer Leibeigenen in einigen Ortschaften [249]), und endlich gestattete Ritter Johann von Ingenheim dem Letzteren und seinen Erben, eine ihm versetzte jährliche Gülte von 20 Viertel Roggen und 10 Viertel Gerste im Banne von Lutenheim, mit 50 Mark wieder an sich lösen zu dürfen [250]).

245) Der geben ist zů Eßelingen des Breytages vor dem Palmtag. Do man zalt ꝛc. 1330 Jar.

246) Der wart gegeben an dem Einstage nach dem Palmetage ꝛc. 1330 Jare.

247) Der wart gegeben an dem nehesten Dunrestage vor unsere fröwen tage der liehte messe. In dem Jare ꝛc. 1331.

248) Datum feria tercia post Jacobi apli. anno Dni Mº. CCCº. XXXº. primo.

249) Der wart gegeben an sant Mauricien dag do man zalte ꝛc. 1331 Jor.

250) Dirre brief wart gegeben do man zalte ꝛc. 1331 Jar an sante Michahels obende.

Die mehrgenannten Hanemann II. und Ludemann III. von Lichtenberg machten im Jahre 1332 eine ansehnliche Erwerbung an Städten, Burgen und Dörfern, indem sie von des Letzteren Schwager, dem Landgrafen Ulrich im Elsaße, von dessen Bruder Philipp und Sohne Johannes die Stadt Brumat, die Veste Arnsburg, den Kirchensatz in jener Stadt, nebst dem Dorfe und Patronate zu Niederburne, um die baar erlegte Summe von 2500 Mark lautern und löthigen Silbers, straßburger Gewäges, für erb und eigen erkauften, wozu die Burgleute zu Brumat und Arnsburg, sowie ihre in Brumat gesessenen Manne und folgende, zu jener Stadt und zu dieser Veste zählenden, Dörfer gehörten: Grieß, Wilre, Witpruch, Kurtzenhusen, Berneßheim, Ratoluisheim, Enkendorf, Altdorf, Ringendorf, Schalkendorf, Nosern, Wotenscheim, Gumprechtshoven und Zinswiler auf der eine Seite des Wassers, ferner Ripoltzwilr, Oberndorf, Dysenbach, Broningesdorf, Sntershoven, Hatten, Westheim und sämmtliche Rechte an den zwei Bettensdorfern, sowie alle sonstigen Gerechtsame, Gewalt und Gewer in und an diesen Orten und Gütern, die den Käufern sogleich eingeräumt und ihnen überdem noch gestattet wurde, auch die zu Brumat, Arnsburg und Niederbronn gehörigen, aber verpfändeten, Güter einzulösen, wozu ihnen der Sohn, Landgraf Johannes, noch besonders behülflich sein müßte 251). Ohne Zweifel waren die Verwandtschaftsbande und früheren Verbindungen der Lichtenberger mit den Landgrafen die nächste Veranlassung, daß letztere jenen diese bedeutenden Besitzungen vor Anderen zuwandten. Die beiden Käufer machten auch sogleich unter einander aus, Hanemann II. sollte die Hälfte dieser Erwerbungen, Herr Ludemann III. aber und seines Bruders Kinder den andern halben Theil davon bekommen 252).

---

251) Der wart gegeben an dem Mentage vor Sante Gregorien tage in dem Jare do man ꝛc. 1332 Jar. Schöpflini Als. dipl. II, 146. No. 953.

252) Der wart geben an dem nehsten Sonetage nach sancte Ambrosius tage do man zalte ꝛc. 1332 iar.

Dieſer vortheilhafte Kauf zog indeſſen auch noch andere Verhandlungen und Verſchreibungen nach ſich, denn die Lichtenberger übernahmen die Pflicht, die auf den erworbenen Gütern haftenden landgräflichen Schulden in Monatsfriſt abzutragen [253]), wofür ihnen die Verkäufer nochmals die Befugniß erneuerten und beſtätigten, die auf Brumat und Niederbronn ruhenden Pfandſchaften auslöſen zu dürfen, zu welchem Behufe ſie denſelben ein genaues Verzeichniß der letzteren übergeben [254]). Am folgenden Tage machte ſich Ritter Rudolf von Wegirsheim aus Straßburg, bei ſeinem dieſer Stadt geſchwornen Eide, für den daſelbſt wohnenden Domherrn, den Landgrafen Philipp, anheiſchig, derſelbe werde, gegen Erlegung von 100 Pfund Pfenningen, alle auf den Kauf Brumats u. ſ. w. bezüglichen Urkunden mit ſeinem Bruder, Neffen und den Lichtenbergern entweder ſelbſt beſiegeln, oder zu dieſen Ausfertigungen jenen Ritter Rudolf mit ſeinem Inſiegel abſenden [255]). Der Landgraf Ulrich und ſein Sohn Johannes ſtellten am Mittwoche darauf den Käufern eine Beſcheinigung darüber aus, wie viel ihnen dieſelben, nach Abzug der übernommenen Schulden, von der Kaufſumme noch herauszuzahlen verbunden ſeien [256]), und an demſelben Tage errichteten unſere beiden Herren eine Vereinbarung mit den zu Brumat geſeſſenen und zur Vertheidigung dieſer Stadt beſtimmten Rittern und Edeln, wie es mit dem Baue und der Unterhaltung der Befeſtigungen daſelbſt, ſowie während eines unter ihnen ſelbſt oder mit Anderen entſtandenen Krieges und auch bei den Vergehungen ihrer Diener

---

253) Der wart gegeben an dem fritage vor dem Palme tage in dem Jare ꝛc. 1332 Jar.

254) Diz beſchach an dem Palme Abent, des Jares do man zalte 1332 Jar.

255) Der wart gegeben an dem Palmetage in dem Jare ꝛc. 1332 Jar.

256) Der wart geben an der krommen Mittewochen in der karewochen in dem Jare ꝛc. 1332 Jar.

und Angehörigen für die Zukunft gehalten werden sollte, welche zweckmäßige Uebereinkunft in Gegenwart von sieben Rittern und zehn Edelknechten aus Brumat ausgefertigt ward ²⁵⁷).

Während obiger Vorgänge und einige Tage nach dem Abschlusse des Kaufes errichteten auch Hanemann II. und Ludemann III. mit den Markgrafen Friederich zu Baden, Vater und Sohne, mit Rudolf von Pforzheim und mit Rudolf genannt Hesse, Herr zu Baden, zu ihrem beiderseitigen Nutzen und Frommen und nach dem Rathe ihrer Freunde, ein ewiges beschwornes Bündniß, „eine gute getrwe Geselleschafte", sich gegentheilig mit Leib und Gut, Rath und That, mit aller Gewalt und Macht zu helfen und beizustehen, bis zum nächsten Sanct Georgen Tage und von da an fünf Jahre lang, gegen Jeden, ausgenommen das Reich, die Herzoge von Oesterreich und zu Bayern, den Bischof und die Stadt von Straßburg, Heinrich zu Binstingen, Rudolf von Ochsenstein und ihre Lehensherren; die unter ihren Mannen und Dienern ausbrechenden Streitigkeiten sollten durch ihre Herren, entweder mit der Minne, oder mit dem Rechte geschlichtet, die aber zwischen den Mitgliedern des Bundes selbst entstehenden Spänne, Mißhelligkeiten oder Fehden durch gemeinsam erwählte Rathleute, namentlich durch die Ritter Dieterich von Waltenheim, Albrecht Röder und Burkart Spete, Letzteren als Obmann, ebenfalls gütlich oder rechtlich beigelegt werden ²⁵⁸).

Mit dem vorberührten Kaufe der Stadt Brumat, der Arnsburg und Niederbronns schien man auch eine eheliche Verbindung der Tochter Johannes' III., Adelheid, mit Johannes, dem Sohne des Landgrafen Ulrich, beabsichtigt zu haben, weil Ludemann III. zu gleicher Zeit, für sich und

---

257) Der wart gegeben an der Crumben Mittewochen in dem Jare 2c. 1332 Jar.

258) Der wart gegeben an dem fritage nach Sante Gregorien tage In dem Jare 2c. 1332 Jar.

seines Bruders Kinder, gegen Herrn Hanemann II. die Verbindlichkeit übernehmen mußte, denselben für allen Nachtheil, den er wegen der Heiraths- und Witthums-Verschreibung an den jungen Landgrafen Johannes mit 700 Mark Silbers für seine Mündel, Adelheid von Lichtenberg, erleiden könnte, schadlos halten zu wollen [259]); allein diese Verbindung kam nicht zu Stande, entweder wegen zu naher Blutsfreundschaft der beiden Verlobten, oder, was mehr Wahrscheinlichkeit für sich hat, wegen der Schwäche und Kränklichkeit jenes jungen Johannes, daher auch dessen Vater Ulrich darauf bedacht war, die sichtlich abnehmende landgräfliche Würde seinem Eidame, dem Grafen Friederich von Oettingen, zuzuwenden, der auch, unter der Genehmhaltung des Reichsoberhauptes, bereits um's Jahr 1336 Theil an dem elsässer Landgrafthum hatte [260]). Jene Adelheid, des seligen Johannes' III. Tochter, ward erst 1335, einige Wochen vor der Theilung der Besitzungen der Ludwig'schen Linie, mit Nicolaus dem Jüngern, Grafen von Salm und Herrn zu Püttlingen, vermählt, der seinem Weibchen, für ihre Mitgift und Aussteuer, die Hälfte seiner Graf- und Herrschaft Salm und Püttlingen, an Städten, Dörfern und Weinbergen, verschrieb, die sie auch nach seinem Tode, ihre Ehe möge mit Kindern gesegnet werden oder nicht, lebenslänglich innehaben und genießen sollte, wozu die beiden Lehensherren, der metzer Bischof Ademar, von welchem Püttlingen und der Graf von Barre, vnn dem die Weinberge lehenrührig waren, ebenfalls ihre Zustimmung gaben und die Urkunde, nebst dem Grafen Nicolaus und seinem Bruder Simon, besiegelten [261]). Zudem erwähnen auch die drei Söhne des seligen Herrn Johannes III., die, wie wir sogleich hören werden, mit ihrem Vormunde und

---

259) Der wart gegeben an dem Palmetage, in dem Jare ꝛc. 1332 Jar. Schöpflini Alsat. diplom. II, 147. No. 954.

260) Ejusdem Alsatia illustr. II, 529. § 154 etc.

261) Actum et Datum anno dnj Millo CCC°. tricesimo quinto, feria secunda ante festum purificacionis glose virginis Marie.

Oheim, Ludemann III., theilten, immer nur eine Schwester, Adelheid, während in den früheren lichtenbergischen Stammtabellen zwei dieses Namens angegeben werden, zu welchem Irrthume das obenbemerkte Eheverlöbniß mit dem Landgrafen Johannes die Veranlassung war.

Schlüßlich müssen wir hier noch erwähnen, Lutzemann von Detwiler, Seßritter zu Geroltseck, habe am 4. Juli 1333, dem Seßritter daselbst, Gotze Sesseler, wohnhaft zu Zabern, mit der Genehmigung Ludemann's von Lichtenberg, sowie der Herren von Geroltseck und von Greifenstein, seine in Detwilre ererbten Gefälle zu Lehen angesetzt [262]), und nach Jahresfrist bewilligten ein Erzbischof und mehrere Bischöfe allen Gläubigen, welche die, dem heiligen Märtyrer Leobegar gewidmete, Pfarrkirche außerhalb der Stadtmauern Buchsweilers, den darin befindlichen Marienaltar und auch die mit jener verbundene Heilig-Kreuz-Capelle im Dorfe Rietheim, fleißig besuchen oder durch milde Gaben unterstützen würden, einen Ablaß von 40 Tagen [263]).

3) Symon oder Symunt.

Sowie die drei Söhne Johann's III. ihre Volljährigkeit erreicht hatten, theilten sie mit dem Oheime und gewesenen Vormunde, Ludemann III., ihre durch denselben, während einer Reihe von Jahren, gemeinsam besessenen und verwalteten Erbgüter, dies- und jenseits Rheins. Denn bisher bestanden, wie wir wissen, in unserer Familie nur zwei Stämme oder Linien, deren Gründer, Heinrich II. und Ludwig II., anfänglich ihr, damals noch unbeträchtliches Gebiet in Gemeinschaft behalten

---

262) Der wart geben an see Ulriches Dage Do man zelte 2c. 1333 Jar.

263) Datum Auinion prima die Junij anno dni 1334° et pont. dni Jobis ppe XXII anno decimo octauo; des Bischofs Bertholt Genehmhaltung ist ertheilt: Datum Argent. feria secunda ante diem bte Margarete. anno dni M°. CCC°. XXX°. quarto.

hatten und erst ihre Söhne, Konrad I. und Johannes I., theilten die sämmtlichen lichtenbergischen Besitzungen gleichheitlich unter sich, ohne aber darüber etwas schriftlich abzufassen, wiewohl wir aus den oben bezeichneten Gütern, welche Heinrich III. und sein Sohn Konrad II. 1377 dem Herrn Heinrich IV. einräumten, und derjenigen Stücke, die jener, noch in demselben Jahre, seinem Sohne übergab, die Burgen, Städte und Dörfer bereits kennen gelernt haben, welche die, mit Konrad II. ausgestorbene, Linie unseres Hauses besessen hatte, sowie wir auch nachher, in der Geschichte des Herrn Symon, beim Jahre 1362, diejenigen Güter nochmals namentlich anführen werden, die in des obgenannten Konrad I. Loos gefallen waren. Das Recht der Erstgeburt war damals in dem lichtenberger Geschlechte noch nicht eingeführt; Ludemann III. hatte seither sämmtliche Besitzungen seines Stammes, oder des Ludwig'schen Astes, innegehabt und verwaltet, auch, wie wir vernommen haben, dieselben durch Ankäufe und sonstige Erwerbungen ansehnlich vermehrt und war also nicht im Entferntesten gewillt, den Söhnen seines älteren Bruders Johannes III. das Ganze abzutreten, daher beide Partheien auf einer Theilung bestanden, die auch 1335 ausgeführt ward und woraus wieder zwei besondere oder neue Linien in dem Ludwig'schen Stamme hervorgingen, die eigentliche ältere lichtenberger und die jüngere lichtenauer. Ludemann III. und seine drei Neffen, Johannes, Symon und Ludwig, traten deswegen in Buchsweiler zusammen und kamen vorläufig dahin überein, letztere sollten, in ihrem eigenem und ihrer Schwester Adelheid Namen, die gesammten Güter ihres Stammes oder ihrer Linie in zwei gleiche Theile zerlegen und ihrem Oheim dann den Vorzug lassen, sich, binnen Monatsfrist, die ihm beliebige Hälfte auszuwählen, in die andere aber seine Neffen einzusetzen.

Dieselben nahmen nun, diesen Bestimmungen gemäß, die Theilung ihres herrschaftlichen Gebietes vor; in die eine Hälfte legten sie Lichtenberg, Burg und Stadt, nämlich den

Theil, den sie bisher mit Hanemann II. gemeinschaftlich inne gehabt hatten, nebst allen Zuständigkeiten; ihre Rechte zu Ripolzwilre, zu Rotpach, Gichwilre, Byschonesholz, Gumprechtshouen, Wimmenowe, Schönenbühel und zu Ofwilre; die Vogteien zu Röuteberg und zu Schöncuelt; die Büttelei Ingweiler, die Dörfer Sparresbach, Züzelsahe, Schillersdorf, mit ihren Gerechtsamen; die Bütteleien Ulwilre, Lare mit dem halben Dorfe Wintersberg, Usheim mit Durstal und Hagenbach mit Dirmülen; die Burg Schöneck, sammt dem Dorfe Morsbrunn, die Veste Arnsburg und die Stadt Brumat, jede derselben zur Hälfte und so wie sie von den Landgrafen erkauft seien; die Ortschaften Hochatzenheim, Mittelhus und Frankenheim halber, die Berechtigungen in Swindratzheim, die Mühle in Waltenheim, Zehnten und Kirchensatz zu Ettendorf, die Rechte an Woluisheim, die Büttelei Lütenheim, das Hofgut zu Westhouen, die Gülte zu Tozzenheim und endlich die Stadt Nuwilre, nebst Zwing, Bann, Gericht und demjenigen, was bisher dazu gerechnet wurde, zu welchem Theile noch ihr Mann Cunemann Vogt kam, der seither vergessen worden war.

Die andere Hälfte bildeten sie aus folgenden Städten, Burgen, Vogteien und Dörfern: Buchswilre, Burg und Stadt, mit dem Hofgute und der halben Mühle in letzterer, den Hof zu Richeim, 43 Morgen Weinberge in den Bännen von Buhswilre, Brüningesheim und Richeim, nebst der Vogtei in dem Kammerhofe zu Buhswilre und zu Pfaffenholtz; die Gerichte halber zu Geiswilre, Bassoltzhusen und Willingeshusen, und zwar dies alles sammt den gebührenden Rechten und Gefällen; der Laienzehnte, Kirchensatz und Meierei zu Obern-Sultzbach; die Büttelei Immensheim mit den Orten Riccheim, Zebersdorf, Griesbach und Wichersheim, sammt der Berechtigung an der Ostermühle; die Büttelei Aroltzheim zur Hälfte, nebst ihren Dörfern; Celle, ganz und die Vogtei in Nuwenhoue; die Veste Hüneburg mit ihren Zubehörden und den Mühlen an der Elginbach und zu Bischbach; die Gerechtsamen zu Obernmatere, mit den halben Dörfern Kirwilre, Pfaffenhofen und Ribermatere; das Dorf Swindratzheim, die Meierei zu Gündesheim, die Weingülte in Winegersheim, nebst dem Rechte an der Vogtei zu Tunnenheim; die Büttelei Röutelin mit den drei Ortschaften Druningen halber, Gynebrette ganz, sammt dem Patronate und Cleinatzenheim; die Laienzehnten zu Künheim, Fulcriegesheim und zu Pfetensheim; die Rechte an Utenheim und Hentschuhesheim; die Hälfte des Hofgutes in Mollesheim, nebst den Zinsen in dieser Stadt; die Veste Wassenburg mit den Weingülten und Geldzinsen zu Ober- und Nieder-Burnen, Löuzental und Zintzwilre; der Hof Hohenscheit, die Burg Waldeck mit dem Dorfe Sweygge; Burg und Stadt Werde, die Hälfte der Stadt Gerlingendorf, sammt der halben Mühle und den Leuten im Hettegov; das halbe Dorf Obernhouen; Burg und Stadt Liehtenowe sammt zugehörigen Orten, Gerechtsamen, Gerichten und Leuten jenseits Rheins, nebst der Gügelingesöwe und der Barröwe, — und endlich theilte man noch dazu einen ihrer Vasallen, Heinrich von Fleckenstein. Zugleich wurden in dieser Auseinandersetzung beiden Theilen ihre Rechte vorbehalten, falls etwas vergessen worden wäre, sowie auch jeder Linie die Befugniß der Auslösung aller Pfandschaften auf den Gütern ihres Looses zugesprochen, und zuletzt theilte man noch die, von dem straßburger Hochstifte herrührende, Weingülte von 21 Fuder zu Mollesheim in zwei gleiche Hälften [264]).

Der Schulden wegen errichteten die dazu erbetenen Herren und Verwandten, Konrad von Kirkel, Domcustor in Straßburg, Heinrich zu Vinstingen und Hanemann II. von Lichtenberg, einige Tage nachher unter beiden Partheien folgenden Vergleich: Ludemann übernahm 984 Pfund, die drei Brüder aber 1470½ Pfund Pfenninge; jeder Theil müsse diese Schulden in der bedungenen Frist bezahlen und, falls

---

[264]) Beide Urkunden sind ausgestellt: Der wart geben an dem fritage nach der grossen vastnacht da man zalte ꝛc. 1395sten Jare.

sich deswegen Einer für den Andern verbürgt hätte, denselben dafür schadlos halten; die übrigen kleineren Schuldposten bei mehreren Adeligen sollten jedoch nach und nach in Gemeinschaft getilgt werden [265]). Herr Ludemann III. wählte die letztere Hälfte, und da derselbe öfters, oder größtentheils, seinen Aufenthalt in der Stadt Lichtenau jenseits Rheins nahm, so nannte man deshalb die durch ihn gegründete Linie die lichtenauer, und er, sowie sein Sohn Heinrich IV. schrieben sich auch manchmal in ihren Briefen Herren von Lichtenau. Die drei Brüder erhielten durch diese Theilung jene erstere Hälfte und schlugen ihren Wohnsitz in der Stammburg Lichtenberg auf, daher sich Symon, Herr zu, Ludemann III. und sein Sohn aber von Lichtenberg schrieben, Hanemann II. aber nannte sich gleichfalls Herr zu Lichtenberg, weil er Theil an dieser Veste hatte. Symon's Brüder, Johannes, den wir bereits als späteren Bischof zu Straßburg haben kennen lernen, und Ludwig, welcher kränklich war, wurden für den geistlichen Stand bestimmt, so daß Symon allein regierender Herr war und demnach dadurch die Besitzungen seiner Linie vor neuer Zersplitterung bewahrt blieben. Da nun die von ihm gestiftete Linie die ältere war und sich aber schon im Jahre 1405 mit seinem Sohne, Johannes IV., wieder endigte, so wollen wir die Schicksale derselben zuerst erforschen und darauf die Geschichte der lichtenauer Linie, bis zum völligen Aussterben des lichtenberger Geschlechtes im Jahre 1480, folgen lassen.

Symon war ein thätiger, umsichtiger Herr, und unter ihm zeigte sich unsere Familie in ihrem schönsten Glanze und in ihrer höchsten Macht. Noch in dem nämlichen Jahre, da die Theilung vollbracht worden war, trat derselbe mit seinen Brüdern zusammen, um, unter dem Beirathe ihres mütterlichen Großvaters oder „Atte", des Grafen Johannes von

---

265) Diz geschach vnd wart dirre brief geben zu Buhswilre an dem fritage nach der großen vastnacht do man zalte ꝛc. 1335ſten Jare.

Saarbrücken, sowie ihrer beiden Oheime, des Grafen Jofried von Leiningen und des straßburger Domcustors, Konrad von Kirkel, folgenden wichtigen Vertrag zu errichten; nämlich vom nächsten Sanct Johannistage an und dann zehn Jahre nach einander, wollten sie ihre sämmtlichen, ihnen bei der Theilung zugefallenen, Güter und Besitzungen ungetheilt und gemeinsam innehaben, es seie denn, daß ihnen ihre ebengenannten drei Verwandten den Rath gäben, dieselben, um besseren Nutzens und Friedens willen, vor Ablauf der vorherbestimmten Frist, unter sich zu theilen; würden ihnen aber jene drei Herren nach Verlauf der zehn Jahre rathen, ihre Güter noch länger gemeinschaftlich zu besitzen, so wollten sie diese Uebereinkunft auf so lange ausdehnen, als es jene drei Räthe für gut fänden oder festsetzten, und eben so seien sie auch bereit, sich deren Entscheidung unbedingt zu unterwerfen, wenn während der zehn Jahre irgend eine Uneinigkeit unter ihnen entstehen würde; gehe indessen einer ihrer drei Verwandten mit Tode ab, so möchten die beiden übrigen einen Anderen an des Verlebten Statt zu sich nehmen, dem dann auch gleiche Gewalt wie jenen zustehen sollte, und endlich bestimmten sie noch, nach Verfluß jener zehnjährigen Frist sollte dem älteren Bruder Johannes die Burg Schöneck und das Dorf Morsburne, mit sämmtlichen Zubehörungen, zum Voraus eingeräumt und übergeben werden. Da der Jüngste, Ludwig, damals noch unmündig war, so mußte sein Vogt oder Vormund, der Domcustor Konrad, an dessen Stelle geloben, alles Vorgeschriebene treulich zu halten, was jener später nach erlangter Volljährigkeit, selbst zu thun verpflichtet sei [266]). Dieses Aktenstück ist nicht nur ein deutlicher Beweis der Vorsicht und Eintracht jener drei Brüder, sondern es legt zugleich ein ehrenvolles Zeugniß ihrer Pietät gegen ihre Verwandten ab,

---

266) Der wart gegeben an dem Mentage vor sante Johannesjes tag zu Svnigebten da man zalte rc. 1335sten Jare.

und seitdem kommen dieselben auch größtentheils vereint in Verschreibungen vor.

Es war zu erwarten, wie man es leider nur zu oft unter Blutsfreunden zeitlichen Gutes wegen findet, daß der nähere Vollzug der Theilung der fahrenden Habe manche Irrung, Ansprüche und Forderungen von beiden Seiten hervorrufen würde, die aber Ludemann III., Symon und seine beiden Brüder dem oftgenannten Domcustor Konrad von Kirkel, dem Herrn Hanemann II. zu Lichtenberg und dem Burkart Twinger, Altammanmeister in Straßburg, zur Entscheidung anheimstellten, und beide Partheien, Johannes in seinem und seiner Brüder Namen, sowie Ludemann III. gaben daher schriftliche Verzeichnisse dessen ein, worin sie sich an Kleinodien, Hausrath aller Art, Weißzeug, Vieh, Geschirr, Waffen und Kriegswerkzeugen, Lebensmitteln, Schaafen, Wein, Frucht u. dgl. gegenseitig für benachtheiligt hielten, worauf dann im Jahre 1336 jene drei Schiedsleute sämmtliche Anstände gütlich hoben und den Frieden in der Familie wieder herstellten [267]). Der Gegenstände sind indessen so viele, daß wir sie ohnmöglich alle namhaft machen können, und dies war auch zugleich eine Veranlassung, daß Johannes, der, als der Aelteste, die Kleinodien seiner Mutter u. s. w. in Verwahr bekam, seinen Brüdern, Symon und Ludwig, um dieselbe Zeit ein Verzeichniß darüber abgeben und die Wahrheit desselben eidlich bekräftigen mußte [268]). Auch versprachen 1336 der Prior und das Convent des Wilhelmitenhauses bei Straßburg, wegen der Schenkung des Patronates zu Eley bei Benfeld, die Jahrgedächtnisse des elsässer Landgrafen Ulrich, seines bereits verstorbenen Bruders und seines Sohnes Johannes künftig feiern zu wollen [269]).

---

267) Der wart geben an dem Samestage vor der grossen nastnacht in dem Jare ꝛc. 1336 Jar.
268) Geben an dem fritage vor sante Mathis tag, in dem iare ꝛc. 1336.
269) Actum . VIII . Idus . Maii . anno . dni Millio Trecent. Tricesimo sexto.

Die jüngere oder Ludwig'sche Linie bis zum Jahre 1405.

Im folgenden Jahre begnadigte Kaiser Ludwig der Bayer unsere drei Brüder, an einem Tage, mit mehreren Begünstigungen, daß nämlich diejenigen ihrer Leibeigenen und Bürger aus ihren Schlössern oder Städten, welche anderswo, die Reichsstädte allein ausgenommen, Pfahlbürger würden, ihnen bennoch zins= und steuerbar und auch stets mit Beten und allen Forderungen so wartend sein mußten, als wenn sie noch in ihren eigenen Schlössern gesessen wären; dann vergönnte er ihnen, von den in ihren Städten und Vesten wohnenden, oder noch später dahin ziehenden, Reichsjuden, Bete und Steuer einzunehmen, als wie der Monarch selbst, bis auf dessen oder seiner Nachfolger Widerrufen, und zuletzt freiete er, auf die „vleizzig bet" derselben, deren Stadt und gemeine Bürgerschaft zu Niwnwiler und ertheilte beiden zugleich alle die Rechte, wie sie die Stadt Hagenau seither gehabt und hergebracht hätte [270]). Womit unsere drei Herren diese Gnade verdient hatten, ist uns nicht bekannt, und der Kaiser selbst sagt nur, er habe es „von besunderer gunst" gethan.

Gegen Ende dieses Jahres erkaufte der Domherr Johannes zu Straßburg, für sich und seine Brüder, von Burchart von Vinstingen, ebenfalls Domherr daselbst, 11 Pfund straßburger Pfenninge, fällig im Dorfe Wolfgangsheim, um 106 Pfund [271]). Unterdessen war der unsaubere Geist der Zwietracht und des Unfriedens in die Gemüther der Lichtenberger, Ludemann's III. und Hanemann's II., gegen ihre drei jungen Vettern, Johannes, Symon und Ludwig, gefahren und jene suchten die Letzteren, seit der Theilung von 1335 zu drücken und ihnen Güter und Gefälle vorzuenthalten. Hanemann besonders wollte dieselben nicht zum Besitze Brumats

---

270) Alle drei an demselben Tage ausgestellt: Der geben ist zu Franckenfort an Britag nach dem Offertag ꝛc. 1337sten jar.
271) Diz beschach vnd dirre brief wart geben an dem Duurestage nach aller Heyigen Dag In dem Jare ꝛc. 1337 Jar.

gelangen lassen, wozu er sich aber dennoch im Winter 1341 verstehen mußte, nachdem unsere drei Brüder gegen ihn die Verpflichtung eingegangen waren, ihm in der Vertheidigung jener Stadt beizustehen, so viel sie auf ihr Theil antreffe, müsse derselbe aber die basige Burg dem Reichsoberhaupte, dem Pfalzgrafen oder dem elsässer Landvogte einräumen, so wollten sie dazu gleichfalls einwilligen und auch ihren Theil daran, jedoch vorbehaltlich ihres Eigenthumsrechtes, mit übergeben²⁷²). Hinsichtlich der wiederholten Bedrückungen Hanemann's II. und Ludemann's III. wandten sich unsere drei Herren endlich an ihren erprobten Freund und einsichtsvollen Verwandten, den straßburger Domcustor von Kirkel, welchem es auch, unter dem Beistande des Grafen Nicolaus zu Salm und Eberhart's von Greifenstein, 1341 gelang, den bösen Dämon zu bannen und den Hausfrieden, wenigstens auf einige Zeit, wieder herzustellen. Vorerst legten sie die Zerwürfnisse mit dem Herrn Ludemann bei, und aus dem Sühnbriefe geht augenscheinlich hervor, Letzterer sei beständig im Unrechte gegen seine Neffen gewesen, denn nach dem Spruche jener drei Rathsleute mußte er dieselben, vermöge der Theilungsurkunde, in die ihnen zum Loose gefallenen Güter und Gülten zu Brumat, Arnsburg und Niederbronn einsetzen, ihnen die versessene Gülte, welche die Herren von Ochsenstein jährlich nach Arnsburg liefern müßten, erstatten und die fahrende Habe vollständig zukommen lassen; ihnen Theil an den gemeinschaftlichen Waldungen geben und den Kuno Vogt von Wasselnheim seines Gelübdes ledig zählen, damit er seine Mannschaft von den drei Brüdern empfangen könne; denselben ihren Theil an den gemeinsamen Vasallen überlassen, ihnen die, über ihre zugetheilten Güter sprechenden Urkunden zustellen und die gemeinschaftlichen Briefe in eine gemeine Hand legen; den, durch ihn an die Juden versetzten, halben Theil der Stadt Neuwiler wieder auslösen und sie

---

272) Geben an mitwochen vor halbfasten In dem Jare ꝛc. 1341 jare.

dafür entschädigen; ihnen Theil an den ungesondert gebliebenen Leuten und Gerichten in Roppenheim, Sesenheim und Gisenheim geben, auch 100 Pfund straßburger Pfenninge, von einer bisher in Vergessenheit gerathenen Schuld von ihrer Mutter her, nebst einer Gülte zu Brumat und die Hälfte von 700 Pfund Pfenningen herauszahlen, und zuletzt ward er noch angewiesen, seinen Neffen alle seine übrigen Verschreibungen und Zusagen zu halten, sowie sie ihm auch die ihrigen halten müßten ²⁷³).

Die neuentstandenen Spänne des Herrn Hanemann II. und seines Sohnes Heinrich III. mit Symon und dessen Brüdern hatten ihren einzigen Grund in dem gemeinschaftlichen ungetheilten Besitze Lichtenbergs, Arnsburgs und Brumats, daher jene drei Vermittler, um auch diesem Familienhader ein Ende zu machen, an dem nämlichen Tage, da die vorstehenden Irrungen beigelegt worden waren, nochmals zusammentraten und für die Zukunft Folgendes festsetzten: alle bisherigen Feindseligkeiten und Mißverstände sollten von heute an aufgehoben sein, ihre späteren Zerwürfnisse aber durch zwei, beiderseits zu erwählende, Ritter und, wenn diese nicht einig werden könnten, mit der Beihülfe des Custors Konrad von Kirkel, als Obmann, ausgeglichen werden; derjenige jedoch, der den Andern nachher wieder angreifen oder beunruhigen würde, solle in eine Strafe von 500 Mark Silbers verfallen sein, und an demselben Tage gelobten beide Theile noch den Frieden in Lichtenberg, Arnsburg und Brumat ²⁷⁴), den sie aber, sonderbarer Weise, schon im folgenden Jahre mit den nämlichen Worten und unter gleichen Bedingungen abermals erneuerten und auch durch den Grafen Symon I. von Zweibrücken-Bitsch, den Herrn Ludemann III. von Lichtenberg, so wie durch den Meister und Rath in

---

273) Dis geschach an dem nehesten samstage vor dem Pfingstage In dem iare ꝛc. 1341.

274) Beide Briefe sind ausgestellt: Der do wart geben an dem Pfingest Abent, do man zalte ꝛc. 1341 Jare.

Straßburg besiegeln ließen ²⁷⁵). Zugleich kamen Hanemann II. und sein Sohn Heinrich mit Johannes dem Domsänger zu Straßburg und seinem Bruder Symont, um ihre geschlossene Freundschaft recht dauernd zu befestigen, noch dahin überein, jene dürften die, in ihrer Gewalt befindliche, Burg Herrenstein, diese aber die ihnen zuständige und unter jener Veste gelegene Stadt Nuwilre, auf keinerlei Weise, weder durch Auslösung, noch durch Verpfändung und Verkauf, in fremde Hände, sonderlich aber nicht in die des Bischofs oder Hochstifts von Metz, kommen lassen, sondern sie sollten gegen denjenigen, der sie dazu drängen würde, mit Leib und Gut, mit ihren Vesten, Land und Leuten zusammenstehen ²⁷⁶).

Unsere drei Brüder, der Dompropst Johannes, Symont und Ludwig, hatten ihrem Vetter Haneman II. die Hälfte an den Dörfern Wipbruch, Gries, Kutzenhusen und Wilre, nebst deren Gefällen und Rechten, für 102½ Pfund Pfenninge versetzt, daher sich Letzterer 1342 verbindlich machte, jenen um die nämliche Summe die Einlösung zu gestatten ²⁷⁷), und die beiden zuletzt genannten Brüder verzichteten um dieselbe Zeit, zu Gunsten der Abtei Stürzelbronn, für die Zukunft auf alle Schuhe und Hosen, welche ihnen dieses Gotteshaus bisher auf die Burg Schöneck hatte liefern müssen ²⁷⁸). — Der Landgraf im Elsasse Graf Ludwig von Oettingen und sein Bruder Friederich vergönnten dem Ritter Bertholt Swarber, dem „stettenmeister", und dem Bürger Jeckelin Manssen in Straßburg das, zu den drei Orten Offendorf, Herlofesheim und Norwilre gehörige, Eschenbünde geheißene, Fisch-

---

275) Der wart gegeben an dem Mentage nach sante Adolphes tage. In dem iare ꝛc. 1342 iar.

276) Der wart geben an dem Menbag nach sant Remigen mes In dem iare ꝛc. 1341 Jare.

277) Der war geben an dem Menbag nach sant Adolfs dag, do man zalte ꝛc. 1342 Jare.

278) Der geben wart bo man zalete von gottes geburte 1342 Jar an dem heyligen Osterabende. Cod. stürzelbronnensis Fol. 270.

waſſer, das ſich von der Sorne bis an den Rhein ausdehne, von dem Ritter Chunemann Vogt von Waſſelnheim, mit allen Gerechtſamen, für 20 Pfund Heller weniger 10 Schillinge, an ſich zu löſen und es dann für dieſe Summe ſpäter den Landgrafen wieder zu überlaſſen [279]). Mit dem Herrn Walther von Geroltseck am Waſichen hatte unſer Symunt damals auch einen Strauß gehabt, denn jener verzichtete 1343 auf alle Anſprüche an denſelben und an Heinrich, Herrn von Binſtingen, zweier Diener halber, die ſie ihm gefangen genommen hatten [280]).

Die Herrn Hanemau II. und Symon waren wiederholt uneinig geworden, wegen des Ungelts in der, ihnen gemeinſchaftlich zuſtehenden, Stadt Brumat, wovon dieſer ſeinen Antheil an jenen verpfändet hatte und dann noch wegen der leibeigenen Leute daſelbſt, und da ſie ſich darüber nicht gütlich vereinigen konnten, ſondern auf einer Theilung beſtanden, ſo brachten ſie dieſe Gegenſtände vor ihren Lehensherrn, den Erzhirten Heinrich zu Maynz, der 1344 beide vor ein Manngericht nach Eltvill laden ließ. Symon fand ſich perſönlich daſelbſt ein, Hanemann aber ſandte zwei Vertreter dahin, die Ritter Johannes Kammerer von Worms genannt von Waldeck und den Johannes von Butenheim aus Brumat, denen er einen Gewaltsbrief mitgab [281]). Das Urtheil des Manngerichtes fiel gegen denſelben aus und der Erzbiſchof gebot ihm daher, das maynzer Lehen Brumat, ſammt Allem, was dazu gerechnet werde, binnen 14 Tagen mit ſeinem Verwandten Symon durch's Loos zu theilen, Letzterem ſeinen Antheil ungehindert ausfolgen und ihn in ungeſtörtem Genuſſe

---

279) Der wart geben an dem erſten ſamestage nach Sant vlr. dage des Biſch. In deme iore rc. 1342 ior.

280) Geben an dem Dunreſtage vor dem zwelften tage do man zalte rc. 1343 iar.

281) Der wart geben an dem Donreſtage vor ſante valentins tag. In dem iare rc. 1344 Jar.

desselben zu lassen ²⁸²), was auch geschah. Einige Monate darauf errichteten beide noch einen besonderen Vertrag über ihre seither streitigen Verhältnisse in Brumat; das Ungelt, d. h. die Auflage auf den Wein, sollte nämlich bleiben und nach früherer Gewohnheit erhoben werden, bis Symon die Hälfte desselben von seinem Vetter wieder an sich löse, aber die Theilung ihrer Leibeigenen dürfe jenen Gefällen keinen Nachtheil bringen; auch müsse jeder Herr zu dem dasigen Gerichte einen Schultheißen und sechs Schöffen ernennen und beide sollen dann die eingehenden Strafgelder gleichheitlich theilen, und endlich setzten sie noch fest, diejenigen in die Stadt ziehenden Auswärtigen, die früher schon einem der beiden Herren zugehört hätten, müßten demselben auch ferner dienstpflichtig sein, andere hingegen sollten demjenigen Gebieter verbleiben, dem sie zuerst „höbetent"; Ausburger aber, die nicht seßhaft daselbst seien, wären beiden Dynasten zuständig und müßten auch durch dieselben gemeinsam geschirmt werden ²⁸³). So war denn auch hier die Eintracht und Ordnung wieder herbeigeführt.

Kaiser Ludwig erhob, auf Symon's Bitten, dessen Dorf Ingweiler 1345 zu einer Stadt, gestattete den Einwohnern, sie mit Mauern, Gräben und Zäunen zu umfangen, ertheilte derselben Rechte und Freiheiten, wie sie Hagenau genieße, und erlaubte ihr zugleich einen wöchentlichen Markt auf Freitags ²⁸⁴). Nachdem nun alle Vorbereitungen dazu getroffen waren, nahm unser Symunt dieses Werk selbst zur Hand, begann im folgenden Jahre die Errichtung der Stadtmauern und erbaute auch später, 1379, den, in seinen Grundmauern

---

282) Gegebin zu Elteuil des nesten frytages vor sante Peters tage den man nennet zu latine ad Cathedram. Nach Cristes geburte ꝛc. 1344 Jar.

283) Diz geschach vnde wart ouch dirre brief gegeben an dem nehesten Dunresta_e vor den Pfingesten In dem Jare 1344 Jare.

284) Ter ge en ist ze München an Mitwochen vor dem heiligen Pfingstag Nach Ch.ists geburt ꝛc. 1345 Jar.

noch sichtbaren und kenntlichen, runden Thurm (den die Franzosen 1678 mit Pulver gesprengt haben), wie wir aus folgender, an demselben ehemals befindlich gewesenen Steinschrift ersehen: HERRE . SYMVNT . HERRE . ZV . LIEHTENBERG . VOGT. ZV. STRASBVRG . HVP. DISE. STAT. NVWES. AN . ZV . MVRENDE . ANNO . M . CCC . XLVI. VND . DERSELBE . HERRE . HVP . OVCH . DISEN . TVRN. AN. ZV. MVRENDE. ANNO. DNI. M. CCC. LXXIX. Vorher gelobte er, die Einung, oder vielmehr das Bündniß, das sein Oheim Lubemann III. mit den zu Brumat gesessenen Edeln abgeschlossen hatte, in allen seinen Theilen, als für sich bindend halten zu wollen [285]), und einige Monate später verband sich Bischof Ademar von Metz, während einer Fehde, auf's Innigste mit unserem Symon und dessen Freunden von jetzt an bis zum künftigen Osterfeste und versprach zugleich, ihn für allen Nachtheil, den er erleiben würde, entschädigen zu wollen [286]). Nach Jahresfrist ertheilte jener Prälat demselben und seinen Helfern, wegen der ihm geleisteten Dienste, die bündigsten Versicherungen bezüglich des ruhigen Besitzes und Genusses der von seinem Hochstifte zu Lehen rührenden Güter und Vesten [287]).

Auf's Neue erhoben sich Uneinigkeiten zwischen dem Domsänger Johannes und seinem Bruder Symunt und dem Herrn Lubemann III., ihrem Oheim, wegen einer, den Kindern Heinrich's von Mülheim zu entrichtenden Jahresrente von 52½ straßburger Pfenningen, daher beide Theile ihrem Vetter Hanemann II., dem Ritter Bertholt Swarber, Stättmeister in Straßburg, und dem Götz von Grostein die Entscheidung übertrugen, welche denn auch 1346 diese Sache,

---

285) Der wart geben an sante Peters vnd Sante Paulus Abend der zweiger zwelfbotten In dem Jare etc. 1345 Jare.

286) Que furent faites lan 1345 ans la vigile de la feste de Michiel au Moys de septembre.

287) Que furent faites lan de grace nostre Signour 1346 le jour de la feste saint Remey ou chief d'octembre.

wie es ausdrücklich heißt, nicht nach dem Rechte, sondern nach der Minne, also gütlich und zu Gunsten der Ersteren entschieden, Letzteren aber verurtheilten, jene Rente entweder jährlich zu bezahlen, oder sie abzulösen [288]). Unmittelbar nach dem Pfingstfeste vereinigte der straßburger Oberhirte Berthold durch eine friedliche Uebereinkunft den Lutzemann von Geroltseck mit Johann, Fritschemann und Cunemann, Gebrüder Besseler von Zabern, über den Kirchensatz in dem lichtenbergischen Orte Detwilre, der bischöfliches Lehen war und dessen Verleihung von nun an unter den beiden Partheien abwechseln sollte [289]). Ludwig, der jüngste Bruder unseres Domdechants (derselbe wechselte oft den Titel) Johannes und des Herrn Symont, hatte unterdessen das Zeitliche gesegnet und dadurch war die obenerwähnte zehnjährige Vereinbarung unter diesen Brüdern, vom Jahre 1335, wegen der Herrschaft Lichtenberg, ebenfalls erloschen, daher Letzterer, falls er vor dem Dechanten sterben würde, demselben die Hälfte der Stammburg Lichtenberg, mit allen Gütern und Zuständigkeiten, zum Genusse und Besitze zusicherte, wozu auch Herr Hanemann II., der Inhaber der andern Hälfte, seine Zustimmung ertheilte [290]).

Im Spätjahre 1347 errichteten die Grafen Symon I. von Zweybrücken-Bitsch und Walram zu Zweybrücken, die Dynasten Hanemann II., Ludemann III., Johannes der Dechant und Symont zu Lichtenberg, Friederich, Domprobst zu Worms, und Graf Emich V. von Leiningen, Adelheid von Lichtenberg die Junge von Salm (eine Schwester unseres Symon), Theobald Herr zu Blankenberg, Rudolf und Ottemann V., Dynasten zu Ochsenstein, Volmar, Graf zu Lützel-

---

288) Der wart gegeben an dem Mentag nach onserre vrowen tag der Liehtmesse. In dem Jar ꝛc. 1346 Jare.

289) Der wart geben vnd beschach bis zu zabern an dem Mentage nach dem Pfingest tage, des iars ꝛc. 1346 Jar.

290) Der wart geben an dem Samesdage nach des Heilgen Cruces dag als es erhöbet war vor dem Herbest, Do man zalte ꝛc. 1346 Jare.

stein, Hug und Friederich Gebrüder, Johannes Burkart und Ulrich, sämmtlich Herren von Vinstingen, ein gegenseitiges Schutz= und Trutzbündniß, gewöhnlich der westricher Bund geheißen, mit einander auf vier Jahre lang [291]), in welchem jedoch unsere Lichtenberger und die Ochsensteiner ausdrücklich die Glieder des Landfriedens im unteren Elsaße ausnahmen, gegen die der Bund nicht gerichtet sein sollte. Nach Verlauf einiger Wochen trat auch Graf Friederich von Freyburg, Landgraf im Breisgaue, dieser Verbindung bei [292]), und vorher hatten Hanemann II., Ludemann III. und Symon, die Häupter der damals bestehenden drei lichtenberger Linien, unter sich eine innige, feste und eidliche Vereinbarung zu Gunsten des deutschen Königs Karl IV. und wider dessen Gegner abgeschlossen [293]). Dieselben waren also für diesen neugewählten Monarchen gewonnen, der sie noch näher in sein Interesse zu ziehen suchte und die Lichtenberger, vorzüglich aber unsern Symon, deswegen seitdem mit einer wahren Fluth königlicher Gnadenbezeugungen überschüttete.

Dieser König gestattete nämlich Letzterem nochmals, sein Dorf Ingweiler in eine Stadt zu verwandeln und dieselbe zu befestigen, auch erlaubte er ihm einen Wochenmarkt auf Dienstag und wandte zugleich der neuen Stadt Rechte, Gewohnheiten und Freiheiten zu, wie Hagenau. Dann ertheilte er demselben und seinem Bruder, dem Dechanten Johannes, die Vergünstigung, von den in ihrem Gebiete seßhaften oder später noch dahin ziehenden Juden, die königliche Kammerknechte seien, alle Nutzungen und Gefälle, von des Reiches wegen und bis auf Widerruf, einzunehmen. Auch bestätigte er, auf die Bitten Symon's und seines Ver=

---

291) Der wart geben an dem fritage nach sante Remmis tage Des Jares rc. 1347 Jar.
292) Der gegeben wart an dem nehesten Sammestage nach Sante Martins dag, Des Jares rc. 1347 Jare.
293) Datum feria quarta proxima post Galli Anno dni M°. CCC°. XLVII°.

wandten Hanemann II., der Stadt Brumat dieselben Gerechtsame u. s. w., deren Hagenau genieße, und erneuerte jenen Herren ihr Geleitsrecht auf der Straße von Braitenstein bei Lichtenberg bis nach Rotenkirchen bei Straßburg, das sie vom Reiche inne hätten, sammt allen damit verknüpften Ehren, Rechten und Würden. Ferner bekräftigte er ihnen ihre sämmtlichen Reichs-, Mann- und Burglehen, sowie auch endlich noch ihre alten Berechtigungen und Freiheiten in den Dörfern Greies, Wiproch, Kurtzenhausen und Weiler, an denen sie „Ettwann Ludwig von Beiern, der sich „keyser nant vnd sein Amptleut rc. bisher geschedigt vnd ge-„hindert haben". — Diese Erlasse sind sämmtlich zu Hagenau an einem Tage ausgestellt ²⁹⁴) und in allen werden die getreuen und nützlichen Dienste jener Herren als Grund der königlichen Gnade angegeben. Gegen Ende dieses Jahres befand sich Karl IV. zu Straßburg, wo er den obgenannten Häuptern der drei Linien unserer Familie, ebenfalls wegen „ihrer treuen Dienstleistungen, „vnd auch dar vmb daz si vns „als irem rechten herrn vnd Stammkünig gehuldet und ge-„sworen haben, vnd daz si vns mit irn leibern vnd vesten, „di vns offen sullen sein, geholfen vnd gewartent sullen sinn „wider „aller meniglich, di weil wir leben" 3000 Mark Silbers, straßburger Gewichtes, verschrieb, zahlbar zur Hälfte auf nächste Lichtmesse und den Rest an Johannis des Täufers Tage ²⁹⁵).

Noch weitere Beweise königlicher Huld erfolgten in dem nächsten Jahre; vorerst zählte er die Herrn Hanemann II., Ludemann III. und Symont, nebst ihren Leuten, Dienern und Hintersassen, von dem Ausstellungstage dieser Urkunde an bis Martini, alles Wuchers los und ledig, den sie den

---

294) Geben zu Hagenaw nach Christus geburt rc. 1347ſten Jar an sant Lucien tag.

295) Der geben ist ze Strazpurg rc. 1347ſten Jar, an dem nehſten Sunntag vor sant Thomas tag des heiligen zwelfpoten.

Juden in Jahresfrist schuldig geworden seien ²⁹⁶), und Letzterer allein erhielt von dem Monarchen die, schon früher (1345) durch Kaiser Ludwig erlassene Vergünstigung, nach seinem kinderlosen Absterben sollten dessen Burg- und andere Reichslehen an den Johann von Salm, seiner Schwester Sohn, kommen und fallen ²⁹⁷), was ihm, einige Monate später, der maynzer Erzbischof Gerlach bezüglich der erzstiftischen Lehen ebenfalls zusicherte ²⁹⁸). Nicht lange darauf errichtete Karl IV., da Herzog Friederich von Teck und unser Symon wegen der Orte Hatten, Rütershoven, der zwei Bettensdorfe und wegen der dazu gehörigen Dörfer streitig waren, eine gütliche Vereinigung unter denselben, kraft deren jene Ortschaften künftig Letzterem allein zustehen sollten, und der König gebot zugleich seinem elsäßer Landvogte, sowie dem Schultheißen und Rathe in Hagenau, unsern Herrn in dem Besitze und Genuße dieser Dörfer ungehindert und ungeirrt zu laßen ²⁹⁹). Jener Monarch hatte auch seinen Städten im Königreiche Böhmen die Weisung gegeben, für ihn und seine Schulden (pro nobis et uris debitis) dem Symon zu Lichtenberg am nächsten Georgentage 1260, so wie auf Johannistag darnach nochmals 760 prager Groschen zu entrichten, und er verbürgte sich noch sogar selbst, falls die Städte mit ihrer Bezahlung an den festgesetzten Tagen säumig sein würden, dann unsern Dynasten für beide Summen, sowie für die daraus entspringenden Kosten schadlos halten zu wollen ³⁰⁰).

---

296) Der wart geben zu Spire ꝛc. 1348 Jare, an dem Einstag nach dem zwelften tage nach Wihennahten.

297) Der geben ist ze Nurnberg ꝛc. 1348sten Jar an dem nehesten Dinstag vor Sand Valentins tag.

298) Der geben ist zu Babenberg ꝛc. 1348 iar, an dem nehesten dinstage vor sante Peters tage ad vincula.

299) Gegeben ze Prag, des achten tages nach dem Oftertag, Do man zalt ꝛc. 1348sten Jar.

300) Datum Prage III°. Idus Iulii. Anno dni 1348mo.

Des Königs Gunst gegen unsere Familie war indessen noch nicht erschöpft; denn im Jahre 1349 befahl derselbe allen Fürsten, Grafen und Freien des Reiches, in dem Geleite von Lichtenstein bis nach Rotenkirchen, das die Herren Hanemann II. und Symon als Reichserblehen besäßen, kein neues Geleite oder sonst einen anderen Zoll zu errichten, oder anzustellen, und er schärfte zugleich seinem elsäßer Landvogte und allen Getreuen auf's Höchste ein, den Lichtenbergern zur Zerstörung und Ablegung solcher neu angelegten Zölle und Geleite behülflich zu sein. Am nämlichen Tage sagte er dieselben „allir gabe, die in die Juden vnsir kamer-„knechte geben haben, wo ouch die gesezzen waren oder noch „sitzen, iz si an gereiten pfeningen oder cleinoten vnd die sie „von in genomen haben, wie daz geschen sei, vnd bit namen „alle der schult die si vnd ir burgen in schulbig sein gewesen „biz off diesen heutigen tag vnd des gesuchs, der dar of gan-„gen ist, quyt lebig vnd los." Dies war freilich ein erwünschtes Mittel, frei von Schulden zu werden. — Auch vergönnte er unserem Symon noch, zur Besserung seiner Reichslehen, in oder bei der Stadt Ingweiler, was durch- oder „niberget", von jedem Fuder Wein zwei alte große Turnose als Zoll zu erheben[301]). Nach Verlauf mehrerer Wochen übertrug Karl IV. seinem edlen Symon die durch den Tod Henslin's von Wazichenstein erledigten hagenauer Reichslehen, bestehend in zwei jährlichen Korngülten, nämlich 104 Viertel zu Münfersheim und 100 Viertel zu Ringendorf, nebst dem Hofe Hagenau[302]), welche Lehen er demselben, wenn er ohne Leibeserben ableben würde, ebenfalls auf seinen Neffen, den Grafen Johann von Salm, zu übertragen,

---

301) Diese drei Urkunden sind wieder an einem Tage ausgestellt: Der geben ist ze Lüczemburg ꝛc. 1349 Jar bes nehsten Suntags vor santh Gerdruden tag der heiligen Juncfrowen.

302) Der geben ist zu Speyer ꝛc. 1349 Jar an vnser frauentag annunctiacio in der vasten.

einige Monate nachher gestattete [303]). Kurz zuvor hatten die Brüder, Johannes der Dechant und Symunt, dem Abte Dielmann und dem Convente des Sanct Petersklosters in ihrer Stadt Neuweiler allen Beistand zugesagt und Hülfe versprochen, vornehmlich gegen den Bischof Bertholt in Straßburg und gegen sechs aus ihrer Anstalt entwichene Conventualen, „von der visitacion wegen, die der Egen unser „herre der Bischof getan hat in dem vorg. Closter, vnd in „allen den sachen, die von derselben visitacion vfgestanden „sint", jedoch nur auf so lange, bis gegen den Abt und sein Convent in dieser Angelegenheit durch die römische Curie ein Urtheil gefällt werden würde, „daz wir sü mit dem rehten „nüt mee geschirmen möhtent" [304]).

Unser Symon war eben damals im Streite befangen mit dem Ritter Eberlin von Mülnheim, wegen des Patronates in Romersheim, bis endlich beide, zur Schlichtung desselben die Ritter Wilhelm von Greifenstein und Diether von Waltenheim, nebst einem Bürger aus Straßburg, Gossen Sturm, zu Schiedsrichtern darüber erwählten [305]). Im nächsten Jahre veräußerte jener, auf Wiederkauf, an die Aebtin Agnes des Frauenklosters bei Baden, eine jährliche Rente von 4½ Pfund straßburger Pfenningen von der Aerndtebete zu Schillersdorf, für 100 kleine florenzer Goldgulden [306]). Derselbe und sein Bruder, der Dompropst Johannes, gelobten einige Tage hernach ihrem Oheim, dem Grafen Walram zu Zweybrücken, und ihrem Neffen, Johann von Salm, welche beide die Verschreibung, worin jene dem Bischofe Ademar von

---

303) Der geben ist ze Frankenfurt ꝛc. 1349 Jar am nehsten Sampztag vor santh Johanstag des heiligen Tauffers.

304) Der wart gegeben an dem nesten Mentag nach sant Marcks dag In dem Jare ꝛc. 1349 Jare.

305) Geben an der ersten Mitwochen nach sce Jacobstag des zwelfbotten, In dem iare ꝛc. 1349 iar.

306) Der geben wart an vnser fröwen dag der liehtmessen des iares do man zalte ꝛc. 1350 Jar.

Metz die Auslösung der Burg Herrenstein zusicherten, als Bürgen besiegelt hatten, sie, falls ihnen Nachtheil daraus entspringen würde, dafür schadlos zu halten [307]). Später gab unser Dynast den Kaiserweiher bei Hagenau, den ehemals Hensel von Waschenstein besessen, einem Bewohner Hagenau's auf Lebenszeit in Bestand [308]). Jener Dompropst hatte am Sanct Oswaldstage 1350 mit seinem Bruder Symon und den zwei anderen Verwandten, Hanemann II. und Ludemann III., wieder ein neues Bündniß (dessen Inhalt wir jedoch nicht mehr kennen) eingegangen, in welchem sie aber die Stadt Straßburg und unser Prälat noch namentlich den dasigen Domcustor, Konrad von Kirkel, ausnahmen [309]). Wiederholt ließ König Karl IV. 1351 einen Befehl an den elsässer Landvogt, sowie an den Schultheißen und Rath in Hagenau ergehen, sie sollten die, in Gemeinschaft stehenden Ortschaften Merzwilre, Schweighusen, Dochendorf, Niedernmatern, Ubroche, Eyhofen, Griesbach, Vorschein Espach, Münnersheim und Hyttendorf, wenn sie dem edeln Symunde zu Lichtenberg ihr Forstrecht „entgelten" würden, Wald, Wasser und Weide in dem Forstwalde ohne Störung genießen lassen, sowie jene Dörfer dies bei Dymar Bogener und auch noch vor demselben bis auf diesen Tag im Genusse gehabt hätten [310]).

Wir finden nun, in einem Zeitraum von einigen Jahren, mehrere Bündnisse und Verträge der Herren von Lichtenberg, theils unter sich, theils mit anderen Grafen, Herren und Edeln; diese wurden durch die damaligen schwankenden

---

307) Der wart gegeben, an dem nehsten Sunnentage nach der Liehtemesse vnserre fröwen in dem Jare ꝛc. 1350 Jar.

308) Der geben wart an dem nehsten Samestage nach sant Sirtus tag In dem iar ꝛc. 1350 iar.

309) Der wart gegeben an dem vorgen sant Oswaldestage In dem iare ꝛc. 1350 iar.

310) Geben zu Prage des nehsten freytags nach dem heyligen offart tage In dem funfften Jare vnserer Riche.

und sehr unsichern politischen Verhältnisse des Elsasses hervorgerufen und jene liefern uns einen erfreulichen Beweis von den einheitlichen Gesinnungen und Bestrebungen unserer Familienglieder. Vorerst errichteten der straßburger Bischof Berthold, der Abt Heinrich von Murbach, Hanemann, Ludemann und Symont, Herren zu Lichtenberg, Johannes der Alte, Herr von Rappoltstein, mit seinen Söhnen, Johannes und Ulrich, Rudolf und Ottemann V., Dynasten zu Ochsenstein, und die Städte Straßburg, Basel, Freyburg, Breisach, Colmar, Hagenau, Schlettstadt, Ehenheim, Roßheim, Mülhausen, Kaysersberg, Dürckheim, Münster, Offenburg, Gengenbach und Zell im Jahre 1352 einen Bund auf die Dauer von fünf Jahren, zum Nutzen und Frieden des Landes, der hauptsächlich gegen alle Aufläufe, die Land und Leuten Schaden bringen könnten, gerichtet war, denen mit gemeinsamer Macht entgegen gewirkt werden sollte [311]. Nachher stellte der Edelknecht Rudolph von Vegersheim unserem Symunt die Versicherung aus, dessen zwei Dörfer, Hatten und Rütershouen, sammt Hab' und Gütern, sollten in seinem Kriege mit der Stadt Hagenau nicht beeinträchtigt werden, insoferne sie ihm nichts in den Weg legten und ihn ungeirrt ließen [312]. Symunt selbst stand damals, wegen Hatten, Rütershoren, der zwei Bettensdorf und anderer Orte, mit jener Stadt in Fehde, daher beide Theile, vermöge einer Vereinbarung, dem Könige Karl IV. ihre „mißhelle vnd stoz" zur Entscheidung überließen [313].

---

311) Der wart geben an dem nehsten fridag nach sant Mathis dage des zwelfbotten do man zalt ꝛc. 1352 Jare. Aus der Urkundensammlung der heidelberger Univ.-Bibliothek Nr. 305.

312) Datum anno dni 1352do sabbo ante dnicam qua cantatur oculi mei.

313) Der geben wart an dem nehesten Dunrestage nach sante Jacobes tage des heiligen zwelffbotten Do man zalte ꝛc. 1352sten Jare. Aus der Urkundensammlung der heidelberger Univ.-Bibl. Nr. 91. Siehe auch Mone's Zeitschr. für die Gesch. des Oberrheins V, 187. Die nämliche Urkunde stellte auch Hagenau unter demselben Datum aus.

Einige Tage darauf vereinigten sich die Herzogin Maria von Lothringen, die Herren Hanemann II. und Symont zu Lichtenberg, Symunt und Walraue, Grafen zu Zweybrücken, nebst dem Grafen Johannes von Saarbrücken, als Geleitsherrn, einander zum gemeinsamen Schutz und Schirme der, unter ihrem Geleite ziehenden, Kaufleute und deren Waaren, auf zehn Jahre lang beizustehen und zu helfen, oder, wie sie sich selbst darüber aussprechen: „umbe daz daz die kosflüte vnd ir „kofschaft deste fridelicher wandeln vnd faren mügent, of „den Straßen vnd geleiten, die wir habent von dem Röm. „Rych, zwüschent dem Lampartischen gebirge vnd Flandern, „die mit namen gant vur Sarbrücke, Gemonde, Ryммelingen „vnd Ingewilre" 314), und nach Jahresfrist gebot König Karl IV. allen des Reichs Getreuen, in dem Geleite der Herren Hanemann II. und Symunt's, zwischen Rotenkirchen und Breitenstein, von den Kaufleuten keinen Zoll, Geleit, Weggeld oder Schatzung zu fordern oder zu nehmen und sie überhaupt bei Vermeidung seiner hohen Ungnade, darin nicht zu bedrängen oder zu beschweren 315).

Die schon mehrmals erwähnten Häupter der drei Linien unseres Hauses, Hanemann II., Ludemann III. und Symon, verbanden sich 1353 mit den Dynasten Rudolf und Ottemann V. zu Ochsenstein, bis Martinitag des kommenden Jahres, „durch nutz, notdurft, fride vnd liebelebens willen" ihrer Herrschaften, Leute, Burgmänner und Diener, „vns „getruweliche, vesteCliche vnd vnuerzogenliche, zu allen vnsern „nöten einander zu helfende vnd zu ratende, wider menlichen, „mit libe, gute, vesten, lande vnd lüten", mit Ausnahme des römischen Königs, des Pfalzgrafen Rudolf II., des Bischofs und der Stadt von Straßburg, sowie überhaupt aller ihrer

---

314) Der geben wart an vnſerre frowen dag der erren. In dem iare ꝛc 1852 iar. In Strazburger biſtum. S. auch Kremer's Geſch. des ardennischen Geschlechts II, 477. Nr. 203.

315) Der geben iſt zu Hagenawe Nach Chriſts Geburte ꝛc. 1353ten Jare. am Suntag nach aller Heyligen tag.

Lehensherren ³¹⁶). An der Reige dieses Jahres traten auch jene drei Herren, unter der Vermittlung des straßburger Dompropstes Johannes, in der Burg zu Buchsweiler einander einhellig näher und verabredeten, mit besonderer Erwägung, „daz wir ane gesehen han, Daz vnser Herschaft vormals ein „diuck gewesen sint, vnd darvmbe daz daz noch also sei", zum Besten, Nutzen und Frieden ihrer Familien und ihrer armen Leute, ein gegenseitiges Bündniß, einander in allen ihren Angelegenheiten zu rathen und zu helfen, mit Gut und Blut, mit ihren Vesten, Landen und Leuten, und zwar von heute an bis nächsten Sanct Martinstag und von da an noch ein ganzes Jahr lang, durch welche Vereinigung zugleich alle übrigen Verträge, die sie mit andern Herren errichtet hätten, außer Wirksamkeit gesetzt sein sollten, und die erst nach Ablauf der bedungenen Frist wieder in Kraft treten könnten ³¹⁷). Jener Propst Johannes war, wie wir bereits wissen, im November 1353 auf den Bischofssitz zu Straßburg erhöhet worden; da derselbe aber, der Ausbürger oder Pfahlbürger wegen, mit dem Rathe daselbst in Irrungen stand, so übertrug er, weil er zu Anfang des Jahres 1354 nach Rom reiste, um sich zu seinem oberhirtlichen Amte die Weihe zu holen, von dort aus seinem Bruder Symon den Schutz und die weltliche Verwaltung seines Bisthums, bis zu seiner Zurückkunft ³¹⁸). Im Oktober erkaufte Letzterer von dem Ritter Volmar Kempff von Neuweiler die Hälfte der, unterhalb Obermater befindlichen, Buchmühle, um 32 Pfund straßburger Pfenninge ³¹⁹), und einige Tage hernach reichte ihm der Abt Johannes von Murbach zum erstenmale

---

316) Der geben wart an dem Pfingestage In dem iare zc. 1353 iare.

317) Ditz beschach zc. zu Buswilre zc. an dem Siebenden tag nach wnehennachten bez Jars zc. 1353 iar.

318) Acta sunt hec, anno incarnacionis dnj 1854ᵗᵒ, die XXVI Mensis Februarij. Indic. septima.

319) Der geben wart an dem Zinstag vor Sant Dyonistentag In dem Jare zc. 1354 Jare.

das ettendorfische, durch Ritter Johann Ochtener von Ramstein aufgegebene, Lehen seines Gotteshauses, bestehend in dem Dorfe, Gerichte, Banne und Kirchensatze zu Enwilre [Engweiler] ³²⁰).

Abermals hatten sich die lichtenberger Herren, Hanemann II., Lubemann III. und Symon, einer Vergünstigung des Monarchen Karl IV. zu erfreuen; die Reichsstädte des Elsasses dürften nämlich keinen ihrer Unterthanen als Pfahlbürger annehmen, es sei denn, sie hätten sich bereits in einer Stadt häuslich niedergelassen, und ebenso sollten aber auch jene Dynasten keine Bürger bei sich aufnehmen und bulden ³²¹). Unser Geschlecht besaß, schon seit Menschen Gedenken, das hohe Gericht im Hett- oder Hattgaue, worauf indessen die Fleckensteiner ebenfalls Ansprüche erhoben. Da nun Heinrich von Fleckenstein genannt von Bickenbach, der Junge, einen Mann aus jenem Gaue gefänglich eingezogen, ihn aber, als unser Symon deswegen heftig auf denselben einstürmte, wieder nach Swawiler zurückgeschickt hatte, so brachte Letzterer, um sein gutes Recht für immer zu wahren, diese Angelegenheit vor den Bund des elsässer Landfriedens, dessen Glied er war, worauf die Fünfzehn, die zur Handhabung dieses Friedens bestellt waren, ihm auftrugen, am nächsten Montage nach Sanct Martinstage 1355, in der Frühe, vor ihnen in Colmar zu erscheinen und seine Gerechtsamen durch glaubwürdige Kundschaften zu erweisen ³²²). Die sieben Dörfer des Hattgaues, Rütershoven, Obern- und Niedernbettensdorf, Luterswiler, Reinbrechtswiler, Kielendorf und Swawilre, ließen deshalb auch zwei gerichtliche Kundschaften abfassen, in denen sie ungezweit aussagten und bekannten:

---

320) Der geben wart. ze Gebwilr des Jares ꝛc. 1354 iar an dem nehsten Donrestage nach sant Gallen tag des heiligen Abbetes.

321) Geben zo Bellers ꝛc. 1354ften Jare uff sente Symonis vnd Judas tage der heiligen zwielfboten.

322) Datum Columbarie ipsa die Matheij apli Anno dnj 1355ᵗᵒ.

das hohe Gericht in ihrem Gaue habe von Alters her dem Herrn Symunt zu Lichtenberg und nicht der Stadt Hagenau oder der Landvogtei zugestanden ³²³), und da jener mit diesen Aktenstücken auf dem Landtage zu Colmar vor den Fünfzehn erschien, so fällten sie, nach Einsicht derselben, einstimmig das Urtheil: „daz der vorgenant her Symund zu Lichtenberg „bi den hohen gerichten der egenanten Dörfern, benne vnd „gerichten, mit rechte, in nützlicher gewer bliben sol gerůwek= „lich vnd vngeirret" ³²⁴), welchen Spruch zwölf Herren, Ritter und Vögte, darunter einer von Ochsenstein und Ludemann III., mit ihren Siegeln bekräftigten. Die Ansprüche der Fleckensteiner auf jene Dörfer scheinen jedoch nicht so unbegründet gewesen zu sein, weil sie von eigenthümlichen Besitzungen derselben im Hattgaue herrührten, daher Heinrich von Fleckenstein der Junge sich mit dem Urtheile der Fünfzehner nicht begnügte, sondern bei seiner früheren Forderung beharrte, so daß sich Symon genöthigt sah, im Februar des nächsten Jahres die bisherigen „misschelle, ansprache vnd alte stösse" mit demselben durch folgende Uebereinkunft gütlich auszugleichen: unserem Herrn wurde vor allen Dingen das Recht und der Genuß der hohen Gerichte und der Herberge in jenen Ortschaften, wozu nun noch Hatten und Westhouen kamen, ausbedungen, allein alle übrigen Gefälle, Gülten, Waiden, Dienste und Nutzungen, die von den Bewohnern dieser Dörfer fielen, sowie auch die Gebote, Auszug, Mühlen u. s. w., sollten ihm und dem von Fleckenstein gemeinsam zustehen; beide dürften aber, ohne des Andern Willen, die Gerichte oder Leute daselbst nicht käuflich an sich bringen und diejenigen, die sich später im Hattgaue häuslich niederlassen würden, sollten ihnen in Gemeinschaft zugehören, jedoch ward dem Herrn Symon der

---

323) Die eine ist gegeben: feria tercia que fuit vigilia sci Martini und die andere: in die festi bti Martini 1355.
324) Der wart geben vf den Mentag nach sante Martinstag, des iares ꝛc. 1355 iare.

alleinige Besitz seiner Häuser und Höfe zu Hatten, sammt den damit verbundenen Gütern u. s. w. und ebenso auch dem Fleckensteiner der gesonderte Genuß seines Hofhauses zu Röbern, nebst zweien Hubhöfen in Rütershouen und in Swawilre, gleichfalls mit sämmtlichen Zubehörden an liegenden Gütern und Zinsen, vorbehalten und zugesprochen [325]).

Nachdem nun Johannes das höchste Ziel seines Strebens, nämlich die Mitra des Bisthums Straßburg, erreicht und aber sein „lieber" Bruder Symon ihn hierin bisher vielfach unterstützt und manches Opfer gebracht hatte, so suchte er benselben dafür dadurch schadlos zu halten, daß er ihm seinen Antheil an der Herrschaft Lichtenberg, der ihm als väterliches oder mütterliches Erbe und auch von seinem seligen Bruder Ludwig zugefallen war, es bestehe dies, worin es wolle, nichts ausgenommen, zum Eigenthume übergab und gänzlich darauf verzichtete [326]), so daß also unser Symon die Herrschaft und das Gebiet seiner Linie jetzt wieder als ein ungetheiltes Ganzes inne hatte. Einige Wochen später bekräftigte und genehmigte jener Oberhirte auch eine friedliche Auseinandersetzung seines Bruders mit dem Abte Dielmann und dem Convente des Benedictinerklosters zu Nuwilre, sowie mit den Canonikern im dasigen Sanct Adelphusstifte, wegen seines Hauses in jener Stadt [327]). Da Kaiser Karl IV., in Verbindung mit den Kurfürsten und Ständen des Reichs, ein eigenes Gesetz gegen die Pfahlbürger erlassen und auch deßhalb unseren Lichtenbergern (1354) noch einen besonderen Freiheitsbrief ertheilt hatte, so vereinigten sich Hanemann II., dessen Sohn Heinrich III. und Enkel Konrad II. sowie Ludemann III., sein Sohn Heinrich IV. und Symunt,

---

325) Der geben wart an dem nehsten Svnesdag nach sant Valentins dag in dem iar rc. 1356 iare.

326) Der geben wart zu Strazburg an der nehesten Mittewochen vor sant Valentins tag, in dem iar rc. 1356 Jar.

327) Datum in Castro nro. Borre. nre. dioc. Iu vigilia Palmar. anno dni 1356to.

Die jüngere oder Ludwig'sche Linie bis zum Jahre 1405.   129

weil sie den größten Theil ihrer Herrschaften in **Gemein=
schaft** besäßen, 1358 auf's innigste mit einander, um jene
wohlthätige kaiserliche Anordnung mit aller Macht und Ge=
walt gegen Jeden zu handhaben und durchzuführen [328]), und
im folgenden Jahre ließen sie sich durch das Reichsober=
haupt diese Vergünstigung wegen der Pfahlbürger (von
1354) nochmals erneuern [329]).

Das Jahr 1359 war überhaupt reich an vortheilhaften
Urkunden für unser lichtenberger Haus, denn das, durch die
alten elsässer Landgrafen, wie wir bereits oben bei dem Kaufe
Brumats u. s. w. erwähnt haben, an die Grafen von Oet=
tingen gediehene Landgrafthum kam indessen, theils wegen
der veränderten Verhältnisse der Reichsverfassung, theils aber
auch weil die damit verknüpft gewesenen bedeutenden Be=
sitzungen und Güter allmälig an unsere Familie, und andere
ansehnliche Güter, Gefälle und Rechte an das Bisthum
Straßburg veräußert worden waren, immer mehr in Verfall,
das Amt und die Würden desselben sanken nach und nach
zur Unbedeutenheit herab, und so entkleideten sich die letzten
Träger derselben endlich auch noch ihres letzten Ansehens.
Die Grafen Ludwig der Aeltere und der Jüngere von Oet=
tingen beliehen nämlich, als Landgrafen „zu Nydern Eylsas",
den edlen Symunde, Herrn zu Lichtenberg, und seine Lehens=
erben, mit allen Mannen, Mannschaften und Lehen, die seit=
her von ihnen lehenrührig waren, und mit sämmtlichen Gü=
tern, Gülten und Nutzungen, sie möchten Namen haben, wie
sie wollten, in den Gerichten, Zwingen und Bännen, die
früher von ihrer Landgrafschaft in die Hände der Lichten=
berger gekommen seien; zugleich übergaben jene Grafen un=
serem Dynasten, zu einem rechten erblichen Lehen, auch noch
die Grafschaft oder das Landgericht „gantz vnd gar", das sie

---

[328]) Der geben ist an dem Cinstage vor sant katherinen tage der
heilgen Jungfröwen, Des iares ꝛc. 1358 Jare.

[329]) Geben zu Ache ꝛc. 1359ften Jar am Sampstag vor Halpfasten.

bisher, von ihrer Landgrafschaft im unteren Elsasse wegen, über den Herrn Symund, sowie über dessen herrschaftliches Gebiet, es seien Vesten, Städte, Lande, Dörfer, Gerichte, Zwinge und Bänne, gehabt hätten, einzeln und zusammen, ohne alle Ausnahme und ohne sich und ihren Erben auch nur die geringsten Ansprüche an jenen Dynasten oder an dessen Lehenserben und Besitzungen vorzubehalten, und endlich sagten sie ihre bisherigen Manne und Vasallen in sämmt= lichen Städten, Burgen, Orten und Bännen, die von der Landgrafschaft an die lichtenberger Familie gelangt wären, der ihnen früher geleisteten Eide und Gelübde ledig und los, mit der Weisung, von nun an ihre Lehen und Mann= schaften von dem Herrn Symund und von dessen Lehensnach= folgern zu empfangen. Weil nun jenes Landgericht, sowie diese landgräflichen Mannschaften von dem heiligen römischen Reiche zu Lehen gingen, so baten die beiden Grafen, damit dieser Uebertrag auch festen Bestand haben möge, den Kaiser Karl IV. „andechtikliche vnd fleheliche", jenen Herrn damit belehnen zu wollen [330]), was auch im nächsten Jahre er= folgte [331]), und an dem nämlichen Tage stellten sie noch das= selbe Ansinnen an den Erzbischof Gerlach zu Maynz wegen der zu Brumat gehörigen Lehen, die das Erzstift zu ertheilen hatte [332]), was Letzterer auch 1361 ebenfalls gewährte [333]).

Seit diesem Vorgange hatte die, früher so angesehene und bedeutsame, elsässer Landgrafschaft ihr Ende erreicht und war seitdem zu einem leeren Titel herabgesunken, den fürder

---

330) Diese vier Urkunden sind datirt: Der geben wart an dem Donrestage vor sant Paulustage des heil. zwölfbotten 2c. 1359 iare.

331) Geben zu Velde bei Ezzelingen 2c. 1360ſten Jare am nehſten Samtztag vor vnſir frawen tag, als ſie geborn wart.

332) Der geben wart an dem Dornſtage fur ſandt Pauelstag des heilgen zwolff botten als er bekert wart jn dem jare 2c. 1359 jare. Würdtwein subsid. diplom. nova VII, 313. No. CIV. Gudeni Cod. diplom. mogunt. III, 429. No. 294.

333) Würdtwein subsid. diplom. nova VIII, 135. Bernh. Herzog's elsäſſer Chronik V, 8 u. 9.

Die jüngere oder Ludwig'sche Linie bis zum Jahre 1405.   131

die Bischöfe von Straßburg noch führten und wozu nur die, durch unseren Oberhirten Johannes von den letzten Landgrafen im Jahr 1358 erkauften, oben bezeichneten Güter, Gefälle und Gülten gehörten. Die Grafen von Oettingen zogen sich, nachdem Alles veräußert war, in ihre, jenseits Rheins gelegenen, Stammlande zurück und der letzte Sprößling der alten Landgrafen, Junker Johannes, der sich dieses Titels noch bediente, ließ sich in Straßburg als Bürger aufnehmen und erkaufte, unter jenes Prälaten Genehmhaltung, von dem Abte und Convente zu Schwarzach im Jahre 1359, auf seine Lebenszeit, ein Wohnhaus daselbst für 140 Pfund Pfenninge [334]. Noch einmal tauchte derselbe in seiner jetzigen, vielleicht armseligen, Zurückgezogenheit auf, als er in dem genannten Jahre auf alle Ansprüche an die Herren Hanemann II., Ludemann III. und Symunt verzichtete, jedoch vorbehaltlich der Pfandschaften Brumats und Arnsburgs, welchen Verzicht auch diese Letzteren gegen jenen ausstellten, „von der Libigunge wegen der güter, sü sient „pfant oder lehen, die do in den kof hörent Brumat und „Arnsberg" [335]. Im J. 1376 ging Junker Johannes zu seinen Vätern hinüber und seinen Leichnam nahm die Burgkapelle in Buchsweiler auf [336].

Der Abt Otto zu Neuweiler ging 1361 gegen den Herrn Symon, seinen Vogt, die Verbindlichkeit ein, ohne dessen Wissen und Geheße von den Besitzungen seines Gotteshauses nichts verpfänden oder veräußern zu wollen; wenn aber dieser Fall einträte, so müsse er es zuvor jenem

---

334) Der wart geben an der mittewuchen vor sante bartholomeus tage In dem Jare ꝛc. 1359 Jare.

335) Beide sind ausgestellt: Der geben wart an sant Martins abent In dem Jare ꝛc. 1359 Jar. S. auch Schöpflini Als. diplom. II, 232. No. 1093.

336) Ejusdem Als. illustr. II, 581. § CLXI. Sein Leichenstein hatte folgende Inschrift: Hie lit Juncher Johanes Lantgrofe, der starp an sant Jacobs obent do man zahlt MCCCLXXVI.

oder seinen Erben anbieten, und wenn diese keinen Gebrauch davon machen wollten, dann erst dürfe er solche Güter an andere abgeben [337]). Zu derselben Zeit bekannten Rudiger von Fryburg, genannt Gynge, und sein Sohn Herrmann mit unserem Symon, sowie mit dem Grafen Johannes zu Salm und dessen Gattin, Margaretha von Blankenberg, wegen einiger Gefangenen aus Constanz, die ihnen in der Herrschaft Blankenberg abgenommen worden seien, gesühnt zu sein; auch verzichteten sie noch auf alle diesfälligen Ansprüche und gelobten zugleich, während ihres Krieges mit der Stadt Constanz, deren Bürger in dem Geleite des Lichtenbergers nicht zu beschädigen oder zu nöthigen [338]), und eben wegen dieses Geleites nach Flandern erneuerten der Herzog Johannes von Lothringen, Hanemann II. und Symon zu Lichtenberg, die gräflichen Brüder Hanemann I. und Symon Wecker II. zu Bitsch und Graf Johannes von Saarbrücken die, 1352 geschlossene, Vereinbarung auf weitere 10 Jahre [339]).

Seitdem unser Symon von den letzten Landgrafen des Elsasses die Lehen und Mannschaften erworben und zugleich die Gesammtherrschaft Lichtenberg von aller Lehenbarkeit, sowie auch von der Aufsicht des Landgerichtes befreit und sie also selbstständig gemacht hatte, da regte sich der lobenswerthe Geist der Einheit in unserer Familie; die verschiedenen, bisher getrennten Stämme schlossen sich enger aneinander an und errichteten unter sich einen Erbverein. Die Haupt=Triebfeder dazu war, was ausdrücklich in dem Statute selbst bemerkt ist, der einsichtsvolle Bischof Johannes in Straßburg, und die sonstigen Beweggründe zu diesem

---

[337]) Der geben ward an dem zinstag vor halbfast Im Jor 2c. 1361 Jore.

[338]) Der geben wart an deme nehesten Zinstage vor sant Jacobes tage des heiligen zwölfbotten, In deme iare 2c. 1361 Jar.

[339]) Diz beschach do man srief 2c. 1361 iar, des Dinstages vor sante Nymens dage.

Vereine geben die Betheiligten so an: im Allgemeinen sollte dadurch der Nutzen ihrer Herrschaft, ihrer Manne und Unterthanen befördert und dann auch möge besonders dadurch, weil sie von **einem** Stamme herkämen und „von alter har „ein Ding gewesen sint", allen künftigen Kriegen, Fehden und Mißhelligkeiten vorgebeugt werden. Vorerst setzten Herr Ludemann, sein Sohn Heinrich IV. und Herr Symund im Jahre 1361 Folgendes fest: wann jene ohne Leibeserben abgehen würden, so sollte dann ihr ganzes Gebiet, das sie zurückließen, an ihren Vetter Symund fallen und namentlich Lichtenowe, Stadt und Burg, mit allem, was dazu gehöre jenseits und diesseits Rheins, Buchswilre Veste und Stadt halber, Burg und Stadt Werbe, die Stadt Gerlingesdorf zur Hälfte, die Vesten Wahssichenburg, Waldecke, Huneburg und Hohenfels halber, diese sämmtlichen Stücke mit allen Zubehörden und dazu alle anderen Dörfer, Gerichte, Gebiete, Lehen und Güter, mit den Burgleuten und Mannen; wenn aber, im entgegengesetzten Falle, Symund keine Leibeserben hinterlassen würde, so sollte jener Ludemann, sein Sohn, oder ihre Leibeserben auch dessen ganzes Besitzthum erhalten, nämlich Lichtenberg Burg und Stadt zur Hälfte, Stadt und Burg Nuwilre, die Veste Herrenstein, Ingewilre die Stadt, die Burg zu Brumat nebst der halben Stadt, die Vesten Arnsberg zur Hälfte, aber Schönecke, Hätten und Wißwilre ganz, ebenfalls mit sämmtlichen Zuständigkeiten, sowie auch mit allen anderen Ortschaften, Gerichten, Leuten, Gütern, Rechten, Burgleuten und Mannen. Dann machten sich jene drei Herren, für sich und ihre Erben, noch verbindlich, einander berathen und beholfen zu sein, um die vorgenannten Herrschaften, so oft es die Noth erfordern würde, „vestlich" zu schirmen und zu handhaben; auch müßten ihre Amtleute, geschworne Burgknechte und Bürger in den Städten eidlich angeloben, diese Erbordnung stät zu halten, demjenigen Herrn an welchen eines jener Gebiete als Erbe falle, gehorsam zu sein und auch die Lande helfen zu schirmen. Die drei Verwandten versprachen, ebenfalls bei ihrem Eide für sich und ihre Erben, dieser Vereinbarung gewissenhaft nachzukommen und dasselbe müßten auch ihre Kinder geloben, sobald sie großjährig seien, aber die Verschreibungen über Witthum, Morgengabe und Heimsteuer der Frauen sollten fürder in ihren Kräften bleiben. Bischof Johannes siegelte gleichfalls mit, und da diesem Prälaten hauptsächlich an der Einheit und Einigkeit seiner Familie sehr viel gelegen war, so erklärte er nochmals am Schlusse bei der Besiegelung: „daz die egenant „Herrschaft bi vnser vnd der egen. vnserre vettern, vnd vnsers „bruder ziten ein Ding gewesen ist, vnd daz es in, iren „erben vnd ben iren fribelich, nutzlich vnd gut ist, bas es noch „ein Ding si vnd blibe" [340].

Im folgenden Jahre trat Herr Hanemann II. nebst seinem Sohne Heinrich III. und seinem Enkel Konrad II., diesem Erbvereine gleichfalls bei, und zwar mit dem gesammten Gebiete seiner Linie, bestehend in der Burg und Stadt Liehtenberg zur Hälfte; ebenso auch Buchsweile Veste und Stadt, die Burg Brumat und seine Theile an letzterer Stadt; Gerlingesdorf die Stadt und Arnsberg die Veste halber, Nuwemburg die Veste auf dem Rhein und Willestette Burg und Stadt, alles dieses mit sämmtlichen Dörfern, Gerichten, Geleiten, Zöllen, Lehen und anderen Gütern, ohne alle Ausnahme, welche Städte, Vesten und Güter (die, wie oben bemerkt, ehemals Konrab's I. Loos bildeten), wenn Hanemann II. oder die Seinen ohne Leibeserben aus dieser Welt scheiden würden, an die Herren Symon und Lubemann III., ihre Blutsfreunde erblich gelangen sollten; auch diese Letzteren zählten in dieser Verschreibung nochmals ihre Herrschaften und Besitzungen auf, zu denen aber nun noch, und zwar zu Lubemann's Theil, Pfaffenhofen und die Burg Winstein, mit demjenigen, was damit verbunden war,

---

[340] Der wart geben zu Kochersberg an der heilgen zwelsbotten tage Symon vnd Judas. In dem Jare 2c. 1361 Jar.

kamen. Der frühere Erbfolgevertrag zwischen beiden sollte in Kraft bleiben und Einer in des Anderen Gebiete die erbliche Nachfolge haben, mit Ausschlusse Hanemann's II. und seiner Linie, und erst wann jene ohne Leibeserben verschieden seien, falle Alles an Letzteren oder an seine Nachkommen, wozu er seine Einwilligung ertheilte. Die übrigen Bestimmungen bleiben unverändert, wie in dem ersten Statute, nur machten sich Symon und Ludemann III. verbindlich, wenn Heinrich III. vor seinem Vater sterbe, daß dann dessen Sohn Konrad II. ein Erbrecht zu sämmtlichen Lehen haben sollte, sie seien nun mit den zwei anderen Linien noch gemeinschaftlich oder schon abgetheilt. Schlüßlich ward noch ausbedungen, einem jeden Herrn stehe es zu, wenn seine Hausfrau mit Tode abgehe und er sich wieder verehliche, dieselbe auf seine Vesten und Güter zu verwidmen, wozu die übrigen Verwandten ihre Zustimmung geben müßten. Der straßburger Bischof Johannes besiegelte auch diesen Erbverein und schloß ihn mit denselben Worten, wie den ersten [341]). Um für die Zukunft alle möglichen Unannehmlichkeiten zu vermeiden, ersuchten die Häupter der drei lichtenberger Linien den Prälaten Johannes, die durch sie festgesetzte Erbfolge, bezüglich der von seinem Bisthume rührenden Lehen, zu genehmigen und zu bestätigen, was derselbe, nebst dem Dompropste Johannes von Kyburg, dem Dechanten Johannes von Ochsenstein und dem ganzen Capitel, im Jahre 1363 gerne vollzog [342]), und drei Jahre nachher ertheilte auch Kaiser Karl IV. diesem lichtenberger Erbfolgestatute, hinsichtlich der Reichslehen, seine Zustimmung [343]).

---

341) Der wart geben zu Brumat an dem nehsten fritag nach des heilgen Cruces tage als es erhöhert wart. Des Jares ꝛc. 1362 iare.

342) Der geben wart an dem nehesten Zinstbage nach sant Georien tage des heilgen marterers, In dem Jare ꝛc. 1363 Jare.

343) Der geben ist nach Crists geburt 1366stem Jar, am Samßtag nach vnser frawen tag, als sie geborn wart.

Herr Symon räumte 1363 dem Sohne des straßburger Schultheißen Nicolaus Zorn, dem Ritter Berthold Zorn, genannt Schultheiß, seine Burg in dem Dorfe Schiltigheim mit Häusern, Hof und Stallungen, unter der Bedingung ein, ihm dieselbe, auf sein erstes Begehren, sogleich wieder zuzustellen [344], und einige Wochen darauf erkaufte er von den Gebrüdern von Bysecke, Albrecht, einem Edelknechte, und Johannes, einem Ritter, ihr halbes Dorf Follesberg mit Zubehörden um 100 kleine florenzer Goldgulden auf Wiedereinlösung [345]. Der Bischof Johannes zu Metz ertheilte unserem Symon 1364 die Zusicherung, ihm die metzer Lehensstücke des Edelknechts Lutzemann von Geroltseck in Detwiler, der keine männliche Leibeserben habe, nach dessen unbeerbtem Hinscheiden übertragen zu wollen [346]. Einige Tage darauf verschrieb ihm der Letztgenannte diese Lehen selbst, nämlich zwei Dinghöfe nebst der Vogtei darüber, den Laienzehnten, den Kirchensatz, den dritten Theil des Gerichts, das Fischwasser, den Meßtag, Cappen-, Hafer- und Pfenningzinse, den Fürwein, sammt allen übrigen Rechten und Nutzungen in dem Orte, Gerichte und Banne zu Detwilre [347], und drei Tage hernach veräußerte jener Edelknecht demselben auch noch sein Haus in diesem Dorfe, nebst den damit verbundenen Gerechtsamen, für 100 Pfund straßburger Pfenninge, womit er aber sogleich wieder belehnt ward [348]. Endlich traf unser Herr in diesem Jahre noch einen Tausch mit der Abtei Neuweiler, wodurch er, gegen Abtretung einer jährlichen Korngülte von zehn Vierteln von einer Mühle bei

---

[344] Datum V Kaln Febr. anno. dni 1363.

[345] Der geben wart an dem nehsten frigetage nach halpfaste, Des iares ꝛc. 1363 Jare.

[346] Datum apud Sarburgum oppidum nostrum Anno Dni 1364 decima septima die mensis Junij.

[347] Der gegeben wart vf den nehsten montag nach Sant Johans Baptisten tag, des Jares ꝛc. 1364 Jare.

[348] Der gegeben wart an dem nehsten Dunrestage nach sante Johannes tag zu Sunigihten Des iares ꝛc. 1364 iar.

Neuweiler an den Abt, einige Vergünstigungen und Gerecht=
samen an mehreren Wögen erhielt ³⁴⁹).

Derselbe hatte 1365 durch die Grafen Hanemann I. und
Symon Wecker II. von Zweybrücken aus ihrer Burg Bitsch
bedeutenden Schaden an Brand und Raub erlitten, und zwar
ohne vorheriges Aufsagen und ohne Gericht, was er seinen
Verbündeten, dem Grafen Johannes von Salm und Herrn
Ulrich zu Vinstingen, klagte. Diese erkannten das schreiende
Unrecht an, das der Herrschaft Lichtenberg zugefügt worden
war; sie zogen noch mehrere Bundesglieder an sich, veran=
stalteten in Brumat eine Zusammenkunft und faßten daselbst
den gemeinsamen Beschluß, ihrem Verbündeten Symon, so
lange dieser Krieg währe, ohne Unterbrechung zu rathen und
ihm mit Gut und Vesten, mit Land und Leuten behülflich
zu sein gegen jene Grafen, sowie gegen deren Helfer und
Gemeiner zu Bitsch; zugleich machten sie sich aber auch noch
verbindlich, mit 121 Glefen (d. h. mit Spießen oder Spee=
ren bewaffneten und gerüsteten Reitern) zur täglichen Fehde
bereit zu sein, wozu jedes Bundesglied die ihm zuständige
Anzahl stellen mußte, nämlich der Abt von Gorse 6, Graf
Walram zu Zweybrücken 16, Hanemann II. zu Lichtenberg
16 und sein Sohn Heinrich III. 4, Ludemann III. und sein
Sohn 15, Symont 12, Graf Johannes von Salm 12, Jo=
hannes der Junge von Salm 12, Herr Burkart zu Vin=
stingen 12, Ulrich von Vinstingen und sein Sohn 10, der
Graf zu Lützelstein 3 und Schoffrit, Graf zu Leiningen=
Rixingen 3 Glefen, sobald sie Symon, mündlich oder schrift=
lich, zur Hülfe mahne ³⁵⁰). Im folgenden Jahre war dieser
Kampf noch nicht beendigt, denn im Frühlinge errichteten
Heinrich III. oder der Aeltere und sein Sohn Konrad II.

---

349) Der geben wart an sant Bartholomeusabent des heyligen
zwelfboten, Des iares 2c. 1364 Jare.
350) Dis geschach vnd birre brief wart geben zu zabern an sante
Gallen tage, Jn dem iare 2c. 1365 Jare.

mit unserem Dynasten und seinem Sohne Johannes IV. abermals ein besonderes Schutz= und Trutzbündniß wider die Gräfin Agnes von Zweybrücken=Bitsch und gegen ihre fünf Söhne, unter der ausdrücklichen Bedingung, daß keiner der Verbündeten einseitig, oder ohne des anderen Einwilligung, mit der Gräfin eine Sühne eingehen oder Frieden schließen dürfe [351]). An demselben Tage wurden auch die geringfügigen Ansprüche gehoben, die Heinrich III., nach seines Vaters, Hanemann's II., vor Kurzem erfolgtem Tode an seinen Vetter Symon machte [352]), mit deren Aufzählung wir uns indessen hier nicht länger beschäftigen und aufhalten wollen. Bei dem bekannten Ueberfalle, eigentlicher dem Raubzuge der Engländer oder der sogenannten Englischen in's Elsaß, war auch jener Symon gegen dieselben thätig, denn er besiegelte und verkündigte unter Anderem den Beschluß der Versammlung mehrerer Edeln und der Städteboten zu Schlettstadt im Jahre 1366, wegen der dem Lande aufzulegenden Schatzung [353]). Auch gab er nachher dem Kurfürsten Ruprecht I. von der Pfalz den ihm eigenthümlich zugehörenden „Burgstal" zu Hatten, sammt Vorhof, Graben und allem Begriff, sowie mit demjenigen, was seine Nachkommen noch daselbst erbauen würden, auf und empfing es von demselben wieder zu Mannlehen [354]).

Wir sind nun einige Jahre lang ohne alle Nachrichten von unserem Dynasten, und erst 1370 treffen wir denselben wieder an, da der zu Osthofen gesessene Ritter Johann Beger

---

351) Der geben wart an dem fritdage nach dem Heiligen Ostertage, des iares ꝛc. 1366 Jare.

352) Dis geschach zu Brumat ꝛc. der geben wart an dem fritage nach dem heiligen Ostertage In dem iare ꝛc. 1366 iare.

353) Der geben wart an dem Sonentage zu halbfasten, so man singet in der heilgen kirchen Letare. In dem Jare ꝛc. 1366 iare. Königshofen's Chronicon Alsatiae 893.

354) Geben nach Cristi geburt ꝛc. 1366sten Jare des nehsten dags nach Sant michelsdage. Pfälzisches Copialbuch im großh. Landesarchive zu Karlsruhe Nr. 100, s. Fol. 212.

ihm und den beiden Heinrichen III. und IV., den von ihnen zu Lehen getragenen Korn-, Wein- und Eckerzehnten in dem Banne von Wickersheim auf- und zurückgab ³⁵⁵). Später gewann er den Ritter Heinrich von Meckingen, für jährliche 10 Pfund Pfenninge von dem Ungelt in Neuweiler zum lichtenberger Manne und verschrieb demselben und seinen Lehenserben einen ewigen Enthalt in seinem Theile der Veste Huneburg ³⁵⁶). Im nächsten Jahre ward durch den Herzog Johannes von Lothringen, den Grafen Johannes von Saarbrücken, Heinrich III. und Symunt zu Lichtenberg, Hanemann I. und Symon Wecker II., Grafen zu Bitsch und Eberhart, Grafen zu Zweybrücken, das schon mehrfach bewährte Bündniß wegen des Geleites nach Flandern, wiederholt auf 10 weitere Jahre verlängert und erneuert ³⁵⁷). Wir haben schon oben gehört, Herr Heinrich III. habe 1372 dem Ritter Bernach von Kützelsheim seinen Theil an Arnsburg käuflich überlassen, der dann mit seinen beiden Söhnen, unserem Symont, als Mitgemeiner, sogleich gelobte, demselben solle aus seinem Theile kein Schaden zugefügt werden, auch wolle er keinen solchen Leuten Aufenthalt darin gestatten, die ihn beschädigen könnten, und endlich verspreche er den Burgfrieden gewissenhaft zu halten ³⁵⁸).

Symunt verzichtete 1372, zu Gunsten seiner Verwandten, Heinrich's III. und dessen Sohnes Konrad II., auf alle Rechte, Ansprüche und Forderungen an ein Viertheil zu Eckebrechtswilre, das ehemals die Ritter Liebenzeller und von Müln-

---

355) Der wart geben an dem nehesten fritage nach unserre frowen tage in der vasten In bem Jore 2c. 1370 Jor.

356) Der geben wart an bem nehesten tage nach sante Michahels tage, des iares 2c. 1370 iare.

357) Der geben wart an bem nehesten Zinstage nach sante Mathis tage des heiligen zwölfbotten In bem iare bo men zalte in Metzer bistum 2c. 1370 iare. Sihe auch Kremer's Gesch. des arbennischen Geschlechts II, 516. Nr. 237.

358) Der geben wart an bem sunnentage nach bem meietage bes iares 2c. 1372 iare.

heim aus Straßburg als Lehen besessen hatten, wofür ihm dieselben das früher von den Herren von Ettendorf erstandene halbe Dorf und Gericht zu Rotpach überließen, er ihnen aber noch 70 Pfund straßburger Pfenninge herausbezahlen mußte ³⁵⁹). Im November erkaufte er von dem Ritter Bechtolt Münch von Wildsperg und von dessen Söhnen, dem Ritter Bechtolt, Schultheiß zu Zabern und Wilhelm, die Hälfte der Veste Herrenstein und die halben Ortschaften Detwilre, Kleinwisenbawe, Dossenheim und Kugelnberg, mit den Büttelcien zu Detwilre und Dossenheim, ebenfalls zum halben Theile, um 2000 kleine florenzer Goldgulden und 74½ Pfund 2½ Schillinge straßburger Pfenninge, und an demTage beschworen beide Gemeinherren den Burgfrieden daselbst ³⁶⁰).

Der mehrfach genannte Edelknecht Lutzemann, von Detwilre geheißen, gab seinem Herrn, unserm Symunt, 1374 nochmal alles dasjenige auf, was er von demselben in jenem Dorfe zu Lehen hatte ³⁶¹), und ein Jahr später gelobte der straßburger Bischof Lamprecht den Lichtenbergern Symunt, Heinrich III. (dem Aelteren), seinem Sohne Konrad II. und Heinrich IV. (oder dem Jüngeren), sowie den gräflichen Brüdern Georg und Friederich von Veldenz, er wolle sein Hochstift und dessen Vesten nicht eher aus seiner Hand und Gewalt geben, bis er dieselben mit solchen Briefen versehen habe, wie er sich bereits gegen sie verbindlich gemacht hätte ³⁶²). Der Edelknecht Otto von Utwiler verschrieb 1376, mit der Genehmigung seines Lehensherrn, Boemunds von Ettendorf,

---

359) Beide Verträge sind an einem Tage ausgestellt: Der gegeben wart an deme neheſten Mentage vor ſant Michelz tage in dem iare ꝛc. 1372 Jare.

360) Sind beide datirt: Der geben wart an dem neheſten fritage nach ſant Nyclauſes dage des heiligen Biſchoſes Jn dem Jare ꝛc. 1372 Jar.

361) Dirre brief wart geben an ſante Niclausabende deʒ Heiligen Biſchoſes Jn dem Jare ꝛc. 1374 Jare.

362) Der geben wart ꝛc. 1375 Jare.

Die jüngere oder Ludwig'sche Linie bis zum Jahre 1405.

den Witthum seiner Ehefrau, Agnes von Ortenberg, mit 47 Mark Silbers, 2 Pfund straßb. Pfenninge für eine Mark gerechnet, auf Güter und Gefälle zu Utwilre [363]).

Mit den Besitzern der Burg Falkenstein hatte Symon um diese Zeit auch eine Fehde beendigt, daher Hesse von Falkenstein, für sich, seine Mutter Else und seinen Bruder Wilhelm, einen Geistlichen, in dem Sühnebriefe 1377 versprach: nie mehr wider denselben zu sein und keinen von dessen Gegnern in seiner Veste zu enthalten, wenn sie aber ihren Antheil an derselben verpfänden oder verkaufen würden, dafür sorgen zu wollen, daß den Lichtenbergern kein Schaden daraus geschehe; ferner leisteten Mutter und Söhne auf allen bisher durch jenen erlittenen Schaden an Brand und Nahme Verzicht, und endlich gab Hesse demselben noch 5½ Morgen Reben in Lutolshufer und ringendorfer Mark auf und empfing sie wieder zu Lehen [364]). Ebenso bekannten Ritter Johannes von Beningen und der Edelknecht Reinhart von Sickingen, den man nennet den „welsen", im Namen und aus Auftrage ihrer sämmtlichen Freunde und Helfer, sie seien gesühnet mit dem Bischofe Friederich in Straßburg, mit Heinrich III., seinem Sohne Konrad II., mit Symonde und dessen Sohne Johannes IV., so wie mit Heinrich IV. (alle Herren zu Lichtenberg) und endlich mit dem Meister, dem Rathe und den Bürgern Straßburgs, nebst ihren Helfern, Dienern und den Ihren, die auf dem Felde oder bei der Geschichte waren bei Ettlingen, wo Hanemann von Sickingen, Göler geheißen und Hennel Stroffe von Laubenburg niederlagen und gefangen wurden [365]).

---

363) Der geben wart an sante Mathisobent des zwölffbotten, In dem iore 2c. 1376 Jor.

364) Der geben wart an der nehesten mittewuchen vor sante Gregorien tag, des heiligen babestes In dem Jare 2c. 1377 Jare.

365) Der wart gegeben an sant Gallen tage In dem Jare 2c. 1377 Jare.

Noch in seinem hohen Alter sorgte Symon für die Vermehrung seiner zeitlichen Güter, denn 1378 räumten ihm Heinrich von Fleckenstein, Herr zu Dachstul, und seine Gattin Johanna, für eine Jahresrente von 8 Pfund straßburger Pfenningen, ihr Dorf Witerswilre wieder käuflich ein [366] und der Edelknecht Lutzemann von Detwiler bescheinigte ihm (1379) den richtigen Empfang von 50 Pfd. Geldes, 20 Viertel Roggen und 10 Viertel Hafer jährlichen Leibgedings, womit er dessen sämmtliche Besitzungen in Detwilre erworben hatte [367]. Auch verbürgte er sich für den König Wenzlaus von Böhmen wegen einer Judenschuld von 400 schweren Gulden in Straßburg, wofür ihm derselbe Schadloshaltung verschrieb [368]. Bei fühlbarem Herannahen seines Lebensendes suchte er seinem Sohne noch die Schlüssel zur Burg Lichtenberg zu sichern; denn, dem bisherigen Gebrauche gemäß, mußten dieselben jeden Abend, wann die Pfortenbrücke und gemeinschaftlichen Thore geschlossen wurden, dem Aeltesten der beiden Gemeinherren durch den Pförtner eingehändigt werden, und dies war bisher unser Symon gewesen. Da nun Konrad II., der mehr Jahre zählte als Symon's Sohn, Johannes IV., nach dem Zurücktritte seines Vaters, Heinrich's III., im Jahre 1377 die Verwaltung seiner Herrschaft übernahm, so traf unser alter Herr, zwei Jahre später, eine Uebereinkunft mit demselben, in welcher ausbedungen wurde, die Aufbewahrung der Pfortenschlüssel sollte von jetzt an alle vierzehn Tage zwischen den beiden Besitzern wechseln, denen sie der Pförtner abzuliefern hätte [369]. In demselben Jahre

---

366) Der geben wart an dem nehesten Zinstage nach vnserre frowen dag der Liehtemessen, Jn dem Jare ꝛc. 1378 Jare.
367) Der geben wart an dem nehesten sunnenbage vor sante valentinustag, Jn dem iare ꝛc. 1379 Jare.
368) Der geben wart zn Straßburg, do man zalt XIII^c nun vnd sebenzig jare, funfzehen tage in Octobri.
369) Der geben wart an dem nehesten sunnenbage zu halben Meye. Jn dem iare ꝛc. 1379 Jare.

lösete er von der Wittwe Burkart's genannt Baltram von Buchswiler, Katharina, die Hälfte des Laienzehnten in Ettendorf mit 65 Pfund straßburger Pfenningen ab ³⁷⁰), auch bevollmächtigte er fünf vertraute Männer, und unter ihnen einen Canonikus von Toul, wegen der, von seiner seligen Mutter, einer gebornen Gräfin von Saarbrücken, auf ihn gekommenen, Erbrechte an den Nachlaß der Johanna de Bethune, Frau von Chaumont in Frankreich, in seinem Namen zu handeln, indem er schon im Voraus Alles guthieß, was sie darüber abschließen würden ³⁷¹).

Die letzte Nachricht von diesem Dynasten gibt uns ein Brief für denselben von dem Abte Wilhelm von Murbach, über die abteilichen Lehen, im Frühjahre 1380 ³⁷²); am 23. Juni schied er aus der Reihe der Lebenden und fand seine Ruhestätte in der uns bekannten Nicolaus-Capelle des Stiftes zu Neuweiler ³⁷³). Seine Lebensgefährtin war eine Tochter des Grafen Ulrich von Helfenstein, Namens Adelheid, mit welcher er bereits gegen Ende des Jahres 1344 ehelich verbunden war, denn der Erzbischof Heinrich von Maynz gestattete ihm als Lehensherr, dieselbe, „die er iezund hat", mit 1500 Mark Silbers auf seinen Theil an Brumat zu bewidmen ³⁷⁴). Das Zugelt seiner Gattin mit 6000 Pfund alten Hellern, verlegte er 1345 auf die halbe Veste Arnsburg, auf Eckendorf und Altdorf mit der Vogtei über den Mönchhof in letzterem Orte, dann auf die Hälfte von Rin-

---

370) Actum VI Idus Nouembris Anno Domini 1379ⁿᵒ.

371) Actum in Castro nro. Liehtenberg argentin. dyo. sub anno nat. dni. 1379 vicesima octaua die mensis nouembris.

372) Der do geben wart an dem Samestage in der osterwuchen In dem Jare ꝛc. 1380 Jare.

373) Dessen Grabschrift lautete: ANNO. DNI. M. CCC. LXXX. IN. VIGIL. BTI. IOHANNIS. BAPTE. OBIIT. NOBILIS. VIR. DNS. SIMUNDUS. DNS. IN. LIEHTENBERG. ADVOCAT. ARGENT. —

374) Der gegeben ist zu Franckenfort uf der kindelin tag in den winahten, do man zalt ꝛc. 1344 Jar.

genborf und Schalkenborf und endlich noch auf folgende Gemeinden ganz: Bruningesborf, Dyeffenbach, Oberndorf, Hatten, Westeim, Witpruch und Kurzenhusen, sämmtliche Dörfer mit Zwing, Bann, Gerichten, kurz mit demjenigen, was dazu gerechnet warb, welches alles er durch seine Vettern, Hanemann II. und Ludemann III., in Verbindung mit zehn Edeln genau und pflichtmäßig abschätzen ließ²⁷⁵). Kaiser Ludwig genehmigte in dem nämlichen Jahre die theilweise Verlegung des Witthums dieser Adelheid, mit 3000 Pfund Hellern, auf Reichsgüter³⁷⁶); zwei Tage darauf erlaubte er demselben, ihre Morgengabe mit 400 Mark Silbers ebenfalls auf Lehen und Güter vom Reiche verschreiben zu dürfen und zugleich genehmigte der Monarch, wenn unser Herr ohne Leibeserben ableben würde, daß sein Bruder, der Domsänger Johannes in Straßburg, alle von ihm hinterlassenen Reichsgüter und Lehen lebenslänglich genießen und dieselben aber, nach dessen Tode, an ihrer beider Schwester Sohn, den Grafen Johannes von Salm, erblich fallen sollten³⁷⁷). Erst später verlegte er, mit des eben genannten Sängers Zustimmung, von dem Witthum seiner Gemahlin 2000 Pfund Heller auf die Hälfte der Stadt Brumat, sammt dem Walde und allen Zubehörden, und die übrigen 1000 Pfund wies er auf Altdorf und Eggendorf ganz, Ringendorf und Schalkenborf zur Hälfte an, aber die Heimsteuer derselben zu 3000 Pfund Heller, sowie ihre Morgengabe mit 400 Mark Silbers, oder zu 1500 Pfd. Heller gerechnet, also zusammen mit 4500 Pfund, verschrieb er auf die Hälfte Arnsburgs und auf die Orte Wipruch, Kurtzenhusen, Bruningesborf, Tiensenbach, Oberndorf, Betten-

---

375) Der wart geben an dem Dunrestag vor unser frömen tag der Lyehtmeße, do man zalte ꝛc. 1345 Jare.

376) Der geben ist ze München an Mittewochen vor dem heiligen Pfingstag Nach Christes geburt ꝛc. 1345 iar.

377) Beide Urkunden sind an einem Tage ausgestellt: Der geben ist ze Lantzhut am freytag vor dem Pfingstag ꝛc. 1345 iar.

Die jüngere oder Ludwig'sche Linie bis zum Jahr 1405.   145

dorf, Rütershofen, Hatten und Westheim ³⁷⁸). Einige Tage nachher erklärte Frau Adelheid, falls sie ihren Eheherrn überleben und den ihr auf Brumat verlegten Theil ihres Wittthums antreten würde, diese Stadt mit ihrem Schwager, jenem Domsänger Johannes, in Gemeinschaft besitzen und genießen zu wollen ³⁷⁹), und als Bürgen für diese Zusage siegelten mit: ihr Ehemann, ihr Bruder, Graf Ulrich von Helfenstein, und Graf Friederich von Oettingen, ihr Oheim. Wegen der Heimsteuer derselben machte sich deren Bruder Ulrich im Jahre 1358 pflichtig, wenn er von seinem Schwager Symon deshalb angesprochen werden würde, ihm dafür zu Recht gehorsam sein zu wollen ³⁸⁰). Mit dieser, noch unbezahlten, Heimsteuer oder Mitgift steht auch eine Entscheidung Kaiser Karl's IV., deren Datum wir jedoch nicht kennen, in Verbindung, durch welche derselbe jener Adelheid, wegen ihrer Forderungen an väterliches und mütterliches Erbe, 3000 Pfund Heller zueignete und ihr dafür folgende Dörfer einräumte, Bitschofen mit 20 Hofstätten, Ueberach mit 20, Eschbach 30, Günstätt 50, Minwersheim 40, Hüttendorf 28, Balzendorf 30, Niederolungen 20, Lutolzhusen 38, Boßendorf 36, Buscheim 24, Rotolvisheim 6 und Kriegesheim mit 12 Hofstätten, um diese Orte, die jenem Monarchen jährlich über 80 Pfund Heller eintrügen, ohne alle Störung im Genusse zu haben ³⁸¹). Nach dem Absterben des Bischofs Johannes fiel die Hälfte Brumats seinem Bruder Symon wieder ungetheilt zu, daher er den Wittthum, die Mitgift und Morgengabe seiner Adelheid 1373 ganz dahin verlegte ³⁸²), worauf ihm dieselbe die ihr bisher verpfändete

---

378) Der geben ist ze Hagenauwe da man zalt ꝛc. 1345sten iar an dem Suntag vor vnser frauwen tag als sie geborn wart.

379) Der geben wart an dem ersten Sonnentag nach vnser frowen tag alse sie geborn wart, Do man zalte ꝛc. 1345.

380) Der Brief wart geben ze Helffenstein do man zalt ꝛc. 1358sten jar, an dem nehesten fritag vor Sant Jacobstag.

381) Auszug aus einem zuverlässigen Repertorium in Darmstadt.

382) Dis geschach vnd dirre brief wart geben an dem Sunnenbage vor sante Marien Magdalenen tage, In dem jare ꝛc. 1373 Jare.

Hälfte Arnsburgs sogleich als frei und ledig zustellte ³⁸³). Sie überlebte ihren Gemahl und ordnete, im Hinblick auf die Vergänglichkeit alles Irdischen, im Jahre 1382 ihr Seelgeräde an ³⁸⁴).

Ihre Ehe war mit 8 Kindern gesegnet, nämlich: Johannes IV., der die Linie fortpflanzte und auch zugleich beschloß; Adelheid, verlobt 1359, unter der Vermittelung des Markgrafen Otto von Hochberg, Herrn zu Röteln und Sausenberg, und des Grafen Walraff von Thierstein, mit Rudolph, dem Sohne des verlebten Markgrafen Rudolph von Sausenberg ³⁸⁵), welche von ihrem Oheim, dem straßburger Bischof Johannes, eine Mitgift von 4000 guter schwerer florenzer Goldgulden erhielt, die ihr bei ihrer Vermählung 1364 auf Burg und Dorf Brambach, sowie auf die Ortschaften Kander und Holzheim verschrieben wurden ³⁸⁶); im Jahre 1373 verzichteten beide auf alle Erbansprüche an die Herrschaft Lichtenberg, jedoch behielt sich die Markgräfin ihre Erbrechte bevor, wenn ihr Vater Symon ohne sonstige Leibeserben aus der Welt scheiden würde ³⁸⁷). Das dritte Kind, das nur einige Monate alt ward, hieß Ludwig; Ulrich und Symund waren, wie wir später vernehmen werden, Domherren in Straßburg; Agnes und Mathilde oder Metze wurden Nonnen zu Lichtenthal, und endlich Loretta, die ihre Mutter ebenfalls in ihrem Seelgeräde von 1382 mit einer der besten Spangen aus ihrem Schmucke bedacht hatte, von welcher aber sonst nichts weiter bekannt ist.

---

383) Der geben wart an sante Jacobesabende des heiligen zwölffbotten. In dem Jare ꝛc. 1373 Jare.

384) Der geben wart an vnsre frawen Abent der Liehtmessen in dem Jare ꝛc. 1382 Jare.

385) Der geben wart an dem Donrstage vor sant Michelstage des heiligen engels, in dem Jare ꝛc. 1359 Jar.

386) Archivalische Notiz.

387) Der geben wart des Jares ꝛc. 1373 Jar vff den nechsten Zinstag vor sant Oswaldes tag eines küngs.

5) Johannes IV.

Wir haben diesen Herrn schon oben, im Jahre 1366, als siebzehnjährigen Jüngling, gemeinsam mit seinem Vater handelnd, angetroffen und selbstständig belehnte er im folgenden Jahre den Wölperlin von Neuweiler mit der Mühle zu Detwiler sammt Gülten und Gerechtsamen [388]); auch hatte derselbe, noch bei seines Erzeugers Leben, 1380, dem Bischofe Dieterich zu Metz 3000 Gulden auf die Stadt Neuwiler und die Burg Herrenstein vorgeschossen [389]). Kurze Zeit nach seines Vaters Tode, am 16. Juli 1380, ließ er sich durch die Hubner im Dinghofe der Meierei zu Detwilre seine Rechte gerichtlich bestätigen, die ihm als Vogt dieses Dorfes zustanden [390]), und einige Monate nachher nahm jener metzer Oberhirte abermals 400 Mark Silbers bei ihm auf [391]). Im folgenden Jahre sagte ihm Ritter Götze Kempf, mit Einwilligung seiner Söhne Volmar und Hensel, sein Burglehen in der Stadt Neuwilre, bestehend jährlich in 2½ Fuder Weins und 30 Viertel Hafergülte und zwar zu Gunsten seines Oheims, Ludwig von Wickersheim, auf [392]), und Johannes Vogt von Wasselnheim, mit welchem Johannes IV. den Ort Zutzendorf, jeder zur Hälfte, besaß, ertheilte ihm 1381 die Befugniß, auf Lebenszeit in dessen Bann allerlei Erze, als Gold, Silber und anderes

---

388) Der geben wart an sante Bartholomeus tag des heiligen Zwölfbotten In dem Jare rc. 1367 Jare.

389) Geben an samestage noch sante Marien tage purificacio zu latine des Jares rc. 1380 Jar.

390) Des Jors bo man zalte rc. 1380 Jor, des sechzehensten tags des monads den man nennet zu latin Julius.

391) Datum vigilia sci Mathei apli. anno dni M°. CCC°. Octuagesimo.

392) Der bo geben wart an dem nehesten fritag noch dem zwenzigesten dage In dem Jare rc. 1381 Jare.

„gesmeltze", gegen Abgabe des zehnten Theils an ihn, zu graben und zu suchen ³⁹³).

Von dem Könige Wenzeslaus hatte sich unser Dynast um diese Zeit mehrerer Gnadenbezeugungen zu erfreuen; denn er erlaubte ihm, wegen seiner treuen und achtbaren Dienstleistungen, an seinem Zolle in Ingewilre von jedem Fuder Wein, sowie von allen anderen Kaufmannsgütern, zu den bisherigen zwei Schillingen straßburger Pfenningen noch drei weitere zu erheben, und zwar bis auf Widerruf dieser Vergünstigung ³⁹⁴). Eben so vergönnte er demselben, an seinem Zolle in der Stadt Nuwilre und zu Weiterswilre von jedem Fuder Wein und sonstigen Gütern zwei Schillinge straßburger Pfenninge einzunehmen ³⁹⁵), und endlich „vertilgte, vernichtete" und widerrief jener Monarch alle „die „Ladung, clag, vrfrag, erfollung, Echte und nutzgewer", welche Ottemann VI. von Ochsenstein gegen unseren Lichtenberger bei dem Hofgerichte zu Rotweil ausgewirkt hatte, damit dieselben, besonders die Acht, ihm und seinen Erben keinen Schaden bringen möchten, und verwies zugleich beide vor seinen Schwager, den Kurfürsten Ruprecht I. von der Pfalz, damit dieser ihren Krieg und Streit, entweder mit der Minne oder mit dem Rechte, entscheide und beilege ³⁹⁶). Die Veranlassung zu diesen „zweyungen" waren Korn=, Wein= und Hafergülten, die der Ochsensteiner jährlich an Johannes IV. nach Arnsburg liefern mußte, dessen er sich aber weigerte, daher der Pfalzgraf beide Theile verhörte und dann, nach genauer Untersuchung des Thatbestandes, jenen Herrn ver=

---

393) Der geben wart an sante Mathis abende des heiligen zwölfbotten In dem Jare 2c. 1381 Jare.

394) Der Geben ist zu Prage 2c. 1381ften Jare an dem frytage nach sante Jacoben tage des heiligen Czwelfboten.

395) Geben zu Frankenford uff dem Moynen 2c. 1381ften Jare an sante Lamprechtstage.

396) Der geben ist zu Frankenfurt an Mentag vor sant Matheustage 2c. 1381ften Jare.

urtheilte, die fraglichen Gülten, nach wie vor, jedes Jahr in jener Veste auszurichten ³⁹⁷).

Unser Dynast hatte sich im nächsten Jahre für den elsässer Landvogt, Herrn Ulrich von Vinstingen, verbürgt, der bei Rudolph Vitztum und bei Eberhart von Hohenstein die ansehnliche Summe von 3000 Gulden aufgenommen und ihnen dafür jährlich 300 fl. von seinem Theile an Brumat und an anderen Gütern verschrieben hatte, daher die Gläubiger Ersteren durch das feierliche Versprechen sicher stellten, diese Bürgschaft sollte nach seinem Ableben seinen Erben nicht den geringsten Nachtheil bringen ³⁹⁸). Auch stand derselbe Jahre lang mit der Stadt Hagenau in „Zweyungen, „Stossen vnd missehellen", bis beide zuletzt den Entscheid darüber der Stadt Weissenburg übertrugen, deren Räthe darauf, gemeinschaftlich mit anderen Freunden und Eidgenossen, Rittern und Knechten, 1383 den Frieden und die Einigkeit wieder herstellten. Diese streitigen Gegenstände, die uns mitunter ein trauriges Bild der Gewaltthätigkeiten jener Zeiten liefern, waren folgende: Hagenau habe den Götz Reiffstecken, der eine hochschwangere Frau umgebracht hätte, in Pfahlburgersweise verantwortet; Hanns Wölfel von Niederbetschbach hätte mit einer von dort entführten Jungfrau Nothzucht verübt; die Ermordung des Cunz Täfel; das Obergericht und die Herberge zu Hatten; Blossel's Messerzucken (=Ziehen); die Amtsrechnung; Cunz Heinrich's Söhne, so einen aus Osterdorf ermordet; Karch Vogt's Eidbrüchigkeit; Reinher's freie Erbfolge nach Hagenau, und endlich des Claus Hüter's aus Mütensheim, eines hagenauer Bürgers, Gefangenschaft; außer den hier verzeichneten Verbrechen betraf das Uebrige nur noch Eingriffe in Gerichte, Gerechtsame und sonstige

---

397) Datum Heidelberg quinta feria post Katherine virginis Anno dni M°. CCC°. Octuagesimo primo.

398) Der geben wart an dem nebsten Sammestage nach sant Mathestage Da man zalte ꝛc. 1382 Jare.

gegenseitige Neckereien ³⁹⁹). Am 14. Oktober verzichteten die zwei geistlichen Herren, Ulrich Cammerer und Symon, Domherr im hohen Stifte zu Straßburg, zu Gunsten ihres Bruders Johannes IV. auf die Herrschaft Lichtenberg, gegen die Zusicherung eines Jahrgehaltes von 100 guter schwerer Goldgulden für jeden ⁴⁰⁰), und wir werden in der Folge noch mehrere, denselben Gegenstand betreffende Verträge von diesen drei Brüdern anführen.

Durch den eben berührten Spruch des weissenburger Rathes waren aber noch nicht alle Irrungen des Lichtenbergers mit Hagenau beigelegt, was erst im nächsten Jahre — nachdem jener mit den Bürgern aus Straßburg am 2. Januar 1384 vor Hagenau gezogen und vier Tage davor gelegen waren ⁴⁰¹) — dem Herrn Heinrich IV. und sieben anderen Rittern auf folgende Weise gelang: die vorhin angeführten Verbrechen sollten, als Criminal- oder peinliche Sachen, dem Reichsoberhaupte zur Entscheidung und Bestrafung vorgelegt, aber die übrigen Punkte in jenem weissenburger Vertrage genau gehalten werden; unserem Johannes IV. ward indessen (und dies ist eigentlich die Hauptsache, um die es sich handelte) zugesprochen, sich in den zum Amte Hatten gehörigen Orten der Herberge zu bedienen, alle hohen und niederen Frevel, Bußen, Beten, Steuern und Anderes einzunehmen, sowie auch in Brunigesdorf, Diefenbach und Oberndorf gleichfalls die Herberge zu genießen ⁴⁰²), und somit war denn das frühere gute Einverständniß wieder hergestellt. Dem Könige Karl von Frankreich hatte unser Dynast gute

---

399) Der geben warf off den nehesten fritag nach des heylgen Cruczes dag als es funden wart Do man zalte ꝛc. 1383sten Jare.

400) In dem Jore do man zalte ꝛc. 1383 in dem monot dem men sprichet October an dem vierczehensten tage des selben monobes.

401) Bernhart Herzog's Calendarium historicum Alsatiae unterm 2. Januar.

402) Dis geschach zu Brumat off den nehesten fritag nach sante Mathistag des Heiligen zwölfbotten Anno dni Millimo Trecen­mo Octomo quarto.

und angenehme Dienste erwiesen, daher jener benselben, auf die besondere Fürbitte des Herzogs von Lothringen, der ihm schuldigen Summe von 100 Franken lebig sprach, die von dem Loskaufe der Lehen, aus der, dem lichtenberger Hause zum vierten Theile angefallenen, Erbschaft der verlebten Ysabel von Bethune herrührte [403]). Die Wittwe des Johannes von Wasselnheim, Anna von Fleckenstein, veräußerte an denselben die Halbschied Zutzendorfs, nebst dem fünften Theile an der anderen Hälfte, um 100 Pfund straßburger Pfenninge [404]), wozu ihr späterer Ehegatte, Heinrich Kämmerer von Worms, bald nachher ebenfalls seine Einwilligung ertheilte [405]).

Gegen Ende dieses Jahres erkaufte er von den Brüdern Rudolf II. und Ottemann VI. zu Ochsenstein eine Jahresrente von 10 Pfund straßburger Pfenningen von dem dritten Theile ihres Wein-, Korn- und Heuzehntens zu Oberbrenn und von ihrem Theile an diesem Dorfe und Gerichte [406]). Diether Cämmerer und sein Schwager verpfändeten 1384 an den Grafen Symon Wecker II. von Zweybrücken-Bitsch und an unseren lichtenberger Herrn die Hälfte ihres Theiles, d. i. ein Viertheil an der Veste Herrenstein, mit allen Zuständigkeiten, eine Gülte „vf dem Sode zu Marsel" allein ausgenommen, für 500 gute schwere Gulden, jedoch gegen späteren Wiederkauf [407]), und nach Jahresfrist gelobten die vier genannten Herren den Frieden daselbst mit dem Herzoge Jo-

---

[403]) Donne a Senliz le XII° Jour dauril lan de grace Mil trois cens quatre vins et quatre Et le quart de nre Regne.

[404]) Der geben wart an dem nehsten zinstage nach sante Michelstag. In dem Jare ꝛc. 1384 Jare.

[405]) Der geben wart an dem nehsten dunrestage nach aller heiligen tag. In dem Jare ꝛc. 1384 Jare.

[406]) Dis geschach vnd wart dirre brief geben an sante Thomans abent des heiligen zwölfbotten. In dem Jare ꝛc. 1384 Jare.

[407]) Der geben wart an dem nehesten fritage noch vnsers hren. lichamen tage des Jars ꝛc. 1385 jare.

hannes zu Lothringen und mit Sigelmann von Windenberg [408]). Damals hatte Johannes IV. auch einen „grossen krieg" mit zwei Edelknechten, Johannes Stroffe und Johans von Albe, die sich in der Veste Lawenstein aufhielten, „eine gute „burg von gelegenheit vnd böse von roubende"; beide Partheien fügten sich grossen Schaden zu, und da jener dieselben nicht überwältigen konnte, rief er die von Strassburg, deren Bürger er war, zur Hülfe auf. Man zog nun gemeinschaftlich vor die Burg, untergrub den Felsen, worauf sie stand, und bestürmte sie so heftig, dass sich die Belagerten endlich ergeben mussten, worauf das Raubnest von Grund aus zerstört ward, nachdem man mehr denn vier Wochen davor gelegen war und über 14,000 Gulden theils verzehrt, theils als Lohn für die Gräber und Werkleute ausgegeben hatte [409]).

Unser Junker beschwor hierauf 1387 mit seinem Verwandten, dem Herrn Konrad II., den Burgfrieden zu Lichtenberg und in der dazu gehörigen Stadt, in welchem Aktenstücke der Bezirk derselben ganz genau bezeichnet ist [410]). Nach dem Hinscheiden der Mutter Adelheid erhoben die strassburger Domherren, Ulrich und Symunt, die sich mit dem ihnen ausgesetzten Jahresgehalte nicht begnügen wollten, erneuerte Ansprüche an ihren älteren Bruder wegen väterlichen und mütterlichen Erbes, und da sie unter sich nicht einig werden konnten, so übertrugen sie die Schlichtung dieses Erbstreites dem Meister und dem Rathe in Strassburg, die sie auch folgendermassen gütlich auseinander setzten: Johannes sollte im ungestörten Besitze der ganzen Herrschaft Lichtenberg bleiben, jedoch müsse er seinen Brüdern, zu den ihnen bereits verwilligten 200 Gulden, nochmals jährlich 100 fl. oder einem

---

408) Der geben wart bez nehsten dinstages nach vnser frouwen dag natiuitatis. Des Jars ꝛc. 1386 Jar.

409) Königshofen's Chronicon Alsatiae 342.

410) Der geben wart an der nehesten Mittewuch nach sant Mathistag bez heiligen zwölffbotten In dem Jare ꝛc. 1387 Jare.

Die jüngere oder Ludwig'sche Linie bis zum Jahre 1405.   153

jeden 50 fl. auf des heiligen Michaels Tag einhändigen ⁴¹¹). Die eigenen Erbansprüche desselben in Frankreich, von seiner Großmutter, einer gebornen Gräfin von Saarbrücken, herrührend, waren damals ebenfalls noch nicht vollständig erledigt, denn der Edelknecht Philipp, Blankart geheißen, bekannte im Jahr 1388, von demselben einige darüber sprechende Urkunden zur Aufbewahrung erhalten zu haben ⁴¹²).

Unser Lichtenberger hatte, als straßburger Bürger, den Helfern und Dienern dieser Stadt während einer Fehde in der Veste Herrenstein Enthalt gegeben, der ihnen sehr gut zu statten kam, so daß Johannes der „wiße" Zorn, damals Meister in Straßburg, nebst dem Rathe 1389 die Versicherung ausstellten, mit den übrigen Gemeinern daselbst dem Burgfrieden treulich nachkommen zu wollen ⁴¹³). Im Monate September errichteten die gräflichen Brüder von Bitsch, Hanemann I., Symon Wecker II. und Friederich, ein festes Bündniß mit Johannes IV., ihrem Schwager, dessen hauptsächlichste Bestimmung darin bestand, daß Keiner des Anderen Widersacher in seinen Vesten, Dörfern und Gerichten, hausen, beherbergen und enthalten dürfe ⁴¹⁴). Ueberhaupt war damals ein wildes, kriegerisches Leben und Drängen im unteren Elsasse, während dessen besonders das Gebiet des Letzteren durch die Ochsensteiner, die sich auf des pfälzer Kurfürsten Seite geschlagen hatten, mit Brand und Raub sehr übel heimgesucht ward. Auch war der Bischof Nicolaus von Speyer mit demselben in schwerer Fehde befangen gewesen, wie aus dem Sühnbriefe von 1391 erhellt, in welchem jener

---

411) Dis geschach und wart diser brief geben an dem nehesten dunrestage nach vnser frowen dag der Jungern. Des Jares ꝛc. 1387 Jare.

412) Datum decima die mensis Jullii anno dni 1388.

413) Der wart gegeben an dem Ersten Dunrestbage vor dem Sunnenbage alse man finget in der heiligen kirchen in der vasten letare Anno dni Millimo CCC°. LX. XX^mo Nono.

414) Der geben wart off den nehesten dunrestag nach vnser frowen tag den man schribet Natiuitas des Jares ꝛc. 1389 Jare.

Prälat ausdrücklich auf jede Entschädigung wegen Nahme (i. e. Raub) u. dgl. Verzicht leistete⁴¹⁵).

Solche zahlreiche Kriegszüge, Fehden und Unruhen und die damit in unzertrennlicher Verbindung stehenden vielen Beschädigungen an Land und Leuten, mußten nothwendiger Weise auf den Wohlstand unseres Dynasten sehr ungünstig einwirken, daher er 1391 sich gezwungen sah, bei dem Kurfürsten Ruprecht II. von der Pfalz 1500 gute oder Goldgulden aufzunehmen, wofür er demselben ein Viertheil an seinem Theile der Stadt Gerlingesdorf, ein Viertheil an der Burg zu Hatten und an den Orten Hatten, Ruttershoffen, den zwei Bettensdorfen, Kielendorf, Swawiler, Rembrezwilr, Luterswilr, Brunigesdorf, Oberndorf, Dieffenbach und Mutzigesdorf, nebst den dazu gehörigen Bütteleien, mit Leuten, Gütern und allen Rechten, verpfändete, um dieselben so lange zu besitzen, bis jene Pfandsumme wieder abgelöst sei; auch sollte während dieser Zeit mit dem Pfalzgrafen und seinen Amtleuten, die er dahin setzen würde, sowohl in Gerlingsdorf, Schloß und Stadt, als auch in der Veste Hatten, der Friede redlich gehalten werden, jedoch dürfe diese Pfandschaft seiner Gattin Loretta, die darauf verwidmet sei und die ebenfalls einwilligte, an ihrem Witthum keinen Schaden bringen⁴¹⁶). Am folgenden Tage traf Ruprecht II. die Bestimmung, jene Summe solle sich durch eine, auf zehn Jahre lang von den Pfandgütern zu entrichtende, jährliche Rente von 150 Goldgulden, von selbst wieder ablösen, und zugleich versprach er, den Bestimmungen des Burgfriedens nachzukommen und die Frau Loretta in ihrem Witthum nicht zu stören, noch zu schmälern; auch verlieh er an demselben Tage den Herren Heinrich IV. und Johannes IV. zu Lichtenberg das Dorf

---

415) Datum Anno dni M°. CCC°. Nonagesimo primo feria secunda post Ephiam dni.

416) Geben zu Heidelberg vff ben Donrſtag vor ſant Martinstag des heiligen Biſchofes nach Criſti geburt 1391 Jare.

Gottesheim als altes pfälzisches Mannlehensstück, sowie es ihr Vetter Hanemann II. früher genossen hätte⁴¹⁷). Nachdem nun unser Dynast dem Kurfürsten die 150 Goldgulden auf Einkünfte und Gefälle der versetzten Güter zehn Jahre lang angewiesen und versichert hatte, so quittirte ihm derselbe, am darauf folgenden Montage, die ganze Pfandsumme, als hätte er sie zurückerhalten, verzichtete auf alle künftigen Ansprüche an die fraglichen Vesten und Ortschaften und setzte nur noch fest, jener müsse seinem Amtmann, die ausbedungenen zehn Jahre lang jährlich 24 Gulden für „Burghute" erlegen⁴¹⁸).

Johannes IV. sah sich außer Stande, seinen beiden Brüdern, den Domherren Ulrich und Symunt, den ihnen zugesicherten Gehalt, nämlich 200 fl. für ihre väterlichen und 100 fl. für ihre mütterlichen Erbansprüche, zur bestimmten Zeit entrichten zu können, daher er ihnen 1391 folgende Güter zum lebenslänglichen Genusse übergab, bestehend in seinem Theile von Arnsburg, in der Büttelei Ingenheim, dem vierten Theile an Wellenheim und den Orten Eckendorf und Altdorf, nebst der Vogtei über den Mönchhof in letzterer Gemeinde; aber nach ihrem Ableben sollten diese Besitzungen wieder an die lichtenberger Familie zurückfallen, und beide mußten sich noch anheischig machen, von den ihnen zugewiesenen Gefällen ihren zwei Schwestern, die Nonnen in Lichtenthal waren, jährlich 2 Pfund Geldes zukommen zu lassen⁴¹⁹). Schon einige Jahre hernach versetzten jene Domherren, mit der Zustimmung ihres Verwandten Heinrich IV. und ihrer Muhme Jenate von Blankenberg, ihren Theil des Dorfes Wellenheim an den Edelknecht Johann von Waltenheim für

---

417) Beide sind gegeben: Datum Heidelberg sexta feria ante Martini Epi Anno dni M°. CCC°. LXXXX^{mo} primo.

418) Geben zu Heidelberg off den Montag nach sant Martinstag des heiligen Bischoffs des Jares ꝛc. 1391sten Jare.

419) Der geben wart an dem nebesten zinstage nach dem Palmetage. In dem Jare ꝛc. 1391 Jare.

102 Gulden, jedoch ablöslich, entweder durch sie selbst, oder durch ihren Bruder und dessen Erben [420]).

Letzterer und sein Blutsfreund, Heinrich IV., nahmen an dem mehrjährigen Kriege des straßburger Bischofs Friederich und des gesammten hohen und niederen elsässer Adels gegen die, durch den König Wenzeslaus geächtete, Stadt Straßburg sehr thätigen Antheil, und beide sandten, in Verbindung mit jenem Prälaten, mit dem Grafen Heinrich zu Lützelstein und dem Herrn Bruno von Hohen-Rappoltstein, im Jahre 1392 dem Meister und dem Stadtrathe einen Absagebrief zu, angeblich wegen ihrer Widersetzlichkeit und ihres Ungehorsams gegen das Reichsoberhaupt, sowie auch wegen des Unrechts und der Gewalt, die sie lange Zeit hindurch dem Bisthume und den genannten Grafen und Herren angethan hätten [421]). Der Erfolg dieser Unruhen entsprach indessen, nach der Aussöhnung Straßburgs mit dem Könige, den Erwartungen des Oberhirten, sowie der Edeln, nicht im geringsten, und vorzüglich hatte jener alle seine Macht aufgeboten und sich, in der Hoffnung überreichen Ersatzes von Seiten der Stadt, eine bedeutende Schuldenlast zugezogen, die er nun nicht bezahlen konnte, so daß er, um sich aus dieser Bedrängniß zu helfen, sogar sein Bisthum mit demjenigen von Utrecht vertauschen mußte. Den lichtenberger geistlichen Brüdern, Ulrich und Symunt, schuldete derselbe gleichfalls 200 Goldgulden, theils für die seinem Hochstifte geleisteten Dienste, theils für die in jenem Kampfe abgegangenen Hengste und Pferde, deren Bezahlung er ihnen auf nächsten Michaelistag 1393 zusagte [422]); unserem Johan-

---

420) Der geben wart an sante Arbogastestag des heiligen Byschoffes des Jares zc. 1393 Jare.

421) Der geben ist bez Jors do man zalte noch Gotes geburte 1392 Jor des Fritages noch sant Micheltag. Wencker Disquisitio de Uasburgeris 177. No. VII.

422) Geben zu Dachenstein des nehsten frittags vor unser frowen tag der liehtmesse nach gottes geburte zc. 1393 Jare.

nes IV. aber, seinem „Oehem", stellte er eine Verschreibung aus über folgende demselben schuldigen Summen: 640 Kronen, „gut an golde", und 62 Goldgulden, machte zusammen 830 Gulden baar geliehenes Geld; 145 Goldgulden für einen Hengst, den er erkauft hatte und der in des Bisthums Geschäften umgekommen war; dann schuldete ihm der Bischof noch Korn, das er, seit Volmar's zu Geroltseck Tode, von dem Zehnten in Wihersheim erhoben, nebst 50 Viertel Hafer, die er ihm, in dem Kriege gegen die Stadt, zu Mollesheim geliehen hatte, und endlich noch 1000 Goldgulden, „vmb „seinen Dienst den er vns vnd vnserm stiffts getruwelichen „vnd ernestlichen getan hat", welches alles er demselben bis künftige Martini auszurichten versprach⁴²³). Dem Herrn Heinrich IV. von Lichtenberg und unserem Johannes IV. war jener Prälat jedem noch besonders 1000 Goldgulden schuldig, sowohl für Dienstleistungen, als auch für ihre erlittenen Verluste und den Schaden in dem Kriege, „den wir haut mit „herr Heinrich Peyer von Boparten vnd sunderlichen zu den „ziten do wir gezogen warent ver Albe vnd vor Albeßdorff", für welche Summen, die er ebenfalls nicht sogleich berichtigen konnte, er ihnen seinen Theil an der Stadt Morsmünster, an den zwei (Burgen) Geroltsecken und Wasichin und an den dazu zählenden Orten, auf späteren Wiederkauf, verpfänden mußte⁴²⁴). Wenn man von diesen Schuldposten aus einen Schluß auf die sonstigen Verpflichtungen macht, die jener geistliche Herr mit seinen übrigen Helfern und Verbündeten eingehen mußte, so hatte derselbe eine drückende Schuldenlast auf sein Bisthum gehäuft, die schwerlich jemals vollständig abgetragen wurde.

Heinrich der Jüngste von Fleckenstein versetzte unserem Dynasten wiederkäuflich Zuczendorf mit seinen Zubehörden,

---

423) Der geben wart an dem neheften zinstage vor dem schön Montage In dem Jare ꝛc. 1393 Jare.

424) Der geben wart an sante Bartholomeusabent In dem Jare ꝛc. 1393 Jare.

um 100 Pfund straßburger Pfenninge, in demselben Jahre ⁴²⁵), und im folgenden gelobte Letzterer mit seinen Vettern, den Brüdern Johannes und Ludwig IV., Söhnen Heinrich's IV., den Burgfrieden zu Lichtenberg unter den gewöhnlichen Bedingungen ⁴²⁶). Bohemunt von Etendorf, Herr zu Hohenfels, setzte, ein Jahr hernach, Johannes IV. in einen achten Theil der Veste Hohenfels, mit dem Vorhofe und dem Berge, ein, sich in und aus derselben gegen Männiglichen zu behelfen, und dafür sollte er jenem jährlich 2 Fuder Wein und 20 Viertel Hafer in die Stadt Neuweiler liefern, was des von Etendorf Leute daselbst abholen und in jenen vesten Ort verbringen müßten; allein diese Uebereinkunft sollte nach ihrem beiderseitigen Absterben keinen Bestand mehr haben und dann sowohl der achte Theil der Burg, als auch die Wein= und Hafergülte, wieder an die Erben eines Jeden zurückfallen; an dem nämlichen Tage stellte der Lichtenberger einen Rückschein aus über die richtige lebenslängliche Lieferung des ausbedungenen Weines und Hafers ⁴²⁷). Zu derselben Zeit veräußerten die mehrgenannten Domherren Ulrich und Symunt ihrem lieben Bruder die Orte Ingenheim, Eckendorf und Altdorf, jedes zur Hälfte, für 200 Pfund guter Pfenninge ⁴²⁸), und einige Wochen später gelobten sie, mit demselben den Frieden in Arnsburg so zu halten, wie ihn ihr Vater Symon und er selbst mit den Edeln von Kützelsheim beschworen hätte ⁴²⁹).

Einen heißen Kampf hatte Johannes IV. mit Einem

---

425) Der geben wart an dem nehesten Samestage nach unserer frawen tage der Eren, In dem Jare ꝛc. 1393 Jare.

426) Der geben wart an dem nehesten Mentage nach dem Snbenden tage nach winahten, In dem Jare ꝛc. 1394 Jare.

427) Beide datirt: Der geben wart an der mittewuchen nach sante andres tag, In dem Jare ꝛc. 1395 Jare.

428) Der geben wart an dem nehsten Zinstag nach Sant Gregorien tag, In dem Jare ꝛc. 1395.

429) Der geben wart an sante Thomans abent des heiligen zwölffbotten In dem Jare ꝛc. 1395 Jare.

Namens Schulderhansen, welcher jedoch 1396 durch eine Sühne mit demselben, mit dessen Bruder und seinen übrigen Helfern folgendermaßen gütlich beigelegt ward: die bisherige Feindschaft sollte todt und gesühnet sein; sämmtliche Gehülfen Schulderhansen's, die der von Lichtenberg gefangen genommen habe, müßten auf eine „schlechte" Urfehde ledig und losgelassen und jener zugleich durch unsere Herren aller versessenen Gülten, um die es sich eigentlich bei dieser Fehde handelte, ebenfalls quitt gesagt werden⁴³⁰), welche Sühne Herr Ottemann VI. zu Ochsenstein und Johann Ostertag von Winstein vermittelten. Unter dem herrischen und deßhalb mißliebigen Bischofe Wilhelm zu Straßburg widerfuhr den Brüdern und Domherren, Ulrich und Symunt, 1397 eine höchst unangenehme Begebenheit. Am 24. August überfiel nämlich jener Prälat den freien Hof dieser zwei Geistlichen zu Schiltigheim und führte den Herrn Ulrich gefangen hinweg in seinen Hof nach Straßburg, und an demselben Tage ward auch Herr Symunt daselbst durch den Stättmeister gefänglich eingezogen und ebenfalls in einen Kerker des bischöflichen Hofes gelegt. Niemand wußte sich solche offenbare Gewaltthaten zu erklären; der Oberhirte konnte denselben, bei aller Mühe, die er sich gab, keine Vergehen nachweisen, und beide erboten sich auch sogleich, wegen etwaiger Anschuldigungen, vor jedem Gerichte zu Recht stehen zu wollen; Letzterer wurde, nach Verlauf von 20 Tagen, seiner Haft wieder entlassen, nachdem er mehrere Verschreibungen und Gelübde hatte von sich geben müssen; sein Bruder hingegen mußte einige Monate lang im Gefängniß schmachten und entkam endlich heimlich, am Donnerstage nach Sanct Martin, ohne irgend eine schriftliche Verbindlichkeit eingegangen zu haben, daher es von ihm heißt: „er entrane, wiewohl man gute „hut zu jhme hatte, doch halff jhme Gott, das er vnver-

---

430) Der Geben wart an Sante Lucien vnd Sante Otilien tage In dem Jare ⁊c. 1396 Jar.

„bundtlich weder heimlich noch offentlich, vnd ohne alle sicher=
„heit, gelübte vnd vorworten von jhnen hinweck kame". Für
Ulrich hatte dieser Vorgang nachtheilige Folgen, weil er später
nicht zur Dechantswürde gelangte, wozu er, wie es aus=
drücklich heißt, durch den Papst und das Capitel, ein „Göttlich
Recht" hatte, aber dessenohngeachtet verdrängt und zurückgesetzt
ward [431]).

Johannes IV. gelobte 1399 den Frieden zu Huneburg
mit den Gemeinern Gerhart Schob und Bechtolt Krantz von
Geispiltzheim [432]), und einige Tage zuvor stellte Volmar von
Wickersheim die Erklärung aus: jener und die Stadt Straß=
burg hätten einen über 500 fl. sprechenden Brief wegen ihrer
Theile an Herrenstein, hinter ihn gelegt, den er aber keinem
der Mitbesitzer geben oder leihen dürfe, sondern wer dessen
nöthig habe, dem sollte nur eine Abschrift davon zugestellt
werden [433]). Unser Herr scheint überhaupt eben damals
manche Unannehmlichkeiten wegen dieser Veste gehabt zu haben
oder gar seines Antheils daran durch Andere ganz entsetzt
worden zu sein, denn die beiden Gauerben daselbst, Diether
Kämmerer von Worms und Kunrat Lantschade von Steynach,
bezeugten demselben, es sei ihr Wille, wenn er wieder nach
seinem Theile Herrensteins „sten mag" und falls er dazu
käme, daß er dann einen anderen Frieden, wie den früheren,
daselbst schwöre und halte, ohne dadurch gegen seine Ehre
oder gegen den Burgfrieden gehandelt zu haben [434]), und
einige Wochen darauf gelobten jene zwei Gemeinherren den
Frieden in dieser Veste mit dem Meister, den Räthen und
den Bürgern Straßburgs [435]).

---

431) Bernhart Herzog's Chron. Alsatiae V, 10.

432) Der geben wart vff den nehsten dunrstag nach halbfasten Des
Jares ꝛc. 1399 Jare.

433) Der geben wart an dem nehesten fritage vor dem Sunentage
letare des Jares ꝛc. 1399 Jare.

434) Der geben wart off den nehsten Samsdag nach sant Petirs
tag den man nennet ad vincula Anno dni M°. CCC°. XCIX°.

435) Der geben ist In dem Jore ꝛc. 1399 Jare vff den nehsten
dunrstag noch sant Bartholomeus dag des Heiligen Zwolffbotten.

Damals klagte auch unser Junker vor dem Ritter Burkart von Landesberg, dem bischöflichen Vitzdum zu Straßburg und vor dem Mannengerichte des Hochstiftes gegen den Markgrafen Hesse von Hochberg, der ihm die Burg, das Dorf und den Kirchensatz zu Wiswilre vorenthalte, sich mit Gewalt ohne Gericht und Recht, in dessen Besitz gedrängt und ihn „des entwert" hätte, welches Gut sein Vater Symunt von dem straßburger Bisthume zu Lehen gehabt und es aber dem Herrn Walther von der Dicke in Afterlehen begeben hätte, von dem es, nach dessen Tode, an ihn gefallen wäre, und verlangte, wieder in sein Recht eingesetzt zu werden, was ihm auch durch das Manngericht zugesprochen und er auf's Neue in sein Lehen gewiesen ward [436]). Im nächsten Jahre vereinigte er sich mit dem Grafen Friederich VIII. zu Leiningen, dem Landvogte der Pflege Hagenau, sowie mit dem Meister und Rathe dieser Stadt, dahin: ihre gegenseitigen Ansprüche und Forderungen ein ganzes Jahr lang stehen und ruhen zu lassen; sollten aber dieselben nach Jahresfrist noch nicht vergessen sein und wieder aufgenommen werden, so müßten der Landvogt und die Stadt dies unserem Dynasten vier Wochen vorher absagen, und zugleich machten sich jene anheischig, während der ausbedungenen Frist, keine Widersacher des Lichtenbergers weder zu hofen, noch zu hausen oder zu enthalten, „damit wir vurbas deste bas in früntscheften vnd „glichen bingen verlibent" [437]).

Der königliche Landvogt im Elsasse, Ritter Schwarz Reinhart von Sickingen, erklärte 1401 im Namen seines Herrn, des Königs Ruprecht, Johannes IV. und seine Gemahlin hätten Burg und Dorf Hatten, nebst Rütershoven, Niedern- und Obernbetschdorf, Suawiler, Reymerswiler, Kielendorf und Lüterswiler um 2000 Goldgulden an Kurpfalz

---

436) Der geben wart uff sant Niclausdag In den Joren 1399 Jor.
437) Der geben wart of Samstag nehst vor saute Tyburcien tag des Heiligen merteler6. Do man zalte rc. 1400 Jare.

verpfändet und er müsse denselben die Hälfte der jährlichen Einkünfte aus diesen Orten auf so lange zukommen lassen, bis jene Pfandsumme wieder abgetragen sei; auch wolle er Sorge tragen, daß der Monarch bei seiner Heimkunft den genannten Eheleuten über diese Verpfändung eine förmliche Urkunde ausstelle [438]). In einem weitläufigen Urtheile von diesem Jahre über die Irrungen des Markgrafen Bernhart von Baden mit dem straßburger Bischofe Wilhelm und mit dessen Hauptmanne, dem Junker Johannes IV., ist von Letzterem, als erster Klagpunkt, Folgendes bemerkt: er habe die, dem Herrn Rudolf von Hohenstein zuständige, Burg und Stadt Gemar im oberen Elsasse eingenommen und denselben nebst seinen beiden Söhnen und den Johannes Sifrid von Roßheim, darin zu Gefangenen gemacht, allein es seien von beiden, sowohl von jenem Prälaten, als auch von dessen Hauptmanne, denen von Hohenstein vorher offene Fehdebriefe in ihr Schloß Lützelburg gesendet worden, weil sie auf den Lichtenberger heimlich gehalten und ihm sogar nach dem Leben getrachtet hätten, welcher Vorgang dahin entschieden wurde: die Gefangenen sollten ihrer Haft sogleich erledigt und den Hohensteinern Gemar nebst den Gütern und sämmtlichen Briefen, es seien nun ihre eigenen oder lupfische und rappoltsteinische, ausgehändigt, sowie auch Wolcksheim und Thalheim, sammt dem Zehnten zu Mutzig, Rinnelnheim und ihrem Theile an Lützelburg wieder zugestellt werden [439]). Des Königs Sohn, Pfalzgraf Ludwig, bezeugte im nächsten Jahre, in seiner Eigenschaft als Reichsverweser, Huneburg sei ein Reichslehen und als solches, weil es in Jahresfrist nicht gemuthet oder empfangen worden, dem Könige und dem Reiche heimgefallen, daher er dasselbe dem Herrn Hannsen IV. oder dem Aelteren zu Lichtenberg, gemeinschaftlich mit Bechtolt Kranz von Geiß-

---

438) Der geben wart off sante Johans abent zu fünzigsten Des vores ꝛc. 1401 Jore.

439) Der geben wart des iores do man zalte ꝛc. 1401 iore des nehsten samstages vor sante Adolffes tage.

bolzheim, wegen ihrer treuen Dienstleistungen, zu drei Theilen, mit allen Nutzungen und Zuständigkeiten, zu Lehen gereicht habe, allein das übrige Viertheil an dieser Veste stehe noch dem Reichsoberhaupte zu, oder wem es durch dasselbe verliehen würde ⁴⁴⁰).

Die letzte Nachricht von unserem Dynasten ist eine kriegerische, denn in einer Fehde war Philipp von Dune, Herr zum Oberstein, als Gefangener in seine Gewalt gekommen, den er aber, auf die Bitten seines Bruders, Emich von Dune, wieder aus dem Kerker entlassen hatte und der deswegen 1404 eine Urfehde ausstellen mußte, seine Gefangennehmung nicht rächen zu wollen ⁴⁴¹). Der 23. August 1405 war sein Todestag und er ruhet ebenfalls in der Familien-Gruftcapelle zu Neuweiler ⁴⁴²), wiewohl ihm auch in der Kirche zu Ingweiler, wo er sich oft in basigem Schlosse aufhielt, neben der Stiege zur Kanzel, noch ein besonderer Grabstein errichtet ward ⁴⁴³). Derselbe trat in den Stand der Ehe am 21. August 1370 mit der Gräfin Loretta (in allen Urkunden gewöhnlich Lorate geheißen) von Zweybrücken-Bitsch, und Herr Symunt verlegte die Ehesteuer der Gattin seines Sohnes mit 3500 kleinen Goldgulden auf die halbe Burg zu Hatten und auf die Hälfte folgender Ortschaften: Hatten, Westhouen, Rütershouen, Rentershouen, den Hof zu Osterndorf, Niedern- und Obernbettensdorf, Swawiler, Rembrechtwilre, Kielendorf, Luterswilre, Bruningesdorf, Diefenbach und

---

440) Geben zu Heidelberg uff den fritag nach unser frauwen tage kerzwihe Purificacio zu latine nach cristi geburt 2c. 1402 Jare.

441) Datum dominica die proxima post diem bti dionisij et socior. eius Anno dni 1404ᵗᵒ.

442) Unter folgender Grabschrift: ANNO . DOMINI . Mº. CCCCº. Vº . VIGILIA . BARTHOLOMEI . APOSTOLI . OBIIT . NOBILIS . UIR . DOMICELLUS . IOHANNES . DOMINUS . IN . LIEHTENBERG.

443) Auf demselben befand sich folgende, in Blei ausgegossene, Inschrift: ANNO . DNI . M CCCC V . XI KL . SEPTEMB . OBIIT . NOBILIS . DOMICELLUS . IOHANNES . DE . LICHTENBERG.

11*

Obernborf, mit allen Zubehörden und Gerechtsamen ⁴⁴⁴), in welche Verschreibung die Brüder Loretta's, die Grafen Hanemann I. und Symunt Wecker II., sowie auch ihre Mutter Agnes einige Tage nachher einwilligten ⁴⁴⁵). Dieselbe übergab 1378 ihrem letztgenannten Bruder ihre sämmtlichen Rechte und Forderungen von ihrer seligen Mutter Agnes, einer gebornen von Lichtenberg, her, weil ihr „bar vmbe gentzlichen „volletan ist daz mich wol begnüget", und zugleich verzichtete sie, nebst ihrem Gatten, auf alle Erbansprüche an den Nachlaß derselben, und namentlich auf die Rente von 150 Mark Silbers, die sie jährlich von ihrem Bruder Heinrich III. und von dessen Sohne Konrad II., ihrem Neffen, zu beziehen hatte ⁴⁴⁶). Vier Jahre hernach verlegte Johannes IV. den Witthum derselben auf seinen Theil an der Stadt und Büttelei zu Gerlingesdorf, mit Allem, was damit zusammenhing ⁴⁴⁷). Noch im Jahre 1401 verschrieb er ihr abermals, mit der Einwilligung Boemund's von Ettendorf, Herrn zu Hohenfels, von den Einkünften der Hälfte Offwiler's eine jährliche Rente von 100 Goldgulden als Witthum, unter der besonderen Genehmhaltung des Bischofs Wilhelm zu Straßburg, von welchem jener Boemund dieses Dorf theilweise zu Lehen trug ⁴⁴⁸).

Diese Loretta überlebte ihren Ehegemahl und da derselbe keine männlichen Nachkommen hinterlassen hatte und also der Letzte dieser Linie war, so fiel sein gesammtes Besitzthum an den, damals von dem lichtenberger Stamme allein

---

444) Der geben wart an dem Einstage vor sante katherinen tage, In dem iare ꝛc. 1370 iare.
445) Der geben wart an sante katherinen tag. In dem iare ꝛc. 1370 iare.
446) Der geben wart an dem nehesten fritage nach sante Jacobestag deʒ heiligen zwölfboten. In dem iare ꝛc. 1378 Jare.
447) Der geben wart an dem nehesten dunrestage nach sante Johans tag Baptisten, In dem Jare ꝛc. 1382 Jare.
448) Der geben wart an dem nehesten zinstage vor dem Heiligen Pfinkest tage. Des Jares ꝛc. 1401 Jare.

Die jüngere oder Ludwig'sche Linie bis zum Jahre 1405.

noch übrigen, Herrn Ludwig IV., mit welchem sie jedoch, der ihr verschriebenen Witthumsgüter wegen, manche Anstände bekam, hauptsächlich aus dem Grunde, weil die meisten derselben Lehenstücke waren. Ihr Bruder und Oheim, die Grafen Friedrich der Aeltere und Hanemann II., nahmen sich aber ihrer sogleich auf's thätigste an und durch deren Vermittlung kam auch, wenige Tage nach ihres Eheherrn Absterben, eine gütliche und „früntliche" Uebereinkunft mit jenem Ludwig IV. zu Staube, kraft welcher derselbe ihr nicht nur sämmtliche verschriebene Witthumsgüter zum ruhigen lebenslänglichen Besitze überließ, sondern ihr auch noch zugleich den Genuß eines Drittheils an Brüningesdorf (Preuschdorf), Diefenbach und Oberndorf, sammt allen Beten und Steuern, ebenfalls auf die Dauer ihres Lebens verschrieb, wofür sie sich recht dankbar bezeugte [449]) und auch ihre besondere Einwilligung gab, daß die Bürgen für das Gut, das ihr „lieber hußwürt selige" in Bettendorf erkauft hatte, das aber noch nicht bezahlt war, dasselbe angreifen und veräußern dürften, um sich damit aus der Bürgschaft zu lösen [450]), und das Nämliche that auch Ludwig IV. eine Woche später [451]).

Obgleich die Ehe Johannes' IV. mit der Gräfin Loretta mit sechs Kindern gesegnet wurde, so war es demselben doch nicht vergönnt, seine Linie fortzupflanzen; denn der einzige Sohn, der seines Großvaters Namen Symon bekommen hatte, sank schon am 18. August 1388 als Jüngling in die Gruft

---

449) Diese drei Briefe sind datirt: Der geben wart uff unsere frowen tag der hündern dem man zu latine sprichet natiuitas. In dem Jare ꝛc. 1405 Jare.

450) Der geben wart uff zinstag vor sante Martinstag, Des Jores ꝛc. 1405 Jare.

451) Geben uff zinstag nach sante Martinstage. Anno dni M°. CCCC°. quinto.

zu Neuweiler hinab⁴⁵²). Die übrigen Kinder waren weiblichen Geschlechts; vier derselben, Elsa, Agnes, Loretta und Katharina, nahmen den Nonnenschleier in dem Sanct Clarenkloster zu Straßburg, denen ihr Vater zu seinem, seiner Gattin Loretta und aller seiner Voreltern Seelenheile, einen, 1384 von den Ochsensteinern erkauften in Oberbronn fälligen jährlichen Zins von 10 Pfund straßburger Pfenningen im Jahre 1402 gerichtlich übergab und schenkte⁴⁵³). Die drei letzteren dieser Nönnchen waren 1426 bereits zur ewigen Ruhe eingegangen, denn die, damals noch allein am Leben gewesene, Elsa hatte, nebst der Aebtin Margaretha von Haselach, in dem genannten Jahre, der vielen Rückstände wegen, die Verschreibung über 10 Pfund Pfenninge, gegen anderweitige Vergütung, an Herrn Ludwig IV. zurückgegeben⁴⁵⁴). Noch im Jahre 1435 war dieselbe am Leben, denn die letzten Lichtenberger, die Brüder Jakob und Ludwig V. verschrieben ihrer Base Elisabeth, Klosterfrau zu Sanct Claren in Straßburg, zu ihrem besseren Unterhalte, jährlich und lebenslänglich 8 Pfund Pfenninge auf dem Amte Wilstetten, worauf sie, mit der Einwilligung der Aebtin und des Conventes, auf alle möglichen Erbforderungen an ihre Vettern und an die Herrschaft Lichtenberg verzichtete⁴⁵⁵).

Die älteste Tochter, Adelheid, ward 1396 mit dem edeln Herrn Johannes zu Vinstingen vermählt, und ihr Vater gab ihr zu rechter Ehesteuer 3500 Gulden mit, die er, jedoch

---

452) Mit dieser Grabschrift: ANNO . DOMINI . MCCCLXXXVIII . XV . CL . MENSIS . SEPTEMBRIS . OBIIT . DOMICELLUS . SIMUNDUS . FILIUS . NOBILIS . DOMICELLI . IOHANNIS . DNI . IN . LIECHTENBERG.

453) Actum VII Idus maij Anno Dni M⁰. CCCC⁰. secundo.

454) Der geben wart an dem nehsten Samstage vor dem Sunnentage als man singet Jn der heiligen Cristenheit Invocauit ꝛc. die alte vastnacht. Da man zalte ꝛc. 1426 Jare.

455) Der geben ist uff dornstag, und der andere Brief: Der geben ist uff den fritag vor unsere lieben frouwen tage natiuitatis zu latine beɡ Jors ꝛc. 1435 Jore.

wiederkäuflich auf den vierten Theil der Stadt Neuweiler, auf einen daselbst fälligen, jährlichen Zins von 100 fl. und auf den halben Hof in der Stadt, dann auf den großen und kleinen Zehnten zu Detwilre mit dem Dinghofe, auf die Hälfte Hagenbachs, auf Durstalben und die Büttelei Lare, auch für 100 fl. „Gelts" jährlich, verlegte und verschrieb, den Thurm zu „mynre" Hagenbach behielt er aber sich und seinen Erben bevor [456]). Die eben bemerkte, auf Neuweiler verwiesene Rente von 100 fl. löste indessen die Stadt mit 1500 fl. von den Eheleuten von Vinstingen 1402 wieder ab, daher dieselben den Empfang dieser Summe bescheinigten und auf alle Forderungen an jene Stadt Verzicht leisteten [457]). Nach Verlauf einiger Tage fertigte unser Johannes IV., mit der Zustimmung seines bereinstigen Erben, Ludwig's IV., seiner Tochter Abelheid nochmals einen Brief über ihre Mitgift aus, gleich dem früheren von 1396, nur wurde darin an die Stelle Neuweilers, das sich ausgelöst hätte, der vierte Theil der Stadt Ingwilre, sammt allen Rechten und ebenfalls mit einem jährlichen Zinse von 100 fl. gesetzt [458]).

Nach dem Hinscheiden Johannes' IV., des Letzten seiner Linie, gerieth dessen Erbe, Ludwig oder Ludemann IV., in unangenehme Weiterungen mit dem von Vinstingen wegen der Ehesteuer seiner Gattin Abelheid und wegen der Erbansprüche an den Nachlaß seines Schwiegervaters. Viele Jahre stritt man sich herum, während jener Ludemann IV. im ruhigen Genusse aller Güter und Besitzungen der ausgestorbenen Linie blieb, bis endlich der Graf Friederich zu Mörs-Saarwerden, Herr Heinrich zu Vinstingen und Heinrich Beyer von Boppart 1417 zwischen demselben und dem Jo-

---

456) Der geben wart an dem nehsten Zinstage noch sanct Johanstag Baptiste In dem Jore ꝛc. 1396 Jar.

457) Der geben wart uff zinstag vor sante Michelstag Des Jares ꝛc. 1402 Jare.

458) Der geben wart an dem nehsten Samstage vor sant Michelstag des Jores do man zalte ꝛc. 1402 Jare.

hannes von Binstingen einen Anlaß errichteten, in welchem beiden aufgegeben ward, ihre gegenseitigen Forderungen einander schriftlich mitzutheilen, worauf dann durch jene drei Männer ihre bisherigen „spenne vnd mißhellung von deß „von vinstingen hußfrowen wegen", auf einem zu Saarwerben anberaumten Tage, rechtlich entschieden werden sollten [459]). Von einem Erfolge dieser Bemühungen ist uns nichts urkundlich bekannt geworden, jedoch wissen wir so viel, daß Johannes von Binstingen, Herr zu Falkenstein, und seine Gattin Adelheid, als sie 1419 ihre Tochter Agnes mit dem Grafen Bernhart zu Eberstein, Unterlandvogte im Elsasse, verlobten, derselben von ihrem Zugelte zu 4000 Gulden, neben anderen vinstingischen Gütern, auch 1500 fl. auf die Zölle und Gefälle des vierten Theils von Ingwilre, jährlich 100 fl. ertragend, sowie 1000 fl. auf den Zehnten zu Detwiler verlegten und für den ruhigen, ungestörten Besitz dieser Güter und Gefälle Bürgen einsetzten [460]). Nach vollzogener Vermählung stellten die Eltern ihrem Eidame und ihrer Tochter Agnes 1420 nochmals eine Währschaftsurkunde aus, wegen des ihnen zur Mitgift eingeräumten Viertheils an Ingwiler (der Stadt) und wegen des detwiler Zehnten, die jenen durch Johannes IV., mit der Einstimmung Ludemann's IV., zur Aussteuer verschrieben worden waren, daher sie sich die Einlösung dieser Gefälle mit 2500 fl., oder falls die Ehe ihrer Tochter unfruchtbar bleiben würde, den Wiederanfall derselben noch besonders vorbehielten [461]). Diese Auslösung muß indessen nachher vor sich gegangen sein, weil die letzte und jüngste lichtenberger Linie, deren interessante Geschichte wir nun noch zu erforschen haben, später wieder im vollständigen ungetheilten Besitze Ingweilers und der Einkünfte zu Detweiler war.

---

459) Deß jors als man zalt ꝛc. 1417 jor.

460) Der geben wart vff den nehsten Zinstag vor Sant Thomans tag des heiligen zwolffbotten Als man zalte ꝛc. 1419 Jare.

461) Geben vff Mentag nehst noch dem Sondage Reminiscere des Jores als man zalte ꝛc. 1420 Jare.

Abschnitt IV.
Die Schicksale des jüngeren Zweiges der Ludwig'schen Linie der Herren von Lichtenberg, bis zum Erlöschen des ganzen Stammes, vom Jahre 1335 bis zum Jahre 1480.

1) Ludemann III. von Lichtenau.

Wir wissen bereits aus dem Vorhergehenden, wie Herr Ludemann III. mit den Kindern seines frühzeitig verstorbenen Bruders Johannes III., über die er bisher die Vormundschaft geführt, die Besitzungen der Ludwig'schen Linie unseres Hauses im Jahre 1335 getheilt und eine eigene Linie gegründet habe, die man von dessen Hauptwohnsitze die lichtenauer benannte und die, obgleich die jüngste von allen, dennoch die anderen überlebte, erbte und noch bis zum Jahre 1480 blühete, deren Schicksale, den Beschluß unserer geschichtlichen Untersuchungen über das lichtenberger Geschlecht ausmachen. Außer demjenigen, was schon bei den früheren Linien des Zusammenhanges wegen, von diesem Ludemann erwähnt werden mußte, finden sich noch folgende Momente aus dessen Leben und Wirken.

Während derselbe Vormund über seine Neffen war, erlaubte ihm der Kaiser Ludwig 1330, an jedem Dienstage einen Wochenmarkt in Wörth abhalten zu dürfen, und ertheilte dieser Stadt zugleich solche Rechte, wie sie Hagenau zu genießen habe [462], und dann fanden wir 1331 noch eine Nachricht von dem letzten elsässer Landgrafen Johannes (deren ansehnliche Besitzungen, wie uns bereits bekannt ist, im Jahre 1332, bis auf einige Burgen, Ortschaften und viele Gefälle, also bei weitem dem größten Theile nach, an unsere Familie

---

462) Bernhart Herzog's Calend. historicum Alsatiae unterm 26. Januar.

gelangten), indem sich der Edelknecht Ludwig Onolayßheim gegen denselben und seine Erben verbindlich machte, die ihm verpfändeten Orte, Altdorf und Eckendorf, die er von dem Landgrafen zu rechtem Lehen hatte, gegen die Erlegung von 80 Pfund straßburger Pfenningen auslösen zu dürfen⁴⁶³). Bei der Theilung im Jahre 1335 war den Brüdern Johannes und Symunt zu Lichtenberg eine Schuld von 35 Pfund Pfenningen an Mettelin von Surburg zur Bezahlung zugefallen; da sie aber diese Summe ihrem Oheim Ludemann III. baar erlegten, so sprach er dieselben deshalb von aller Verantwortlichkeit und von jeder späteren Ansprache quitt und ledig⁴⁶⁴).

Mit dem Kaiser Ludwig dem Bayern stand unser Herr in dem besten Einvernehmen, was bei den übrigen Linien seines Stammes nicht der Fall war, denn er ertheilte 1335 dem Rathe zu Hagenau die gemessene Weisung, über eine Schuld des Lichtenbergers an die dortigen Juden, seine Kammerknechte, ja kein Urtheil zu fällen, ehe dieser Befehl widerrufen sei, weil er denselben aus kaiserlicher Gewalt der Bezahlung dieser Schulden „oberhebt habe vnd auch oberheben „welle"⁴⁶⁵). Demohngeachtet wollte aber der hagenauer Rath im folgenden Jahre, diesem kaiserlichen Gebote zuwider, Ludemann III. wegen dieser Judenschulden „angriffen", wogegen jedoch der Monarch sogleich erklärte: jener edle Mann sei sein Diener geworden und habe ihm bisher redlich und nützlich gedient, daher er den Rath mit allem Ernste ersuche, denselben nicht anzugreifen und ihn deshalb „mit kainen sachen „laibigend noch beswärent", sie seien denn vorher zu dem

---

463) Der wart gegeben an dem wihenacht abent, In dem Jare ꝛc. 1331 Jare.

464) Der wart geben an dem dunrestage nach vnserre frouwen dage der erren, da man zalte ꝛc. 1335sten Jare.

465) Geben ze Nurenberg an Montag vor Michahel In dem Ayn vnd zwainzigisten iar vnsers Richs vnd in dem ahten des Keysertumes.

Kaiser gekommen und hätten sich mit ihm darüber benom=
men ⁴⁶⁶).

Im nächsten Jahre hatte er mit seinem Vetter Hane=
mann II. eine „mißhelle", einer verseffenen Weingülte vom
Zehnten zu Baldeburne halber, und da sie sich darüber nicht
einigen konnten, so übertrugen sie die Entscheidung zwei Edeln,
sowie den beiden Meistern und dem Ammanmeister der Stadt
Straßburg, die sie auch dadurch gütlich, „wande wir der
„mynnen gewaltig sint", vereinigten, daß sie den Lubemann
anwiesen, seinen Verwandten für allen Rückstand sechs und
ein halbes Fuder Wein zu liefern ⁴⁶⁷). Der Pfalzgraf Ru=
dolph II. schuldete demselben 1100 Pfund Heller, daher ihn
der Kaiser 1340 in die, seinem pfälzischen Vetter verliehenen,
vier Turnose am Zolle zu Kaub, mit einem Schillinge Heller auf so lange einsetzte, bis er sich für jene Summe bezahlt
gemacht haben würde ⁴⁶⁸), und einige Wochen nachher ver=
sicherte ihn Graf Ulrich zu Würtemberg, eine Schuld von
100 Mark Silbers bei den Gebrüdern von Müllenheim in
Straßburg, wofür er sich verbürgt hatte, bis nächsten Sanct
Martinstag abtragen zu wollen ⁴⁶⁹).

Derselbe gelobte 1341 mit dem Custor zu Straßburg,
Konrad von Kirkel, für sich und für seines verlebten Bru-
ders Kinder, den Frieden in der Burg Waldeck ⁴⁷⁰), und
mehrere Wochen darauf versetzte er den zwei Edelknechten,
Fritschemann und Karlemann von Burne, sein Hofgut zu
Hohenscheit wiederkäuflich, für eine Schuld von 50 Pfund

---

466) Der brief ist geben ze Winpphen des Mantages vor dem
vffartstage Jn dem zwai vnd zwaintzigsten iare vnsers Richs vnd Landen.

467) Der wart gegeben an dem fritag vor sant Andres dag des
zweilfbotten Jn dem Jar ꝛc. 1337 Jare.

468) Der ist geben ze frankenfurt do man zalt ꝛc. 1340 Jar des
dinstages vor vnser frowen tag den man nennet Nat.

469) Der geben ist, do man zalt ꝛc. 1340sten Jare, an sant Lucas
tage des Evangelisten.

470) Der wart geben des iares do man zalte ꝛc. 1341 Jare an
dem nehsten Mendag vor sant Paulus dag als er bekert wart.

Pfenningen 471). Der Name unseres Ludemann mußte damals einen guten Klang haben, weil wir ihn so häufig als Bürgen und Mitschuldner für bedeutende Summen finden, von denen wir indessen nur einige anmerken wollen, die sich auf dessen nächsten Verwandten beziehen, z. B. 1341 für den Markgrafen Rudolph von Baden, Herrn zu Pforzheim, der einem straßburger Juden 2375 Pfund Pfenninge schuldete 472), und dann sprach derselbe 1344 für 2000 kleine florenzer Goldgulden gut, die jener Markgraf, damals Landvogt in der Mortenau, bei einem Bürger aus der nämlichen Stadt aufgenommen und ihm dafür 200 kleine Gulden auf Ettlingen und Durlach verschrieben hatte, für welche Bürgschaften er seinen Oheim von Lichtenberg schadlos zu halten versprach 473). Unterdessen hatten sich aber auch seine eigenen Finanzen bedeutend gebessert, so daß er des Reichsoberhauptes Fürsprache und Gebote nicht mehr bedurfte, um sich der Judenschulden erwehren zu können, wie uns folgender Vorgang belehrt. Die uns bereits früher bekannten gräflichen Brüder, Ludwig und Friederich von Oettingen, hatten ihre Dörfer Offendorff, Herlofesheim und Norwilre, mit ihren sämmtlichen Zubehörden, gegen Ende Oktobers 1341 an Berthold Swarber, einen Ritter und zugleich Stättmeister und an Jecklin Maaßen, beide aus Straßburg, um 700 gute florenzer Goldgulden veräußert 474), allein entweder war dieser Handel noch nicht vollständig in Richtigkeit und abgeschlossen, oder jene Grafen hatten denselben, wegen zu geringen Preises, wieder aufgehoben, kurz, sie verkauften im Juli des folgenden Jahres die genannten Orte an unseren

---

471) Der geben wart an der ersten Mittewochen nach der Pfaffen vaschnaht In dem Jare ꝛc. 1341 Jare.
472) Der wart geben an dem nehsten tage nach aller Heiligen tage. Des jars do man zalt ꝛc. 1341 jare.
473) Der wart gegeben an dem samestag vor sant Michahels tag. In dem Jar ꝛc. 1344 Jare.
474) Der wart gegeben an dem ersten Zinsdage vor aller Heiligen dage in dem Jare ꝛc. 1341 Jare.

Ludemann III. für die doppelte Summe, nämlich um 1400 gute kleine Goldgulden baares Geld [475).

Ritter Heinrich von Fleckenstein stellte 1343 folgende Erklärung aus: er wolle, wenn er die von unserem Dynasten zu Lehen tragenden Korn- und Weingülten, die er mit dessen Genehmigung für 300 Pfund Heller verpfändet hätte, in Zeit von zwei Jahren nicht wieder einlösen würde oder könnte, dann jenem oder seinen Erben als Entschädigung 100 Mark Silbers zu entrichten schuldig und verbunden sein [476). Im nächsten Jahre verschrieb derselbe einer straßburger Bürgerin, gegen Erlegung von 150 Pfund Hellern, den lebenslänglichen Genuß von jährlich 60 Vierteln Frucht, je zum dritten Theile an Korn, Waizen und Gerste, von dem Zehnten zu Künheim [477), und einige Wochen später traf er eine Uebereinkunft mit den Brüdern Johannes und Symund zu Lichtenberg, seinen Neffen, wegen der gemeinschaftlichen Tilgung einer Schuld von 266 Pfund Hellern, bei einem straßburger Juden, noch von der Theilung herrührend [478). Dem Kaiser Ludwig mußte er wieder große Gefälligkeiten und ersprießliche Leistungen erzeigt haben, denn derselbe schlug ihm 1345 für solche Dienste und für sonstige Schulden 500 Mark Silbers auf Westhofen und Balbrunnen, welche Orte früher ihm bereits vom Reiche verpfändet waren, um sie so lange im Besitze und Genusse zu haben, bis jene 500 Mark, nebst den übrigen Pfandgeldern, gänzlich abgelöst wären [479).

Wir haben oben gehört, unser Lichtenberger sei schon 1340, wegen einer Forderung an den Pfalzgrafen Rudolph II.

---

475) Der geben wart an dem Cinstage nach Sant Ulriches dage. In dem Jare 2c. 1342 Jar. Ist auch gedruckt in Schöpflini Alsat. diplom. II, 176. No. 998.
476) Der geben ist an dem Palme abende bo man zalt 2c. 1343 Jor.
477) Actum II°. Kaln Marcij. Anno dni 1344to.
478) Der wart geben an dem nehesten Dunrestag nach halpvasten In dem Jar 2c. 1344 Jar.
479) Der geben ist ze Lantzhut an binstag vor sant Agnesen tag. Nach Cristus geburt 2c. 1345 iare.

durch jenen Kaiser in einen Schilling Heller von dem Reichs= zolle zu Raub eingesetzt worden, und sechs Jahre später wies ihm jener nochmals einen Schilling Heller daselbst an, bis er für eine abermalige Forderung an denselben vollständig befriedigt sei [480]). Auf Ludemann's Anregen erließ der Bi= schof Berthold zu Straßburg in demselben Jahre folgende Entscheidung: die Bewohner Weitersweilers sollten nicht mehr in der Abtei Neuweiler, sondern von nun an auf dem, neben der Capelle ihres Dorfes neu angelegten, Leichenhofe ihr Begräbniß haben [481]). Auch von dem Könige Karl IV. hatte derselbe, sowie auch die übrigen Glieder seines Stam= mes, wie wir oben zur Genüge gehört haben, ebenfalls einige Gnadenbezeugungen erhalten; denn 1347 erneuerte er ihm, angeblich wegen seiner getreuen und nützlichen Dienste, alle seine von dem heiligen Reiche tragenden Mann= und Burglehen und am nämlichen Tage bestätigte er demselben zugleich die Reichspfandschaften von Westhofen und Balde= bron [482]).

Ludemann III. von Lichtenberg, Herr zu Lichtenau und seine Gemahlin, Hilbegart von Vinstingen, veräußerten im folgenden Jahre an einen straßburger Einwohner, um 100 Pfund Heller eine jährliche Rente von 10 Pfd. Hellern [483]) und an eine Bürgerin daselbst für 200 Pfund einen Jahres= zins von 20 Pfund Hellern, beide fällig in Offendorf, Herr= lisheim und Rorwiler, jedoch hielten sie sich den Rückkauf dieser Einkünfte bevor [484]). Beide Eheleute wandten 1349, „durch besundere naturliche liebe vnd vruntschaft", sowie zum Heile ihrer Seelen, ihren zwei Töchtern, Adelheid und

---

480) Der geben wart ze winzzingen, bez Samstagez vor vnser frowen tag Kerzzen, do man zalt rc. 1346 jar.
481) Actum VII Kaln Decembr. Anno dni 1346to.
482) Beide ausgestellt: Der geben ist zu Hagenaw an sant Lucien tag rc. 1347 Jar.
483) Actum II°. Idus Febr. Anno dni. 1348mo.
484) Actum Kalendis Maij Anno dni 1848mo.

Elsen, Nonnen im Kloster Lichtenthal „bi būre", ein Einkommen von 8 Pfund Pfenningen, ruhend auf der Steuer ihres Landes, das zu Lichtenau gehört, „obwendig der werhag", zu, das der lichtenauer Amtmann denselben jährlich liefern mußte. Nach ihrer Töchter Hinscheiden sollte diese Schenkung an Ludemann's Schwester, die Nonne Adelheid „die alte" daselbst, und wenn auch diese Todes verblichen seie, an die Nonne Metze in Lichtenthal, die Schwester Symunt's und die Nichte Ludemann's, fallen, und erst nach deren Tode sollte das Kloster in den Genuß jener Rente kommen, wofür aber dasselbe das Jahrgedächtniß der Schenkgeber feierlich begehen müsse [485]).

Wir haben nun beinahe neun Jahre lang keine Nachrichten von unserem Dynasten, ohne die Ursache dieses Schweigens ergründen zu können, wir müßten benn annehmen, daß die langjährigen Irrungen und Fehden seines im Jahr 1353 zum Bisthume Straßburg gelangten Neffen Johannes mit dieser Stadt, wegen der Aus- oder Pfahlbürger, seine thätige Hülfe und seine ganze Zeit in Anspruch genommen haben. Während dieser Jahre stand er auch in Fehde und Zweiungen mit dem speyerer Oberhirten Gerhart, deren Grund uns ebenfalls nicht bekannt ist und welche erst im Beginne des Jahres 1358, durch die anhaltenden Bemühungen jenes straßburger Prälaten, des Grafen Eberhart zu Würtemberg, des Dompropstes Konrad von Kirkel in Speyer und Symon's zu Lichtenberg so vermittelt und beigelegt wurden [486]): Ludemann sollte zu einer bestimmten Frist dem Bischofe entweder eigene Güter überweisen oder 1000 Pfund guter Heller entrichten, dieselben von dem Hochstifte zu Lehen empfahen und baburch bessen Mann werden; da er aber letzteres bereits

---

[485]) Dis geschach vnde ist birre brief geben an Sant Margarethen abent, Dez iarez ꝛc. 1349sten iare.

[486]) Der geben ist vnd biß geschach des Jares ꝛc. 1358sten Jare an deme nehsten bonrestage vor dem zwelfften tage den man nennet Epiphaniam dnj. S. auch Remling's speyerer Urkundenbuch I, 613. No. 618.

war und die Veste Neuburg am Rhein zu Lehen hatte, so scheint's, als habe es sich bei dem ganzen Streite nur um dieses Besitzthum gehandelt, und weil er auch jene 1000 Pfund Heller nicht sogleich aufzubringen vermochte, verschrieb er dem Bisthume dafür die Hälfte von Oberhoven auf so lange, bis jene Summe abgetragen sein würde [487]). Im nächsten Jahre mußte derselbe, nebst seinem Neffen Symon, für die Grafen Eberhart und Ulrich von Würtemberg abermals eine Bürgschaft für 2400 Mark Silbers übernehmen, welche Summe jene dem Walther von Mülnheim, Sänger zum jungen Sanct Peter in Straßburg, schuldeten [488]).

Ein schwererer Strauß erhob sich um diese Zeit von Seiten des straßburger Prälaten Johannes, der Dynasten Ludemann III. und Hanemann II., sowie des Meisters und Rathes von Straßburg, mit den Bürgern zu Hagenau, in welchen auch nach und nach noch mehrere andere elsäßer Reichsstäbte gezogen wurden, bis endlich, 1360, unter den streitenden Theilen eine vollständige Sühne errichtet ward, in welcher sie nebst ihren Helfern, Dienern und den Städten Colmar, Schlettstadt, Ehenheim, Rosheim, Kaisersberg, Türkheim und Münster, auf alle Ansprüche wegen „name, „brande vnd gevengnisse" verzichteten, die sie sich gegenseitig während dieses Krieges zugefügt hätten [489]). In diese unruhigen Jahre fällt auch eine friedliche, wohlthätige Handlung Ludemann's III., indem er 1360 dem Kloster Stürzelbronn, wegen dessen „bresten vnd armut", alle Forderungen schenkte,

---

[487]) Der geben wart an bem Sampstage vor sant Jacobestage des zwölffboten des jares 2c. 1358 jare. S. Lehenbüchlein des Bischofs Friederich von Speyer im karlsruher Archiv Fol. 30 und 31.

[488]) Zwei Briefe, deren einer datirt: Der geben ist an bem nehsten Samstag, und der andere: an bem nehsten Sunnetage vor sant Agnes tage 2c. 1359 Jare.

[489]) Der wart geben zu Erstheim, an bem ersten Samstage vor sant Georgien tage In bem Jare 2c. 1360 Jar. Urkundensammlung der heidelberger Univ.-Bibliothek Nr. 140, auch Wenker von Ußburgern 79.

die er an dasselbe, der Veste Wachstchenburg halber, an Schuhen, Hosen, Wein, Korn und dgl. hatte [490]). Nachher entspannen sich auch Irrungen wegen der Burg Altwinstein und der dazu gehörigen Vogtei, weil Herr Ludwig zu Kirkel' die dasigen Gemeiner, nämlich unsern Dynasten, den Ritter Gerhart Harnesch von Weiskirchen und den Kuntz von Winstein nicht zum Genusse ihrer Theile daran wollte gelangen lassen, daher der Graf Heinrich von Veldenz, in Verbindung mit verschiedenen Grafen und Rittern, im Jahre 1362 durch eine Vereinbarung auch diese Mißhelligkeiten gütlich beilegte, kraft deren dem von Kirkel aufgegeben ward, den genannten Gerhart und die übrigen Gauerben, in Zeit von 14 Tagen, in die Hälfte jener Veste einzusetzen und darin den Frieden mit ihnen zu geloben; wolle er aber während dieser Frist jenen Ritter Gerhart zu seinem Manne gewinnen, so müsse er ihm zwei Drittheile an der Burg einräumen und könne dann das übrige Drittheil für sich behalten [491]). Einige Tage später erklärten alle Betheiligten ihre Zufriedenheit mit diesem Entscheide und beschworen zugleich, zum Zeichen ihrer Aussöhnung, auf's Neue den Frieden daselbst [492]). Reinbolt von Ettendorf hatte an Ludemann III. die Hälfte von Hohenfels, sammt dem halben Dorfe Kutzelsheim versetzt, aber im Jahre 1364 die Pfandsumme wieder erlegt, daher ihm derselbe und sein Sohn Heinrich IV. den richtigen Empfang des Pfandschillings bescheinigten und auch die dasigen Burgknechte der ihnen geschwornen Eide quitt und ledig erklärten [493]).

---

490) Geben am Ersten Sambstag vor Sant Matheustag des zwölffbotten noch Cristus geburte ꝛc. 1360 Jare. Codex stürzelbronnensis Folio 317.

491) Datum anno dnj M°. CCC°. LXII ipsa die Katherine virginis.

492) Beide Briefe sind gegeben: Diz geschach und wart dirre brief gegeben an sant Niclaweses tage dez bischoues do men zalte ꝛc. 1362ſten Jare.

493) Der geben wart an dem nebesten samestage nach sce georgen tage, In dem iare ꝛc. 1364 Jar.

Kaiser Karl IV. hatte, mit der Zustimmung der Reichs=
fürsten, Grafen und Herren, die früheren Gesetze und Ver=
ordnungen wegen der Pfahlbürger widerrufen und, des vielen
Unfugs und Nachtheils halber, der daraus entsprungen war,
dieselben gänzlich verboten und aufgehoben; da nun aber die
Dynasten von Lichtenberg von früheren Königen und auch
von Karl IV. besondere Gnadenbezeugungen und Freiheiten
wegen solcher Pfahlbürger bekommen hatten, so traten die
Häupter der damals bestehenden drei Linien unseres Hauses,
nämlich Ludemann III. und sein Sohn Heinrich IV., Hein=
rich III. mit seinem Sohne Konrad II. und Symunt nebst
seinem Sohne Johannes IV., zu Anfang des Jahres 1368
zusammen, um ihre Gerechtsamen zu wahren und sich vor
Beeinträchtigungen sicher zu stellen, weil, wie sie auf's Be=
stimmteste aussprachen: „vnser vnserre herschafte vnd der
„vnsern reht friheit vnd gute gewonheit zu handhabende,
„sunderlichen ouch sit wir von eime namen vnd eime gesleht
„sind vnd den merren teil vnserre herschafte in gemeinschafte
„mittenander hant" und verbündeten sich deswegen im Falle der
Noth zum festen Zusammenhalten, sowie auch zu treuer und
kräftiger Hülfeleistung⁴⁹⁴). Aus demselben Grunde setzten
auch, einige Monate später, unser Herr und Burkart von
Vinstingen mit der Stadt Straßburg fest, wie viel die in
den zwei pfandschaftlichen Orten, Westhoven und Balborn
gesessenen Pfahl= oder Ausbürger jener Stadt ihnen jährlich
an Abgaben entrichten müßten und welche Dienste sie ihnen
überhaupt zu leisten verpflichtet seien⁴⁹⁵).

Der deutsche Kaiser Karl IV. verschrieb seinem lieben
Neffen, dem Grafen Johannes von Salm, seiner vielen
treuen Dienste, vorzüglich aber einer Schuld von 8000 floren=

---

494) Der geben wart an dem nehesten Sunnendage nach dem
zwelftentage noch wihnahten, In dem Jare ꝛc. 1368 Jare.

495) Der wart geben an dem ersten Samsdage nach sant Ulrichs
dage des Heiligen Bischofes da man zalte ꝛc. 1368 Jare. Siehe auch
Wenker v. Ußburgern 92.

zer Goldgulden wegen, einen alten Turnos von jedem Fuder Wein und von sonstigem Kaufmannsgute, am Reichszolle zu Selz, bis jene Forderung getilgt sei, und gestattete ihm zugleich, diesen Turnos entweder ganz oder theilweise verpfänden zu dürfen [496]), von welcher Vergünstigung derselbe auch in Jahresfrist Gebrauch machte, indem er seinem Schwager, dem Markgrafen Rudolph von Baden, die Hälfte des Turnos an jenem Zolle für 4000 Goldgulden versetzte [497]). Wir mußten, des geschichtlichen Zusammenhanges halber, diesen Vorgang hier erwähnen, weil diese Zollgerechtsamen, wie wir noch vernehmen werden, in der Folge an unser Geschlecht übergingen.

Herr Ludemann III. entschlief 1369 zum besseren Leben, denn in einer Urkunde aus dem Beginne des folgenden Jahres wird er als todt bezeichnet; es ist uns jedoch nicht bekannt, wo er zur Erde bestattet wurde, und ebenso wissen wir auch nur, daß seine Lebensgefährtin Hiltegart von Vinstingen geheißen habe, ohne daß wir aber das Jahr ihrer Heimführung bezeichnen können. Dieselbe begab sich nach ihres Gemahls Ableben in das Kloster Lichtenthal, wo drei ihrer Töchter eingekleidet waren und wo sie auch, am 14. Februar 1386, ihre Tage beschloß [498]). Ihre Nachkommenschaft bestand aus sechs Kindern, nämlich Adelheid, Nonne und später Aebtin zu Lichtenthal, gestorben am 15. April 1413, Elisabetha und Walburg, ebenfalls Schwestern daselbst [499]); Heinrich IV. oder der Jüngere, seines Vaters Nachfolger, der bei der Stiftung dessen Jahrgedächtnissen noch seines Bruders, des Junkers Johannes, und seiner Schwester, der Jungfrau Metze, gedenkt [500]), die indessen beide unvermählt blieben.

---

496) Der geben ist zu frankenfort ꝛc. 1368 Jare an dem nehsten Suntage vor unser frawen tag liechtmesse.

497) Der geben wart an dem ersten zinstage noch der grossen vastnacht, Jn dem iare ꝛc. 1369 iar.

498) Mone's Zeitschrift für die Gesch. des Oberrheins VIII, 351.

499) Daselbst VII, 358. VIII, 74, 351 und 451.

500) Altes Kirchenseelbuch der Stadt Buchsweiler.

2) Heinrich IV. oder der Jüngere.

Derselbe wendete, bei Lebzeiten seines Vaters, 1359, dem Abte und den Conventsbrüdern in Stürzelbronn drei Manns=mahwiesen in der Gemark von Wörth, nebst anderen Gütern für sein Seelenheil als Vermächtniß zu [501]) und gestattete 1362 dem Herrmann Wirich, einem Edelknechte aus Straßburg, in die Gemeinschaft des, von dem Marschallthum (zu Huneburg?) herrührenden, Lehens, noch einige andere aufzu=nehmen [502]). Wegen der genauen Verbindung, in welcher die Lichtenberger mit der ettendorfer Familie standen, da ja beide auch Hohenfels in Gemeinschaft besaßen, müssen wir hier noch folgende Vorgänge aufnehmen. Reymbolt von Etten=dorf, Herr zu Hohenfels, verkaufte 1369 dem Herrn Ulrich von Finstingen, damals Landvogt im Elsasse, drei Viertheile an Hohenfels mit allen Rechten, Gebäuden und Zubehörden sammt den unter der Burg gelegenen Orten Dambach, Nun=hofen und den halben Dörfern Kutzelsheim und Offwiler, nebst der Hälfte der, zu seiner Herrschaft gehörenden, Mann=schaften ober= und unterhalb der Sorre, für 2600 gute schwere Gulden, mit welcher Summe der Landvogt bei dem Grafen Emich von Leiningen, dem jene Veste und Ortschaf=ten für 1600 Gulden versetzt waren, diese Pfandschaft aus=gelöst und den Rest mit 1000 Gulden baar erlegt hatte [503]). Da aber mehrere dieser veräußerten Güter theils Reichs=, theils bischöflich straßburgische Lehen, ja sogar theilweise zum Wittthum verschrieben waren und sein Bruder Beymond noch in Gemeinschaft mit ihm stand, so stellte er dem Käufer

---

501) Der geben ist an dem Ersten fritage noch vnser frauwentage also sy zu himmel fur, in dem Jare 2c. 1359 Jare. **Codex stürzelbronn. Fol. 317 verso.**

502) Der geben wart an sant Johans Tag des Evangelisten nach Wihenachten, Do man zalt 2c. 1362sten Jar.

503) Dis geschach do man zalt 2c. 1369sten jare an gregorien dag des heiligen Babstes.

kurz darauf die Versicherung aus, bei jenen die Genehmigung zu erwirken und ihn, sowohl des Witthums als seines Bruders wegen, sicher zu stellen, wofür sich unter Anderen auch unser Herr Heinrich IV. verbürgte [504]). In demselben Jahre gab sein Bruder Boemunt seine Einwilligung zu diesem Kaufe [505]), und im folgenden wies er die ettendorfischen Lehensmänner oberhalb der Sorre, mit alleiniger Ausnahme des Friederich Vogt von Wasselnheim und des Johann von Hohenstein, an, künftig ihre Lehen von jenem Landvogte Ulrich zu empfangen und zu tragen [506]).

Heinrich IV. zu Lichtenau gelobte 1370, die Briefe und Verschreibungen, die sein seliger Vater der Gräfin Agnes von Zweybrücken-Bitsch, einer Tochter Hanemann's II., über ihr väterliches und mütterliches Erbe ausgestellt hätte, stet und fest halten zu wollen [507]), und in dem nämlichen Jahre gestattete ihm der Bruder des Kaisers Karl IV., Wenzeslaus, Herzog zu Lützenburg, Limburg und Brabant, damals Reichsverweser, „dem lant by dem Rine zu frieden vnd allen kauff„luten die dar ie wandernt vnd farent zu nutze Eren vnd „nottorfst", bis auf Widerruf, von jedem Pferde, das da Last oder Kaufmannschatz trage oder ziehe, groß und klein, im Karch oder Wagen, auf- oder abgehend, zu Lichtenau 9 straßburger Pfenninge als Zoll und von anderem Vieh, es seien Pferde, Rinder, Schweine oder Schafe, nach ihrer Anzahl und nach damaliger Gewohnheit, ebenfalls eine Abgabe zu erheben, auch sollten die Kaufmannsgüter, die abgeladen und auf dem Rheine versendet würden, in seinem Geleite

---

504) Daz gescheen ist do man zalt ꝛc. 1369ſten iare an vnſer frowen abent in der vaſten.

505) Der geben iſt uff den neheſten Mandag vor ſancte Gallen dag do man zalte ꝛc. 1369 iare.

506) Der geben wart of den nehſten ſunnendag nach aller Heiligen dag Anno dni M⁰. CCC⁰. LXX⁰. Diese 4 Aktenſtücke ſtammen aus dem fürſtl. leiningiſchen Archive.

507) Der do geben wart an dem Erſten ſonnentage in der vaſten ſo man ſinget Innocavit me In dem Jare ꝛc. 1370 Jar.

gleichfalls verzollt werden, dagegen unser Herr die Kaufleute und ihre Waaren frei und sicher geleiten und jene für allen Nachtheil, den sie dabei erleiden würden, schadlos halten mußte, welches Geleite sich dies- und jenseits Rheins, in dem lichtenberger Gebiete bis nach Offendorf, ausdehnen sollte, und zuletzt erneuerte er demselben noch den, ihm von Alters her zuständigen, Zoll, bestehend in einem Schilling Pfenninge von einem jeden Lastwagen zu Greffern, „das da ist des „erbern geystlichen herren des aptes zu swartzach by der stadt „zu liechtenauwe" 508), welche Vergünstigung der Kaiser zwei Jahre darauf bestätigte 509). Zugleich ging Boemund von Ettendorf, Herr zu Hohenfels, noch die Verbindlichkeit gegen denselben ein, zu dem Uebertrage des Hauses zu Tau bei Offwilre an den deutschen Orten, die Genehmigung des Herzogs Johannes von Lothringen zu erwirken 510).

Der Graf Heinrich II. von Veldenz verschrieb, mit Wissen und Verhängniß seiner Söhne Heinrich und Friederich, im Jahre 1374 seinem Eidam Heinrich IV. „vmb sunderliche „liebe gunst vnd fruntschaft, die wir allezyt bizher befonden „han an Heinrich dem Jüngern vnserm lieben Dochtermanne", und wegen der Hülfe, die er ihm in seinem Kriege wider seine Vettern von Geroltseck leisten sollte, die Hälfte alles dessen, was sie von der Herrschaft Geroltseck an Vesten, Landen und Leuten gemeinschaftlich erobern und erhalten würden, welche Ansprüche an Geroltseck von seinem Blutsfreunde Georg von Veldenz herrührten 511), und am nämlichen Tage versprach unser Dynast, seinem Schwiegervater mit seiner

---

508) Der gegeben ist zu Nürenberg den nehsten dornstag nach sanct michelstag In Anno da man zalte rc. 1370 Jare.
509) Der geben ist zu Mentz nach Cristus geburt 1372sten Jare am Dinstag nach gots lichams tag.
510) Der geben wart an dem nehesten Dunrestage nach des heiligen Cruzestage zu Herbest. In dem iare rc. 1372 iare.
511) Der gegebin wart off den nehsten Sondag vor vnser fröwen Lychtmisse, Do man zalte rc. 1374 Jare.

gesammten Macht beizustehen und ihm, auf seinen Kosten und Verlust, die von Geroltseck bekriegen, bezwingen und rechtfertigen zu helfen ⁵¹²). Weiter oben haben wir gehört, sein Vetter Konrad II. hätte ihm 1377 mehrere Ortschaften versetzt, wegen einer Gutsprache für eine, seinem Vater, Heinrich III. oder dem Aelteren, lebenslänglich zugesicherte Rente von 100 Pfund Pfenningen, und einige Wochen nachher machte er sich, sowohl für sich als auch für seinen Verwandten Symunt, anheischig, jährliche Korngülten, von der Kirche zu Brumat herrührend, deren Patronat ihnen beiden zustehe, an 13 Personen auszurichten, welche Abgabe jedoch nach dem Tode des jetzigen Besitzers jener Pfarrei, Eberhart's von Zweybrücken-Bitsch, erloschen sein sollte ⁵¹³).

Heinrich IV. nahm im Jahre 1378, mit Einwilligung seines Stammesgenossen Konrad II., bei seinem Vetter Johannes IV. und bei dessen Ehefrau Loretta 1200 Goldgulden auf, wofür er ihnen, bis zur Ablösung jener Summe, einen jährlichen Zins von 100 Goldgulden auf seinem Theile an der Stadt Buchsweiler, sowie auf Kirweiler, Eroltzheim, Immesheim, Rietheim, Geiswiler, Zebersdorf, Bossoltshusen, Willingeshusen und Obermoter zusicherte ⁵¹⁴). Nicht lange nach seinem Regierungsantritte, belehnte der deutsche König Wenzeslaus unseren Lichtenberger mit den Reichslehen, bestätigte ihm zugleich die früheren kaiserlichen Lehen- und Gnadenbriefe und unter letzteren vorzugsweise diejenige seines Vaters Karl IV. über Geleite, Zölle und sonstige Gerechtsamen ⁵¹⁵). Einige Tage hernach ertheilte jener König dem Herrn Ulrich von Binstingen die ihm durch seinen Vater

---

512) Acta Acad. Theod. Palat. IV, 378. No. XX.

513) Der geben wart an bem neheſten fritage vor ſante Peters vnd ſante Paulustag der heiligen zwölffbotten, In bem iare ꝛc. 1377 Jare.

514) Der geben wart an bem neheſten Dunreſtage vor vnſere frowen tage ben man ſchribet Natiuitas, In bem iare 1378 Jare.

515) Der geben iſt ʒe Francfenfurt off bem Moyn Nach Criſts geburt 1379ſtes Jar an bem neheſten Suntag als man ſinget Inuocaui.

verliehenen Lehen in der Reichsburg Selz, bestehend in zwei Turnosen am dasigen Zolle ⁵¹⁶), und im darauf folgenden Jahre erwies er demselben Ulrich, wegen der seinem kaiserlichen Vater geleisteten ausgezeichneten Dienste, die Gnade, daß, falls er ohne männliche Nachkommen das Irdische verlassen würde, dessen Töchter zu den Reichslehen erbfähig sein sollten ⁵¹⁷). Auch dieses Umstandes mußten wir hier erwähnen, weil manche vinstingische Besitzungen, vornehmlich die Hälfte Brumats, in der Folge an die Lichtenberger gelangten.

Indessen scheint Heinrich, der Jüngere in seinen ökonomischen Verhältnissen allmählig sehr zurückgekommen zu sein, denn er mußte seinem Vetter Johannes IV. 1381 das feierliche Versprechen geben, alle seine Schulden bei Juden und Christen bezahlen zu wollen, wofür derselbe und sein seliger Vater Symunt Bürgschaft geleistet hätten ⁵¹⁸), und nicht lange währte es, so mußte jener Johannes schon wieder für eine Schuld desselben von 2550 Gulden, bei einem Juden bürgen ⁵¹⁹). Auch errichtete Letzterer in diesem Jahre eine Sühne mit dem Domherrn Claus Huber zu Surburg, wegen dessen Bruders Heintz, der ein Leibeigener des Lichtenbergers war und wieder in sein Gebiet ziehen mußte, ohne aber von demselben, der bisherigen Mißhelligkeiten halber, bedrängt zu werden ⁵²⁰). Der Herzog Wenzel von Lützenburg, Brabant und Limburg bekannte im nächsten Monate, seinem lieben

---

516) Der geben ist zu wormße nach Cristes geburte 1379ſtem iare des neheſten fritages vor Reminiscere.

517) Der geben ist zu Franckenfurt off dem Meyen, Nach Crist geburt 1380ſten Jare, an dem nechſten Donreſtage nach Georgij.

518) Der geben wart an dem erſten mendage nach dem ſunnendage ſo man ſinget in der heiligen kirchen Cantate In dem Jare ꝛc. 1381 Jare.

519) Der geben wart an Sant Jacobes Abende da man zalte ꝛc. 1381 Jare.

520) Geben an dem nehſten zinſtage vor ſant Margarethen tage der heiligen Jungfrowen da man zalte ꝛc. 1381 Jare.

Neffen, Ulrich von Vinstingen, 6000 kleine Goldgulden zu schulden, wofür er demselben mehrere Bürgen und darunter auch Heinrich IV. einsetzte [521]). Zwei Jahre darauf gab der Landvogt Ulrich von Vinstingen, dem Grafen Emich V. von Leiningen, für das Zugelt seiner Tochter Clara, die Hälfte von Brumat, Burg und Stadt, mit folgenden Dörfern ein: die Hälfte von Mittelhuß und Atzenheim, Waltenheim, Gries und Wiler, Walsheim halber, die Meierei zu Weiersheim mit ihren Gefällen und Zuständigkeiten; zugleich setzte er seinen Eidam und dessen Gattin zu sich in gemeinschaftlichen Besitz und Genuß dieser Güter und ließ die Amtleute, Pförtner ꝛc. zu Brumat für dieselben in Eid und Pflichten nehmen, auch versprach er ihnen, weil jene Stadt maynzisches Lehen sei, die Einwilligung und Belehnung des Erzbischofs auszuwirken, und gelobte endlich noch, weil er auf seinen Theil Brumats eine Jahresrente von 6000 fl. verschrieben hätte, diese Pfandsumme während seines Lebens abzutragen, wofür er ihnen zur Sicherheit die vorerwähnte Verschreibung des Herzogs Wenzel über 600 Goldgulden hinterlegte [522]). Das Patronat der Kirche zu Brumat, das, wie wir schon oben angemerkt haben, den Lichtenbergern zustand, hatte Herr Symunt dem Kloster oder Spitale des heiligen Geist-Ordens zu Stephansfelden, um es wegen der durch die sogenannten Engländer erlittenen Verluste an Brand und Raub zu entschädigen, bereits am 8. Juni 1378 mit allen Rechten, Gefällen und sonstigen Einkünften geschenkt und vor dem straßburger Bischofe Friederich feierlich übergeben, welche Urkunde aber, da sie an die päpstliche Curie nach Rom zur Genehmigung gesendet und der Bote unterwegs getödtet wurde, verloren gegangen war, daher auf An-

---

521) Der geben wart nach gottes geburte 1381 jare vff Sant laurencius abent.

522) Der geben wart am nehsten Mittwochen nach sant Gallen tag jn dem jare ꝛc. 1383 jare.

suchen der Mönche, der Sohn Symunt's, Johannes IV. und unser Heinrich IV., diese Schenkung und Uebergabe ihres Vaters und Vetters im Jahr 1383 nochmals genehmigten und bestätigten, damit jene wohlthätige Anstalt ihren Verpflichtungen, hinsichtlich der Verpflegung von Kranken, Waisen, Unmündigen und ausgesetzten Kindern, besser nachkommen könne [523]). Nach dem, 1386 erfolgten, Ableben Ulrich's von Finstingen ging das Lehen Brumat, das er bisher zur Hälfte inne gehabt hatte, der Vergünstigung des Königs Wenzeslaus gemäß, an dessen Tochter Clara und durch diese an das gräflich leiningische Haus über, von welchem es später an unsere Familie kam.

Die andauernde Geldnoth Heinrich's IV. wird uns durch eine Thatsache von 1383 bestätigt, vermöge deren er genöthigt war, 'in Verbindung mit seiner Gattin, Adelheid von Belbenz, dem pfälzer Kurfürsten Ruprecht I., Neuburg, Veste und Stadt am Rheine, mit allen Herrschaften, Zöllen, Mannen, Lehen, Dörfern u. s. w., für die Summe von 18,000 guter Gulden, auf immer und ewig käuflich zu überlassen, wozu die Angehörigen seines Stammes, Johannes IV. und Konrad II., ebenfalls ihre Einwilligung gaben und die darüber abgefaßte Urkunde mit ihren Siegeln bekräftigten [524]). Dagegen verpfändete Herr Johannes zu Kirkel seinem Oheime, unserm Heinrich dem Jüngern, sowie dem Johannes Ostertag von Winstein und ihren Erben, 1384 seinen Theil, d. i. ein Viertel an der Burg Winstein, sammt Orten, Leuten, Gülten und überhaupt mit allem, was man von jeher dazu rechnete, um 100 Goldgulden [525]). Im Jahr 1387 mußte

---

523) Datum et actum argentin. die vicesima Sexta Mensis Septembris sub Anno Dominj 1383cto.

524) Der geben wart zu liechtenauwe an dem nesten fritage vor sant katherynen dage der heyligen Jungfrauwen In dem Jare ꝛc. 1383 Jare.

525) Der geben wart an dem nehsten zinstage vor vnsers hren fronlichames tag, do man zalte ꝛc. 1384 Jore.

er seinen Antheil an den Schäfereien zu Buhswiler und Rietheim für 120 Pfund Pfenninge an einen Bürger aus Straßburg versetzen, und zwar unter der besonderen Bedingung, wenn er dem Pächter jene Summe vor dem nächsten Michaelistage zurückgebe, so müsse ihm derselbe die Schäfereien, nebst Scheuern und Häusern auch wieder zustellen; würde jenes aber nicht zur bestimmten Zeit geschehen, so dürfe der Bürger noch ein Jahr lang im Genusse der Waide u. s. w. verbleiben [526]). Im Spätjahre verpfändete der Graf Heinrich zu Lützelstein, angeblich um seines bessern Nutzens willen, seinen Brüdern, Burkart, Domprobst, und Volmar, Domdechant zu Straßburg, und seinen Vettern, Heinrich IV. von und Johannes IV. zu Lichtenberg, sowie noch mehreren Rittern und Edelknechten, einen achten Theil an der vordern und hintern Burg Lützelstein, mit allem Begriffe, mit hohen und niedern Gerechtsamen und Herrlichkeiten, die Mannschaften und Lehen allein ausgenommen, für 1350 Goldgulden, mit dem Vorbehalte des Wiederkaufs [527]), und einige Wochen hernach gelobte unser Heinrich der Jüngere mit Konrad II. und dessen Gemahlin Jonata, für sich, ihre Diener, Burgleute und Güter, einen steten und festen Frieden zu Buhswilre, Burg und Stadt und in deren Banne [528]), allein ihre sämmtlichen früheren Briefe und Verträge sollten dem ungeachtet in ihren Kräften und Würden bleiben.

Der lothringer Herzog Johannes verbündete sich 1388 mit dem Grafen Hanemann I. zu Bitsch, sowie mit den zwei Lichtenbergern, Heinrich IV. und Johannes IV., gegen Heinrich, Herrn zu Blankenburg, zu einem Kriege, der zwischen

---

526) Der geben wart an dem nehsten Samstag vor dem Sonntag, so man singet in der heyligen kirchen zu der vasten Reminiscere, des Jars 2c. 1387 Jare.

527) Der geben wart an dem nehsten Samstage vor sante Gallen tag. Des Jares 2c. 1387 Jare.

528) Dirre brief wart geben an der nehsten Mitwochen vor aller heiligen tag. In dem Jor 2c. 1387 Jor.

hier und dem kommenden U. L. Frauen Tage bestimmt begonnen werden sollte und während dessen sich Keiner von ihnen ohne den Anderen mit seinem Feinde aussöhnen dürfe [529]). Auch mit sonstigen Grafen und Herren war der von Blankenburg damals in Fehden verwickelt gewesen, nach deren Beendigung seine bisherigen Widersacher, namentlich jener Hanemann und Symond Wecker II., Grafen von Zweybrücken-Bitsch, Johann Graf zu Salm, Heinrich IV. von Lichtenberg, Graf Heinrich zu Saarwerden, Herr zu Rappoltstein und Hohenack, und Johann IV. zu Lichtenberg, durch ein neues festes Bündniß für die Zukunft folgende Bestimmungen trafen: wenn während der Lebensdauer des Blankenburgers nochmals eine Zweiung zwischen demselben und ihnen Allen, oder nur mit Einem oder Mehreren unter ihnen, ausbreche, so seien sie, auf die erste mündliche oder schriftliche Aufforderung, sämmtlich verbunden, die Feindseligkeiten sogleich zu beginnen; allein während des Kampfes dürfe Keiner der Verbündeten eine einseitige Sühne mit ihrem Gegner abschließen, sondern es wäre dann Pflicht für sie Alle, bis zur Beendigung des Krieges einander treulich beizustehen und zu helfen; sei aber mit dem von Blankenburg ein Sühnvertrag abgeschlossen, so müßte dennoch dieses Bündniß gegen denselben in seiner Kraft bleiben, so lange die Bundesglieder lebten, und gesetzt auch, daß sie später selbst unter einander in Streit gerathen würden, so wären sie nichts destoweniger gehalten, einander jederzeit gegen jenen beholfen zu sein [530]).

Kurfürst Ruprecht der Aeltere von der Pfalz beschwor 1389 mit Heinrich IV., dem Ritter Heinrich Eckbrecht von Dürckheim und mit Johann Ostertag von Winstein den her-

---

529) Der geben wart an dem nehsten fritage vor Sancte vitas (Vitalis) tage. In dem Jare rc. 1388 Jare.

530) Der geben wart des nehsten mantags nach Sancte Jacobes vnd sancte Cristofelns tag des Jares rc. 1388 Jare.

kömmlichen Burgfrieden zu der alten Winstein [531]). Am Schlusse dieses Jahres nahm dieser Dynast bei seinen Verwandten, den gräflichen Brüdern Symon Wecker II. und Friederich von Bitsch, gegen Wiedereinlösung, 600 Goldgulden auf, wofür er ihnen einen jährlichen Zins von 60 Goldgulden auf die Gefälle zu Westhouen und Balbebrunn als Pfand einsetzte [532]), und im Januar des nächsten Jahres versprach er dem Herrn Beymunt von Ettendorf, ihm, falls er die Veste Hohenfels erobere, seinen Antheil daran wieder zuzustellen, dagegen wolle er des Grafen Emich V. von Leiningen Antheil, nebst dem dazu gehörigen Dorfe Kützelsheim, für sich behalten, wobei es jedoch dem von Ettendorf gestattet sei, entweder das Ganze mit 1200 fl. oder die Burg allein mit 600 fl. an sich zu lösen [533]). Mehrere Wochen darauf verpfändete derselbe abermals mit seinem Sohne Ludwig oder Lubemann IV. und unter der Genehmigung seines Bruders Johannes, des straßburger Domherrn, dem Edelknechte Dietmar von Blumenau eine jährliche Rente von 186 Goldgulden auf Burg und Stadt Lichtenau und den Dörfern Bischofsheim, Obern- und Niedern-Freystet, Haußgereuth, Holzhausen, Hohenbün, Thiersheim, Leuttesheim, Linkes, Boberswiler und Ziringeshoven, sämmtlich „obwendig der „werhage", und dann auf folgenden „nibwendig der werhage" befindlichen Orten: Scherzheim, Helbingen, Hirspach, Muckenschopff, Gügelinsau, Renchenloch, Meinbrechtshoven, und Querge, nebst der „Goldgrüen" (arenis dictis goltgrienen), dem Bann wein und den Fähren am Rhein, dem Amte Lichenau zuständig, vorbehaltlich des Wiederkaufs mit 2046 Gold-

---

531) Datum ipsa die Purificacionis bte Marie virg. Anno dni Milmo CCCmo LXXXIXno.

532) Dis geschach vnd wart dirre brief geben off die neste Mittwoche vor dem heiligen wihenabt dage in dem Jare 2c. 1389 Jare.

533) Der geben wart off sant Vincencien dag do man zalte 2c. 1390 Jor.

gulden ⁵³⁴), und ebenso gab auch der Graf Johannes zu Salm später den straßburger Bürgern, Ortelin Mansen und Bechtolt Zorn, für ein Darleihen von 180 fl. Gelts, zu mehrerer Sicherheit, an dem Zolle zu Selz einen ganzen und an dem zu Sellingen einen halben Turnos ein ⁵³⁵).

Ohngeachtet seiner eigenen bedrängten Lage verbürgte sich dennoch unser Lichtenberger bei dem Grafen Johann von Habsburg dem Jungen 1392 für seinen Verwandten, den Grafen Heinrich zu Saarwerden, und für dessen Gattin Herzlande wegen einer Schuld von 3000 Gulden ⁵³⁶). Im folgenden Jahre mußte aber die Noth den höchsten Grad bei demselben erreicht haben, denn er nahm bei der Abtei Selz 4000 Goldgulden auf und verpfändete dafür aus den Witthumsgütern seiner Gattin Adelheid, mit deren und seiner beiden Söhne Einwilligung, die Hälfte von Stadt und Burg Werd (Wörth), nebst den dazu gehörigen Dörfern und Gerichten, wofür sich noch sämmtliche Gerichte und Schöffen, sowohl der Stadt, als des ganzen Amtes Lichtenau, verbürgen mußten ⁵³⁷). Am folgenden Tage ward aber dieser Handel in anderer und vollständiger Form so abgeschlossen: unser Herr, seine Hausfrau Adelheid von Veldenz und ihre drei Kinder, der cölner Domherr Johannes, Ludwig IV. und Hildegart, verkauften, um größeren Nachtheil von sich abzuwenden, der Benedictiner-Abtei Selz, dem Abte Ulrich von Magenheim und seinem Convente, für 4000 Goldgulden und gegen spätere Auslösung, ihre Stadt und Burg Werd halber, sowie die Hälfte von Lampsloch und Brüningesdorf und dem dritten Theile an Oberndorf, Tieffenbach, Spachbach und an den

---

534) Actum IIII° Idus Marcij Anno dnj 1390mo.

535) Dirre brief wart geben an dem nehsten fritag vor sant Ulriches tag In dem Jore ꝛc. 1390 Jor.

536) Der geben wart in dem Jore ꝛc. 1392 Jor uf zinstag vor halpvasten.

537) Der geben wart vf mentag noch sant peters vnd sant pauwelstage der heiligen zwelfbotten In dem Jore ꝛc. 1393 Jor.

Schicksale des jüng. Zweiges der Ludwig'schen Linie bis z. J. 1480. 191

übrigen, in anderen Orten sitzenden, in diese Büttelei dienenden, Leibeigenen, mit der Zustimmung seiner Adelheid, welcher die Hälfte Werds zum Witthum verschrieben war [538]), das zugleich auf Burg und Stadt Lihtenau und auf den halben Theil der mit diesem Amte verbundenen Dörfer verlegt wurde.

Dies ist die letzte urkundliche Nachricht von Herrn Heinrich IV. oder dem Jüngeren, denn er starb einige Monate nach dem Abschlusse des vorerwähnten Kaufbriefes, am 18. November 1393, und fand wahrscheinlich seine Ruhestätte in der Kirche zu Buchsweiler, in welcher er auch für sich, seine Gemahlin, für seine drei Kinder, Aeltern und Geschwister, besondere Jahrgedächtnisse, mit jährlich 2 Vierteln Kern von der Weihermatte gestiftet hatte [539]). Seine, schon mehrfach angeführte, Lebensgefährtin hieß Adelheid und war eine Tochter des Grafen Heinrich II. von Velbenz, mit welcher er sich am 2. April 1360 verlobte. Ihr Vater sicherte derselben 3000 kleine florenzer Goldgulden als Mitgift zu, deren erste Hälfte bei der Vermählung, die andere aber nach Verlauf eines Jahres bezahlt und durch ihren Gatten auf lichtenbergische Besitzungen angelegt werden sollte, damit sie davon später eine Jahresrente von 300 Goldgulden beziehen könne, und ebenso viel wiederlegte er seiner Braut zum Witthum auf Werd (Wörth), Burg und Stadt, im Hettgau bei Gerlingesdorf gelegen, sammt Burgmannen, Bürgern und allem dem, was dazu gerechnet ward, für welche Zusicherung er seinen Verwandten, den straßburger Bischof Johannes, nebst einigen Grafen und Rittern, zu Bürgen einsetzte [540]). Ihr Witthum war in späteren Jahren mehreren Veränderungen

---

538) Der geben wart do man zalt ꝛc. 1393 Jar an dem zinstag vor sant Ulrichs dag.

539) Altes Seelbuch der Kirche von Buchsweiler: Anno MCCCXCIII XIV Kl. Decembris Obiit Dominus Heinricus de Liehtenberg Junior.

540) Der geben wart in der stat zu Alben bey nehsten zinstages nach halbfasten, Do man zalte ꝛc. 1360 Jare.

unterworfen, denn bei seiner Vermählung, 1364, verschrieb er denselben, mit seiner Aeltern Willen, wirklich mit 3000 florenzer Goldgulden auf Werd und verwies zugleich ihre Mitgift oder Heimsteuer, zu 300 Goldgulden jährlich, auf 18 Morgen Weinberge, 60 Tagwerke Wiesen und 150 Morgen Aecker, sowie auf die Steuern, Beten, Zinsen, das Ohmgeld und die Mühle zu Werd [541]); allein 1377 verlegte er ihr Einbringen zu 3000 Goldgulden und davon jedes Jahr 300 Goldgulden auf die Hälfte Pfaffenhofens und auf ein Drittheil an Niedernmotern mit zwei Mühlen, dann auf Fröschweiler und Lautersloch, Mutzichenstrosse halber, nebst einer Mühle, den dritten Theil an Bruningesdorf, Dieffenbach, Oberndorf, Spachbach, Bonstetten und halb Sultzbach, sowie auf die Rechte, Güter und Gefälle in dem, gen Wörth gehörigen, Riet bei Beinheim, sammt allen Leuten und sonstigen Zuständigkeiten [542]), und zuletzt verschrieb er seiner „lieben huswirtin vnd elicher fromen" Adelheid für ihren Witthum, außer Wörth, 1383 noch die Orte Rutteburc, Gynebret, Durmingen und Kleinatzenheim, ferner 2 Fuder Wein= und 60 Viertel Korngülte, jedes Jahr fällig auf dem Hofe zu Hochatzenheim von wegen der Vogtei über das Stift Neuweiler und endlich ein halbes Fuder Wein, nebst einer jährlichen Gülte von 20 Vierteln Korn auf dem Hofe zu Reuttburn, von dem Schirm über das Kloster Kröfftel herrührend [543]), wobei es denn auch nun, bis zu dem obengedachten Verkaufe von Wörth an die Abtei Selz, sein Bewenden hatte. Sie überlebte ihren Eheherrn, indem ihre

---

541) Sind an einem Tage ausgestellt: Der geben wart an dem nebesten Sonentage nach sant Jacobestage des zwelfbotten, In dem Monode der do heißet Julius Des Jares ꝛc. 1364 Jare.

542) Der wart geben an dem nehsten fritag nach dem Heiligen Pfingsttag In dem Jore ꝛc. 1377 Jore.

543) Der geben wart an deme nehesten zynstage vor deme Rone tage. In dem Jare ꝛc. 1383 Jare.

Auflösung erst am 5. October 1411 erfolgte⁵⁴⁴), und allem Vermuthen nach ward sie neben demselben in Buchsweiler beigesetzt.

Aus ihrer Verbindung waren nur drei Kinder hervorgegangen, zwei Söhne und eine Tochter; der älteste Sohn Johannes erhielt schon frühzeitig die Anwartschaft auf eine Domherrnstelle in Cöln, denn der dasige, von den Grafen von Saarwerden abstammende Erzbischof Friederich erklärte 1381, hinsichtlich der Ahnen desselben, von Vater und Mutter her, sei nichts auszusetzen⁵⁴⁵), und zwei Jahre darnach stellte Graf Heinrich von Saarwerden, durch eine Ahnenprobe, eine Bestätigung über dessen freie Geburt aus⁵⁴⁶), worauf er dann nicht nur zu Cöln, sondern auch zu Trier und Straßburg Canonikate erhielt; derselbe studirte nachher zwei Jahre lang in Paris und bekam von den Magistern der Artisten- (oder philosophischen) Facultät, englischer Nation, beim Weggange 1386, ein glänzendes Zeugniß sowohl über seine Fortschritte und Studien in der Philosophie und in dem canonischen Rechte, als auch über seine vorzügliche Aufführung⁵⁴⁷). Der andere Sohn, Ludwig IV., ward nach seines Vaters Ableben regierender Herr; die Tochter hieß Hildegart, und sie erhielt, vor 1397, zum Ehcherrn den Grafen Symon III. von Zweybrücken-Bitsch, von welcher und ihrer Tochter Adelheit, einer vermählten Gräfin von Fürstenberg, wir noch mehreres vernehmen werden.

---

544) Die S. Aurelie obiit Dna Adelheidis de Veldentz Dna de Liehtenberg sub Anno dni M⁰. quadringentesimo undecimo. Seelbuch der Pfarrkirche zu Buchsweiler.

545) Gegeuen zu Bunne in den Jairen ꝛc. 1381 des sundages na alre Heylgen dage.

546) Der geben wart uf den nehsten fritag noch sant michels tage des Erkengels Do man zalte ꝛc. 1383 Jar.

547) Datum in nra congregacione apud sanctum Maturinum celebrata. Anno Dni M⁰. CCC⁰. LXXXVI. die Jouis proxima ante festum bte virginis Katherine.

3. Ludwig oder Ludemann III.

Wir wissen aus den Schicksalen der ältesten oder Heinrich'schen Linie, der letzte derselben, der 1390 verstorbene Konrad II., habe nur eine Tochter, Elisabetha, hinterlassen, die mit dem Herrn Walther von Hohengeroltseck verehelicht war, der nun, nach Heinrich's IV. Hinscheiden, sogleich Erbansprüche an Ludwig, oder, wie er auch oft in späteren Urkunden zum Unterschiede von seinem Sohne Ludwig V. genannt wird, an Ludemann IV., besonders wegen Buchsweiler, erhob, die unserer Familie viele Unannehmlichkeiten bereiteten und erst unter Ludemann's Söhnen, durch einen Vertrag von 1454, ihr erwünschtes Ende fanden. Die Sache war neu und es war dies der erste derartige Fall, der sich in unserem Hause ereignete, denn es handelte sich darum, ob eine lichtenbergische Tochter, deren Linie ausgestorben war, sich mit ihrer Mitgift begnügen müsse, oder ob ihr auch noch Erbrechte an die Stammgüter zuständen. Beide Theile, Ludemann IV. und jener Walther, befanden sich demnach im Unklaren; letzterer wußte nicht, wie er seine Erbansprüche begründen könne, und ersterer schwebte in der peinlichen Ungewißheit, ob er demselben seine Forderungen zugestehen sollte, oder nicht. Sie traten also im Jahre 1394 zusammen und vereinbarten sich mit Hülfe ihrer Freunde dahin: welcher von ihnen Ansprüche an Buchsweiler und an die dazu gehörigen Güter, entweder von Wiederanfall, von Auslösungen oder Erbrechten, zu haben vermeine, „das vnser einem buhte, „dz er Reht zu des andern güter vorgenant hatte", der solle dem anderen deshalb „kuntlichen vnd fruntlichen" zusprechen und dieser müsse auch jenem „Rehtes gehorsam sin", entweder vor ihren gemeinsamen Freunden, oder auf gerichtlichem Wege, und wem dann auf solche Weise ein Gut rechtlich zugesprochen würde, zu dessen Besitze müsse ihn der andere ohne Weigerung und ungehindert kommen laſſen [548]). Dieſe und die ſpäteren Erbforderungen von Seiten der einzigen, an Vinſtingen vermählten, Tochter Johannes' IV., deſſen Linie ſich im Jahre 1405 endigte, und welche wir ſchon oben berührt haben, ſowie die damit verknüpften Zerwürfniſſe und Unannehmlichkeiten, zogen ſich, wie ein dunkler Faden durch Ludwig's IV. Lebensgewebe, der überhaupt ein unſtätes und mannigfach getrübtes Daſein hatte.

Dem Kurfürſten Ruprecht II. von der Pfalz übergab oder verkaufte er 1395, für eine ihm baar erlegte, jedoch nicht angegebene Summe (vermuthlich 500 fl.), erblich und ewig ein Viertheil an Burg und Stadt Lichtenau mit allen Dörfern und Gerechtſamen an dem Zolle und an dem Fahr auf dem Rheine und dazu noch den vierten Theil an dem Schloße zu Wilſteten, auf der Kinzig gelegen, ebenfalls mit ſämmtlichen Zuſtändigkeiten und dem Zolle daſelbſt, aber der Pfalzgraf müſſe den beſtehenden Burgfrieden halten, auch ſeien ihm die Veſten geöffnet, um ſich derſelben zu jeder Zeit bedienen zu können (dies ſcheint die Hauptabſicht des Kaufes geweſen zu ſein, womit zugleich der niedrige Preis für ein Viertel an zwei bedeutenden Aemtern übereinſtimmt), und überdem dürfe er Amtleute darin haben; allein alle Ein= künfte, Zinſen und Gefälle ſollten dem Eigenthümer, dem von Lichtenberg zuſtehen [549]). Bezüglich der Einräumung dieſer beiden Veſten ging indeſſen der Kurfürſt noch folgende weiteren Verpflichtungen ein: er wolle bei dem Könige Wenzeslaus die Ermächtigung für ſich erwirken, neben dem, unſerem Dynaſten gebührenden Rheinzolle von allerlei Kauf= mannſchaften zwiſchen Lichtenau und Selz auch noch einen andern Zoll, jedoch nur von den rheinabwärts gehenden Gütern, ſowie zugleich in Wilſtetten einen Waſſer= und

---

[548]) Der geben wart an dem dunreſtage nach Sant Michels dage des heilgen Ertzengels do man zalte ꝛc. 1394 Jar.

[549]) Geben zu Heidelberg off ſant Marien Magdalenentag nach Criſti geburt Anno dni M°. CCC°. LXXXX°. quinto.

Landzoll auf der Kinzig, von Holz und sonstigen Kaufmanns-
waaren, erheben zu dürfen; könne er aber dies von dem
Reichsoberhaupte nicht erlangen, so wolle er doch dahin
streben, daß ihm derselbe solche Zölle wenigstens auf einige
Jahre überlasse, und in diesem Falle werde er dafür sorgen,
daß ihm die königliche Vergünstigung, gleich seinen übrigen
Zöllen, von des Reichs wegen bestätigt würde; was nun,
nach erhaltener Genehmigung des Königs, der Zoll zu
Lichtenau mehr ertrage, das müsse zwischen Pfalz und Lichten=
berg gleich getheilt werden, allein von den Zollgefällen zu
Wilstetten solle der Pfalzgraf nur ein Viertheil, das übrige
aber unser Herr einziehen, welche drei Viertel und jene Hälfte
derselbe und seine Nachkommen von Kurpfalz zu Mannlehen
tragen müßten; übrigens seien aber beide verpflichtet, den
späteren allerhöchsten Satzungen und Anordnungen über die
Rheinzölle zu Gunsten der Handelsleute gleichfalls zu ge=
horsamen; könne indessen der Kurfürst in Zeit von zwei
Jahren jene Zollerlaubniß nicht erwirken, so möge es dann
Ludwig IV. freistehen, die der Kurpfalz eingegebenen Vier=
theile an den beiden Aemtern wieder an sich zu ziehen, und
solle dafür nur 500 Gulden als Entschädigung herauszu=
zahlen verbunden sein. An demselben Tage gelobten beide
auch einen Frieden zu Lichtenau und Wilstetten, und endlich
nahm Ruprecht II. unseren Dynasten, mit seinen gesammten
Besitzungen an Schlössern, Leuten und Gütern, noch in
seinen und der Kurpfalz ewigen Schirm, Verspruch und
Verantwortung[550]). Daß der Pfälzer bei dem Könige seine
Absichten nicht erreicht habe, werden wir hernach bei dem
Jahre 1400 erfahren.

Mit dem Abte Ulrich von Selz beschwor Ludwig IV.
1396 den Frieden zu Wörth, Burg und Stadt, deren Hälfte
jenem seit 1393 versetzt war und wozu als besonderer Grund

---

550) Diese drei Urkunden sind gegeben: Datum Heidelberg. In
die bte Marie Mugdalene Anno dni M⁰. CCC⁰. LXXXX⁰. quinto.

angegeben wird: „durch vnsern nutze notdurft vnd Ere vnd „auch durch besonder fruntschaft vnd gutter sicherheit daz wir „beberfit beste mynner zweyung vnd myssehellung geen euander „habent vnd gewinnent"⁵⁵¹), welche Vorsicht jedoch von des Abts Seite überflüssig war, indem er nur noch einige Jahre im Besitze jener Pfandschaft blieb. Die einzige Tochter Heinrich's IV., Hildegart, war an den Grafen Symon III. oder den Jüngsten von Bitsch verheirathet, und ihre Brüder, der Domherr Johannes und Ludemann IV., hatten, weil sie viele Stammgüter gemeinsam besaßen und auch eine Reihe von Jahren größtentheils gemeinschaftlich handelten, ihrem Schwager statt 2000 fl. von der Mitgift ihrer Schwester im Jahre 1397 die Hälfte der Veste Hohenfels mit Zubehörden eingeräumt, daher sie mit demselben, mit ihrem Vetter Johannes IV. und mit Boemunt von Ettendorf, nach dem Absterben Johann Ostertag's von Winstein, den Heinrich von Mülhausen zum Obmann über den Burgfrieden daselbst einsetzten, um die etwa sich ergebenden Irrungen zu entscheiden, und auch am nämlichen Tage die Haltung des Friedens darin feierlich zusagten⁵⁵²). Zwei Jahre darauf gingen beide gegen ihren Schwager von Bitsch die Verpflichtung ein, ihre Schwester Hildegart, die sie wegen väterlichen und mütterlichen Erbes mit 4000 fl. ausgesteuert hätten, sollte, wenn ihrem Hause von der Grafschaft Veldenz her noch etwas anfallen würde, mit ihnen zu gleichen Theilen erben⁵⁵³).

Nachdem die Bemühungen des Pfalzgrafen Ruprecht II. bei dem Könige Wenzeslaus, hinsichtlich der Zölle zu Lichtenau und Willstätt, keinen günstigen Erfolg gehabt hatten,

---

551) Dis geschach vnd dirre brieff wart geben in dem yare 2c. 1396 yare an sant Gregoryen bag dez heiligen Babestez.

552) Beide sind batirt: Der geben wart an dem sammestage vor halpfasten In dem Jare 2c. 1397 Jare.

553) Der geben wart off mendag nehst noch aller heilgen tag dez Jores 2c. 1399 Jor.

so zerschlug sich der mit unserem Dynasten abgeschlossene Handel über ein Viertheil jener Aemter und Ruprecht II. starb auch zu Anfang des Jahres 1398. Da nun dessen Sohne, dem Kurfürsten Ruprecht III., nicht minder wie seinem Vater an Erlangung eines Haltpunktes am oberen Rheine und im Elsasse vieles gelegen war, so erkaufte er noch in demselben Jahre, als er zum deutschen Könige erwählt worden war, von jenem Ludwig IV. den vierten Theil an Burg und Stadt Wörth mit ihren Zubehörungen für 500 gute „geber" Gulden mainzer Währung unter folgenden Bedingungen: er sollte einen Amtmann daselbst haben und müsse auch den Burgfrieden beschwören, allein er leistete Verzicht auf alle Gefälle und Einkünfte, daher ihn auch der Verkäufer von der Verbindlichkeit lossprach, die Wächter, Thurmknechte und Pförtner besolden zu helfen, woraus also, wie wir schon oben bemerkten, ebenfalls deutlich hervorgeht, es sei diesem Fürsten hauptsächlich nur um das Benutzen eines festen und haltbaren Platzes in Noth= und Fehdezeiten zu thun gewesen. Am nämlichen Tage gelobten beide, den Frieden in Burg und Stadt gewissenhaft halten zu wollen[554]), und da aber die Abtei Selz damals noch im Besitze der Hälfte Wörths war, so mußten der König und unser Herr im folgenden Jahre mit dem Abte, Johannes von Fleckenstein, den dasigen Burgfrieden nochmals erneuern[555]), allein in späteren Briefen kommt dieser geistliche Herr nicht mehr vor, und der Lichtenberger hatte also die auf jener Stadt ruhende Pfandschaft wieder gelöset.

Zu Anfang des Jahres 1400 hatten der Domherr Johannes und Ludemann IV. eine Fehde mit den Gebrüdern Johannes und Burkart von Oberkirch, daher sie mit ihren Lehensmännern, guten Freunden und „mit irme getzuge vnd

---

[554]) Beide Briefe sind datirt: Geben zu Heidelberg vff sant Mathys des heiligen Apposteln tag In dem Jare ꝛc. 1400 Jare

[555]) Der geben ist des nehesten Mentages nach sant Barnaben tage des heiligen zwölfbotten In dem Jare ꝛc. 1401 Jare.

„volke" vor die Veste Oberkirch bei Oberehenheim zogen, sie belagerten und hart bedrängten. Als aber der straßburger Bischof Wilhelm die Gefahr inne ward, die den in ihrer Burg eingeschlossenen Edeln von Oberkirch drohte, eilte er sogleich mit seinen Räthen dahin, bewog den Lichtenberger zur Aufhebung der Belagerung, holte die zwei Brüder aus der Veste und bewirkte, daß ihm beide Theile ihre Ansprüche und Irrungen zum Austrage und zur Entscheidung überließen, worauf dann Ludwig IV. zwei Klagpunkte gegen die von Oberkirch vorbrachte; Burkart hätte nämlich in einem gewissen Hause zu Wasselnheim seinen armen Leuten durch Raub und Todtschlag großen Schaden zugefügt, allein, da derselbe nachwies, solche Unthat habe Friedrich Stahel verübt und der von Lichtenberg sei auch dafür entschädigt, so ward er durch den Prälaten von dieser Beschuldigung freigesprochen. Ferner klagte unser Herr, jener Burkart sei in der Umgebung Wasselnheims bewaffnet umhergestreift und hätte Feinde aufgesucht, so daß er, um seine Unterthanen zu schützen, ebenfalls habe aufsitzen müssen, was ihm eine Ausgabe von wenigstens 200 Gulden für abgerittene Hengste verursacht hätte, worauf der geistliche Herr entschied, Burkart müsse denselben, wenn er solchen Verlust und Nachtheil eidlich erhärten könne, mit 200 Gulden schadlos halten, und da dieser sich aber dessen weigerte, so ward jener auch von dieser Anforderung entbunden und damit war und blieb die ganze Angelegenheit beendigt und beigelegt [556]).

Indessen suchte Ludemann IV. unter der Hand, so viel es seine Kräfte und Mittel gestatteten, wieder mehrere verpfändete Güter an den lichtenberger Stamm zurückzubringen, denn Ritter Stißlaus von der Witenmülen erklärte 1401, derselbe hätte die, ihm von seinem Vater Heinrich IV. versetzten Orte Offendorf, Herletzheim, Drusenheim, Kotzenhusen,

---

[556] Der geben wart des nehsten dunrestages vor vnser frowen dag der liehtmesse. In den Joren zc. 1400 Jor.

Schüre, Bremüle, Rorwilre und die Hälfte Obernhovens eingelöst und sprach ihn von allen diesfälligen Ansprüchen und Verbindlichkeiten quitt und los⁵⁵⁷). Im September dieses Jahres befand er sich im Gefolge des Königs Ruprecht zu Augsburg, wo ihm der Bischof Raban von Speyer in dessen Gegenwart die Lehen seines Hochstiftes reichte⁵⁵⁸). Dieser König gelobte in der Weihnachtswoche 1404 mit unserem Dynasten den Frieden zu Wörth in seiner Eigenschaft als Pfalzgraf⁵⁵⁹), und derselbe Monarch verlieh demselben im nächsten Jahre auch die Reichslehen, bestehend in dem Geleite mit dem Zolle zu Ingwiler, dem Weinzolle in Nuwilre, der halben Veste Arnsburg mit Zugehör, dann in zwanzig Dörfern und einem Burglehen zu Hagenau nebst noch anderen Gülten und Zinsen in dem Weiler, genannt des Kaisers Weiler, sowie mehreren Häusern und Hofstätten in der Burg zu Hagenau⁵⁶⁰).

Dem Gerhart von Flersheim, Mousheimer geheißen, gestattete unser Herr 1405 das von ihm zu Lehen habende Dorf Sweigen auf 8 Jahre lang verpfänden zu dürfen⁵⁶¹). Um diese Zeit starb auch die zweite lichtenberger Linie mit Johannes IV. aus, und unser Ludemann IV. war nun, vermöge des früher bemerkten Familienstatutes von 1362, alleiniger Herr sämmtlicher ausgedehnten und ansehnlichen Besitzungen, Burgen, Städte, Dörfer und Güter seines Geschlechtes und schrieb sich seitdem wieder Herr zu Lichtenberg. Da er damals der einzige und zudem noch unvermählte männliche Sprosse seines Stammes war und also die Er-

---

557) Der geben ist an nehsten Samstage vor Sant Baltinstag In dem Jare ꝛc. 1401 Jare.

558) Datum Anno dni M°. CCCC°. primo in festum Exaltacionis sancte Crucis. V. Liber feudorum Rabani Epi zu Karlsruhe Fol. 38.

559) Der geben ist off den dinstag vor dem Heyligen Cristage In dem Jar ꝛc. 1404 Jare.

560) Chmel's Regesta Ruperti regis 125 No. 2056.

561) Der geben wart off den nehsten fritag nach sante Elizabeht tag. In dem Jore ꝛc. 1405 Jare.

haltung und Fortpflanzung desselben nur auf ihm beruhete, indem sein einziger Bruder Johannes geistlichen Standes war, so mußte er darauf bedacht sein, sich eine Lebensgefährtin zu wählen, und seine Neigung fiel auf Anna, eine Tochter des Markgrafen Bernhart zu Baden im Jahre 1409, wie wir am Schlusse seiner Lebensgeschichte vernehmen werden; allein eben diese Vermählung wurde für ihn eine abermalige Quelle mannigfacher Verdrüßlichkeiten und Zerwürfnisse. Er hatte nämlich seiner Verlobten, als Widerlegung ihrer Mitgift zu 8000 Gulden, eine gleiche Summe für ihren Witthum, also im Ganzen 16,000 Gulden auf die zwei Aemter jenseits Rheins, Lichtenau und Willstätt, mit sämmtlichen Dörfern, Gefällen und Einkünften verschrieben, allein ein unerwarteter Unglücksfall hatte ihn außer Stande gesetzt, diesen eingegangenen Zusagen und Verbindlichkeiten nachzukommen. Denn eben in seinem Verlobungsjahre, 1409, schloß er sich in jenen, besonders im Elsasse fehdenreichen Zeiten, mit mehreren Grafen und Herren dem Zuge des unruhigen Bischofs Wilhelm von Straßburg gegen Trier an und hatte das Schicksal, nebst seiner ganzen Schaar, durch den von Kumersheim in einem Dorfe bei jener Stadt überfallen und gefangen zu werden, worauf er bis in's dritte Jahr in enger Haft schmachten und sich und die Seinigen endlich mit 30,000 Gulden auslösen mußte [562]). Dies war und blieb für denselben eine drückende Schuldenlast, denn nach seiner Zurückkunft 1412 drang sein Schwiegervater, der Markgraf Bernhart, darauf, ihn in den Burgfrieden und in den noch unverpfändeten Theil von Lichtenau einzusetzen, allein da er eben wieder im Begriffe stand, mit dem Herzoge Karl von Lothringen und mit jenem Bernhart auf's neue in's Feld zu ziehen, gönnte er sich nicht so viel Zeit, „als vns „nu die zyd zu kurtze worden ist, von solliches reysens vnd

---

562) Aus einer vermoderten, kaum lesbaren, kurzen Aufzeichnung der wichtigsten nachtheiligen Kriegsbegebenheiten Ludemann's IV.

„dienens wegen, so wir mit unserm Sweher vnd dem Hochgeb.
„Fürsten ꝛc. Karlen Herzogen zu luthringen wibber sine
„widdersachen ꝛc. itzund ziehen werden", diese wichtige Angelegenheit zu erledigen, sondern er und sein Bruder Johannes gelobten, den Markgrafen und die Stadt Straßburg, welcher ein Theil (die Hälfte) Lichtenau's versetzt war, 6 Wochen nach Beendigung jenes Feldzuges, vermöge des Witthumsbriefes und anderer Verschreibungen in den lichtenauer Burgfrieden aufzunehmen; würde dies aber in der festgesetzten Frist nicht geschehen, so solle jener dann auf so lange in den Besitz und Genuß des Amtes Ingwiler eingewiesen werden, bis er Theil am Burgfrieden und am Amte Lichtenau erhalte[563]). Nach einer anderen zuverlässigen Nachricht von 1412, jedoch ohne Angabe des Tages, mußte Ludwig IV., mit der Einwilligung seines geistlichen Bruders, seinem Schwiegervater die halbe Stadt Lichtenau nebst achtzehn, dieses Amt bildenden Ortschaften, dann das Amt Willstätt, bestehend in acht Dörfern und auf dem linken Rheinufer noch in sieben Orten auf zehn Jahre lang und mit der Verpflichtung einräumen, die darauf haftenden Schulden abzutragen[564]).

Der Edelknecht Gerhart von Flersheim, mit dem Beinamen Monsheimer, hatte 1405 von unserem Junker die Genehmigung erhalten, das von ihm lehenbare Dorf Sweygen bei Hornbach an die Wittwe Anselms von Bitsch für 370 fl. versetzen zu dürfen, dasselbe aber in Zeit von 8 Jahren wieder einzulösen, und da nun letzteres nicht geschehen war, so gestattete er ihm 1413 nochmals eine Frist von 4 Jahren; wenn aber während dieser Zeit die Pfandschaft nicht abgelöset wäre, so müsse sich Gerhart in eins der lichtenberger Schlösser auf so lange zum Einlager stellen, bis jene Summe ab-

---

563) Datum feria quarta post festum Assumpcionis gloriosissime virginis marie Anno dni 1412mo.

564) Anno Xti 1412.

getragen sei⁵⁶⁵). Zugleich müssen wir hier, des Zusammenhanges wegen, kurz bemerken, daß um diese Zeit Graf Emich VI. von Leiningen und seine Gattin, Clara von Vinstingen, durch zwei Familienverträge und unter gewissen Bedingungen in den Besitz der halben Stadt Brumat kamen⁵⁶⁶). Im nächsten Jahre ertheilte König Sigismund seinem lieben getreuen Goß Schoob folgende Reichslehen: 7½ Fuder Wein zu Balbeburn, die Hälfte Trenheims und mehrere Gülten sammt einem Gute und Fischwasser zu Roppenheim⁵⁶⁷).

Walther von Hohengeroltseck erneuerte 1414 auch wieder seine Ansprüche auf Buchsweiler, von seiner Gemahlin Elisabetha und deren Mutter Johanna, der Wittwe Konrad's II. von Lichtenberg her, weil den letzteren ein Theil jener Stadt zum Wittthum verschrieben war, wo er auch früher den Burgfrieden mit beschworen hatte, in welchem ihn aber Ludemann IV. zu stören suchte. Mehrere Compromisse, Anlässe und sonstige Verhandlungen wurden in den Jahren 1414 und 1415 errichtet und gepflogen, ohne daß aber eine endgültige Beilegung erzielt werden konnte, bis endlich im folgenden Jahre die Schiedsrichter dahin übereinkamen, der von Lichtenberg müsse jenen Walther wieder in Buchsweiler einsetzen; allein 1418 war derselbe noch nicht eingewiesen, indem die beiden lichtenberger Brüder sich verschiedener Scheltworte halber, die zwischen ihnen und dem von Geroltseck gefallen sein sollen und wegen dessen Ansprüche an jene Stadt, auf den König Sigismund, auf dessen Hofrichter, den Grafen Johannes von Lupfen, Landgrafen zu Stühlingen, und auf vier Räthe jenes Monarchen beriefen, deren Spruche sie ge-

---

565) Der geben wart uff den heilgen Pfingst Obend In dem Jor ꝛc. 1413 Jor.

566) Datum Anno dnj 1413 feria secunda post dnicam Misericordia dnj und Datum feria Sexta ante Dnicam Jubilate Anno Domini 1413.

567) Geben zu Straßburg Nach Cristi geburt 1414ᵈᵉⁿ Jare, An Sand Margarethen tag.

wärtig sein wollten⁵⁶⁸). Seit 1415 hatte sich auch noch ein anderer, weit wichtigerer und folgenreicher Rechtsstreit zwischen diesem Walther von Hohengeroldseck und zwischen dem Grafen Friederich von Velbenz und unserem Ludemann wegen des geroltseckischen Erbes entsponnen, worüber letzterer und sein Bruder schon 1399 ihrer Schwester Hildegart eine Versicherung ausgestellt hatten, wie wir oben vernommen haben. Diese Klage war bereits bis an's kaiserliche Hofgericht gediehen; letztere beschuldigten jenen Walther, er habe sich der Herrschaft Geroltseck mit allen ihren Zuständigkeiten, namentlich der Vesten Geroltseck, Swangau, Schengkenzell und Rumburg, sowie auch Losemburg, der Burg und Stadt, mit Gewalt bemächtigt und in Besitz genommen, ohnerachtet sie, die Kläger, ihr Recht auf diese Besitzungen gerichtlich erlangt und zugleich die Einsetzung in jene Erbstücke oft und vielmals gefordert hätten, welche Angaben sie vor dem Gerichte, das im Baarfüßerkloster in Constanz stattgefunden hatte, durch Brief und Siegel begründeten; Walther hingegen läugnete in seiner Verantwortung, als hätte er sich gewaltsam in jene Vesten eingedrungen, sondern seine Ahnherren, sein Vater und auch er seien bereits länger, denn Landes-, Lehens- und eigenes Recht es verlange, „in rechtmäßiger, stiller „nützlicher gewere" jener Herrschaft und deren Schlösser gesessen, was rechtlich nachzuweisen er sich ebenfalls erbot. Der Reichshofrichter Graf Günther von Schwarzburg, Herr zu Ranis, berieth sich darauf mit den beisitzenden Rittern über solche, einander schroff gegenüber stehenden Behauptungen und erließ entlich folgendes Urtheil: könne Walther seine Angaben durch einen leiblichen Eid zu den Heiligen, sowie durch die Eide zweier „die solicher güter genoße sin mit Im", beschwören und erhärten, so solle er im ruhigen Besitz und Genusse verbleiben, welcher Schwur aber entweder vor dem

---

568) Aus den Prozeß-Verhandlungen.

Könige, oder vor dem Pfalzgrafen bei Rhein abgelegt werden müsse [569]).

Von einem Erfolge dieses Entscheides ist uns nur so viel bekannt, daß der Graf von Velbenz und Ludemann IV. 1418 durch das Hofgericht in des Reiches Acht verfielen, daher Sigismund, aus königlicher Macht und Gewalt der Reichsstadt Hagenau ernstlich gebot, die beiden Geächteten künftig weder zu hausen noch zu hofen, weder zu ätzen noch zu tränken und überhaupt jede Gemeinschaft mit denselben aufzuheben, bis sie wieder in seine und des heiligen Reiches Gnade aufgenommen sein würden [570]). Aus den weiteren Vorgängen entnehmen wir aber, wie gesunken damals schon das Ansehen des Reichsoberhauptes, wie äußerst mangelhaft überhaupt die Rechtspflege bestellt gewesen, und daß eine solche Achtserklärung bereits zu einer leeren Formel herabgekommen war, denn unser Dynast erschien vor dem Könige mit dem demüthigen Erbieten, er wolle dem Walther von Hohengeroltseck wegen seiner Anforderungen zu Recht stehen, worauf Sigismund die Acht sogleich aufhob, ihn aus des Reiches Unfrieden und Ungemeinschaft entließ und in dessen Gnade und Gehorsam wieder aufnahm [571]), nachdem er ihm, dem Geächteten, sonderbarer Weise, acht Tage zuvor seine Einwilligung gegeben hatte, einen jährlichen, auf einigen Ortschaften im Amte Hatten ruhenden Zins von 50 fl. an einen Hagenauer Bürger verpfänden zu dürfen [!] [572]). Dem von Geroltseck kam des Königs Gnade gegen den velbenzer Grafen und den Lichtenberger so unglaublich vor, daß er sie kurzweg abläugnete, bis er, nach Verlauf einer Woche, eine Urkunde des Reichshofrichters, des Grafen Johannes von Lupfen, zu Gesichte bekam, die der-

---

569) Geben zu Costentz des nehsten dinstags nach Sand orbans tag ꝛc. 1415 Jaren.
570) Geben zu Costentz ꝛc. Nach Cristi geburt 1418ten Jare, an sand Mathie des heiligen zwelfboten abende.
571) Geben zu Hagnöw ꝛc. 1418 Jare, an Sant Marie Magdalene tag.
572) Geben zu Hagenow an sand Margarethen tag ꝛc. 1418 Jare.

selbe auf dem Tage zu Baden in des Königs Herberge erlassen hatte und durch welche er die Gegner Walther's wieder zum Rechte zuließ ⁵⁷³). Beide Theile standen nun abermals vor demselben, der das Gericht in dem Baarfüßerkloster
zu Ulm hegte, und Walther brachte vor: der Graf Friederich
und Ludemann hätten ihn, weil er gegen sie geklagt habe
und sie aber nicht erschienen seien, in einen Schaden von
1000 fl. versetzt, allein da letztere nachwiesen, ihr Gegner
wäre damals in des rotweil'schen Gerichtes Acht und Aberacht gewesen und hätte demnach, als rechtslos, gar nicht klagen können, so entschieden die beisitzenden Ritter und Herren
gegen denselben, sprachen ihm den verlangten Schadenersatz
ab und fällten das Urtheil: es bleibe bei der ersten Klage,
wie sie vor der jetzt aufgehobenen Acht gewesen sei, in welche
Herr Walther seine Gegner absichtlich gebracht hätte [!] ⁵⁷⁴). —
Darauf begann der Prozeß wahrscheinlich wieder von neuem!

Während solcher Streitigkeiten erblicken wir Ludwig IV
auch noch auf andere Weise thätig, denn 1415 traf er mit
seinen Ganerben in Huneburg eine zweckmäßigere Uebereins-
kunft, wegen der gedingten Reisigen und Wächterknechte daselbst, sowie auch über die Benutzung der zu derselben gehörigen Waldungen, die Verwendung des Enthaltgeldes und
endlich noch wegen der Lieferung der Wein- und Mehlvor-
räthe und der Beilegung der Streitigkeiten unter den gedingten Knechten ⁵⁷⁵). Mit seinem Schwiegervater, dem Markgrafen Bernhart zu Baden, hatten sich über die Einräumung
der Aemter Lichtenau und Willstett unter der Hand ebenfalls
wieder Zerwürfnisse erhoben, die jedoch durch vier befreundete
Schiedsmänner, die Grafen Johannes zu Spanheim, Emich VI.

---

573) Geben zu Baden des nehsten Mitwochen vor sant Peters tag
ad vincula ꝛc. 1418 Jare.

574) Geben zu Ulme des Dienstages vor unser lieben frawen tag
Nativitatis ꝛc. 1418 Jare.

575) Der geben ist uff den Nehsten donrestag nach dem Sondage
den man nennet oculi jn der vasten des Jares ꝛc. 1415 Jare.

von Leiningen, Friederich zu Belbenz und Johann von Leiningen-Rixingen, bei einer Zusammenkunft in Baden 1416 folgendermaßen ihre Beilegung fanden: Ludemann IV. sollte dem Markgrafen den (Witthums-) Brief über jene Aemter halten und auch dasjenige wieder herausgeben, was er seitdem daselbst eingenommen oder aufgehoben habe, und ein Gleiches müsse auch letzterer bezüglich der Burg und Stadt Gemer thun, die er seiner Tochter Anna, ihrer Mitgift wegen, verschrieben hätte; beide sollten dann ihre bisherigen Einnahmen gütlich gegen einander verrechnen und den Ueberschuß zur Einlösung von Gülten in jenen Aemtern verwenden. Der Markgraf müsse, der früheren Verabredung gemäß, seinem Eidame eine Versicherung über das Zugelt seiner Tochter und dieser jenem auch eine über die Morgengabe zustellen; könnten aber beide hierin nicht einträchtig werden, so möchten die vier genannten Grafen endgültig darüber entscheiden; der Lichtenberger machte sich auch verbindlich, seinem Schwäher einen Theil an Ingwiler einzugeben, so wie es verabredet sei und dieser versprach, jenem eine Abschrift des Witthumsbriefes und seiner Verschreibung über die fraglichen Aemter einzuhändigen, damit er wisse, was er zugesagt und zu thun habe; alles dieses müsse indessen zwischen hier und dem nächsten Martini- oder dem Jakobstage des künftigen Jahres vollzogen werden und dann solle der Markgraf seinen Eidam und jene vier Grafen zu einer Zusammenkunft nach Speyer einladen, um die ausbedungene Abrechnung vorzunehmen und weitere Berathungen zu pflegen, allein über etwaige dabei vorfallende Irrungen sollten ebenfalls die vier Schiedsrichter erkennen, deren Ausspruche sich die Partheien ohne Widerrede unterwerfen müßten [576].

Wie weit diese Irrungen zwischen beiden bereits gediehen waren, ersehen wir aus folgender Verschreibung: unser Dynast

---

576) Datum Baden feria quinta post festum Sancti Johannis Bap^{te} Anno dni 1416mo.

dankte nämlich 1416 dem Herrn Volmar zu Ochsenstein dafür, daß er ihn in seinen Schlössern gegen seinen Schwäher enthalten, sowie auch für die „besunder liebe vnd fruntschaft", die er ihm dadurch in seinen Nöthen erwiesen hätte, und sagte ihm zugleich Hülfe und Beistand zu, wenn er etwa, dieses Enthaltes wegen, durch seinen Schwiegervater bedrängt werden sollte; würde er aber der Veste Ochsenstein halber mit jenem in Gespänne gerathen, so wolle er dahin arbeiten, sie rechtlich zu vergleichen und wenn dies nicht gelinge, so mache er sich anheischig, letzterem keine Hülfe zu leisten [577]). Die vollständige Versöhnung und Ausgleichung zwischen Vater und Eidam erfolgte indessen noch in diesem Jahre, denn zu Anfange des folgenden übernahm letzterer zwei Bürgschaften für ersteren bei dem Markgrafen Otto zu Hochberg wegen eines demselben verschriebenen Leibgedinges und bei dem Grafen Emich VI. von Leiningen, seinem Tochtermann, für das Zugelt seiner Gemahlin Beatrix, wogegen ihm der Markgraf Termine und Bürgen setzte, wann der Rest des, seiner Tochter Anna auf Gemer verschriebenen Zugeltes mit 6500 Gulden baar erlegt werden sollte [578]). Unmittelbar darauf bekannte letzterer, Ludemann IV. habe ihm ein Viertheil der Burg zu Ingwiler mit Leuten, Gütern und sämmtlichen Zubehörden eingegeben, worauf beide einander die Festhaltung des Friedens daselbst, ein jeder zu seinem Theile feierlich zusagten, und an dem nämlichen Tage stellte unser Herr seinem Schwäher die Versicherung aus, daß, wenn er mit seiner Gattin Anna keine Leibeserben erzielen würde, deren Mitgift von 8000 fl. wieder an das markgräfliche Haus zurückfallen sollte, wofür er noch ausdrücklich, zur Sicherheit und mit seines Bruders Johannes Genehmigung, die Jahresrente von 1500 fl. einsetzte und anwies, womit er seine

---

577) Der geben ist uff den nehsten fritag noch sant lucien dag Anno dni 1416mo.

578) Beide sind gegeben: Datum Stalboffen in festo Ephie dni anno eiusdem 1417mo.

liebe Anna auf seinen Schlössern Lichtenau und Willstett, nebst den dazu zählenden Dörfern, versorgt hätte ⁵⁷⁹).

Im folgenden Monate hatte Ludemann VI. auch einen Anstand mit dem Domdechanten zu Straßburg, dem Herrn Hugelmann von Vinstingen, weil die lichtenbergischen Amtleute, Schultheißen, Vögte, Richter und Geschwornen die geistliche Gerichtsbarkeit desselben in seinem Archidiaconate, wozu auch ein Theil der lichtenberger Besitzungen gehörte, nicht mehr anerkennen wollten und deßwegen mit dem Interdicte und Banne belegt worden waren. Die beiden Betheiligten trafen sich einander bei Gelegenheit der Kirchenversammlung in Costnitz, wo sie eine Vereinbarung über den streitigen Gegenstand abschlossen, worin die Fälle genau angegeben waren, über welche sich die geistliche Befugniß jenes Erzdiacons erstrecken sollte, womit unser Dynast vollkommen zufrieden war, indem er diese neue Ordnung gegen alle Störenfriede zu handhaben versprach, jedoch vorbehaltlich dessen, was das heilige Concilium in seiner Reformation über dergleichen und damit verwandte Sachen bestimmen würde, „daz daz mir vnd myme lande sy alßo anderen luten", nur meinte er noch schließlich, daß alle Testamente nur vor den Bischof, oder vor denjenigen, dem solches rechtlich zustehe, gehören sollten ⁵⁸⁰). Eine weit gefährlichere Irrung entspann sich in dem nämlichen Jahre mit der Abtei Schwarzach, indem die lichtenbergischen Beamten und Zöllner an den Ueberfahrten am Crawalsbaum über den Rhein und über die Mater, sowie an den Zollstätten zu Lichtenau, Kutzenhausen und Offendorf, die Angehörigen jenes Gotteshauses, dessen Vieh, Früchte und andere Lebensbedürfnisse mit höheren Zöllen und Abgaben sehr belästigten, worüber sich der Abt und das Convent, als eine unerhörte Neuerung, bei den

---

579) Beide sind ausgestellt: Datum feria quinta post festum Epiphie dni Anno eiusdem 1417ᵐᵒ.
580) Geben an dem nehsten Sunnentag nach vnßer frowen tag der liechtemesse In dem Jore ꝛc. 1417 Jor.

Vätern der costnitzer Kirchen-Versammlung bitter beschwerten, daher letztere den Herrn Ludwig 1417 sogleich davon abmahnten und ihm die Weisung zugehen ließen, es bei den bisherigen alten Zollansätzen zu belassen [581]), und als derselbe nicht darauf achtete, erhielt er nach Monatsfrist eine Ladung, vor dem General-Concil zu erscheinen [582]), auf welchen verdrüßlichen Handel wir später nochmals zurückkommen müssen.

Unser Dynast ertheilte 1418 den Rittern Reynbold und Hanns Dietrich Burggraf einen Lehenbrief über die Hälfte des Zehnten zu Berstheim, über den Bühel, Burggraben und Garten zu Wippruch und über eine Korngülte von 20 Vierteln in Brumat [583]). Den schon mehrfach erwähnten bedeutenden Zoll zu Selz überließ der Graf Johannes von Salm endlich im Jahre 1419 seinen Vettern, den Brüdern Johannes und Ludwig zu Lichtenberg, wegen einer Schuld [584]), wodurch deren Einkünfte wieder einen ansehnlichen Zuwachs erhielten. In einer besonderen Urkunde von demselben Tage wurde die Veranlassung zu diesem Uebertrage nochmals vollständig und auf folgende Weise erläutert: Graf Johannes zu Salm und seine Gattin, Philippa von Falkenburg, hatten nämlich bei einigen straßburger Bürgern Geld aufgenommen und ihnen dafür Burg und Stadt Mörchingen mit allen Zubehörden verpfändet, wofür sich unter andern auch Heinrich IV. von Lichtenberg verbürgte. Da nun diese Summen sehr lange stehen blieben, die versessenen Gülten davon hoch ausliefen, und daher die Söhne jenes Heinrich, Johannes und Ludemann IV., bei der Bezahlung des Kapitals beträcht-

---

581) Datum Constantie Non. Juny Anno a Nativ. domini 1417mo aplica sde uacante.

582) Dat. Constancie V Non. July Anno a Nativ. domini 1417mo aplica sede uacante.

583) Der geben wart uf den fritag Symonis et Jude aplor. jn dem iore 2c. 1418 Jor.

584) Der geben ist des zinstages noch Sancte vincencien tag des Jares 2c. 1419 Jare.

lichen Kosten und Schaden erlitten, so überließ ihnen der Graf Johannes von Salm, der Junge und Sohn des obengenannten, dafür den Groschen, den er und seine Vordern, durch die Begünstigung der deutschen Kaiser und Könige, von jedem Fuder Wein und von anderen Kaufmannsgütern an dem Zolle zu Selz, dann einen halben Groschen an dem Zolle zu Selingen und 100 fl. jährliches Dienstgeld bei Kurpfalz, um diese Einkünfte so lange zu erheben und einzunehmen, bis sie vollständig bezahlt seien[585]). Nachher machte sich unser Ludemann sowohl als Verwandter, als auch aus Liebe und Freundschaft gegen die unmündigen Söhne des Grafen Burkart von Lützelstein, Jacob und Wilhelm, über welche der pfälzer Kurfürst Ludwig IV. Vormund war, verbindlich, bis zu deren Großjährigkeit ihre Lehen bei Kurpfalz, Lothringen, Straßburg und Metz zu muthen, und auch ihre Activlehen zu verleihen[586]).

Die Zerwürfnisse mit der Abtei Schwarzach, wegen erhöhter Zollauflagen und Ueberfahrtsgebühren, waren noch nicht gehoben, und die bisherige Verwendung und Erlasse des Generalconcils hatten bei Ludemann und bei dessen Amtleuten und Bediensteten nichts gefruchtet, daher sich der Abt und sein Convent abermals an jene hohe kirchliche Versammlung wendeten, um den seitherigen Beinträchtigungen zu steuern, und fügten zugleich zu den alten Klagen noch eine neue, der Lichtenberger habe nämlich seitdem auch einen neuen Zoll und Weggeld zu Drusenheim angeordnet, daher die Kirchen-Versammlung endlich 1419 einen allgemeinen Befehl erließ, die Abtei in dem Genusse ihrer alten Privilegien und Freiheiten zu schützen und zu handhaben[587]).

---

585) Der geben ist des zynstags nehst noch sancte Vincencien tag des Jares rc. 1419 Jare.

586) Der geben ist zu germerßheim off unsers herren uffarts dag des Jares rc. 1419 Jare.

587) Sub anno a Nativitate dni 1419 die Mercurij decima septima mensis Maij.

Als aber auch hierauf keine Aenderung erfolgte, so wurde diese Angelegenheit in Rom anhängig gemacht und daselbst gegen Ende des Jahres 1420 und im Beginne des folgenden, bei der römischen Curie drei Urtheile wider unseren Dynasten erwirkt, von denen uns noch die beiden letzten bekannt sind [588]), gegen die er jedoch jedesmal Berufung einlegte. Der Papst Martin V. erklärte indessen sämmtliche Urtheile für rechtskräftig und trug den Domdechanten zu Costnitz und Speyer auf, dieselben zu vollziehen und die Abtei Schwarzach wieder in ihre früheren Gerechtsamen und Befugnisse einzusetzen [589]). Ludemann IV. beharrte aber trotzdem auf seinem angeblichen Rechte, und fügte sich nicht, daher endlich der Bann über ihn und das Interdict über sein Gebiet ausgesprochen ward, von welchen er erst 1423 durch einen Bevollmächtigten aus der lütticher Diöcese, den Johannes de Lanonia (Lic. in decretis et Prepos. ecclies^{ti} Georij Wassenburg.) erlebigt wurde [590]), was der Bischof Wilhelm von Straßburg am 11. November desselben Jahres in Lichtenau verkündigte [591]).

Während dieser Vorgänge fanden wir noch folgendes aus dem vielbewegten Leben unseres Lichtenbergers; in den bedeutenden Unruhen und den schweren Fehden zwischen dem ebengenannten Prälaten, der Stadt Straßburg und dem gesammten elsäßer Adel, wodurch viel Unheil und große Zerrüttung auf- und abwärts im Lande angerichtet ward, erhielt Ludwig IV. (das Jahr kann nicht angegeben werden, weil

---

588) Sub anno a Natiuitate dni 1421mo Ind. XIV^a die vero Mercurii octaua und das andere: Die vero veneris decima Mensis Januarij. Pont. prefati dni nri dni Martini pape Quinti Anno Quarto.

589) Beide Bullen sind gegeben: Datum Rome apud Sanctumpetrum II^a Id. Marcij. Pont. nri. Anno Quarto.

590) Datum et actum rome in domo habitationis nre Sub anno etc. 1423. Ind. I, die vero martis septima mensis septembris Pont. dni nri dni Martini pape quinti anno sexto.

591) Datum in opido liehtenowe undecima die Mensis nouembris Anno dni 1423^{cio}.

es in dem stark beschädigten und zerschnittenen Originale nicht mehr zu erkennen ist) Eine vertrauliche Zuschrift von dem Oberhaupte der Kirche, dem Papste Martin V., der ihn aufforderte, wenn er es auch mit einem oder dem anderen der streitenden Theile halte, dennoch, aus Liebe zum Frieden und zur Einigkeit, keine Parteisucht vorwalten zu lassen, sondern die Aussöhnung beider aus allen Kräften vermitteln zu helfen, indem besonders jetzt, hinsichtlich der böhmischen Religionswirren, der deutschen Nation vor allem Einheit und festes Zusammenstehen noth thue[592])! — Vorher schon hatte Schoulberhans von Hagenau an unseren Dynasten wegen der ihm erwiesenen Gnade und Freundschaft, die Hälfte seines Theils an dem Schlosse Kagenfels, die er früher von Hesse=heintzel von Ehenheim bekommen hatte, zum ewigen und erb=lichen Besitzthume überlassen[593]). Mehrere Monate hernach verzichtete jener nochmals darauf, weil ihn sein Herr von Lichtenberg dafür entschädigt hätte, und versprach zugleich der zu jenem Schlosse gehörigen Zinsen und Gülten halber, ohne denselben nichts vornehmen zu wollen[594]). Auch erhielt letzterer um diese Zeit für 500 gute rheinische Gulden die dem Friedrich von Tan zustehende Hälfte der Veste Klein=Arnsburg unterpfändlich und wiederlöslich[595]).

Mit dem Hartung von Wangen lebte Ludwig IV. längere Zeit in „Spenne vnd Zweyunge", er hatte sogar die Burg Geroltseck erstiegen und jenem „angewonnen", welchen Un=frieden der Kurfürst Ludwig IV. von der Pfalz auf einem, 1421 zu Heidelberg abgehaltenen gütlichen Tage dahin ver=mittelte: dem von Wangen und seinen Gemeinern müsse das

---

592) Dat. Rome apud . . . . Id. Decembris. Pontificatus nri Anno . . . . . .
593) Der geben ist vf den nehsten Zinstag nach dem Heilgen Ahtesten dage Anno dni 1420.
594) Der geben ist off cynstag noch sant viti vnd sante modesten dag. In dem Jare 2c. 1420 Jare.
595) Der geben ist vf den nehsten Fritag noch vnsers herren gotts vffart tag In dem Jare 2c. 1420 Jare.

genannte Schloß unverzüglich wieder eingeräumt werden und
der von Lichtenberg solle demselben auf nächste Lichtmesse
40 Gulden und dann jährlich an dem nämlichen Tage auf
dessen Lebenszeit eine gleiche Summe entrichten, wofür der
von Wangen ihn in seinem Theile jener Veste enthalten und
zugleich so lange sein Mann sein müsse, bis er ihm ein an=
deres, ebensoviel oder 40 fl. jährlich ertragendes Lehen zu=
kommen lasse [596]). Einige Monate später beschworen unsere
zwei Brüder den Frieden in Herrnstein mit dem Rathe von
Straßburg und mit den übrigen Ganerben [597]), worauf ihnen
jene Stadt nach Verlauf einiger Tage einen achten Theil
daran zum lebenslänglichen Besitze und Genusse überließ [598]).
In welcher zufriedenen und glücklichen Ehe der Jüngste der=
selben mit seiner Anna lebte, geht augenscheinlich daraus
hervor, weil er ihr in dem nämlichen Jahre „wegen der
„liebe truve vnd fruntschafft, die wir schinbarlicher an vnser
„lieben Elichen gemaheln befunden haben", zu einer rechten
Morgengabe 2000 rheinische Goldgulden auf Herlißheim,
Offendorf, Rorwiler, Drusenheim, Kotzenhusen und Obern=
hoven zur Hälfte verwies und zugleich die Bestimmung traf,
die genannten Ortschaften und Güter dürften, so lange diese
Verschreibung währe und jene Summe nicht abgelöst sei,
nicht weiter verpfändet oder „verkumbert" werden [599]).

Die Wittwe des Herrn Konrad II. von Lichtenberg,
Johanna, eine geborne von Blankenberg, schied 1422 in sehr
hohem Alter aus dieser Welt, und wiewohl dieselbe 1408
auf ihre Witthumsrechte an die halbe Stadt und Burg
Buchsweiler verzichtet hatte, so erhob dennoch ihre, an

---

596) Datum Heidelberg Sabbato ante Dnicam Quasimodogentj
Anno dnj 1421mo.

597) Der geben ist vff Samstag noch sant margreben dag der
heilgen jungfrauwen des Jores ɔc. 1421 Jare.

598) Der geben ist vf Mitwoch nach sanct Marien Magdalenen tag
Anno dni M°. CCC°. vicesimo primo.

599) Der geben ist vff den nehsten Samstag noch sant Anbrestag
des heiligen Zwolfbotten des Jares ɔc. 1421 Jar.

Walther von Hohengeroltseck verheirathete, einzige Tochter, Elisabeth, Erbansprüche auf den Nachlaß ihrer Mutter und so auch auf deren Wittthumsrechte daselbst, allein da unsere lichtenberger Brüder aus dem Grunde, weil jene Stadt nicht eigen, sondern Lehen sei, auf dieses Ansinnen nicht eingehen konnten, und sie aber der seligen Mutter derselben und auch ihr selbst bisher viele Liebe, Treue und Freundschaft erwiesen hatten, so stellte letztere endlich einen Verzicht auf ihre sämmtlichen Erbansprüche aus [600]). Im nächsten Jahre reichte Ludwig IV. dem Wilhelm von Falkenstein einige Güterstücke in der Ruprechtsaue zu Lehen [601]), und da er eben damals auch langwierige Spänne und Feindseligkeiten mit den Brüdern Smaßman und Ulrich, Herrn zu Rappoltstein, hatte, so wurden zu Schlettstadt im Jahr 1423 der Bischof Wilhelm und mehrere Adelichen zu Schiedsleuten erkoren, um jene Zerwürfnisse bis zum künftigen Martinitage zu erörtern und beizulegen [602]).

In demselben Jahre ereignete sich folgende unerhörte Begebenheit. Der Graf Friedrich von Zollern, der Aeltere, den man den Ottinger hieß, hatte mit seinen Dienern und Helfern etliche Kaufleute, die die straßburger Freimesse beziehen wollten, bei ihrer Ankunft zu Reinichenloch, diesseits Lichtenau gelegen, überfallen und sie ihrer Waaren und Güter beraubt, bei welchem Vorgange auch lichtenbergische Leibeigene aus jenem Dorfe und aus der Umgegend mitgewirkt hatten; allein kaum war dies zu den Ohren Ludemann's IV. gekommen, so verschaffte er jenen, in seinem Geleite ziehenden Handelsherren die gestohlenen Waaren wieder, die sich noch vorfanden, oder ersetzte ihnen den Werth derjenigen, welche nicht mehr beigebracht werden konnten, daher die fünf Kaufleute Hanns Hurst und Claus Wolf aus

---

600) Der geben ist uff den nehsten Mitwuchen nach Sant Michelstag des heiligen Ertzengels, des Jares ꝛc. 1422 Jare.

601) Der geben ist uff Sant Adolffes tag ꝛc. 1422.

602) Dis geschach vnd sint bise brieffe geben uff zinstag vor sante obswalz tage nach gottes geburte ꝛc. 1423 Jare.

Gemünden, Claus Hut aus Aachen nebst Wolf und Hug Schölme von Frankfurt, vor Walther Spiegel, dem Meister und dem Rathe zu Straßburg, 1423 unseren Lichtenberger wegen aller Ansprüche auf Schadensersatz „quit libig vnd „loß" sagten[603]). Im nächsten Winter erlaubte sich aber jener Graf das nämliche Wagstück, indem er mit den Seinigen, ebenfalls wieder auf offener lichtenbergischer Geleitsstraße bei Bischoffsheim anderen Kaufherren mehrere Pferde, Güter und Waaren raubte, allein diesmal war unser Dynast, in gerechter Entrüstung über solchen unritterlichen Unfug, vorsichtiger, ertappte sie auf frischer That, warf sie nieder und führte sie gefangen nach Lichtenau, wo sie im Kerker ihren Frevel büßen mußten. Der straßburger Bischof gab sich indessen viele Mühe, den Grafen aus der strengen Haft zu befreien, was ihm nur durch das Versprechen gelang, den Bestohlenen in Zeit von einigen Tagen ihre Pferde und Waaren wieder vollständig zu ersetzen, sowie derselbe auch behufs seiner Entlassung aus dem Gefängnisse die feierliche Erklärung ausstellen mußte, auf's künftige nie mehr gegen die von Lichtenberg zu sein, noch zu handeln, sondern sich im Gegentheile auf so lange in das Schloß Lichtenberg zur Haft stellen zu wollen, bis der angerichtete Schaden völlig verglichen und vergütet sein würde[604]). Damals befahl der König Sigmund, die lichtenbergischen Reichslehen, namentlich 7½ Fuder Weingülte zu Balbeborn und das halbe Dorf Trenheim, welche er 1414 dem Gosse Schoup verliehen und vergönnet hätte, „der aber an sinem leib vnrein vnd von der werlt gesetzet worden sey", sollten nach dessen unbeerbtem Tode in seinem Namen und durch den Markgrafen Bernhart zu Baden, dem Herrn Ludwig IV. erblich geliehen werden, und an demselben Tage erließ er auch noch den gleichlau-

---

603) Der geben ist of Mentag noch sant vlrichstage des heiligen Bischofes Anno dni M°. CCCC°. vicesimo tercio.

604) Der geben wart off- den nehsten Samstag vor vnser frauwen dage der liehtmessen des Jares ꝛc. 1424 Jare.

tenden. Befehl hinsichtlich des durch das Ableben des Hanns von Stilla wirklich daselbst erledigten Lehens, bestehend in einer Weingülte von vier Fudern, zu Gunsten des Lichtenbergers[605]).

Abermals mußte derselbe im Jahre 1424 einen Strauß bestehen, aus welchem er jedoch siegreich hervorging; er hatte nämlich einen treulosen Amtmann, den er absetzen, oder „vmbgestossen han wolte", allein derselbe entrann nach Straßburg und dessen zwei Söhne widersagten unserem Herrn, fielen in sein Gebiet ein und nahmen ihm einen „gro= „ßen Raub", den sie gen Kagenfels „trieben", an welcher Burg er, wie wir oben vernommen haben, ebenfalls Antheil hatte. Um nun eines guten Erfolges ganz sicher zu sein, errichtete letzterer mit dem Prälaten Wilhelm in Straßburg ein Schutz= und Trutzbündniß auf fünf Jahre lang zu gegen= seitiger Hülfe und gemeinsamem Handeln, in welchem haupt= sächlich ausbedungen war, keiner sollte sich ohne Wissen und Einwilligung des andern mit ihren Widersachern vertragen, beide müßten gegenseitig in ihren Schlössern einander, „vmb „bescheiden gelt", Frucht und Kost verabreichen, keiner dürfe des andern Feinde beherbergen oder aufnehmen, und alle entstehenden Irrungen über Erb und Eigen sollten vor den einschlägigen Gerichten verhandelt und geschlichtet werden[606]). Beide Verbündete vereinigten darauf ihre Streitkräfte, zogen vor Kagenfels, schlossen dasselbe ein, und da ihre Feinde sich nicht lange darin halten konnten, mußten sie die Veste auf= geben, daher wir lesen: „er troste sie dez lebens vnnd nam „sie gefangen"[607]). Des Amtmanns Söhne wurden hart be= straft, mit den übrigen dasigen Gemeinern aber, nach dem Ausspruche von Schiedsmännern, ein Sühnvertrag abge= schlossen, nach welchem sie unserem Junker und dem Bischofe

---

605) Beide haben gleichen Datum: Geben zu Ofen ꝛc. 1424 Jare an vnsers herren Auffart Abend.

606) Der geben ist uff den mittwochen noch sant Johannis Bap= tisten dag In dem Jare ꝛc. 1424 Jare.

607) Aus einer alten kurzen Aufzeichnung der Fehden Ludwig's IV.

einen achten Theil des Schlosses sammt allen Zuständigkeiten auf ewig und erblich übergeben und einräumen mußten⁶⁰⁸). Mit den darin, nach der Aufhebung der Belagerung zu Gefangenen gemachten Brüdern, Diebolt und Baltin von Kirweiler, sühnten sich die Sieger ebenfalls am folgenden Tage, und jene mußten eidlich geloben, nie mehr gegen die Herrschaft Lichtenberg und deren Besitzer zu sein, sowie sich auf jegliche Mahnung vor letzterem stellen zu wollen, und zugleich ward auch der Burgfrieden mit den zwei Ganerben, Reinhart Frige (Frey) von Sternenfels und Obrecht Harst beschworen⁶⁰⁹). Einige Wochen später übergaben letztere unserem Dynasten auch noch den Theil dieser Veste, den der von Kirweiler und Wirich von Hohenburg früher ingehabt und verpfändet hatten, um 30 rheinische Gulden⁶¹⁰), und so war also dieser Feldzug glücklich und vortheilhaft beendigt.

Damals und noch manche Jahre nachher war ein wild-bewegtes kriegerisches Leben und Drängen im unterem Elsasse, dessen hauptsächlichste Veranlassung die Stadt Straßburg und der Bischof daselbst waren, denen sich die übrigen elsässer Reichsstädte anschlossen. Bei dem schwachen und kraftlosen Reichsregimente suchte jene ihre bisherigen Vor-rechte und Freiheiten nicht nur zu erhalten, sondern auch noch zu erweitern, gegen welches Bestreben aber der Prälat sammt dem hohen Adel des Elsasses immer gerüstet waren und ankämpften. So trafen Bischof Wilhelm, der Markgraf Bernhart zu Baden und Ludemann zu Lichtenberg im No-vember 1424 eine geheime Vereinbarung mit einander, die eigentlich gegen Straßburg gerichtet war, obgleich diese Stadt nicht ausdrücklich darin genannt wurde, indem jene drei

---

608) Der geben ist uff den nehsten burnstag vor sant martins dag des heiligen Byschoffs, des Jores ꝛc. 1424 Jare.

609) Beide Urkunden datiren: Der geben ist des nehsten fritages vor sant martins dag des heiligen Byschoffes des Jores ꝛc. 1424 Jore.

610) Der geben ist des nehsten mendages vor sant andres dag des heiligen zwolffbotten. Des Jors ꝛc. 1424 Jore.

Herren nur im Allgemeinen folgendes festsetzten: sie wollten den Sachen, die sie mündlich besprochen hätten, nachgehen und dieselben vollführen, indessen aber, zwischen hier und dem künftigen Osterfeste eine Zusammenkunft veranstalten, um zu berathen, wie dieser Gegenstand am besten und zweckmäßigsten anzugreifen sei; würde jedoch während dieser Zeit einer unter ihnen von einer oder von mehreren Städten feindlich behandelt werden, so gelobten sie sich gegenseitig, fest zusammenzuhalten und mit Land und Leuten, sowie mit allem „vermogen" einander treulich „beraten vnd beholffen" zu sein, als ob es jeden unter ihnen anginge⁶¹¹). Im nächsten Jahre kam indessen das Bündniß jener drei Herren gegen Straßburg erst wirklich zu Stande, wozu sie als Grund angaben: die vielen und mancherlei Widerwärtigkeiten, „smacheit, vn-„luste" und Schaden, die ihnen von dieser Stadt bisher geschehen seien und noch fortwährend geschehen, daher sie sich, Gott zu Lobe, dem römischen Könige Sigmund und dem heiligen Reiche zur Stärkung, sowie auch ihren Besitzungen, dem gesammten Adel und ihren Unterthanen zu „fride vnd „gemache", auf vier Jahre lang gegen dieselbe, in beständiger wahrer Freundschaft, mit einander vereinigt und verbunden hätten. Außer den bei solchen Bündnissen üblichen Bedingungen sind nur folgende der Beachtung werth: wenn jene Stadt, entweder mit einem von ihnen oder mit allen dreien, zu Krieg und Feindschaft käme und dann entweder der Bischof oder Ludwig IV. zum Feldhauptmann ernannt würde und der Stadt Feind geworden wäre, so müßte ersterer hundert mit „glenen ye die glene zum mynsten mit drien pferden, „darvnder zwey gewopente Mann sin sollent", letzterer aber fünfzig eben solcher Glenen in diejenigen Burgen legen, die dem Kriegsschauplatze und den Feinden zunächst gelegen seien, während der Markgraf ebenfalls 50 Glenen in seine benach-

---

611) Der geben ist vf die nehste Mitwoch nach santt Elsebethen tag. Dez Jors ꝛc. 1424 Jore.

barten oder angrenzenden Schlösser legen sollte; würde aber dieser selbst ein Kriegshauptmann und der Bürger Feind werden, so müsse er seine bestimmte Zahl Glenen in die dem geistlichen Herrn und dem Lichtenberger zugehörenden Vesten auf der rechten Rheinseite, die der Stadt am nächsten lägen, senden, diese aber mit ihrer Anzahl Glenen diejenigen Burgen im Elsasse und in ihren Gebieten besetzen, „das „notdurftig wurd vnd dem Kriege aller bast gelegen war"⁶¹²). Da jedoch in dieser Uebereinkunft die Bestimmung getroffen war, diejenigen Schlösser, die sie während dieses Krieges gemeinschaftlich erobern würden, sollten gleichheitlich getheilt werden, solche aber, die einer allein in seine Gewalt bringen würde, demselben auch allein verbleiben müßten, so erläuterten jener Prälat und der Markgraf, weil Lichtenau damals der Stadt Straßburg verpfändet und in deren Hand sei, einige Tage nachher diesen Punkt zu Gunsten unseres Herrn dahin ab, wenn sie Burg und Stadt Lichtenau in ihre Gewalt bekämen, dieselben dem Lichtenberger und seinen Erben, ohne Gemeinschaft, Theilung oder Auslösung, allein zu überlassen⁶¹³).

Mehrere Wochen darauf machte der pfälzer Kurfürst Ludwig IV. eine gütliche Rechtung zur Beilegung einer Fehde Ludemann's IV. mit Volmar von Wyckersheim und Wolf und Semann von Hochfelden, wegen eines gefangenen Leibeigenen und wegen Huneburg, woran jener Fürst Theil hatte⁶¹⁴). Der vorerwähnte Krieg mit Straßburg, der sich auch auf die übrigen freien Städte des Elsasses ausdehnte, hatte noch andere Bündnisse in seinem Gefolge, denn um dieselbe Zeit

---

612) Der geben ist vf den Samstag vor sannt Gallen tag, Des Jors ꝛc. 1425sten Jore.

613) Der geben ist zu Baden des nehsten Zinstages noch Sant gallen dage Anno dni 1425to.

614) Der geben ist zu Hagenauwe uff den mittwoch nach sand katherinen dag der heiligen Jungfrauwen In dem Jare ꝛc. 1425 Jare. Pfälzisches Copialbuch in Karlsruhe Nr. 10, Folio 188.

schloß der Herzog Stephan von Zweybrücken, damals Unterlandvogt zu Elsaß, mit dem Bischofe Wilhelm, unserem Dynasten, dem Herrn Volmar zu Ochsenstein und mit noch zwölf Edeln einen Schutz- und Trutzbund während der Dauer von zehn Jahren ab, in welchem Aktenstücke der damalige trostlose und ungesetzliche Zustand des schönen und fruchtbaren elsässer Landes folgendermaßen geschildert wird, was mit den eigenen Worten des Landvogtes am besten geschehen kann, indem derselbe erklärt: „wann sich ytzunt schymberlichen „vil böser sachen jn der Lantuogtie zu Elsaß vnd in disem „lande tegelichs verhandelnt vnd verlauffent. Also das „kaufilute vnd Bilgerin vff den Strassen vnd sust manigfal„tiglichen geraubt gefangen vnd geschedigt werdent vnd dann „auch das etliche zugriffe dunt Raubent Burnent oder lute „vahent ane redeliche herfolgunge vnd bewarunge!"' Demnach waren also alle Bande der Zucht und Ordnung, der Gesetzlichkeit und überhaupt des staatlichen Lebens gelöst! — Selbst der pfälzer Kurfürst versprach, die Bestrebungen der Verbündeten nöthigenfalls schützen zu wollen, und zugleich trat das Bundesglied, Wirich von Hohenburg, im Namen der jungen Grafen von Zweybrücken-Bitsch, dieser Vereinbarung ebenfalls bei [615]). Die zahlreichen und mächtigen elsässer Reichsstädte müssen damals sehr bedrohlich gegen die Fürsten, Dynasten und Edeln des Landes aufgetreten sein, denn einige Tage später traten der straßburger Prälat, der Herzog Karl von Lothringen, Bernhart (der badische Markgraf) und unser Ludemann, „da wir eygentlichen besunnen, „betrachtet vnd fur vns genomen haben, Semliche schwere „Leuffe vnd sachen bie zu disen ziten in den landen sint vnd „das sich die Stette in bliblichkeit wider den Adel vnd Ritter„schaft setzent vnd stellent", nochmals auf sechs Jahre lang in einen Bund zusammen, damit sie „bey Jren Herlichkeiten

---

[615] Der geben ist zu offenburg des nehsten Sonbags noch sant Andres tage des heiligen zwolffbotten, des Jares ꝛc. 1425 Jare.

„Landen Lüten vnd Jren Herkomen bliben vnd ouch alle
„vnrechts gewalts von den Stetten bester baß vor sin mögen." —
Würde der Kampf, dies war ihr besonderer Beschluß, von
Seiten der Städte gegen den einen oder den anderen der
Verbündeten beginnen, so sollten die übrigen sogleich davon
in Kenntniß gesetzt werden und vierzehn Tage nach solcher
Mahnung müßten dann sämmtliche Herren in Kaufmanns-
Saarburg zusammenkommen, um zu berathschlagen, „den
„krieg zu bestellen, nach dem besten" [616]).

Während des auf diese Bündnisse und Rüstungen folgenden Jahres haben wir von unserem Dynasten noch nach-
stehendes zu berichten: zuerst besiegelte derselbe, in seiner
Eigenschaft als Kastenvogt, eine neue Ordnung, die der Abt
und das Convent zu Neuweiler, behufs der Bezahlung ihrer
Schulden und über die künftige Verwaltung der Güter und
Gefälle der Abtei errichtet hatten [617]). Mit seinem Schwäher,
dem Markgrafen Bernhart, stand er damals noch in unge-
trübtem Verhältnisse, denn er verbürgte sich bei dem Herzoge
Ulrich von Teck für das Zugelt einer an denselben vermählten
markgräflichen Tochter mit 8000 fl. [618]). Einige Zeit hernach
hatte er den Petermann von Kützelheim, den Aelteren, seines
lichtenberger Lehens, bestehend in der Hälfte Arnsburgs
„entwert", daher ihn derselbe vor seinem Mannegerichte verklagte und sowohl die Wiedereinsetzung in sein seitheriges
Lehen, als auch die Erstattung der ihm bisher entzogenen
Gefällen beantragte. Dieses Gericht ward unter dem Vorsitze
des Richters, Hug Kaltesche, in der Burg zu Bußwilre abgehalten und die anwesenden 28 lichtenberger Vasallen und
Lehensmänner verurtheilten ihren Herrn, jenem Petermanne

---

616) Der geben ist vf sant Barbaren tag der Heiligen Juncfrouwen,
Dez Jors ꝛc. 1425sten Joren.

617) Der geben ist vff die nehste mittwoche vor sant Paulus
bekerunge dage des Jares ꝛc. 1426 Jare.

618) Geben zu Baden vf den nehsten Dinstag nach dem Sonnbag
Misericordia dni Anno dni Millimo CCCC°. vicesimo Sexto.

sein langjähriges arnsburger Lehen wieder zukommen zu lassen und demselben zugleich dasjenige zu ersetzen, was er seither von dessen Einkünften eingezogen hätte [619]).

Ungeachtet der vorerwähnten Bündnisse des Abels gegen Straßburg und auch theilweise gegen die übrigen Reichsstädte des Elsasses, kam doch der Krieg diesmal noch nicht zum Ausbruche, sondern erst zwei Jahre später; ja die früher so feindselig geschiedenen Partheien, namentlich der Bischof, unser Dynast und der straßburger Rath, standen 1426 in so gutem Einverständnisse mit einander, daß sie sogar, in Gemeinschaft mit Ritter Johannes Zorn von Eckerich, dem Hauptmanne der Gesellschaft zum Greifen, sich gegen den dasigen Domherrn, Symund von Binstingen, verbündeten, um denselben wegen der vielen Zugriffe, Raubereien und Beschädigungen, die er mit seinen Helfern und Mitrittern, ihnen und ihren armen Leuten seither zugefügt hatte, zu bemüthigen und zu züchtigen, wozu der Prälat, unser Herr und jene Gesellschaft, jeder 20, die Stadt aber 30 gute „gewappente" redliche Leute und nach Bedarf auch noch mehr stellen sollten [620]). Diese Fehde begann wirklich, allein sie ward durch die Bemühungen des Grafen Johannes zu Mörs-Saarwerden und Heinrich's von Binstingen, nach Verlauf von vier Wochen vermittelt und gesühnt, alle gegenseitigen Thätlichkeiten und Zugriffe wurden verziehen und vergeben, die beiderseitigen Gefangenen entlassen u. s. w. [621]).

Ludemann IV. erkaufte auch damals von Jacob, Martin und Dyemar Bogener aus Weissenburg die Hälfte des ihnen eigenthümlich zustehenden Dorfes Schaffhausen, sammt dem,

---

619) Diser brieff ist geben vff den nehsten zinstag vor sant Johans Baptisten dag den man zu latein nennet nativitas. Des Jors 2c. 1426 Jore.

620) Der geben ist vff Sant Matheus des Heligen Aposteln und Evangelisten tage In dem Jore 2c. 1426 Jare.

621) Der geben ist vff die nehste mitwoch nach sant Lucas dage des heiligen evangelisten. In dem Jare 2c. 1426 Jare.

was dazu gehörte, um 400 gute rheinische Gulden ⁶²²), und einige Wochen später verglichen sich die Brüder Adolf und Hanns zum Trübel, des seligen Herrn Reinbolt's, eines Ritters, Söhne, mit demselben und verzichteten auf die vier Fuder Weins zu Balborn, womit sie Kurfürst Ludwig IV. 1424 beliehen hatte ⁶²³), zu Gunsten des lichtenberger Hauses, welchem jenes Lehen rechtlich zustand ⁶²⁴). Im folgenden Jahre ward auf Anstehen des Hanns von Kirweiler durch den Hofrichter, den Grafen Rudolf von Sulz, des rotweil'schen Gerichts ohnmächtige Acht über unsern Herrn, sowie über Heinrich von Tiefenau, ausgesprochen, jener Hanns in der Geächteten Güter eingewiesen und darauf mehreren Fürsten, Grafen und Adelichen der Auftrag ertheilt, letzteren in dem Besitze dieser Güter zu schirmen ⁶²⁵). Einige Monate nachher erhielt Ludemann IV. für sich und seine Erben von dem Kurfürsten Ludwig den pfälzischen Theil an Huneburg als Mannlehen mit der Auflage, die Amtleute und Diener der Pfalz jederzeit daselbst frei ein- und ausreiten zu lassen ⁶²⁶), und im folgenden Monate verband sich derselbe mit den Grafen Emich VI. von Leiningen und Johann von Mörs-Saarwerden, zu gegentheiligem Beistande, hinsichtlich ihrer Forderungen an Herrn Walther von Geroltseck und an dessen Söhne ⁶²⁷).

---

622) Der geben wart vff Mitwuch nest nach sant Michels tage des Heiligen ertzenzels. In bem Jare ic. 1426 Jare.

623) Geben zu Hagenauwe Off den Samßtag sand Gallen tag ic. 1424 Jare.

624) Der geben ist des nehsten Dunrestages vor sant Symon vnd Judas dage der heiligen zwölffbotten des Jares ic. 1426.

625) Geben an dem nehsten Dunrstag vor dem Sunnentag als man in der hailigen kirchen finget Cantate Nach Cristi geburt ic. 1427 Jare.

626) Datum Sels Sabbato post bti Jacobi apli Anno dni 1427mo.

627) Der geben warb des nehsten Sondags noch vnser lieben frauwen dag Assumpcionis zu latine, Des Jars ic. 1427 Jare.

Wir haben schon einigemal des bei Hornbach gelegenen und von Lichtenberg zu Lehen rührenden Dorfes Schweigen gedacht, das der Lehensträger, Gerhart von Flersheim, genannt Monsheimer, bereits mehrmals und auch jetzt wieder an Hanemann von Bitsch und an Alheim Eckbrecht von Dürck= heim für 300 fl. verpfändet hatte, daher er 1428 unserem Dynasten die Versicherung ausstellte, dasselbe in Zeit von 6 Jahren wieder einzulösen⁶²⁸). Dieses und das folgende Jahr waren die verhängnißvollsten für letzteren, da sich in jenem der Kampf der Stadt Straßburg mit dem elsässer hohen und niederen Adel oder, wie sie sich nannten, mit der vereinigten Ritterschaft, mit noch größerer Heftigkeit und Bitterkeit, wie seither, erneuerte, woran auch Ludemann, den früher eingegangenen und oben erläuterten Bündnissen gemäß, ebenfalls und zwar den thätigsten Antheil nahm. Sämmt= liche Bundesglieder und unter diesen der Hauptfeind Straß= burgs, der unruhige Bischof Wilhelm, widersagten auf dessen Anstiften dieser Stadt an einem Tage, nämlich der Markgraf von Baden, der Herzog zu Lothringen, der Graf von Salm, nebst noch vielen anderen Grafen, Dynasten und Edeln. Unsere Herren von Lichtenberg waren nun, wie uns bekannt ist, Obervögte zu Straßburg, sie waren daselbst eingebürgert und lebten bisher größtentheils auf freundschaftlichem Fuße mit dem dortigen Rathe und den Bürgern, so daß sie sogar, wegen ihrer überrheinischen Besitzungen, die daselbst befind= liche Rheinbrücke, sowohl bei Tage, als auch bei Nacht, un= gestört benutzen durften. Nachdem also die erwähnten Herren den Straßburgern widersagt und Fehdebriefe zugesandt hatten, sammelten sie ihre zahlreichen Manne, Diener, Reisige und Helfer und theilten dieselben in drei Haufen, um die Stadt zu überrumpeln; zwei Heerhaufen lagen auf der linken Rhein= seite im Verborgenen oder im Hinterhalte und den dritten

---

628) Der geben ist uff Durnstag nach dem sondage oeli. Des Jors rc. 1428 Jore.

sollte Herr Ludemann IV. vom rechten Rheinufer über die Brücke führen, sich derselben bemächtigen, und während dann die Bürger sich dahin wenden und so die Landseite der Stadt von Mannschaft entblößen würden, sollten die beiden anderen Haufen aus ihrem Verstecke hervorbringen und sich der wohl festen, aber schwach vertheidigten Mauern bemächtigten; dies war der kluge Anschlag, den die Verbündeten entworfen hatten und der ihnen beinahe gelungen wäre, oder wie es in der Erzählung der Kriegsschicksale Ludemann's heißt, „als auch „beynahe was geschehen". Derselbe kam nämlich mit seinen Leuten an die Brücke und schickte seinen Koch als Vorreiter voran, damit man sie, wie früher oft geschehen war, hinüber= lassen sollte, „also vermeinten die Bruckenhütter aber zu thon „vnd thetten die Bruck auf, da fingen sie die Bruckhütler „vnd hielten die vor Reutter die Bruck auf, biß der Hauf „auch auf die Bruck kame, behielten also die Bruck Inen". So weit war also der Plan geglückt, allein die Bewohner Straßburgs eilten sogleich auf die gewaltsam überfallene und besetzte Rheinbrücke zu und drängten die Feinde über die= selbe zurück, und in demselben Augenblicke, als die zwei „heimlichen versteckten Harste oder Hauffen" gegen die Stadt anrücken sollten, kam ein Edelmann, der nach der Stadt reiten wollte, an den Hinterhalt, witterte Unrath, jagte stadteinwärts über ein hölzernes Brückchen, warf dasselbe schnell ab, so daß der Heerhaufen „nit bald ober mochte „komen"; derselbe warnte die Bürger, es entstand allge= meiner Lärmen und Aufstand, so daß der Anschlag ihrer Widersacher bald vereitelt und die Stadt glücklich gerettet ward [629]); dies geschah im September des Jahres 1428.

Demungeachtet wurde aber der Krieg mit der größten Anstrengung und Erbitterung von beiden Seiten fortgeführt und dabei besonders das dem Bisthume zugehörige und den Straß=

---

[629] Aus dem gleichzeitigen Berichte über die Kriegsbegebenheiten Ludemann's IV. Siehe auch Strobel's Geschichte des Elsasses III, 144 bis 146.

burgern verpfändete Städtchen Oberkirch durch die Verbündeten hart belagert und demselben stark zugesetzt, bis endlich die Bürger im April 1429 mit gesammter Macht ausrückten, die Belagerer verdrängten und das Städtchen erretteten. Während dieser Vorgänge ereignete sich jenseits des Rheins, wo dieser Kampf ebenfalls unausgesetzt wüthete und sehr großen Schaden anrichtete, in dem Amte Lichtenau folgende gräßliche Begebenheit. Die Straßburger waren nämlich in dieses Amt eingefallen, hatten schon sieben lichtenbergische Dörfer in Asche gelegt und kamen auf diesem Zuge auch nach Bischofsheim, wo die Bauern den Kirchhof mit einem Verhaue umgeben und den Kirchthurm besetzt hatten, und als dieselben aufgefordert wurden, sich zu ergeben, oder Kirche und Thurm würden in Feuer aufgehen, übergossen sie die Städter mit Verwünschungen, Hohn und Spott, lachten der Drohung, schossen sogar vom Thurme herab und tödteten einen vom Adel. Die Straßburger setzten also über den Verhau, zündeten die Kirche an und da sich zufällig in dem Thurme viele Lebensmittel an Speck, Schmalz u. dergl. befanden, die von dem Feuer ergriffen wurden, gerieth derselbe ebenfalls in Brand; die darin befindlichen Bauersleute konnten nun nicht mehr herunter kommen und starben sämmtlich eines jämmerlichen Todes, indem mehrere, die sich durch einen verzweifelten Sprung retten wollten, von den Spießen der Bürger aufgefangen, über 60 aber eine Beute des glühenden Elementes wurden. Dieser schauderhafte Vorgang machte auf unseren Ludemann einen tiefen, schmerzlichen Eindruck; auch ließen ihm seine Bundesgenossen die verheißene Hülfe nicht zukommen, und da er zudem sein verwüstetes Land ansah oder, wie es heißt: „es ging fast ober „sein Lant", so söhnte er sich um's Osterfest mit denen von Straßburg aus. Als dies die verbündeten Herren vernahmen, beschuldigten sie ihn, er hätte gegen sein gegebenes Versprechen gethan und seinen geschworenen Eid gebrochen, „dz wolten sie anden", und da er deswegen mit Recht noch mehr Nachtheil für sich und sein Land besorgte und befürchtete, so trat er die Regierung des lichtenberger Gebietes an seine beiden Söhne, Jakob und Ludwig V., ab, welcher Schritt ihn aber dermaßen angriff und ihn so sehr bekümmerte, „bz er etliche „zeit wanwitzig was, doch letztzlich wol wieder bej sich selbs „kame" [630]). Der durch diese Streifzüge über manche Gegend des schönen blühenden Elsasses verbreitete Jammer, der Mangel an Lebensmitteln und das übrige unausbleibliche Gefolge der Kriegsfurie stimmten indessen endlich die Gemü- ther beider Theile der Stadt, sowie der Fürsten, Grafen und Herren, zur Versöhnlichkeit und zum Frieden, der dann auch durch die Bemühungen des mainzer Erzbischofs im Mai 1429 in Speyer zu Stande kam.

Nach geschlossenem Frieden sprach der Bischof Wilhelm unsern Dynasten, weil er die Herrschaft seinen Söhnen über- geben hatte, auf seine Bitte des mit ihm und den übrigen Fürsten und Herren geschlossenen und beschworenen Bündnisses gegen die Stadt quit, ledig und los, jedoch behielt er sich noch seine Rechte an die Gefangenen vor, die der Lichten- berger den Straßburgern abgenommen hatte [631]). Schwerer hielt es, eine Aussöhnung des Markgrafen Bernhart mit seinem Eidame Ludemann IV. und mit dessen Söhnen zu bewirken, was erst 17 Tage später, am 28. März, gelang. Vorerst konnten die drei erwählten Schiedsmänner, Friederich und Heinrich von Fleckenstein, nebst Bechtolt Crantz von Geispoltzheim, die beiden hartnäckigen Gegner, am Vormittage nur über einen Punkt ihrer Irrungen und Spänne vereinigen, nämlich über die straßburgischen Gefangenen, die eigentlich auch theilweise dem Markgrafen zugehörten und denen aber unser Herr ihre Pferde, Harnische und Wehr, sammt ihrer sonstigen Habe, allein abgenommen hatte, welche Ansprüche endlich mit kurzen Worten so gehoben wurden: dieselben

---

630) Aus dem Anm. 629 erwähnten Berichte; s. Strobel III, 147 u. 148.
631) Der geben ist des nehsten zinstages vor dem heilgen pfingest- tage. Des Jares 2c. 1429 Jare.

sollten auf eine Urfehde hin ihrer Haft entlassen werden⁶³²). Ueber den anderen, viel wichtigeren Gegenstand, ein Viertheil an der Stadt Ingweiler betreffend, den, wie wir bereits wissen, der Eidam seinem Schwäher schon vor Jahren eingeräumt hatte, ward an demselben Tage noch heftig gestritten, ohne daß, weil die Söhne vermuthlich gegen diese Verschreibung ihres Vaters Einwände machten und sie nicht halten wollten, ein gütlicher Abschluß erzielt werden konnte, bis man endlich den Vorschlag machte, zu den obengenannten drei lichtenbergischen Thädingsleuten noch zwei, mit Namen Gerhart Schaub und Ulrich Bock, sowie auf markgräflicher Seite ebenfalls fünf Vertrauensmänner zu erwählen, nämlich Johann von Mulnheim, Ritterhofmeister, Wirich von Hohenburg, Syfrit Pfauwe von Riepur, Bernhart von Schauwenburg, Vogt zu Baden und Peter von Windeck, denen es dann am Nachmittage glückte, die Habernden folgendermaßen zu vereinigen: der Markgraf solle in lebenslänglicher Nutznießung des ihm eingegebenen vierten Theils an Burg und Stadt Ingweiler, nebst allen Rechten und Zuständigkeiten bleiben, unbehindert durch Ludemann IV. oder durch dessen Erben; nach Bernhart's Absterben falle indessen das Viertheil jener Stadt an dessen Sohn Jacob, jedoch nur auf Lebenszeit und so auch wieder an dieses Markgrafen Sohn, Karl, und erst nach dessen Ableben sollte Ingweiler erblich und ungetheilt an den lichtenberger Stamm zurückkehren; zum Schlusse setzte man noch fest: Junker Ludemann hätte die Regierung, Land und Leute „mit aller gewaltsamy" in die Hände seiner Söhne übergeben und sich „von der werlte „getan", bei welcher Anordnung es auch künftig verbleiben solle; würde aber jener gegen Erwarten die Herrschaft Lichtenberg wieder „zu siner hant vnd gewaltsamy nemen", so sollten dann dem Markgrafen auf's Neue alle seine Rechte,

---

632) Der geben ist off Samßtag nach vnsers hren fronlichamstag des Jars rc. 1429 Jare.

Ansprüche und Forderungen an denselben, wie vor dieser Vereinbarung, zustehen⁶³³), und da nun auf solche Weise jeder bisherige Anstand gehoben und alles friedlich ausgeglichen war, so gelobten jener Markgraf und sein Sohn Jacob auf's Neue den Frieden daselbst mit Jacob, dem ältesten Sohne Ludemann's IV.⁶³⁴). Letzterer besiegelte als früherer Theilhaber des Burgfriedens denselben ebenfalls noch mit, allein er nannte und schrieb sich seitdem nicht mehr, wie früher, Herr zu, sondern von Lichtenberg, und dessen Sohn Jakob mußte sich in jenen beiden Verträgen noch besonders verbindlich machen, daß sein Bruder Ludwig V., sowie er zu seinen Jahren komme, dieselben ebenfalls gutheiße und besiegle.

Nachdem Herr Ludemann, wie gesagt, seinen Söhnen die Herrschaft Lichtenberg zugestellt hatte, traf er mit denselben im Monat August eine Uebereinkunft wegen seiner Bedienung und wegen dessen, was ihm zu seiner Lebsucht jährlich geliefert werden mußte; seinen ständigen Wohnsitz sollte er in der Burg zu Buchsweiler haben; dann bekam er zwei Edelknechte als Leibdiener, deren jeder jährlich 10 Pfund Pfenninge erhielt; ferner vier andere Knechte und unter diesen einen Koch, jeder mit einem Jahreslohn von 6 Pfund Pfenningen, und eine Magd zu 3 Pfund Pfenningen jährlich; zu seinem Unterhalte wurden ihm jedes Jahr gegeben: 80 Viertel Korn und 12 Viertel Waizen, 4 Fuder guten und 5 Fuder geringeren Weines, 50 Pfund Pfenninge für Fleisch; Wildpret, Fische, Hühner und Tauben aber zur Genüge, weiter noch 50 Pfund Pfenninge für Kleidung und sonstige Bedürfnisse, und endlich mußten noch vier Pferde für ihn gehalten werden, denen man hinlängliches Futter aus den

---

633) Geben uff Samßtag nach unsers herren fronlichamsdag. Des Jars ꝛc. 1429 Jare.

634) Der geben ist uff den Samstag nach unsers herren fronlichams dag Anno domini 1429ⁿᵒ.

herrschaftlichen Gefällen reichte⁶³⁵). Er überlebte den ihn zuletzt betroffenen Unfall nur noch um einige Jahre, denn er starb in der Zurückgezogenheit am 28. August 1434 und fand seine Ruhestätte in der Kirche zu Ingweiler, wo ihm seine Söhne ein schönes, jetzt ebenfalls nicht mehr vorhandenes Grabmal errichten ließen⁶³⁶). Von seinen ehelichen Verhältnissen sind wir schon hinreichend unterrichtet, denn er vermählte sich nach langer Zögerung, deren Hauptgrund wir nachher in seinen natürlichen Kindern entdecken werden, im Jahre 1409 mit Anna, einer Tochter des Markgrafen Bernhart zu Baden, welche eine Heim- oder Aussteuer von 8000 fl. erhielt, von denen 6500 auf die Hälfte der, ihrem Vater um dieselbe Summe von dem von Rappoltstein versetzten, Burg und Stadt Gemer verlegt wurden, der Rest mit 1500 fl. aber baar erlegt ward. Ludemann IV. hingegen verschrieb seiner Gattin für Wiederlegung ihrer Mitgift und zum Witthum 16,000 fl. und verwies diese Summe auf die zwei Aemter Lichtenau und Willstätt jenseits des Rheins mit ihrem ganzen Begriffe, „es sy obersyt, oder vnbersyte der „Werhage gelegen"⁶³⁷). Dieser Ehe waren nur zwei Söhne entsprossen, Jakob, der am 25. Mai 1416, und Ludwig V., welcher am 12. Mai des folgenden Jahres das Licht der Welt erblickte. Ueber das Hinscheiden seiner Gattin Anna und deren Begräbnißort fehlen alle Nachrichten.

Derselbe hatte vor seiner Vermählung die Freuden des Lebens schon in reichem Maaße genossen, denn 1417 gab er sein uneheliches Töchterlein Dina oder „Dynlin" seinem lieben getreuen Manne und Diener, dem festen Edelknechte

---

635) Datum Montags vor Sant Bartholomei 1429.

636) Mit folgender Inschrift: ANNO DNI MCCCCXXXIIII. FERIA SEXTA POST DIEM BARTHOLOMEI OBIIT NOBILIS AC GENEROSUS DOMICELLUS LUDOWICUS DNS IN LICHTENBERG CUIUS AIA REQUIESCAT IN PACE.

637) Der geben ist zu Baden off den nehsten Samstag vor dem Sontag als man singet In der heiligen kirchen Vocem Iocunditalis In dem Jare ꝛc. 1409 Jare.

Hanns Meygen von Lamoßheim zur Ehe und steuerte sie
mit 600 Goldgulden, zahlbar in zwei Zielen, aus, wofür er
seine sämmtlichen Amtleute und Vögte zu Bürgen setzte und
folgenden natürlichen Beweggrund dazu angab: „wie wol dann
„dieselb vnser bohter nit andern Erbes, danne vnsere gnade
„vnd fruntschafft von vns wartende ist vnd wir doch solche
„liebe vnd truwe zu ir habent, das wir sye gerne versorget
„vnd one Mangel wustent" 638). Seine andere natürliche
Tochter, Margaretha, verheirathete er 1425 an den Edelknecht
Wilhelm von Mittelhus, gab derselben eine baare Heimsteuer
von 400 Pfund Pfenningen mit, und ihr Mann verschrieb
ihr auf seinen eigenen Gütern zum lebenslänglichen Witthum
eine jährliche Korngülte von 81 Vierteln und 3 Pfund 9
Schillinge Pfenningzinse 639), wodurch also auch diese unter-
gebracht und versorgt war.

4) Jacob und Ludwig V. bis zur vollzogenen Theilung 1440.

Zur Zeit der Abdankung des Herrn Ludemann IV.
hatten dessen Söhne, Jacob und Ludwig V., jener das dreizehnte, dieser aber erst das zwölfte Jahr erreicht, und da sie
demnach zu schwach und unfähig waren, um ihre ansehnlichen
Herrschaften, Land und Leute selbstständig regieren und ver-
walten zu können, so übernahm der Graf Friederich von
Mörs-Saarwerden, auf dringendes Anhalten ihres Vaters,
sowie auf die inständigen Bitten der lichtenbergischen Manne
und Diener und auch aus verwandtschaftlicher Freundschaft,
weil der älteste Sohn, Jacob, des Grafen Tochter, Walpurg,
zur Ehe nehmen sollte, vom heutigen Tage anfangend, auf

---

638) Vnd wart diser brieff geben off die nehste Mittwuche Nach
vnser lieben frowen dag, ben man zu latine nennet Assumpcionis Marie.
Des Jars rc. 1417 Jare.
639) Der geben ist des nehsten menbags noch vnser frowen dage
Natiuitatis zu latine des Jores rc. 1425 Jare.

fünf Jahre lang die Vormundschaft über die Söhne, sowie über deren Gebiet und machte sich zugleich in solcher neuen Eigenschaft und an demselben Tage gegen ihren Vater verbindlich, dasjenige, was ihm zu seinem Lebensunterhalte bestimmt worden wäre, müsse genau gehalten und pünktlich geliefert werden, ja wenn er damit nicht auskommen würde, so werde er „bestellen Jme ye den vollen zu dun, so das „er vnd die obgerürten personen an sollicher lipnarung nit „bresten haben vngeuerlich", auch wolle er nach vollendeter „Montparschafft" seine Söhne nicht eher zur Regierung kommen lassen, sie hätten denn vorher ihrem Vater wegen dessen jährlichen Leibesnahrung eine genügende briefliche Versicherung ausgestellt [640]).

Die oben erzählten vielen Kriegszüge Ludemann's IV. und die damit verknüpften erheblichen Beschädigungen hatten nothwendiger Weise die Veranlassung zu vielen Unordnungen in der Verwaltung des Landes gegeben, vorzüglich aber auf die finanziellen Zustände des früher so blühenden lichtenberger Hauses und Gebietes äußerst nachtheilig eingewirkt, daher der Vormund, Graf Friederich, sein Haupt-Augenmerk darauf richtete, nicht nur die bisher eingerissenen Mißstände abzustellen und den angerichteten Schaden zu heilen, sondern auch zugleich die verloren gegangenen Gerechtsame und Güter nach Möglichkeit wieder beizubringen, wie wir aus folgenden Handlungen, die uns aus der Zeit seiner Vormundschaft bekannt geworden sind, ersehen werden. Einige Tage nach obigen Verträgen übergab er dem Wilhelm von Mittelhausen, wegen dessen der Herrschaft Lichtenberg seither erwiesenen vielen und getreuen Dienstleistungen, das Haus Ingenheim, sammt seinen Zubehörden, zur Bewachung, wofür er jährlich und bis zum Absagen, 25 Pfund Pfenninge, 10 Viertel Korn,

---

[640] Diese beiden Urkunden datiren: Geben des nehsten Menbages vor sant Bartholomeusdage des heiligen zwolffbotten des Jors zc. 1429 Jore.

1 Fuder Wein und 4 Fuder Heu, nebst freier Wohnung erhalten sollte⁶⁴¹). Die an den Grafen Symon III. von Bitsch vermählte Schwester Ludemann's, Hildegart, hatte von der, ihr bei ihrer Verehelichung auf Lichtenau verschriebenen, jährlichen Rente von 100 Gulden, ehe sie dieselbe ihrer Tochter Adelheid, der Gattin des Grafen Konrad von Fürstenberg, als Ehesteuer mitgab, noch 700 Gulden rückständige oder versessene Zinsen an ihre Familie zu fordern, daher unser Vormund mit derselben 1430 ein Abkommen traf, vermöge dessen sie 300 Gulden an ihrer Forderung nachließ, dahingegen ihr aber der Rest in Zeit von vier Jahren aus den Einkünften der Aemter Ingweiler und Buchsweiler jährlich mit 100 Gulden auf jeden Sanct Martinstag bezahlt werden sollte⁶⁴²). Einige Wochen nachher mußten sich, aus Auftrag des rührigen Montpars Friederich, die lichtenbergischen Manne und Amtleute pflichtig machen, die dem Markgrafen zu Baden, von der Herrschaft Lichtenberg her, schuldigen Summen und zwar nach dessen ausdrücklichem Willen und Anweisung an Dietrich von Hohenstein 253 Gulden 4 Schillinge und 2 Pfenninge und an Heinrich von Landsberg 155 Gulden auf nächste Mitfasten zu entrichten⁶⁴³), was auch nach Angabe der vorhandenen Quittungen zur bestimmten Zeit geschah, wodurch unser innerer Haushalt nach und nach immer besser geordnet ward⁶⁴⁴). Auch Reinhart von Flehingen hatte eine ansehnliche Geldforderung an Lichtenberg, daher er sich nach der Uebergabe der Herrschaft an die zwei Söhne und nach der Einsetzung eines Vormundes wegen seiner Bezahlung an letzteren wendete, der ihn jedoch

---

641) In dem Jair vnssers herren 1429 vp sente Bartholomeus auont des heilgen Apostels.

642) Der geben ist des Sondages noch der heilgen drier könige dag noch winahten des Jares 2c. 1430 Jare.

643) Der geben ist off mittewoche nehst noch vnser lieben frowen dag purificationis zu latine Anno dni 1430ᵐᵒ.

644) Der geben ist off Mittewoch noch dem Sondage den man nennet Letare Anno dni 1430ᵐᵒ.

ersuchte, sich damit noch bis zum nächsten Johannistage zu gedulden. Er wartete diese Frist ruhig ab und ließ sich auch durch Friederich von Fleckenstein, der überhaupt ein treuer Gehülfe des Grafen von Mörs in seinen Bestrebungen für das Beste unserer Familie war, abermals bis auf Maria Geburt vertrösten, allein als auch an diesem Tage seinem Begehren noch nicht entsprochen war, so sah er sich mehrere Wochen darauf genöthigt, den Vormund schriftlich zu bitten, „da mir solichs forter zuuerziehen fast zu swere were nach „solichem großen schaden so ich des genommen han vnd noch „tegeliches nemmen", den eingegangenen Verpflichtungen nach= zukommen, oder er müsse sonst die Bestimmungen seiner be= siegelten lichtenbergischen Verschreibungen vollziehen lassen⁶⁴⁵), und wahrscheinlich erfolgte hierauf die Berichtigung dieser Schuld, indem uns von späteren Ansprüchen nichts mehr kund geworden ist.

Schwierigere Ansprachen und Irrungen hatten sich in= dessen von Seiten Ludemann's IV. mit Hanns von Lutzelnburg ergeben, die auch bereits in Thätlichkeiten übergegangen und bisher noch nicht untersucht und gesühnt waren, welche der Vormund gleichfalls beizulegen suchte. Man vereinigte sich endlich dahin, jeder der streitenden Theile möge zwei unpar= theiische Männer stellen, die über solche Zerwürfnisse ein gründliches Gutachten abgeben sollten, und zum gemeinen Mann wählten aber beide Partheien jenen Friederich von Fleckenstein, der nach den vorher vernommenen Ansichten von Fürsten, Herren, Rittern und Knechten, sowie gestützt auf die Gutachten der Zusatzleute, darüber das Endurtheil sprechen sollte, dem sich auch alle Betheiligten unbedingt unterwerfen müßten⁶⁴⁶). Da es sich hierbei hauptsächlich um zwei Klag= stücke handelte, nämlich Hanns von Lutzelnburg habe unserer

---

645) Geben vnder mym Ingesigel vff Dinstag fur sant Bartholo= meustag anno etc. XXX⁰.

646) Der geben ist vff dinstag vor sant marien magdalenen dag Anno dni 1430ᵐᵒ.

Herrschaft durch Zugriffe und Raub großen Schaden zugefügt und dann wegen eines Gutes zu Kirweiler, das beide Theile in Anspruch nahmen, so ließ man unserer Seits eine gerichtliche Kundschaft über letzteres aufnehmen, die ganz zu Gunsten der Lichtenberger ausfiel[647]). Die Schiedsleute derselben wiesen nun zuerst nach, der genannte von Lutzelnburg hätte, nebst anderen seiner Spießgesellen, die Herrschaft unredlicher Weise überfallen und sie sehr beschädigt, was er nothwendiger Weise alles wieder ersetzen müsse, und bezüglich des Gutes in Kirweiler spreche die Kundschaft ihrem Herrn mehr denn dreißigjährigen Besitz und Genuß zu[648]). Die gegentheiligen Zusatzmänner gaben hinsichtlich der angerichteten Beschädigungen wohl zu, Herr Hanns habe dadurch allerdings unrecht gethan und könne demnach auch die „nome", d. h. das geraubte Gut, unmöglich mit Ehren behalten, allein auf einen sonstigen Schadenersatz wollten sie jedoch nicht eingehen, und des Gutes wegen sei ihre Parthie ganz in ihrem Rechte, denn der selige Wirich von Lutzelnburg hätte dasselbe seiner, mit Werlin von Honewilre verehelichten Tochter Else als Heirathsgut mitgegeben und zum Witthum verschrieben und von dieser sei dasselbe rechtlich an den gedachten Hanns vererbt worden; auch habe das Haus Lichtenberg niemals Ansprüche darauf erhoben. Dies Alles sei vorher geschehen, ehe Junker Ludemann IV. jene Besitzung mit Beschlag belegt und sich zugeeignet hätte, daher die Herrschaft Lichtenberg verpflichtet sei, dem fraglichen Hanns dieselbe mit ihren Zubehörden wieder einzuräumen und ihm zugleich die bisherige Nutznießung davon zu vergüten[649]). Nachdem nun der „gemeine" (gemeinschaftliche) Mann von Fleckenstein von

---

647) Der geben ist des Nehsten Menhages vor sant Matheus dag des heiligen zwölffbotten vnd evangelisten. Anno domini 1430mo.
648) Der geben ist des nehsten fritages nach sant martins dag des heiligen Byschofes. Des Jores ꝛc. 1430 Jore.
649) Der geben ist off durnstag vor sant eilsabethen dag In dem Jore ꝛc. 1430 Jore.

diesen beiden Gutachten Einsicht genommen und auch darüber die Meinungen angesehener und weiser Männer eingeholt und vernommen hatte, fällte er auf seinen Eid folgenden Spruch: Herr Hanns müsse nicht allein den genommenen Raub zurückgeben, sondern auch noch den dadurch und auf sonstige Weise angerichteten Schaden vollständig vergüten, und da derselbe nicht urkundlich nachgewiesen habe, jener Werlin und seine Hausfrau Else seien im rechtlichen Besitze des kirweilerer Gutes gewesen, dagegen aber aus versiegelten Kundschaftsbriefen unwiderleglich hervorgehe, Winrich von Lutzelnburg und seine Gattin hätten das fragliche Gut besessen und innegehabt, bis auf die Zeit, da Junker Ludwig IV. es „mit „gerichte angeclaget herkobert vnd gewonnen hat vnd ouch „so lange Jore vnd zyte inbesesse gehabt vnd herbracht hat, „one rechtliche ansproche", so wurde es letzterem ebenfalls zum alleinigen eigenthümlichen Besitze zugesprochen und damit war auch dieser verdrießliche Handel beigelegt[650]).

Der Vormund, Graf Friederich, kaufte 1431 einigen königlichen Dienern, denen König Sigmund mehrere, zuverlässig lichtenbergische, Reichslehen, z. B. die Weingülte in Balbeborn zu 7½ Fuder, Trenheim halber, nebst 4 Fuder Wein von Zehnten daselbst und 32 Viertel Korn- und Hafergülte, sammt dem Fischwasser zu Roppenheim, auf ungerechte Weise übertragen hatte, ihre Rechte, Lehenbriefe und Ansprüche, um die Summe von 650 fl. zu Gunsten seiner Mündel ab[651]), worauf dann die zwei königlichen Lehenbriefe für letztere ausgefertigt wurden[652]). Derselbe Vormund brachte auch nachher noch eine andere Geldangelegenheit in Ordnung, denn die Gräfin

---

650) Der geben ist uff Samstag nehst noch sant Antbonien dag. In dem Jore rc. 1431 Jore.

651) Der geben ist am Sontag in der vasten als man singet Reminiscere rc. 1431 Jaren.

652) Deren Datum stehen: Geben zu Nürnberg 1431 des nebsten Sondags vor sant gregorien dage, und: an mittwochen vor dem Sondage ocli in der vasten.

Adelheid von Fürstenberg, eine Tochter der an Zweybrücken-Bitsch vermählten Hildegart von Lichtenberg, hatte nach ihres Gatten Tode noch 1100 Gulden versessene Zinsen vom Amte Lichtenau und 1000 fl. Ehesteuer, von ihrer Mutter her, an unsere Familie zu fordern, über deren Berichtigung jener folgende Vereinbarung mit derselben abschloß: an der ersteren Summe ließ sie 700 fl. nach, so daß ihre ganze Forderung jetzt nur noch 1400 fl. ausmachte, welcher Betrag ihr in den auf einander folgenden 14 Jahren, mit 100 fl. jährlich aus den Einkünften der Aemter Buchsweiler und Ingweiler, entweder in Offenburg oder in Gengenbach, auf Martini baar erlegt werden sollten; würde aber die Bezahlung nicht zur bestimmten Frist erfolgen, so sei der gestattete Nachlaß von 700 fl. von selbst wieder aufgehoben und alles sollte dann nur den Hauptverschreibungen gemäß gehalten werden[653]).

Es scheint, als sei der älteste Sohn Jacob mit seinem fünfzehnten Jahre bereits für mündig erklärt worden, wie er denn auch in diesem zarten Alter schon vermählt war; denn er gelobte 1431 mit Petermann und Friederich von Kützelsheim, für sich und in seines Bruders Ludwig V. Namen, den Frieden zu Arnsburg[654]), und einige Monate darauf machte dessen Oheim, der Markgraf Jacob zu Baden, einen Vertrag zwischen demselben und seinem Schwager, dem Grafen Emich VI. von Leiningen, zur Ausgleichung ihrer Spänne über rückständige Gülten und Zinsen zu Brumat; beide sollten ihre gegenseitigen Ansprachen und Forderungen erläutern und einander zuschicken, Junker Jacob nach Hartenburg, der Graf aber nach Ingweiler, worauf sie dann mit ihren Freunden am nächsten Sanct Thomastage vor dem Markgrafen in Ettlingen zu erscheinen hätten, der diese Sache

---

653) Der geben ist zu Straßburg des durnstags vor Sant vitus dage Anno domini 1481mo.

654) Der geben ist des nehsten Mitwochs vor sant Johans Baptisten dage zu Sungihten des Jors 2c. 1431 Jor.

friedlich entscheiden würde ⁶⁵⁵). Demselben Markgrafen leistete unser jugendlicher Herr Jacob 1432 Bürgschaft für 8000 fl. Zugelt zur Vermählung seiner Schwester, der Markgräfin Agnes, mit dem Herzoge Gerhart zu Schleßwig und Grafen zu Holstein ⁶⁵⁶). Wir haben bereits früher vernommen, die Ansprüche derer von Fleckenstein auf gewisse Gerechtsame im Hettgau seien gütlich vertragen worden, allein im Laufe der Jahre hatten sich von Seiten des Heinrich und Hanns von Fleckenstein mit ihrem Herrn, dem Junker Jacob von Lichtenberg, wieder neue Anstände in dieser Beziehung ergeben, daher sich Heinrich der Aeltere von Fleckenstein sogleich bemühte, dieselben, ehe noch weitere Unannehmlichkeiten daraus entstehen möchten, folgendermaßen beizulegen: dem früheren Vertrage gemäß sollten das hohe Gericht und das Herbergsrecht in jenem Gaue den Lichtenbergern allein zustehen, beide aber die übrigen Gefälle und Nutzungen daselbst in Gemeinschaft zu genießen haben, allein (dies war der streitige Hauptpunkt, der nun so erläutert wurde) alle sonstigen Rechte und Einkünfte in den Dörfern und Gerichten des Hettgaues, außer jenem Hochgerichte und der Herbergsgerechtsame, sollten auf's künftige, ohne allen Einspruch und Widerrede, beiden Theilen gleichheitlich oder jedem zur Hälfte zustehen; auch seien die Bewohner jenes Gaues denen von Fleckenstein jährlich 30 „enger wagen" und hundert Mannsfrohnden zu leisten schuldig, deren Entfernung zugleich genau bestimmt ward; man schloß diese Vereinbarung auf sechs Jahre lang, nach deren Verlaufe es jedem der zwei Herren unbenommen sei, dieselbe ein Vierteljahr vorher aufzukünden, worauf dann beiden ihr früheres Recht wieder gebühren sollte. Wegen dessen, was Junker Jacob seit dem Beginne dieses Zwistes an Gefällen eingenommen habe, worauf die Fleckensteiner ebenfalls An-

---

655) Der geben ist zu Durlach uff sant Calirtustag, deß heyligen Babstes. In dem Jare ꝛc. 1431 Jare.

656) Der geben ist zu Baden off den Sontag nach vnsers herren fronlichnamstag, deß Jares ꝛc. 1432 Jare.

sprüche erhoben, wurde nichts entschieden, sondern Jedem gleichfalls sein Recht vorbehalten[657]). In demselben Jahre ertheilte Bechtolt von Drusenheim jenem Jacob die Verwilligung, er dürfe das Dorf Drusenheim, sammt den dazu gehörenden Gerechtsamen am Zolle und am Fahre, jedoch erst nach seinem Tode, von seinen Erben mit 600 Gulden auslösen[658]).

Seit 1433 finden wir auch Ludwig V. als großjährig in Urkunden, denn Hanns von Hittenheim, genannt „Kume „vff", den er gefangen genommen und aber der Haft wieder entlassen hatte, mußte ihm darüber eine Urfehde ausstellen[659]). Sein Bruder Jacob verklagte später den Jacob Richter, Tütschmann geheißen, bei dem königlichen Hofrichter, dem Grafen Johann von Lupfen, Landgrafen zu Stülingen und Herrn zu Hohenack, weil er ihm einige seiner armen Leute „bekumert, „behefft vnd swerlich beschedigt" hätte, worauf der Graf im öffentlichen Gerichte am kaiserlichen Hofe zu Basel demselben auf's ernstlichste gebot, die lichtenbergischen Unterthanen ledig und unbekümmert zu lassen; habe er aber rechtliche Ansprüche an jenen Herrn, so möge er sie vor das kaiserliche Hofgericht bringen[660]). Da sich der Graf Friederich von Mörs nur auf fünf Jahre lang zur Führung der Vormundschaft anheischig gemacht hatte, welche Frist im Jahr 1434 zu Ende ging, so finden wir seitdem die lichtenberger Brüder, Jacob und Ludwig V., selbstständig auftretend und handelnd, allein beide hatten trotz der angestrengten Bemühungen ihres edeln „Montpars" noch mit mancher finanziellen Noth zu kämpfen und noch mehrere Schäden aus den kriegerischen Jahren ihres

---

657) Der geben ist uff den Sondag nach unser lieben frowen dag der liechtmesse. Dez Jores zc. 1432 Jore.

658) Der geben ist vff den nehsten Mentag nach dem Suntag Oculi bo man zalt zc. 1432 Jare.

659) Geschehen vnd geben vff den nehsten fritag noch vnsers herren gotts vffard dag, des Jares zc. 1433 Jare.

660) Des nehsten Donrstags vor Sant Lucientag Nach Cristi geburt zc. 1433sten Jaren.

Vaters zu verbessern. Denn Johannes IV. von Lichtenberg und sein Bruder hatten früher ihren halben Theil an Brumat, nebst drei Theilen an Wiler und der Hälfte Woluisheims, an die Bocke und Museler für 2300 Pfund Pfenninge wiederkäuflich veräußert, daher die Gebrüder Peter und Reinbolt Museler unseren beiden Herren, die sehr gerne wieder in den Besitz jener Stadt zu kommen wünschten, die Hälfte des Antheils ihrer Mutter Susanna an dem vorbemerkten Pfandschillinge mit 650 fl. auszulösen erlaubten[661]), und nach Verlauf einiger Wochen beschworen sie auch mit den übrigen Ritterfamilien, die noch Theil an jener Pfandsumme hatten, den Burgfrieden daselbst[662]).

Unsere Lichtenberger wurden abermals nachlässig in der Erfüllung der gegen ihre Muhme Adelheit, der gräflichen Wittwe von Fürstenberg, 1431 eingegangenen Verbindlichkeiten hinsichtlich ihrer Ehesteuer-Forderung, sammt den davon aufgelaufenen Zinsen, und da seither noch nicht das Geringste daran abgetragen war, so blieb jener und ihrem Sohne Heinrich nichts anderes übrig, als die Brüder Jacob und Ludwig V. deshalb bei dem Hofgerichte in Rotweil anzuklagen und sogar des Reiches Acht über dieselben zu erwirken. Bei solchen ernstlichen Vorgängen dachten sie nun daran, diese gewissenlos vernachlässigte Angelegenheit auf's schleunigste zu ordnen und die daraus entstandenen Zerwürfnisse zu beseitigen, was ihnen auch endlich mit vieler Mühe durch folgende Uebereinkunft von 1434 gelang: Die ganze Forderung betrug jetzt für Ehesteuer 1000 fl., die rückständigen Zinsen davon 800 fl. und die Gerichtskosten 300 fl., also zusammen 2100 fl., die sie nach und nach und zwar jährlich mit 200 fl. jener Wittwe abzutragen versprachen und derselben und ihrem Sohne zugleich dafür ihre Schaffner in

---

661) Diser brieff wart geben off den nehesten Dunrestag noch dem Sontage den man zu latine nennet Quasimodogeniti noch ostern Des Jores ꝛc. 1434 Jare.
662) Der geben ist of den nesten zinstag noch dem mengelage des Jores also man zalte ꝛc. 1434 Jor.

Buchsweiler, Ingweiler und Willstetten, nebst den Einkünften
und Gefällen dieser drei Aemter oder Gerichte selbst, zu
Bürgen und zum Unterpfand verschrieben, worauf auch die
Frau Adelheit von Fürstenberg am nämlichen Tage die Er=
klärung ausstellte: sie sei mit diesem Uebereinkommen voll=
kommen einverstanden, die Acht über jene Brüder sei somit
zugleich aufgehoben und dieselben sollten auch nach geleisteter
Zahlung ihre Verschreibung wieder zurückerhalten⁶⁶³). Dies=
mal hielten letztere Wort, denn wir fanden noch vierzehn
Quittungen jener Wittwe vor, so daß endlich diese alte drü=
ckende Schuld bis zum Jahr 1447 vollständig bereinigt war,
und auch einige leichteren Gebrechen in der mit Baden theil=
weise gemeinsamen Stadt Ingweiler wurden, einem freund=
schaftlichen Schreiben des Markgrafen Jacob zu Folge, in
demselben Jahre friedlich ausgeglichen⁶⁶⁴).

Beide Brüder hatten dem Wirich von Hohenburg und
dem Hanns von Altdorf das Gericht oder auch wohl nur
Stadt und Burg Wörth mit der Befugniß verpfändet, das=
selbe mit eben den Rechten und Freiheiten zu gebrauchen,
wie sie es bisher genossen hätten. Da aber jene Pfand=
herren in der Stadt oder im Amte (was nicht ganz klar
aus der Urkunde hervorgeht) Wörth jährlich 80 Pfund
Pfenninge als Schatzung erhoben, so beschwerten sich unsere
Lichtenberger darüber, weil ihre Unterthanen und Bürger
nicht pflichtig seien, denselben diese neue Auflage zu reichen,
bis endlich beide Theile, die sich in Güte nicht vereinigen
konnten, einem Anlasse gemäß, vor dem Markgrafen Jacob
und vor dessen Räthen zu Baden erschienen, welche letzteren,
nach vielfachem Verhör und genauer Untersuchung, endlich
folgendes Urtheil fällten: seie es den zwei Pfandinhabern
möglich, in Zeit von sechs Wochen durch einige Zeugen in

---

663) Beider Datum steht: Der geben ist uff den nehsten Sondag
noch sant urbans tage des heiligen Babestes, Des Jors ɛc. 1434.

664) Datum Baden feria quinta post festum bti Jacobi apli
anno etc. XXXIIII.

Baden nachzuweisen und zu erhärten, daß die Eigenthums= herren früher nur einmal oder gar öfters und zwar ohne Leibes= und Landesnoth solche Schatzung erhoben hätten, so seien sie ebenfalls berechtigt, ein Gleiches zu thun, weil sie dem Pfandbriefe nach jene Stadt eben so, wie die Herren von Lichtenberg, benützen dürften[665]).

Wie wir aus dem letzten Vertrage von 1430 wissen, hatte die Gräfin Hildegart von Zweybrücken=Bitsch, die Schwester Ludemann's IV. und Muhme unserer beiden jungen Herren, auch noch 700 fl. zu fordern, die ihr seliger Bruder ihr von den jährlichen 100 fl. auf Lichtenau schuldig geblieben war, ehe sie diese Rente ihrer an Fürstenberg verehelichten Tochter Adelheit verschrieb, an welcher Summe sie damals 300 fl. nachlassen mußte; allein sie hatte dessenungeachtet seither nichts von ihrem Guthaben empfangen, bis endlich ihre Neffen im Jahr 1435 gegen eine Quittung von 700 fl. ihr jene 400 fl. erlegten[666]). Junker Jacob belehnte darauf als Aeltester und im Namen seines Bruders den Gerhart von Flersheim, Monsheimer geheißen, mit dem Dorfe Schweigen, das, wie wir schon einigemal vernommen haben, für 300 fl. versetzt und noch nicht eingelöst war, daher die zwei Brüder an demselben Tage dem Lehenträger die Auslösungsfrist auf weitere sechs Jahre verlängerten[667]). Eberhart von Sickingen stellte um diese Zeit auch eine Forderung an unsere beiden Junker, Jacob und Ludwig V., es gebühre ihm nämlich der fünfte Theil an 580 fl., die Ludemann IV. seinem Schwäher, Friedrich, von Fleckenstein, geschuldet hätte und welches Geld von letzterem erblich an seine Frau gekommen sei, wogegen jene einwandten, diese nebst noch mehreren Forderungen und Ansprüchen der Fleckensteiner seien schon längst gütlich aus=

---

[665] Der geben ist zu Baden uff den mitwoch nach des heiligen Crütztag Exaltacio zu latin genant. Des Jars ꝛc. 1434 Jare.

[666] Der geben ist uff den nehsten dornstag nach unsere lieben frouwen tage der liehtmesse Anno dni 1435to.

[667] Beide ausgestellt: Der geben ist uff den nehsten zinstag nach dem heiligen ostertage, des Jors ꝛc. 1435 Jore.

geglichen. Zugleich stellten sie selbst eine nicht unbedeutende Ansprache an den von Sickingen auf, und dieser klagte seinerseits über den Schaden, den er erlitten habe, als beide Herren die Wasenburg erstürmt und eingenommen hätten, was dieselben jedoch in Abrede stellten; kurz beide Theile konnten nicht in Güte auseinander kommen. Da nahm sich zuletzt Heinrich von Fleckenstein der Aeltere dieser Sache an, veranstaltete eine Zusammenkunft zu Lauterburg, und es gelang ihm endlich, den persönlich anwesenden Eberhart, sowie die Freunde der Lichtenberger dahin zu vermögen, daß sie gegenseitig auf alle Ansprüche Verzicht leisteten[668]). Ungeachtet dieser Ausgleichung hatte doch Junker Jacob mit jenem Eberhart wegen einer Schuld von 100 fl. und wegen der Herausgabe eines Hauptbriefes noch zu thun, daher er ihm jene Summe zuschickte und um letzteren schriftlich nachsuchte, würde er sich aber dessen weigern, so erbot er sich, auch diese Angelegenheit durch Heinrich von Fleckenstein den Aelteren und seine Freunde friedlich austragen zu lassen[669]). Es scheint, als hätten Jacob und Ludwig V. die Bestimmung getroffen, der älteste unter ihnen sollte das Lehenswesen besorgen, denn sowie jener, wie wir vorhin hörten, dem von Flersheim sein Lehen ertheilte, eben so ward er selbst in demselben Jahre durch den Bischof Raban mit den speyerischen Lehenstücken beliehen[670]).

Wir haben seither schon mehrfach vernommen, welche verschiedenartige Veränderungen mit der Weingülte zu Balbenborn, einem Reichslehen, vorgegangen waren und wie viele Mühe und Opfer es unsere Brüder gekostet habe, sich in diesem, ihnen rechtmäßig zustehenden Einkommen, das

---

668) Der geben ist uff die nehste mittwoch vor sant Johans baptisten tage zu sungihten, Dez Jors ꝛc. 1435 Jore.

669) Datum die sce Barbare virginis Anno dni etc. XXX quinto.

670) Datum Anno dni Millmo CCCC°. XXX°. quinto uff mitwoch nach unser lieben frauwen dag assumpcionis. Siehe liber feudorum Rabani Epi im karlsruber Archive Fol. 11.

ihnen durch die allerhöchste Gunst oder Ungunst des Reichs=
oberhauptes entweder verliehen oder wieder entzogen worden
war, zu behaupten. Jene Weingülte von 7½ Fudern, sowie
die Hälfte Trenheims mit einer jährlichen Fruchtgülte von
32 Vierteln und das Fischwasser zu Roppenheim, befanden
sich damals in den Händen des Hanns Eberhart Bock von
Staufenberg und des Claus Maler, und da jenen sehr vieles
an der Wiedererlangung dieser Gefälle gelegen war, so er=
richtete ihr Oheim, der Markgraf Jacob zu Baden, einen
Vertrag unter ihnen, kraft dessen letztere darauf verzichteten,
wogegen ihnen aber ein lichtenbergisches Mannlehen von
jährlich 60 guten rheinischen Gulden in den Aemtern Lichtenau,
Buchsweiler und Ingweiler zugesichert ward [671]). Im fol=
genden Jahre wurden beide durch den Kaiser Sigmund mit
einem Privilegium begnadigt, daß nämlich ihre Manne und
Leute, es seien nun Herren, Ritter, Knechte, Bürger oder
Bauern, vor keinen Hof= oder Landrichter geladen werden
dürften, sondern innerhalb sechs Wochen und drei Tagen
durch ihre eigenen Gerichte abgeurtheilt werden müßten; ge=
schehe aber letzteres nicht in der anberaumten Frist, so sei
es ihnen dann gestattet, ihr Recht anderwärts zu suchen"[672]).

Die Grafen von Leiningen besaßen aus dem vinstingi=
schen Erbe die Hälfte Brumats in Gemeinschaft mit den
Lichtenbergern und sie waren besonderer Verschreibungen wegen
verpflichtet, von den dasigen Gülten und Gefällen an letztere
jährlich 56 Pfund Pfenninge abzugeben, was sie aber seit
einigen Jahren verweigert hatten und deshalb mit einander
in Unfrieden lebten. Endlich verglichen sich Graf Emich VI.
und seine drei Söhne, Emich, Schafried und Bernhart, mit
ihren lichtenberger Vettern im Jahr 1436 und sicherten ihnen
die Lieferung jener Jahresrente wieder zu, wodurch die bis=

---

671) Vertrag und Verzicht sind ausgestellt: Der geben ist zu Baden
uff fritag nach sant bvonifien tage Des Jars ꝛc. 1435 Jare.

672) Geben zu Weissenburg in Hungern Nach Crifti gepurd 1436ſten
Jare An sant Agnethen tag der heiligen Junckfrawen.

herige „missellunge vnd zweitracht" beigelegt war⁶⁷³). Obgleich die Wittwe Elisabetha von Geroltseck, eine Tochter Konrab's II. von Lichtenberg, schon früher, 1422, auf ihre Ansprüche an die aus dem Witthume ihrer Mutter Johanna herrührenden Güter zu Buchsweiler u. s. w. Verzicht geleistet hatte, so that sie dies doch abermals im Jahr 1437, „vmb „die liebe vnd truwe" gegen ihre lieben Verwandten Jacob und Ludwig V.⁶⁷⁴).

In demselben Jahre war, als eine Folge von Mißwachs, eine große Theuerung im Elsaße entstanden, daher der Bischof Wilhelm, der Junggraf Emich von Leiningen, Unterlandvogt und die beiden Junker zu Lichtenberg, nebst den Räthen Straßburgs und Hagenau's, damit die Unterthanen in ihren Herrschaften, Reiche und Arme, keinen „mangel vnd bresten „liben", sondern damit im Gegentheil das Korn und die übrigen Früchte in ihren Landen bleiben, folgende zeitgemäße und umsichtige Uebereinkunft in zehn Punkten unter sich trafen. Den Amtleuten, Vögten, Zöllnern und Schultheißen dies- und jenseits des Rheins solle der Befehl zugehen, von den in den Gebieten obiger Herren und Städte gewachsenen Früchten, es sei Korn, Waizen, Gerste oder Hafer, von Niemanden außer Landes führen zu laßen; sollte jedoch von irgend Jemand der Versuch gemacht werden, neue Lagerstätten oder Fahre über den Rhein, außer den bisherigen, anlegen zu wollen, ein solches müsse mit vereinten Kräften verwehrt und abbestellt werden; würde aber Salz, Eisen oder andere „redelich kouffmanschaffte", auf Wägen oder Kärchen, in die bezeichneten Gebiete gebracht, niedergelegt und verkauft werden, denen sollte es erlaubt sein, als Rückfracht Güter mitnehmen zu dürfen; wer Früchte in obiger Herren und Städte Schlößer oder Dörfer bringe, den gebräuchlichen Zoll davon entrichte,

---

673) Datum vigilia Ascensionis dni anno eiusdem 1436ᵗᵒ.

674) Der geben ist off den nechsten Zinstag nach Sant Agnesen tag des Jars ꝛc. 1437 Jare.

sie auch aufschütte und aber über kurz oder lang wieder
hinwegbringen wolle, „entweder zu eßende oder zu merckte",
dem sei dies vergönnt, jedoch dürfe er das Getreide nicht
außer Landes führen; ebenso sei auch Geistlichen oder Weltlichen gestattet, ihre überflüssigen Fruchtvorräthe an ihre
Nachbarn und an andere in dem bestimmten Bezirke zu verkaufen, „als dann der louff vnd marckt daselbst ist"; die
jenseits des Rheins wohnenden Unterthanen sollten ihren
Bedarf an Frucht, jedoch nur zu ihrem Gebrauche, diesseits
ungehindert einkaufen und hinwegführen dürfen; fremden, in
dem bezeichneten Gebiete wohnenden Edeln und Unedeln,
Geistlichen und Weltlichen oder Anstößern, welche Getreide
in dem Vereinsbezirke lagern hätten, sei es nicht erlaubt,
dasselbe an Auswärtige zu verkaufen und hinwegzubringen,
sondern es müßte im Lande bleiben, und wenn sie der Eigenthümer nicht für sich behalten wolle, um den laufenden Preis
verkauft werden; wenn einer oder der andere der Herren
und Städte, die diese Uebereinkunft unter sich errichteten,
deshalb angefochten oder angegriffen würde, dem müßten die
übrigen solchen Beistand und Hülfe leisten, als ob es einen
Jeden unter ihnen besonders anginge; auswärts aufgekauften
Früchten solle, wenn es glaubhaft nachgewiesen werde, gegen
Erlegung des gebührenden Zolles, die Durchfahrt in dem
Vereinsgebiete gestattet sein, und endlich wurde noch die Bestimmung getroffen, diese „fruntliche vereynunge" solle dauern
vom Tage des Abschlusses an, bis zum Tage der Himmel-
fahrt Mariä künftigen Jahres, auch dürfe während dieser
Zeit an vorstehenden Punkten nichts geändert werden, es
sei denn, daß es nach der Ansicht sämmtlicher Betheiligten
„ein noitt sin" würde; nach dem Ablaufe jener Frist möge
man dann auf's neue zusammenkommen und das weitere
Thunliche oder Nöthige berathen und beschließen, und zuletzt
wurde demjenigen, der jene Anordnungen übertreten würde,
für jedes Viertel Frucht eine unerläßliche Strafe von zehn
Schillingen Hellern angesetzt, welche Gelder gleichheitlich unter

die Theilhaber vertheilt werden sollten⁶⁷⁵). Auch im folgenden Jahre währte die Theuerung noch fort, daher obige Vereinbarung erneuert und einige Sätze in derselben noch näher und bestimmter erläutert werden mußten, ja diese Anordnungen hatten sich als so wohlthätig und segensreich erwiesen, daß außer den bereits Genannten (den leininger Grafen und die Stadt allein ausgenommen) noch folgende Herren und Städte denselben beitraten und namentlich Smaßmann, Herr zu Rapoltstein, Heinrich von Fleckenstein der Aeltere, Vogt zu Barre wegen dieses Amtes, Wirich von Hohenburg, für die Herrschaft und das Land Lore, dem er als Verweser vorstand, dann sämmtliche Glieder folgender edeln Familien: von Hohenstein, von Andela, von Ratsamhausen, von Beger und von Landsperg, ferner der straßburger Rath für den Grafen Konrad von Tübingen, Herrn zu Lichteneck, sowie für die Stadt Kenzingen und endlich noch Meister und Rath zu Schlettstadt; diese wiederholte und erneuerte Verbindung sollte ebenfalls bis zum 15. August 1439 in Kraft und Wirksamkeit bleiben⁶⁷⁶).

Im Februar 1438 schickten die Gebrüder Jacob und Ludwig V. ihre Amtmänner an sämmtliche Schultheißen, Heimburgen, Gerichte und Gemeinden ihrer Herrschaft, mit der Aufforderung und Bitte, ihnen nur für fünf auf einander folgende Jahre lang, das Ungelt zu entrichten, wie dies bisher in den Städten gebräuchlich gewesen sei, „damit wir „auch vnser vnd vnser herschaffte nothdurfftige sachen, da „dan vns vnd üch schade vnd brust von komen mochte, fur= „sehen vnd furkommen wellen"⁶⁷⁷), woraus hervorleuchtet, daß sich damals die Finanzen unserer Junker nicht in

---

675) Geben an dem monhag allernehst nach vnßer lieben frouwen tag Jre geburte zu latin genant Nativitas Anno dni etc. 1437ᵐᵒ.

676) Die geben sint uff Sant Gallen tage des heiligen Bichters Des Jores ꝛc. 1438 Jore.

677) Geben uff Menhag noch vnser lieben frauwen hag der liecht= meßen des Jares ꝛc. 1438 Jare.

Schicksale des jüng. Zweiges der Ludwig'schen Linie bis z. J. 1480. 249

blühenden Umständen befunden haben mögen, wie sie denn auch schon vorher von ihrem Verwandten, dem Grafen Rudolf von Leiningen-Rixingen, die beträchtliche Summe von 2000 Goldgulden gegen einen jährlichen Zins von 150 Goldgulden, hatten entlehnen müssen[678]). Einige Wochen später beschworen sie mit den Leiningern und den übrigen Ganerben, den herkömmlichen Burgfrieden zu Altwinstein[679]), und der pfälzer Kurfürst erklärte später gleichfalls seine Zustimmung zu den in diesem Briefe enthaltenen Bestimmungen, jedoch unschädlich an seinen in jener Veste ihm zustehenden Rechten, an Lehenschaft oder Mannschaft, sowie auch mit dem Vorbehalte der Oeffnung daselbst[680]).

Herr Ludemann IV. hatte früher dem Grafen Ludwig von Bitsch, Custor des hohen Stifts zu Straßburg, behufs seiner Studien auf der hohen Schule zu Heydelberg, mehrere Bücher über das geistliche Recht (unter anderen die clementinischen Decretale) geliehen, die derselbe nach Vollendung seiner Studien dem jetzigen Domherrn zu Worms, Dr. Dietmar, übergeben, der sie aber unserer Familie bisher noch nicht zugestellt hatte, daher jener Custor 1439 den Landschreiber unserer Herrschaft, Symont von Lichtenberg, beauftragte und ihm volle Gewalt gab, die fraglichen Bücher auf dem Wege Rechtens wieder an seine beiden Herren zu bringen[681]). Zwischen denselben und den Fleckensteinern waren 1440 auf's neue Irrungen ausgebrochen, wegen des Jahrspruches und der Gerechtsamen der letzteren in Niederkutzenhusen, deren Beilegung beide Theile dem Ritter Reinhart

---

678) Der geben wart uff den nehsten zinstag vor Sant eudrißtag des heiligen zwolffbotten des Jars zc. 1437 Jare.

679) Der geben ist uff fritag nach dem sontag als man singet in der heiligen kirchen esto michi Des Jars zc. 1438 Jar. Karlsruher pfälz. Copialbuch Nr. 65, 279—286.

680) Der geben ist zu Heydelberg uff fritag nach sant Johannis baptisten tage Anno dni M°. CCCC°. tricesimo octavo. Daselbst.

681) Der geben ist off mittwoche nehst noch sant matheuslage des heiligen zwölfbotten Des Jors zc. 1439 Jore.

von Nyperg, Unterlandvogte im Elsasse, dem Reinbolt von
Windecke und Hugo von Berstett übertrugen, die dann auch
auf einem Tage zu Wörth von allen dahin einschlägigen
Briefen, Kuntschaften u. dgl. Einsicht nahmen und den
„spann" mit ihrer beiderseits gutem Wissen und Willen, auf
folgende Weise entschieden: der Jahrspruch der Schöffen und
Hübner zu Niederkutzenhusen über die Wald= und Waide=
gerechtsamen der armen Leute, der Wittwen und Waisen
daselbst sollte in seinem Wesen bleiben und die Unterthanen
auch durch ihre lichtenberger Herren darin geschirmt werden,
allein wegen der von den Fleckensteinern angesprochenen
Schäfereiberechtigung wurde ausgemacht, der jeweilige Be=
ständer in ihrem dasigen Hofgute dürfe 60 Schafe halten
und sie zur gemeinen Waide treiben, und wenn die von
Fleckenstein ihren gewöhnlichen Wohnsitz so nahe bei jenem
Dorfe haben würden, daß sie die Waide mit ihrem Vieh
erreichen könnten, so sollen sie dieselbe gleichfalls mit den
bei sich habenden Thieren benutzen; übrigens dürfe und solle
kein Theil den anderen und zwar die Dynasten von Lichten=
berg in ihrem Bet= und Frohnbrecht, die Fleckensteiner aber
in dem Genusse der Zinsen und Gülten von ihren dasigen
Leibeigenen und überhaupt an ihrem alten Herkommen in
Niederkutzenhausen stören oder hindern[682]). Auf Pfingsten
desselben Jahres belehnte der Bischof Reinhart zu Speyer
unseren ältesten Junker mit der Hälfte Oberhofens[683]), und
einige Monate darauf setzte der badische Markgraf Jacob
einen Tag fest zur Ausgleichung der Mißhelligkeiten desselben
mit Wirich von Hohenburg, weil dieser jenen geschimpft habe,
und wegen des gemeinsamen Besitzes des Landgerichts zu

---

682) Dis geschach vnd wart dißer brieff geben off den samstag
nehst noch dem sondage letare zu halpfasten Des Jors als man zalt rc.
1440 Jore.

683) Der geben ist zu Baden off mentag nach dem heiligen pfings=
tage, anno Dni 1440mo. Remling's speyerer Urkundenbuch II, 222.
Nr. 114.

Betschdorf, wodurch letzterer den Auftrag erhielt, in Zeit von sechs Wochen und drei Tagen gültige Kuntschaften über seine Ansprüche und Anklagen beizubringen, um die Sache entscheiden zu können [684]).

Bisher hatten die zwei Brüder den gesammten Nachlaß ihres seligen Vaters in ungetheilter Gemeinschaft einig und friedlich besessen, allein nun kamen sie plötzlich auf den Gedanken und zu dem Entschlusse, denselben zu theilen; Uneinigkeit war nicht die Veranlassung dazu, denn wir fanden darüber in unseren Urkunden auch nicht die leiseste Spur, auch heißt es ausdrücklich in dem Eingange zum Theilungsvertrage, sie hätten es gethan „durch jr vnd der vorgemelten „herschaft nutzes notturfft vnd des besten willen". Zum Vollbringen dieses Werkes wählten sie ihren einsichtsvollen mütterlichen Oheim, den Markgrafen Jacob zu Baden, Grafen zu Spanheim, der bisher schon so viele ihrer Zerwürfnisse vermittelt und sich überhaupt seiner Neffen in jeder Beziehung treu und freundlich angenommen hatte, und nachdem alle Einleitungen und Vorbereitungen dazu getroffen waren, von denen uns jedoch nur eine notärische Kuntschaft und Zeugenaussage bekannt und aufbehalten ist, daß nämlich das Hoch- oder Obergericht im Hattgaue den Herren zu Lichtenberg von Alters her allein gebührt hätte [685]), wurde die Theilung durch jenen Markgrafen oder, wie derselbe bescheiden sagt: „mit „bywesen vnser vnd auch jr frunde", auf folgende Weise glücklich vollbracht.

In das Loos Jacob's, des ältesten Bruders, fielen folgende Städte, Schlösser und Dörfer mit ihren sämmtlichen Zubehörungen: Buhswiller, Burg und Stadt, mit den Orten Erolzheim, Hattmatt halber mit der Mühle, Grießpach,

---

[684]) Der geben ist zu Baden vff bynstag vor unser lieben frauwen tag Natiuitas zu latin genant In dem Jare rc. 1440 Jare.

[685]) Geschehen 1440 vff fritag der do was der Subende dag des andern Herbstmonat zu latin genant October vmb mittendag In dem Dorffe Hatten.

Retheim, Ympßheim, Brunigßheim, Geißwiler, Gottisheim, Mellißheim halber, die Mühle bei Wulfesheim, Duntzenheim halber, Wellenheim, Niedersultzbach, Utwiller, Menchenhoffen, Obermater nebst der Obermühle, der Dorf- und Niedermühle, Pfaffenhofen zur Hälfte mit der Mühle, Niedermater ebenfalls halber, Kirwiler, Wichersheim, Zebernßdorf, Ysenhusen, Bossolzhusen, Ringendorf, Schalkendorf, Eckendorf, Altdorf, sammt den Herrlichkeiten und Rechten des stürzelbronner Hofguts daselbst; Swindolßheim; Zwing und Bann zu Zelle; eine Mühle und einen Dinghof zu Dettwiller; Neuweiler, Burg und Stadt; die Theile an Hunenburg; die Veste Schöneck; Balbebrunn, das Dorf nebst der Burg und dem Kirchhofe daselbst, und Trenheim zur Hälfte; Wörth, Stadt und Veste, sammt Spachbach, Morßburn und Hegene, Brunckendorf, Tieffenbach, Oberndorf, Merckwiler, Ober- und Niederkutzenhusen; die Burg und der Flecken Willstetten mit folgenden Orten: Sannbe, die herrschaftlichen Gerechtsame und Herrlichkeiten zu Schweighusen, Eckbrechtswiler, Heselnhurst, Korck, Nuwenmüle, Leichelshurst, Bolßhurst, nebst den Höfen Dageshurst, Hunenhurst und Schonhurst, Sitzenhofen mit der Waldmühle, Olteshofen, Ouwenheim, Hundesvelt und der Herrschaft Theile und Recht an Hoenhurst; der vierte Theil an Kutersburck, Marnheim und Bischolz; dann werden noch die zu diesem Loose gehörenden Reben oder Weinberge, sowie die Weinzehnten und Gülten, besonders und einzeln aufgezählt.

Dem jüngeren Bruder, Ludwig V., wurden diese nachbenannten Städte, Burgen und Orte, sämmtlich ebenfalls mit allen möglichen Inständigkeiten zu Theil, nämlich die Stadt Ingwiller mit dem Hofe, der Mühle und sonstigen Rechten, nebst folgenden Dörfern, die herrschaftlichen Theile zu Windeberg, Obersultzbach mit dem Dinghofe; Schillersdorf, Rottbach, Offwiller, Zinßwiller, Oberburn, die Theile an Schweighusen, Mertzwiller, Mutesheim, Engwiller, Gumpershofen, die lichtenberger Theile und Rechte zu Ulwiler;

Mülhusen, Rüffern; Volsperg, Zutzelsal, Eckerswiler, Spar-
spach, Wymmenouwe, der Gülthof zu Munersheim; Ingenheim, Burg und Dorf; die Vesten Arnsperg und Wahsenburg;
die Stadt Gerlingsdorf sammt der Mühle und den Orten
Rutzingsdorf und Lampertzloch; die herrschaftlichen Theile an
Burg und Flecken Brumat, mit der dasigen Mühle und nach-
stehenden Weilern und Dörfern: Wiler, Mittelhusen, Atzenheim, Frankenheim und Bietelnheim, der Zehnte im Banne
von Kriegelsheim bei Scheffelsheim; Stadt und Dorf Westhouen; Lichtenau, Burg und Stadt, mit den Mühlen daselbst
und zu Atzenheim, nebst dem Geleite bis an die Rheinbrücke
und diesen Orten und Weilern: Schertzheim, Helbingen,
Muckenschopf, Hyrsach, Remchenloch, Membrechtzhouen, Quer-
gen, Guglingen, Trusenheim, Kotzenhusen, Obernhofen, Offendorf, Herleßheim, Rorwiler, Bischoffsheim mit dem Dinghofe
und der Vougtsmühle, Ober- und Niederfreystett, Hußgerut
sammt der Mühle und Holtzhusen, Lingieß, Hoenbune, Dierß-
heim, Bobersßwiler, Zieregeßhofen, Querpach und Luttesheim;
Hatten, Burg und Dorf mit Rütershouen, Obern- und
Niedernbetteßdorf, Swawiler, Reymerswiler, Lutterswiler und
Kielendorf; ferner die herrschaftlichen Gerechtsame und Gefälle zu Ghsenhusen, Roppenheim, Roschwag, Sehsenheim
und Kauchenheim, nebst noch anderen dazu gehörigen Orten,
„als man dez nennet ju dem uffriet", und endlich das Dorf
Wilgetthusen, wozu nun noch kamen die Weinberge, Weingülten, Zehnten und 20 Morgen Wiesen zu Wörth. Was
in Vorstehendem einem jeden der Brüder zugeeignet war,
nebst allen damit verbundenen Herrlichkeiten, Gewohnheiten
und Rechten, das sollte er und seine Nachkommen haben
und nießen nach seinem Nutzen und Willen, ohne Irrung ꝛc.
des andern oder dessen Erben.

Ferner ward noch ausbedungen, das Schloß Lichtenberg,
mit dem darunter liegenden Flecken und allem Begriffe, sollte
beiden Herren und ihren Erben in Gemeinschaft zustehen
daher sie sich wegen eines festen Burgfriedens mit einander

zu verständigen hätten, jedoch sollte Jacob die obere Hälfte der Burg, in welcher sich die Kapelle befinde und die von je her eine eigene Abtheilung gebildet hätte, allein besitzen, und seinem Bruder Ludwig V. solle die untere Hälfte derselben, die auch von Alters her ein besonderes Ganzes gewesen sei, ebenfalls allein zugehören, aber die in dem gesammten Schlosse befindliche Oberkirche, die Kapelle, Brunnen, Cisternen und Wasserstuben müßten gemeinsam bleiben; auch stehe es jedem der beiden Inhaber frei, entweder in seinem Theile oder außerhalb desselben, zwischen der oberen Hälfte und der um die Burg laufenden Felsenmauer, nach seinem Gutdünken oder auch nach Bedürfniß, jedoch einer auf so vielem Raume wie der andere, Ställe, Backhäuser, Futterhäuser u. dgl. zu erbauen; das in der Veste nöthige Gesinde an Pförtnern, Thurm- und Wächterknechten, Kellern und Mägden sollen sie gemeinschaftlich halten und lohnen und ebenso auch den unter dem Schlosse befindlichen Flecken gleichfalls mit einander inhaben und genießen, nur sollte der Gebrauch des darin vorhandenen Ackerhofes und der damit verbundenen Schäferei, auf zehn Jahre lang zwischen den zwei Junkern abwechseln, und damit in den ersten fünf Jahren mit dem Aeltesten, Jacob, der Anfang gemacht werden, allein nach Ablauf jener Frist stehe es in dem Willen beider, entweder solche fünfjährige Ordnung fortbestehen zu lassen oder den Hof zu theilen. Alle nöthigen Bauten in der Burg oder im Flecken, an Ringmauern, Zwingern, Gräben, Pforten, Brücken, Brunnen, Ketten u. dgl., müßten indessen auf gemeinsame Kosten sowohl ausgeführt, als auch unterhalten werden.

Darauf vereinbarte man noch folgendes, um späterem Zank und Haber vorzubeugen: Die Rheinfahre zu Krowelzboum sei gemeinschaftlich; von den unter lichtenbergischem Schirme stehenden vier Dörfern wurden dem Junker Jacob Wigersheim und Wulfesheim, seinem Bruder aber Schaffhusen und Langensultzbach zugetheilt; den von einer Nonne aus dem lichtenberger Hause demselben wieder heimgefallenen Zehnten zu Achenheim mögen sie in Gemeinschaft genießen, und ebenso sollten auch alle der Herrschaft in künftigen Zeiten noch zufallenden Güter, über welche des Markgrafen Schreiber ein Verzeichniß anfertigen soll, ebenfalls unter die Brüder gleichheitlich getheilt werden, und das nämliche sollte geschehen, wenn sie Gunstetten und Vorstheim wieder zu den Stammgütern zurückbringen und erwerben würden, wozu sie einander gegenseitig behülflich sein müßten; falle jedoch das an Baden verpfändete Viertheil an Ingweiler wieder zurück, so solle jeder der Brüder nur die Hälfte der Nutzung daselbst erhalten, der Jüngste unter ihnen aber zugleich die ihm zum Loose gefallene Stadt mit ihren Ringmauern ganz besitzen; von dem Zollertrage zu Ingweiler müsse Ludwig V. seinem Bruder jährlich auf Martini 10 Pfund Pfenninge entrichten, welche Abgabe indessen mit 20 Pfund Pfenningen abzulösen stünde; für die zum Heile und Troste aller lichtenberger Familienglieder gestifteten Vigilien und Seelenmessen müsse jener Ludwig den Geistlichen zu Ingweiler jährlich 5 Pfund und denen zu Lichtenau in jedem Jahre acht Gulden verabreichen; die Burghut in der Wasenburg solle derselbe allein bestellen, wofür ihm aber auch freistehe, dasjenige, was von dieser Veste verpfändet sei, einzulösen und für sich allein zu behalten; ebenso müsse dieser Junker die jährliche Gülte von einem halben Fuder Wein an die Capelle zu Lichtenberg und von 4 Vierteln Korn an die Kirche zu Ingweiler gleichfalls allein besorgen; die versetzten Güter mögen sie entweder gemeinsam oder jeder für sich allein auslösen und sie dann gleich unter sich theilen; löse aber einer mehr ein, so müsse dem andern sein Recht an die Hälfte daran gegen spätere Erlegung der halben Pfandsumme vorbehalten bleiben; sämmtlicher Hausrath und die fahrende Habe, sowie die vorhandenen Früchte, Vieh, Schiff und Geschirre u. s. w. sollen binnen Monatsfrist ebenfalls in zwei gleich Hälften unter sie getheilt werden, mit Ausnahme jedoch der in Buchsweiler vorräthigen Früchte, sechs Fuder Weins und sämmtlicher Ackergeräthe daselbst, das dem Junker Jacob zum Voraus verbleiben solle, aber am Zehnten zu Ottershofen möge auch jeder seine Hälfte aufheben und behalten.

Endlich kamen die Brüder mit einander noch über folgende Gegenstände überein: Die Passivlehen müsse Herr Jacob, als der Aelteste, in seinem und seines Bruders Namen, wie bisher empfangen, tragen und vermannen, und ebenso auch die Aktivlehen den lichtenbergischen Vasallen reichen, welches Vorrecht auf's künftige immer dem ältesten Familiengliede gebühre; die heimgefallenen Lehen aber müßten entweder getheilt oder wieder auf's neue verliehen werden; von den geistlichen Lehen sollte Jacob die Patronate und Kirchen zu Willstetten, Kriegsheim, Wiler, Wytbruch, Dettwiller, Walheim, Wolffheim und die Kapelle zu Neuweiler, Ludwig V. hingegen diejenigen zu Engwiller, Obersulzbach, Schillersdorf und Inebrecht, nebst der Burgkapelle in Lichtenau zu verleihen haben; die auf der Gesammtherrschaft ruhenden Gülten, Beschwerden und Schulden sollen durch den obgenannten Schreiber ebenfalls in zwei genaue Verzeichnisse gebracht und von den beiden Herren gleichheitlich oder durch einen Jeden zur Hälfte abgelöst und bezahlt werden, bis auf die vom Grafen zu Salm herrührende jährliche Rente von 68 fl., die Ludwig V. allein tragen müsse, die Entrichtung der jährlichen Leibgedinge wurde aber Jedem halber zugesprochen; die Schuldforderung an das Stift Straßburg, sowie alle übrigen Forderungen an Gülten, die sich noch später ergeben würden, sollten gleichfalls zu zwei Hälften unter sie getheilt werden; wegen der Ansprüche des Bischofs in Metz und der von Geroltseck an die lichtenberger Familie, soll einer dem andern, dem die beanspruchten Güter zugetheilt seien, behülflich sein, und solche Angelegenheit überhaupt gemeinsam betrieben werden, was aber dem einen angewonnen würde, daran müsse auch der andere die Hälfte des Schadens tragen; für die gemeinschaftlichen Urkunden bestimmte man die Burg Lichtenberg zum festen und sicheren Aufbewahrungsorte und Jeder solle sich derselben, unter genau zu beobachtenden besonderen Bedingungen, bedienen können. Zugleich wurde zwischen den gegenseitigen Unterthanen ein freier Zug ausbedungen und von den Wildbahnen dem Junker Jacob diejenigen jenseits des Rheins zu Willstätten und seinem Bruder Ludwig die zu Lichtenau gehörigen zugesprochen, allein über die diesseitigen Wildbahnen konnte man sich nicht sogleich einigen und ebenso auch über die Theilung der Wälder, daher der Markgraf in letzterer Beziehung folgendes anordnete: jeder seiner Neffen sollte drei und er selbst ebenso viel Vertrauensmänner bezeichnen, welche über die Theilung sämmtlicher Waldungen der Herrschaft, die zu Brumat gehörigen allein ausgenommen, die dem Herrn Ludwig zugefallen seien, ein Gutachten oder einen Ueberschlag abzugeben und schriftlich einzuschicken hätten, nach dessen Inhalt dann der Markgraf die Betheiligten wegen dieses Punktes auseinander setzen würde; könnte aber dadurch kein Verständniß erzielt werden, so möge dann jeder derselben noch zwei seiner Freunde zu ihrem Oheim als Obmann schicken, deren Entscheide und Ausspruche sie sich aber auch unbedingt fügen müßten. Schließlich setzte man noch fest: jeder Unterthan könne und dürfe nur vor demjenigen Herrn und Gerichte verklagt werden, dem er zugetheilt sei oder zu welchem er gehöre, und ebenso sollten auch alle Erb- oder Todfälle und sonstige Frevel nur da gerichtlich verhandelt werden, wo sie geschehen seien [686]). Einige Wochen darauf kündigte jeder der Brüder den Amtleuten, Schaffnern, Schultheißen und Gerichten in denjenigen Städten, Märkten, Dörfern und Weilern, die dem anderen in der Theilung zugefallen waren, das Geschehene an, forderte sie auf, denselben von nun an für ihren alleinigen Gebieter anzuerkennen, ihm mit Gelübben

---

[686]) Die geben sint zu Baden uff burnstag Symonis et Jude des Jars als man zalt ꝛc. 1440 Jare.

und Eiben zu hulden, zu bienen und zu gehorchen, wie sie bisher ihm selbst zugethan gewesen wären, worauf er sie der ihm seither schuldigen „eyde, verbuntnisse vnd gehorsam= „keit" quitt, ledig und los sprach⁶⁸⁷).

5) Jacob und Ludwig V. bis zur Beendigung des leininigischen Krieges 1463.

Wir haben aus vorstehendem Theilungsvertrage ersehen, wie bedeutend damals die anfänglich so bescheidenen Besitzungen des lichtenbergischen Hauses waren und wie dieselben sich im Laufe der Jahrhunderte durch Lehensaufträge, Erwerbungen, Mitgifte, Pfandschaften u. dgl. so ansehnlich vermehrt hatten. Ungeachtet dieser Theilung handelten doch indessen die zwei Brüder noch oft gemeinschaftlich, daher wir auch die Geschichte derselben nicht getrennt, sondern gemeinsam erörtern werden, zumal sie auch die letzten männlichen Glieder ihres Stammes waren. Obgleich beider Charakter sehr verschieden war, und Junker Jacob, von seinem langen Barte der Bärtige geheißen, der sich wohl in seiner Jugend auf „Astronomia vnd Nigro= „mancia verstunde", im übrigen aber seinem Bruder Ludwig V. an Adel der Gesinnungen, an Sittlichkeit und an Gefühl für Wahrheit und Recht weit nachstand, so schlossen sie sich doch, je nachdem es die Umstände, Fehden oder das Familieninteresse erheischten, öfters ganz eng aneinander an, wiewohl dieselben Verhältnisse, vorzüglich aber der Umstand, daß der Aeltere gar keine ehelichen Nachkommen und der Jüngere nur zwei Töchter hatte, auch manchmal die Veran= lassung zu Trennung und Feindseligkeiten waren.

Vom Jahr 1442 findet sich ein Entscheid oder ein Ur= theil des Markgrafen Karl zu Baden vor, des Inhalts, Ludwig V. müsse dem Burkart von Drusenheim gestatten,

---

687) Der geben ist off sant martins obent des heiligen bischofes des Jors ꝛc. 1410 Jore.

das Dorf Drusenheim nebst Zubehörden mit 600 fl. von ihm auszulösen[688]). Einige Monate später erneuerte König Friedrich IV. demselben und seinem Bruder die früheren kaiserlichen Freibriefe: ihre Unterthanen dürften vor keine fremden, sondern nur vor ihre eigenen Amtsgerichte geladen oder gezogen, sowie auch von keinem auswärtigen Fürsten, Herren oder von einer Stadt zu Bürgern aufgenommen werden, und „ob in yemandt empfrembt were worden, das in die „widerumb geautwurt werden"; an demselben Tage ertheilte er ihnen zugleich ihre Reichslehen[689]). Jener Ludwig stand im folgenden Jahre in Irrungen mit den Herren von Fleckenstein, wegen ihrer beiderseitigen Gerechtsamen im Uffriet oder in der sogenannten aus eilf Dörfern bestehenden Grafschaft, welche die Herren von Lichtenberg von den letzten Landgrafen des Elsasses erkauft, die Fleckensteiner aber zu Lehen erhalten hatten. Beide brachten die Entscheidung derselben vor den Meister und Rath in Straßburg, allein diese wiesen sie vor des heiligen Reichs Manne, weil jene eilf Ortschaften von dem Reiche herrührten und ursprünglich Lehen von demselben seien[690]).

Schon mehrmals haben wir die Ansprüche der Frau Johanna von Blankenburg, der Gattin Konrad's II. von Lichtenberg, auf Buchsweiler erwähnt, die von deren Eidame, Walther von Hohengeroltseck, und später von dessen Wittwe Elisabetha fortgesetzt und erneuert worden waren, bis dann endlich letztere 1437 zu Gunsten unserer zwei Brüder auf das ganze Verzicht geleistet hatte. Kaum war aber dieselbe

---

688) Gebenn zu Badenn off dinstag noch dem Suntag Exaudi vonn der geburt Cristi ꝛc. 1442 Jore.

689) Diese drei Erlasse sind von einem Tage: Geben zu Straßburg nach Cristi Geburt 1442ften Jar, am nechsten Sontage noch Sanct Bartholomeus Tag des heyligen zwelff Boten. S. Lünigs Reichsarchiv Parte spec. von Gr. und Herrn fol. 54 und 55 und Chmel's Regesten Frid. IV Regis 113 No. 1024.

690) Der geben ist off zinstag nach sant Symon vnd Juden tag des heiligen zwolffbotten Des Jors ꝛc. 1442 Jore.

Todes verblichen, so nahm ihr Sohn Diebolt, Herr zu Geroltseck, diese alten, schon halb vergessenen Anforderungen wieder auf, daher ihn die Lichtenberger deshalb vor das geistliche Gericht in Straßburg laden ließen, vor welchem er aber nicht erschien, so daß ihn dasselbe für einen Ungehorsamen und Halsstarrigen erklärte. Wir fanden noch zwei spätere Zeugenverhöre über diesen verdrießlichen Handel, und endlich fällte der pfälzer Kurfürst Ludwig V., vor den man diese Klage zuletzt gebracht hatte, folgendes Urtheil: jener Diebolt müsse durch die Lichtenberger denjenigen Theil Buchsweilers wieder zurückerhalten, den sein Vater Walther früher besessen und den Burgfrieden mitbeschworen hatte, jedoch vorbehaltlich der Rechte des Bischofs von Metz, als Lehensherrn [691]). Dieser Spruch sollte vollzogen und Diebolt in die Hälfte jener Stadt und Burg eingesetzt werden, allein da er an dem dazu anberaumten Andrestage sich daselbst nicht einfand, so ließen unsere Brüder am folgenden Tage in der Burg zu Buchsweiler durch ihren Hauscapellan, vor Notar und Zeugen, Widerspruch gegen jenes Urtheil und gegen die bisherigen Verhandlungen einlegen [692]). Aus einem früheren Briefe der Herren von Lichtenberg an ihren Verwandten, den Grafen Emich VI. von Leiningen, ihnen in dieser Sache zu rathen und beizustehen, entnehmen wir, diese Erbangelegenheit sei damals schon vor den Stuhl der heiligen Vehme gebracht gewesen, denn letzterer gab ihnen den Rath, zwei ihrer Vertrauten mit den nöthigen Beweisschriften zu ihm zu senden, um „fort in dz lant hinabe zu ryten, zu den „herren jm niderlaute vnd besonder zu dem herren hinder „dem der frygraffe gesessen ist" [693]), und später, 1447, erließ

---

691) Datum Heidelberg ipso die beati galli confessoris anno dni 1443ulo.

692) In dem Jore 1443 Jore off sonnentag so da was der erste tag des monatz becember zu latin also genant.

693) Geben off donrstag nach dem sondag Judica Anno etc. XLIII. Aus dem fürstlich leiningischen Archive.

der Freigraf am freien Stuhle zu Velgiste, auf den Grund des vorgedachten pfälzischen Spruches und des Ausbleibens des fraglichen Diebolt auf dem Tage zu Buchsweiler, wirklich ein Urtheil gegen denselben, in welchem sogar Emich's VI. Bruder, Graf Schafried, als lichtenbergischer Bevollmächtigter genannt und dem Freischöffen, Rudolf von Zeiskam, der Auftrag ertheilt wird, dem Verurtheilten diesen Spruch auf die gebräuchliche Weise an seiner Burgpforte zu verkünden und zu übergeben [694]). Später werden wir diese Erbansprüche nochmals erwähnen müssen.

Junker Jacob hatte 1445 einige Irrungen mit mehreren straßburger Bürgern, wegen Gülten zu Immesheim, die sogar in Thätlichkeiten übergingen, indem er die Güter derselben in dasiger Gemark beschädigte, bis sie endlich am Schlusse des genannten Jahres eine Sühne wegen des Vorgefallenen mit einander errichteten [695]). Auch mit dem Wirich von Hohenburg waren unterdessen allerlei Reibereien eingetreten, weil unser Lichtenberger dessen in dem Kirchspiele Sulz gesessenen Leibeigene überwältigt und beide sich gegenseitig Vieh von ihren Heerden geraubt hatten, daher sich der Markgraf Jacob zu Baden in's Mittel legen mußte und im Jahr 1446 die Anordnung traf, jener Vorgang solle durch den Wild- und Rheingrafen Johannes, damals pfälzischer Unterlandvogt im Elsasse, in Verbindung mit dem Vogte zu Sulz, Heinrich von Fleckenstein, dieser Raub aber durch ihn selbst entschieden werden, welchen Sprüchen beide Theile nachzuleben hätten [696]). In dem nämlichen Jahre sah sich Junker Ludwig V. in die Nothwendigkeit versetzt, an die Wittwe Nese Wurmser in Straßburg das ihm zuge-

---

694) Datum et actum Anno dnj 1447mo. In profesto beati Geronis et Vittoris martirum.

695) Der geben ist uff dem nechsten mentag vor sant Thomanstag des heiligen zwelffbotten, In dem Jore xc. 1445 Jore.

696) Der geben ist uff mittwoch In der Osterwochen In anno domini 1446to.

hörige Dorf Lutesheim, nebst allen Gerechtsamen, Beten u. s. w., mit dem Vorbehalte des Wiederkaufs, um 1050 Goldgulden zu veräußern [697]).

Abermals hatte dessen Bruder 1448 eine Fehde, in welcher sein Gebiet, besonders durch den Friedrich von Hochfelden, sehr beschädigt ward, der ihm aber während des Kampfes in die Hände gefallen, und erst nach Ausstellung einer vielbesagenden Urfehde seiner strengen Haft entlassen worden war [698]). Ein friedlicheres Geschäft besorgte Ludwig V. ein Jahr hernach, denn er hatte mit der Zustimmung des Abts in Morsmünster, als rechten Patrons zu Westhofen, eine daselbst befindliche Kapelle, Bruderbach geheißen, einweihen lassen, in welcher der „almechtige gott durch die „muter aller gnoden mariam" für fromme Christenmenschen viele und große Wunderzeichen geschehen ließ und noch täglich geschehen läßt. Da nun ein Kaufmann, Claus von Sarburg, der sich mehrere Jahre „in goß willen" zu Jerusalem, Constantinopel 2c. aufgehalten und sich so ehrbar betragen hatte, daß Herren, Ritter und Gelehrte ihn „zuleste groß„lichen mit costbarem heiltum gnedichlichen begobt haben", die er mit zurückgebracht, jener Kapelle zum Geschenk gemacht hätte und zugleich noch eine ewige Messe darin habe stiften wollen, was indessen ohne die Hülfe und Beisteuer glaubiger Seelen nicht vollbracht werden könne, so ertheilte unser Junker den ausgesendeten Sammlern einen Empfehlungsbrief an alle gutherzigen Christen, geistlichen und weltlichen Standes, mit der Bitte, denselben in ihrem gottseligen Werke berathen und beholfen zu sein [699]). Der Merkwürdigkeit wegen wollen wir das Verzeichniß der vorhin bemerkten Reliquien mit den eigenen Worten der Urkunde hier beifügen: „Item ein stuck „von der sulen do unser Here Jesus Cristus an gegeischelt

---

697) Actum XIII Klnd. Nouembris Anno Domini 1446to.
698) Der geben ist des nehsten fritags vor dem heiligen pfingestage Des Jors 2c. 1448 Jore.
699) Der geben ist uff sontag halpuasten In dem Jore 2c. 1449 Jore.

„wart; Item ein stuck von dem heiligen crutz; Item ein
„stuck von dem balsam boume do vnser lieber Herc von ge-
„salbt vnd gebalsamt wart zu der zytt siner begrebniß; Item
„ein stuck von der rutten mit der moyses in das rot mere
„slug; Item von den zwolff steinen eyne ein stucke die got
„moysi gab do er Ime erscheyn in dem burnenden bosche;
„Item ein stucke von dem heiltum der heiligen Jungfrowen
„sanct anastasien." Ueber die Aechtheit dieser Heilthümer
hatte der Kaufmann zugleich „vns erber versigelte kuntschaft
„furbrocht, gewiset vnd gezouget".

Die alten Streitigkeiten über das Hattgau, diesen immer-
währenden Zankapfel, hatten sich indessen um diese Zeit
wieder erneuert und die Reichsstadt Hagenau sich auch zugleich
die Anmaßung erlaubt, ihren Gerichtsstab über jenen Gau
auszudehnen, worüber sich jedoch die Brüder, Jacob und
Ludwig V., bei dem Oberhaupte des deutschen Reiches, dem
Könige Friedrich IV., beschwerten, worauf derselbe dem Rathe
eine strenge Weisung zugehen ließ, auf's künftige über abge-
urtheilte Sachen in denjenigen Dörfern und Gerichten, die
die Lichtenberger von dem Reiche zu Lehen trügen, vornämlich
in dem Hattgaue, kein Urtheil und Recht mehr zu sprechen,
wie es bisher manchmal anmaßlich geschehen sei, sondern
„euch des vermiden vnd solichs in ewickeit abtun", sowie
auch überhaupt jene Herren in ihren Gerichten nicht zu
beeinträchtigen, sondern sie bei ihrem alten Herkommen
ruhig bleiben zu lassen; hätte aber der Rath etwas gegen
dieselben zu klagen, so möchte er es vor ihn bringen, und er
würde dann darüber entscheiden lassen [700]). Zu gleicher Zeit,
und zwar am darauffolgenden Tage, erneuerte der Monarch
unseren Dynasten noch zwei, mit jener Klage in naher Verbindung stehende Freibriefe, nämlich ihre Bürger, Unterthanen oder Leibeigene dürften von anderen Städten nicht

---

700) Geben in der Newenstatt am freitag vor sanbt Jorigen tag.
Nach Cristi gepurd XIIII° vnd Im XLVIII^{ten} Jaren.

zu Bürgern aufgenommen und dadurch der Herrschaft Lichten=
berg entfremdet werden⁷⁰¹), und eben so einige Tage später:
daß sie ihre Angelegenheiten oder Güter vor kein königliches
Hofgericht, noch vor das Gericht zu Rotweil oder überhaupt
vor irgend einen auswärtigen Richter gezogen werden könnten
oder dürften, sondern wer etwas an dieselben oder an die
Ihrigen zu suchen habe, der müsse dies dem Könige anzeigen,
der dann auch durch seine angeordneten Richter würde Recht
sprechen lassen⁷⁰²). Unterdessen hatte der von Fleckenstein
wieder Neuerungen im Hattgaue begonnen und die königliche
Weisung scheint auch überhaupt bei den Hagenauern von
keiner nachhaltigen Wirkung gewesen zu sein, daher Ludwig V.
einen Bevollmächtigten aufstellte, um seine Klagen bei dem
Reichsoberhaupte zu betreiben, in dessen Vollmacht er sich
über die streitigen Punkte folgendermaßen aussprach: der
hagenauer Rath hätte von seinen Leuten und Hintersassen,
die er von dem heiligen Reiche zu Lehen habe und ihm also
zu versprechen stünden, in die Stadt als Bürger aufgenom=
men, deren liegende Güter in ihrem früheren Wohnorte
ihm nun nicht mehr mit Diensten verpflichtet sein sollten,
was sowohl dem Reiche als auch seiner Herrschaft zu großem
Schaden und Nachtheil gereiche; dann sei ihm auch vom
Reiche das Forstrecht im hagenauer Walde verpfändet, und
die ihm deswegen zustehenden Dörfer, namentlich Mertzwiler,
Sweyhusen, Touchendorf, Niedernmoter, Überach, Bitschhofen,
Grießbach, Vorstheim, Espach, Münnersheim und Hittendorf,
sämmtlich im straßburger Bisthum gelegen, hätten das Recht,
in jenem Walde Daubholz zu hauen und ihre Pferde und
Rinder dahin zur Waide und Tränke zu treiben, welche
Berechtigungen sie von undenklichen Jahren her ruhig ge=

---

701) Geben zur Newenstat am Sambstag vor St. Georgen tag
nach Cristi Geburt ꝛc. 1449ſtem Jar. Lünig's Reichsarchiv Parte spec.
von Grafen und Herren 57 Nr. 38.
702) Geben zur Newenstat am Montag vor Sand Georgen tag,
Nach Cristi gepurd ꝛc. 1449ſtem Jare.

noffen hätten, aber jetzt kürzlich durch die von Hagenau widerrechtlich und gewaltthätig „deffen entwert" worden feien, und endlich unterftünde fich Heinrich von Fleckenftein in dem Hattgaue, der bekanntlich Reichslehen fei, „als obe er ein „felbes herre bar jnne were, zu hagende vnd zu jagende"⁷⁰³). Einige Monate darauf erließ nun Friederich IV. zwei Vorladungen an die Stadt Hagenau, wegen ihrer Eingriffe in die Rechte jenes Herrn, und zwar namentlich des Wald- und Forftgerechtfams, fowie der lichtenberger Leibeignen halber, die fie bürgerlich in ihre Mauern aufgenommen hätten, in einer beftimmten Frift vor ihm zu erfcheinen⁷⁰⁴), und nachdem diefer König auch noch den feften Heinrich von Fleckenftein, des Hattgaues wegen, der des Reiches Eigenthum und Lehen der von Lichtenberg fei, vor fich geladen hatte, fo bevollmächtigten letztere 1450 ihren Schaffner zu Lichtenau, Hanns Wigersheim, fie in diefem Rechtsftreite vor demjenigen Gerichte, wohin der Monarch denfelben weifen würde, ebenfalls zu vertreten⁷⁰⁵), und zur nämlichen Zeit machte fich Ludwig V., dem das Amt Lichtenau bei der Theilung zugefallen war, gegen die Straßburger verbindlich, den durch feinen Oheim, den Domherrn Johannes, und durch feinen Vater, Ludwig IV., mit jener Stadt dafelbft gelobten Burgfrieden, in allen feinen Punkten gewiffenhaft zu halten und ohne des Rathes Willen Niemand in Lichtenau einzufetzen oder Theil daran zu geben⁷⁰⁶). Seinen Bruder Jacob aber nahm der Herzog Albrecht von Oefterreich auf ein Jahr lang zu feinem Rath und Diener an, ihm mit 10 oder 12 Pferden, wo er es ehren- und eidhalber thun könne, beholfen und

---

703) Jn dem Jare 2c. 1449 den 27ften dag des Mondes Augfts.

704) Beide find datirt: Geben zur nuwenftadt am durnftage nach fanct lucien dage 2c. 1449 Jare.

705) Der geben wart off den heyligen oftermontag anno dni M°. CCC°. L°.

706) Der geben ift zu Lichtenowe off montag vor fant firtus dage als man zalte 2c. 1450 Jore.

gewärtig zu sein, wofür er ihm 200 rheinische Gulden in zwei Zielen zu geben versprach [707]).

In demselben Jahre erhob Graf Schafried von Leiningen Ansprüche an unser lichtenberger Haus, wegen der Hälfte Brumats, der Burg Hohenfels und der halben Dörfer Dambach, Neuhofen und Kützelsheim, welche ihm, als von seiner Mutter, Clara von Vinstingen, herrührend, bei der Theilung von 1448 zugefallen wären. Er schrieb deswegen zuerst auf Dienstag vor dem Palmtage an die Junker Jacob und Ludwig V. und stellte sieben Klagpunkte auf, sie hätten ihm nämlich unter anderen einige seiner Unterthanen getödtet, seinen Amtmann geschlagen, seinen Hofmann zu Burn bedrängt und ihm Gülten abgenommen, sich über ganz Brumat belehnen lassen, obgleich es ihnen nur zur Hälfte zustehe, und was dergleichen nicht sehr bedeutende Gegenstände noch mehrere waren, wofür er Entschädigung verlangte, welches Schreiben aber, weil Ludwig V. eben damals auf einer Wallfahrt nach Rom abwesend war, ohne Antwort blieb. Darauf wendete sich der Graf, am Montage nach dem heiligen Ostertage, nochmals schriftlich an jene beiden Brüder und wiederholte die nämlichen Beschwerden, jedoch das Mittel zur gütlichen Beilegung wie im ersten Briefe ergreifend und mit dem abermaligen Erbieten, dieselben durch den Pfalzgrafen Friederich I. friedlich auseinander setzen und ausgleichen zu lassen. Unterdessen war Herr Ludwig von seiner Wallfahrt wieder heimgekehrt und sein Oheim, der Markgraf Jacob zu Baden, dessen Obhut er seine Herrschaft während seiner Abwesenheit übergeben hatte, stellte ihm Schafried's beide Briefe zu, worauf er ebenfalls zwei Schreiben an denselben erließ, das erste auf Dienstag vor Pfingsten und das andere am Montage vor Sanct Margarethen Tage 1450, in denen er die ihm und seinem Bruder Jacob gemachten Beschuldigungen

---

[707]) Geben zu vilingen am Montag vor dem heiligen Pfingstag Anno etc. quinquagesimo.

für unbillig erklärte, sich aber dennoch erbot, entweder vor dem römischen Könige oder vor einem der nachbenannten Fürsten, dem Pfälzer Friederich I., dem Herzoge zu Lothringen, dem Markgrafen Jacob oder dem Grafen Ludwig von Würtemberg, deshalb zu Ehren und Recht stehen zu wollen, was indessen, trotz dieses gegenseitigen Erbietens, nicht zu Stande kam, sondern beide fingen an in späteren Briefen einander zu schimpfen und zu schmähen oder, wie die Chronik sagt: „auff solches hat der von Leiningen etliche schimflich „vnd hohe Schmachschrifften an die von Lichtenberg gethan, „vnnd sie wider darauff geantwort, einander auß der welt „gezelt, letstlichen vielfeltig auff einander angriffen" [708]), so daß der Kampf unvermeidlich war. Beide Theile hatten ihre Anhänger; auf Schafried's Seite standen dessen Brüder, Emich VII. und Bernhart, sein Schwager der Graf Jacob von Mörs-Saarwerden, Diebolt von Hohengeroltseck, Herr Georg zu Ochsenstein, Hanns von Fleckenstein, nebst vielen anderen. Die Lichtenberger hingegen hatten an dem Markgrafen von Baden ein „hinderruck" und zu ihren thätigsten Helfern die Grafen Jacob und Wilhelm von Lützelstein, Herren zu Geroltseck am Wasichen, Johann und Wilhelm von Vinstingen und noch viele vom Adel. So standen beide Parthien und ihr Anhang einander feindselig gegenüber, und was ein gütlicher Vergleich in wenigen Stunden entschieden und vermocht hätte, das sollte nun durch's unsichere Schwert geschehen! —

Während solcher Rüstungen hatte Pfalzgraf Friederich I. in seinem und seines Neffen, des Herzogs Philipp, Namen, unseren Junker Jacob mit dem vierten Theile Hunnenburgs belehnt und sich, seinem Neffen, sowie ihren Amtleuten und Dienern nur die Oeffnung darin vorbehalten [709]) und ihm auch an demselben Tage das pfälzer Lehen über Hatten,

---

708) Bernhart Herzog's Chronicon Alsatiae V, 18—21.
709) Datum Heydelberg sexta feria In vigilia Beati Jacobi Apli Anno dni 1450mo.

Burg und Burgstaben und das Dorf Gottesheim mit Zubehörden ertheilt ⁷¹⁰). Da man nun bekanntlich zur Führung eines Krieges vor allen Dingen auch baare Mittel bedurfte, so veräußerten Ludwig V. und seine Gattin Elisabetha jenem Pfalzgrafen den vierten Theil an dem „Stettel zu Gersdorf" und die Hälfte an Lampersloch, Mutzdorf, Hatten, Burg und Dorf, Rittershofen, Ober- und Nieder-Bettensdorf, Swawiler, Reymerswyler, Kylendorf und Luterswiler, letztere Orte genannt das „Hettegouwe", für 2000 gute rheinische Goldgulden auf einen Wiederkauf ⁷¹¹), allein einige Monate hernach waren an jener Summe wieder bereits 1500 Goldgulden abgetragen, so daß der Käufer erklärte, es seien nur noch 500 fl. einzulösen ⁷¹²).

Auf Montag nach Bartholomäi 1450 eröffnete also Schafried die Feindseligkeiten; er fiel in die ihm zunächst gelegenen Theile des lichtenberger Gebietes ein, führte dasjenige, dessen er habhaft werden konnte, als Beute hinweg, brandschatzte die armen Leute unerhört und verübte überhaupt viele Mißhandlungen. Die von Lichtenberg hingegen suchten ihrerseits mit ihren Verbündeten die elsäßer Besitzungen jenes Grafen ebenfalls heim, hausten darin gleichmäßig nach Herzenslust und nach damaligem Brauche, mit Rauben, Sengen und Morden, erstiegen mehrere darin gelegenen Vesten, zogen selbst vor Burg und Stadt Saarwerden, nahmen sie ein und fingen darin den Grafen Jacob, des Leiningers Schwager. Die Verwüstung war bereits weit gediehen, und da sich die kriegführenden Herren früher in ihren obenberührten Schreiben vorzugsweise auf die Vermittlung des Pfalzgrafen Friederich

---

710) Der geben ist uff sant Jacobs des heyligen zwolffbotten abent als man zalt ꝛc. 1450 Jare. Karlsruher pfälzer Copialbuch Nr. 100, a. Fol. 211b.

711) Geben uff unser lieben frowentag Assumpcionis zu latin genant des Jors ꝛc. 1450 Jore.

712) Der geben ist uff sant martin des heyligen bischoffs tage des Jores ꝛc. 1450 Jore.

berufen hatten, so beschied derselbe die beiden Partheien vor
sich nach Heidelberg, um ihre Spänne auszugleichen. Die
Lichtenberger und Schafried erschienen daselbst mit vielen der
Ihrigen; der Pfälzer eröffnete die Verhandlungen, allein jene
versäumten die ihnen gebotene Gelegenheit, sich zu verständigen, denn statt gütlichen Vergleichs ärgerten, schalten und
schimpften sie einander; so zerschlug sich dieser Tag und die
frühere Erbitterung wurde dadurch nur noch mehr gesteigert,
ja selbst der Pfalzgraf, der mit den lichtenbergischen Haupt=
verbündeten, mit den Grafen zu Lützelstein, ebenfalls in
Fehde stand, weil dieselben ihren Muthwillen gegen ihn zu
weit getrieben hatten, schlug sich jetzt nach mißlungenem
Sühnversuche und „wan er nit guten willen hette zu den
obgenauten Herren von Lichtenberg"[713]), endlich auf des
Leiningers Seite.

Dieser letztere Umstand machte denn doch unsere beiden
Brüder bedenklich und mahnte sie zu größerer Vorsicht, daher
der Aeltere, Jacob, mit seinen gräflichen Vettern, Jacob und
Wilhelm von Lützelstein, ein enges Schutz= und Trutzbündniß
gegen Schafried, alle seine Helfer und vorkommenden Falls
auch gegen den pfälzer Herzog Friederich errichtete, des In=
halts: wenn „einige kriege oder fientschafft angefengt wurde
„zwuschen dem pfaltzgrauen vnd den Edeln vnsern lieben
„vettern", einander mit ihren Schlössern, Landen und Leuten
auf's kräftigste beholfen zu sein, wobei sich jeder der Herren
noch verbindlich machte, außer dem Fußvolke jederzeit fünfzig
„wol geruster pferde vnd lute" zu halten, und nebst den in
solchen Bundbriefen gewöhnlichen Bedingungen ward am
Schlusse desselben denen von Lützelstein noch hauptsächlich zuge=
standen, wenn sie dem Pfälzer die Pfandsumme erlegen
würden, wofür ihm eine Oeffnung in Burg und Stadt
Wörth eingegeben wäre, so sollten sie in dessen Rechte da=

---

713) Würdtwein subsid. diplom. nova X, 333.

selbst, bis zur Ablösung durch die Lichtenberger, eintreten [714]). Darauf schloß Ludwig V. ein gleiches Bündniß gegen den leininger Grafen, den von Mörs-Saarwerden und ihren sämmtlichen Anhang mit seinem Verwandten, dem Herrn Johannes zu Vinstingen, ab [715]), und beide Brüder nahmen noch den Gelfferich von Nackheim zu ihrem Diener auf, der ihnen zugleich seine vier Burgen, Kalbenfels, Waldeck, Sauwelnheim und Wolfstein öffnen mußte [716]). Auch gewannen die Lichtenberger den Grafen Robert von Saarbrücken, Herrn zu „Cumerce" (Commercy), sowie den Herrn Friederich von „Seguiney" zu Gehülfen, diesen mit 10 Gleuen, jenen aber mit 200 oder mehr Gewappneten, für welche Dienste letzterem monatlich 400 gute rheinische Gulden zugesichert wurden, und so fanden wir noch manche Briefe, durch welche sie gegen die Zusage von jährlich 40 bis 50 Gulden Dienstgeldes, Edelleute zu Helfern erwarben, z. B. den Crafft von Eschenau mit 4 Pferden, den Wirich von Hohenburg, Walther von Than und viele andere, deren Bestallungsbriefe wir indessen, ohne weitschweifig zu werden, nicht alle namhaft machen können. Solche Rüstungen und Ausgaben erforderten vieles Geld, daher Junker Ludwig V. mit seines Bruders Einwilligung dem Friederich von Fleckenstein seine sämmtlichen Leibeigenen, „Herlicheyt, Nutz, Felle, Rent vnd alle gerechtickeit" in dem Uffriet und namentlich in den Dörfern Roppenheym, Forstfeld, Kouhenheym, Gysenheym, Ronßheim, Owenheym, Sesenheym, Denckoltzheym, Stackmatten und Dalehonden, für 600 gute rheinische Gulden veräußerte, sich aber die Lösung vorbehielt [717]), und mehrere Wochen nachher sagte er seine

---

[714]) Geben uff mitwuch nehst noch sant abolffstag Anno dni M°. CCC°. quinquagesimo.

[715]) Geben uff montag vor sant Michels dag des heiligen ertzengels Jm Jore etc. 1450 Jore.

[716]) Geben uff Fritag vor sanct dyonisien tage Anno dni M°. CCC°. L°.

[717]) Der do geben wart noch Cristi geburt etc. 1450ste Jore uff durnstag nehst noch martini.

in jenen Dörfern gesessenen eigenen Leute der ihm geleisteten Eide, Pflichten und Gelübde zu Gunsten des Käufers los, bis zur Zeit der Wiedereinlösung [718]). Als eine Merkwürdigkeit aus dem bisherigen Kampfe müssen wir noch einer Urfehde erwähnen, die Hanns Wehsicker aus Breisach bei seiner Entlassung aus der lichtenberger Haft einige Tage später ausstellte und in welcher derselbe zum Beweise der schauderhaften Excesse, die sich in jenen Raufzeiten manche oder vielleicht viele erlaubt hatten, die unrühmliche, aber bezeichnende Benennung eines „Blutzapfens" erhielt [719])! — Im December dieses Jahres nahm Jacob von Lichtenberg bei der Stadt Straßburg noch 1000 gute und „geneme" rheinische Gulden auf, rückzahlbar in zwei Jahren, und da ihm der Rath für dieses Darlehen keine Zinsen abnahm, so verschrieb er sich demselben, seine Städte, Burgen, Schlösser und (befestigte) Kirchhöfe, vorzugsweise aber Lichtenberg, Buchsweiler, Neuweiler, Wörth und Willstätten, während sieben Jahren nicht verkaufen oder verpfänden zu wollen und auch Niemand anders zu sich in Gemeinschaft daselbst einzusetzen, ohne Wissen und Willen seiner „guten frunde Meister „vnd Ratts der Stat Stroßburg"; würde er sich indessen wieder vermählen, so solle es ihm frei stehen, seine Gattin auf jene Orte zu bewidmen; ferner versprach er, den Feinden der Stadt in seinen Vesten keinen Aufenthalt zu geben, sondern den Rath, auf dessen Begehren, die gedachten sieben Jahre lang in die Hälfte des Schlosses und Fleckens Willstätten aufzunehmen, um sich derselben zu allen seinen Nöthen zu bedienen und beide sollten zugleich einen gemeinsamen Burgfrieden darin geloben [720]).

---

718) Geben vff Sontag, vor sanct katherinen tage Anno dni M°. CCCC°. L°.

719) Der geben ist des nehsten fritags noch sant katherinen tage der heiligen Jungfrawen Anno dni M°. CCCC°. quinquagesimo.

720) Geben vff mentag nach sant niclaustag als man zalt ꝛc. 1450 Jer.

Nach solchen beiderseitigen Zurüstungen und Vorbereitungen ward nun der einige Zeit unterbrochene Kampf mit erneuerter Thätigkeit wieder aufgenommen, und zu Weihnachten 1450 zogen die Lichtenberger mit ihren mächtigsten Helfern, den lützelsteiner Grafen, die jetzt der Theilnahme des Pfälzers wegen ein besonderes Interesse an diesem Kriege hatten, vor die den Leiningern zur Hälfte gehörige Stadt Brumat, bemeisterten sich derselben und zerbrachen und schleiften die eine der dasigen Burgen. Auch Graf Schafried blieb nicht müssig, und so ward wiederum große Noth und vieler Jammer über die Unterthanen in den gegenseitigen Gebieten gebracht. Um dem Sengen und Morden Einhalt zu thun, erhob sich endlich der Markgraf Jacob zu Baden und beschied die streitenden Theile auf den Dienstag vor dem Sonntage Invocavit 1451 vor sich nach Ettlingen, um sie zu verhören, sie wo möglich zu vergleichen und auszusöhnen und gewährte ihnen, sowie ihren Freunden, sicheres und strakes Geleite für jenen Tag hin und zurück [721]); jedoch auch diese friedfertigen Bemühungen waren ebenso vergeblich, wie die früheren zu Heydelberg, denn die Parthien schalten und schmähten einander auf's Neue und so ging man auch hier unverrichteter Sache wieder auseinander. Der Krieg wurde nun abermals mit der nämlichen Erbitterung fortgeführt, das Land verwüstet und die Bewohner desselben durch Raub und Brand in's größte Elend versetzt. Auf Charfreitag 1451 war des von Binstingen Ehegattin mit einigen Jungfrauen und mit wenigem Gefolge zur Kirche Sanct Johann geritten, um ihre Andacht daselbst zu verrichten, allein auf dem Rückwege überfielen die Grafen Schafried und Emich VII. (so weit ließen sich diese Männer in ihrem erbosten Gemüthe verleiten) die wehrlosen Weiber, rissen die Jungfrauen von den Pferden, tödteten einige Knechte, machten die übrigen zu

---

[721] Geben zu Mulnberg uf fritag vor dem Sontag Esto michi Jn Anno domini 1451mo.

Gefangenen und durchsuchten dann noch die Kirche und den Thurm auf's sorgfältigste, ob sie nicht den Dynasten von Vinstingen, den Verbündeten der Lichtenberger, darin finden möchten! —

Die Leininger hatten ihre ansehnlichsten Streitkräfte vorzüglich in ihrem hart an die Gränzen der Reichsstadt Weissenburg gränzenden Amte Gutenburg gesammelt und aus demselben ihren Widersachern in dem nahen Amte Hatten und anderswo fortwährend bedeutenden Schaden zugefügt. Letztere mochten sich indessen nicht so weit wagen und streiften nur im Lande hin und her, um das Eigenthum jener Grafen zu beeinträchtigen; ja sie liessen sich manchmal so vom Vertilgungseifer hinreissen, dass sie auch die Besitzungen ihrer Verwandten, der Grafen von Zweibrücken-Bitsch und anderer, nicht verschonten. Als nun von beiden Seiten lange genug bedrängt, geraubt, gesengt und Blut vergossen war, so trafen sie endlich, indem die Leininger im Sommer auf's neue mit grösserer Macht aus der Herrschaft Gutenburg herausgebrochen waren, bei der Stadt Reichshofen auf einander [722]). Die von Leiningen waren den Lichtenbergern um 200 Mann überlegen und beider Heerhaufen standen einander voller Wuth und Bitterkeit gegenüber; das Zeichen zum Angriffe ertönte, und gleich grimmigen Thieren stürzten sie

---

722) Bernhart Herzog sagt zwar Chron. Alsatiae V, 23, dieses Treffen sei zwischen Weissenburg, Selz und dem Walde auf freiem Felde vorgefallen, allein Arzt in seiner elsässer Chronik Fol. 13 (theilweise abgedruckt in Würdtwein subsid. dipl. nova X, 323 etc.) nennt ausdrücklich Reichshofen, welche Angabe durch eine ebenfalls gleichzeitige Notiz aus dem lichtenberger Kirchenseelbuche ihre Bestätigung erhält, worin es heisst: Anno Dni M°. CCCC°. L°. primo hoc die quinta Junij hora secunda vel quasi post meridiem Nobiles Domicelli Ludowicus et Jacobus Dni in Liechtenberg cum adjuvamine Dnor in Lützelstein etc. obtinuit victoriam iminicorum suorum ante oppidum Richshofen et adversarij eorum acceperunt fugam et in bello ceperunt Schaffridum de Liningen comitem et Georium de Ochsenstein cum ceteris eorum confederatis, ergo merito hec dies esset celebranda in laudem victorie.

auf einander los; jeder wollte seinen Gegner an Muth und Mannhaftigkeit überbieten, lange Zeit schwankte das Kriegsglück, allein endlich neigte sich der Sieg vollständig auf die Lichtenberger Seite, ja Schafried ward sogar, nebst seinem Verbündeten, dem Herrn Georg zu Ochsenstein, gefangen genommen, sowie von den Seinigen noch 54 Edle und 52 Reisigen und von den Ochsensteinern ebenfalls 17 vom Adel; unter den Erschlagenen fand man 12 Ritter und Edelknechte und mehr denn 300 Verwundete; dies geschah am fünften Juni des Jahres 1451. Den Grafen Schafried (welchen Ludwig V. sogleich auf dem Schlachtfelde niederstechen wollte, was jedoch dessen Bruder Jacob nicht gestattete) und seinen ochsensteiner Freund brachte man zuerst nach Lützelstein, später aber zu mehrerer Sicherheit nach Lichtenberg in noch festeren Gewahrsam, und beide schmachteten seitdem im Gefängnisse, während der Kurverweser, Pfalzgraf Friederich, den Kampf gegen die Lichtenberger, vorzugsweise aber gegen die von Lützelstein, fortsetzte [723]).

Einige Tage nach dieser siegreichen Begebenheit und als eine Folge derselben übergab unser Junker Jacob, da er Geld bedurfte, um seine angenommenen Helfer und Diener befriedigen zu können, dem Markgrafen Jacob von Baden kaufsweise und gegen Wiedereinlösung mit 1500 guten rheinischen Gulden, den achten Theil seiner gesammten Herrschaft mit allen möglichen Zubehörungen auf zehn Jahre lang zum gemeinschaftlichen Besitze und Genusse und unter der ausdrücklichen Bedingung, nach erfolgter Ablösung jener Summe sollte dem fürstlichen Hause Baden eine ewige Oeffnung in allen Schlössern, Vesten, Kirchhöfen, Märkten und Dörfern seines Gebietes zustehen [724]). Das nämliche that auch an demselben Tage dessen Bruder Ludwig V., wobei aber er

---

723) B. Herzoge's elsässer Chronik V, 22—24 und viele handschriftliche Notizen.

724) Der gegeben ist off Mendag nach dem heiligen Pfingstag Anno dni M°. CCCC°. L°. primo.

und der Markgraf noch in einer besonderen Urkunde vereinbarten, letzterer könne nur mit „kuntlichem wissen vnd willen" des Meisters und Raths zu Straßburg in Burg und Stadt Lichtenau aufgenommen und eingesetzt werden [725]), und eine gleiche Bestimmung traf auch Jacob einige Tage später mit jenem Pfandinhaber, wenn nämlich die Stadt Straßburg, der Verschreibung vom vorigen Jahre gemäß, in die Hälfte Willstättens eingesetzt werden würde, in welchem Falle der Markgraf zusagte, den Frieden daselbst mit beschwören zu wollen [726]). Am 2. Juli enthob Ludwig V., eben dieses Verkaufs eines Theils seiner Herrschaft wegen, letzteren zugleich der Pflicht, ihm gegen Kurpfalz Hülfe zu leisten, falls er den Grafen von Lützelstein in ihrem Kriege gegen den Pfalzgrafen beistehen würde [727]), und an demselben Tage wies er auch seine Amtleute, Schaffner, Kellner, Bürger und Unterthanen seines Gebietes an, jenem Markgrafen, seinem Oheim, als zehnjährigem Pfandherrn, zu huldigen, zu schwören und demselben getreu, hold und gehorsam zu sein [728]). Zwei Tage darauf verpflichtete sich noch der genannte Junker demselben zum Diener, worauf er die Erklärung ausstellte, von den ihm zum achten Theile zustehenden, herrschaftlichen Gefällen, jährlich nur 50 fl. behalten und das übrige seinem Vetter überlassen, sowie ihm auch, jedoch vorbehaltlich der verschriebenen Oeffnung, jederzeit mit der Wiedereinlösung der Pfandschaft gewärtig sein zu wollen [729]). Das schon mehrmals erwähnte Dorf Schweigen reichte unser Herr Jacob,

---

725) Gegeben vff Mentag nach dem heyligen Pfingstage In Anno domini 1451mo.

726) Der geben wart vff mendag vor sant Johanßtag zu Sungihtein als man zalte ꝛc. 1451 Jor.

727) Gegeben vff fritag nach der heiligen zwölffbotten petri vnd paulitag In anno domini 1451mo.

728) Geben vff vnser lieben frauwen tag visitacionis zu latin In Anno etc. L°. primo.

729) Geben zu Baden vff Sant vlrichs tag. Anno dnj Millesimo Quadringenmo L°. primo.

in dem nämlichen Monate dem Hanns von Flersheim wieder zu Lehen [730]), und gestattete ihm zugleich am folgenden Tage, den Witthum seiner Ehefrau, Magdalena von Schwarzenberg, darauf verlegen zu dürfen [731]).

Allem Vermuthen rüstete man damals wieder zu neuem Kampfe, denn wir fanden um diese Zeit einige Trost= und Sicherheitsbriefe für mehrere Ortschaften, und zwar von dem Hanns von Dutenstein, Hauptmanne in Hochfelden, im Namen seines Junkers Diebolt von Hohengeroltseck, für die Dörfer Kurtzenhausen und Herd, und dann von dem lichten= bergischen Schaffner zu Lichtenau, Hanns Wyngersheim, aus Auftrage seines Herrn, für Gries, Waltenheim und Geydertheim, auf 4 Wochen lang [732]). Der Krieg kam jedoch diesmal nicht zum Ausbruche, sondern es traten im Gegentheil, um den bisherigen Unruhen und gegenseitigen Beschädigungen ein erwünschtes Ziel zu setzen, die beiden Fürsten, Herzog Ludwig in Nieder= und Oberbayern, sowie Markgraf Albrecht von Brandenburg und Burggraf zu Nürnberg, mit den Räthen des Erzbischofs Diether zu Mainz, des Bischofs Reinhart in Speyer, des Vormunds und Pfalzgrafen Friederich, des Markgrafen Jacob von Baden und mit dem würdigen Deutsch= ordensmeister, Jost von Veningen, gegen Ende Augusts in Speyer zusammen, setzten einstweilen zwischen den streitenden Theilen eine Waffenruhe, bis zum künftigen Martinitage, fest, geboten die Auslieferung der beiderseitigen Gefangenen, mit Ausnahme des leininger Grafen und Georg's von Ochsen= stein, und verordneten, diese Angelegenheit sollte auf nächsten Sanct Gallentag durch den speyerer Prälaten, sowie durch

---

730) Der geben ist des nehsten menbags vor sant Marienmagdalenen tage. Des Jors 2c. 1451 Jore.

731) Der geben ist des nehsten zinstages vor sant Marienmagdalenen tage, Des Jors 2c. 1451 Jore.

732) Jener ausgestellt: Der geben ist uff fritag, und dieser: Geben uff Sonnendag nebst noch sant Marien Magdalenen dage Anno dnj M°. CCCC° L°. primo.

die zwei Markgrafen von Baden und Brandenburg, in Pforz=
heim gütlich ausgeglichen werden [733]). Am festgesetzten Tage
kam man wohl in jener Stadt zusammen, allein es ward,
wie es ausdrücklich heißt, „nach vil arbeit vnd gesuchs", in
der Hauptsache doch nichts weiter erzielt, als die Verlängerung
des Waffenstillstandes bis zum Dreikönigsfeste künftigen Jahres
und die Anberaumung eines anderen Tages, um die Zweiungen
beizulegen [734]). Schafried und der Ochsensteiner mußten in=
dessen im Kerker ausharren, obgleich wegen der übrigen
Gefangenen zu Pforzheim auch manches besprochen und
näher bestimmt worden war, und zugleich erklärten aber
jene drei Thaidingsmänner in einer besonderen Uebereinkunft
von demselben Tage, diese Verabredung sollte, wenn sie dem
Pfalzgrafen Friederich, der nur seine Räthe dazu gesandt
hätte, nicht genügen würde, kraftlos und ganz ungültig
sein [735]).

Da in der zu Speyer abgeschlossenen Vereinbarung
manches enthalten war, was sowohl auf leininigischer, als
auch auf der lichtenberger Seite Anstoß gab oder von beiden
beanstandet wurde, so gaben sich die genannten drei Vermittler,
indem sie noch einige Tage zu Pforzheim verweilten, alle
erdenkliche Mühe, auch diese Anstände zu beseitigen, was
ihnen auch endlich glücklich gelang [736]). Das Empfindlichste
bei diesen Vorgängen war jedoch der Umstand, daß Schafried
fortwährend seiner Freiheit beraubt war und blieb, daher
dessen Brüder, sowie einige verwandte Grafen und viele
Ritter den Antrag stellten, derselbe solle einstweilen auf

---

[733]) Geschehen zu Spier am Donerstage Nach Sant Bartholomeus
des heiligen zwelfboten Tage Nach Cristi geburt 1451ften Jaren.

[734]) Geben zu Pforzheim off Sontag nach sant Lucastag Anno
domini 1451mo.

[735]) Geben zu Pforzheim off sonbag nach sante lucastag Anno
Dni M.° CCCC.° quinquagesimo primo. Aus dem fürstl. leiningischen
Archive.

[736]) Geschehen zu Pforzheim am Sambstag vor Simonis et Jude
Anno dni 1451mo. Ebendaher.

Ehrenwort seines Gefängnisses ledig gelassen werden, allein er müsse sich am 1. Januar 1452 wieder in seiner Haft einfinden oder den lichtenberger Dynasten eine baare Summe von 50,000 fl. erlegen; ja seine Freunde setzten sogar bereits den Rückschein auf, den jener deshalb ausstellen müsse, und sie machten sich überdem noch sämmtlich durch einen Eid verbindlich, wenn derselbe sich an dem festgesetzten Tage nicht in dem Kerker zu Lichtenberg einfinden würde, entweder an dessen Stelle daselbst eintreten oder die ausbedungene Summe entrichten zu wollen [737]). Auch diesen annehmbaren Vorschlag verwarfen die Gegner des Leiningers, und er mußte immer noch im Verließe schmachten, während sein treuer Waffengenosse und Leidensgefährte, Georg von Ochsenstein, auf die Bürgschaft des Grafen Friederich von Bitsch, Diebolt's von Geroldseck und sieben anderer Ritter und Edelknechte hin (die sich ebenfalls anheischig machten, wenn Herr Georg bis zum nächsten 1. Januar sich nicht als Gefangener nach Lichtenberg stellen oder 20,000 fl. bezahlen würde, an seiner Stelle entweder das eine oder das andere zu leisten), am 1. November seiner Haft erlediget ward [738]). Den Grafen Schafried brachte man hernach wieder nach der Veste Lützelstein und legte ihn daselbst in engen Gewahrsam.

Die Hartnäckigkeit und der zähe Sinn der Lichtenberger und Lützelsteiner bezüglich desselben, machten auf die Glieder der leiningischen Familie einen tiefen Eindruck, so daß sie den Entschluß faßten, zur Befreiung ihres Bruders alles mögliche aufzubieten und nach Ablauf der ausbedungenen Waffenruhe (6. Januar 1452) den Kampf gegen jene wieder mit aller Macht fortzusetzen, daher Emich VII. und Bernhart am Schlusse des Jahres 1451 ein inniges Schutz- und Trutzbündniß mit ihrem Schwager, dem Grafen Jacob von

---

737) Der geben ist uff aller Heilgentag In Anno Dni M⁰. CCCC⁰. quinquagesimo primo. Daselbst.

738) Der geben ist an Aller Heilgen tag. In anno dni M⁰. CCCC⁰. L⁰. primo. Ebendaher.

Mörs-Saarwerden, Herrn zu Lare, abschlossen [739]). Die Lichtenberger gingen sogar so weit, daß sie die gefangenen Ritter und Edelknechte (indem nur die gemeinsamen Reisigen ihrer Haft entledigt worden waren) „hertekliche vnd swerlich „haltent", daher Emich VII. sich in einem Briefe vom 6. Januar 1452 an Caspar von Westernach darüber bitter beschwerte, um Abstellung dieses unritterlichen Benehmens anhielt und zugleich die Drohung hinzufügte, wenn jene nicht „offrecht vnd rebelichen" behandelt würden, er genöthigt sei, auf gleiche Weise mit den Gefangenen zu verfahren, die bereits in seiner Hand wären oder die „furbas vnser herre „got vns beroten möcht" [740]). Drei Tage darauf schickten auch mehrere leiningische Edle, unter denen Hanns von Ramberg und Hanns von Weingarten, den Grafen Jacob und Wilhelm von Lützelstein ihre Absage- oder Feindesbriefe zu, weil, wie sie sich erklärten, „Junggraff Emich ůwer „vigent (Feind) ist" [741]). Unterdessen hatten die obengenannten gräflichen Brüder, nebst den Herren zu Lichtenberg, Emich VII. beschuldigt, er hätte gemeinschaftlich mit seinem Schwager von Mörs während des Waffenstillstandes dem Johann von Vinstingen etliche Knechte abgefangen, sowie auch einen Wagen mit Wein, sammt Knechten und Pferden, hinweggenommen und nach Saarwerden geführt, wogegen derselbe sich jedoch männlich verantwortete und nachwies, er habe den Frieden „erberclich vnd offrecht" gehalten [742]). Um diese Zeit wünschte Schafried auf's sehnlichste, seinen Bruder Emich zu sprechen, und als die Lichtenberger, Lützelsteiner und Vinstiger diese Bitte vernahmen, erlaubten sie letzterem, auf Donnerstag

---

739) Der geben ist an Sante Johannis Tag jn den Wihenacht heiligen vieretagen jn dem Jore rc. 1451 Jore. Daselbst.

740) Geben vnder vnserm sycrett Jngesigel off fritag noch der heiigen brige könige tag Anno etc. LII°. Daselbst.

741) Geben uff Sontag nehst nach der Heiligen brüer Kunige tage Anno etc. LI°. more metensi. Daselbst.

742) Geben an sante Agnesen tag Anno dnj etc. quinquagesimo secundo. Daselbst.

nach Lichtmeß, d. i. am 3. Februar, seinen Bruder im Kerker besuchen zu dürfen, sicherten ihm und einer Begleitung von zwanzig Personen, sammt ihren Pferden, gutes Geleite für die Her- und Zurückreise, von Saarbockenheim aus, zu, jedoch würden nicht mehr denn zehn, höchstens zwölf Begleiter in's Schloß Lützelstein eingelassen werden, während die übrigen in der vor demselben gelegenen Herberge verweilen müßten [743]). Ungeachtet dieser zugesicherten „tröstung" war dieser Schritt dennoch von Emich sehr gewagt, wenn wir das spätere wortbrüchige Benehmen der Lichtenberger bedenken. Dieselben und die Lützelsteiner sagten auch dem Grafen Bernhart von Leiningen die Schmach nach, er sei in dem Treffen bei Reichshofen von ihren Dienern gefangen gewesen, er habe Sicherheit angenommen und gelobt, wäre aber dennoch später durchgebrannt und hätte sich auf mehrere Mahnungen hin nicht zur Haft gestellt. Der Geschmähte erklärte nicht nur diese Beschuldigung, sowie die an ihn ergangenen Mahnungen, für boshafte Lügen, sondern er forderte auch, um seine Unschuld zu beweisen und seine verunglimpfte Ehre zu retten, in ächtem, ritterlichem und mannhaftem Sinne, Jeden seiner Verleumder zum öffentlichen Zweikampfe auf Leben und Tod heraus oder, um seine eigenen Worte aus dem Briefe anzuführen: „vnd ob jr vff solicher schuldigung zu behafften, vnd „bouon nit zu steen meinten, So wil ich uwer yglichen einen „nach dem andern wisen mit mynem libe an den sinen, Das „jr mir an solicher schuldigung vnrecht dunt vnd böslich vff „mich liegent, Souerre ich von eyme zum andern lebendig „vnd vnuerwunt blibe, der wunden halp, so lange biß ich „der wibber genese, vnd getruwen, mit goß helffe vnd der „warheit, myne ere damit gegen uch zu entretten vnd zu „besteen als ein byberman"! [744]) Noch acht Tage zuvor,

---

743) Der geben ist vff fritag noch sant paulus bekerunge tage Anno dni etc. quinquagesimo secundo. Daselbst.

744) Geben vff sondag nach sante paulus bekerung tag Anno etc. quinquagesimo secundo. Daselbst.

ehe Emich seinen Bruder in Lützelstein besuchte, mußte sich derselbe auch gegen die falsche und kränkende Anschuldigung seiner Widersacher, als hätte er den Frieden und die Waffenruhe nicht gehalten, vertheidigen, was er ebenfalls für eine offenbare Lüge erklärte, denn er habe sein Versprechen „erberclich vnd reddelich" erfüllt, „vnd getar das „mit gotz helffe vnd mit dem swerte wole zuuerantworten" [745]), auf welches Anerbieten indessen seine boshaften, hinterlistigen Feinde ebenso wenig eingingen, als auf dasjenige seines Bruders Bernhart.

Es ist leicht zu ermessen, daß solche empörenden Vorgänge die Erbitterung auf beiden Seiten immer mehr steigerten, und daß bei einem schon vorbereiteten und also unvermeidlichen Zusammenstoße das Schrecklichste für Land und Leute zu erwarten war. Dies erwog vor allem der Bischof Ruprecht von Straßburg, weil bei erneuertem Kriege dessen Bisthum und Unterthanen der augenscheinlichsten Gefahr ausgesetzt und gänzlichem Verderben geweiht gewesen wären, und da sämmtliche betheiligten Grafen und Herren in lehensherrlicher Verbindung mit ihm standen, so versuchte er nochmals eine gütliche Vereinbarung unter denselben zu bewirken; seine angestrengten Bemühungen wurden nach Verlauf einiger Wochen mit dem besten Erfolge gekrönt, und so hart auch immerhin die in diesem Vertrage gestellten Bedingungen für den Grafen Schafried sein mochten, so ließ er sich dennoch aus Liebe zur Freiheit bewegen, dieselben anzunehmen. Darin mußte er sich nämlich verbindlich machen, nie mehr gegen die von Lichtenberg, Lützelstein und Binstingen zu kriegen, auf seine bisherigen Ansprüche, besonders aber auf seinen Antheil an Brumat nebst Waltenheim, Grieß, Wiler, Mittelhus, Atzenheim und Frankenheim, sowie auf seinen Theil an Gödertheim und an die Meierei in Weihersheim

---

[745] Gegeben am Dinstag vor vnser lieben frauwen liechtmeß tag Anno dni etc. quinquagesimo secundo. Daselbst.

zum Thurme, mit allen Zubehörden, zu Gunsten der Lichtenberger zu verzichten, dann dafür zu sorgen (weil Brumat mainzisches Lehen sei), daß der Erzbischof jene damit belehne und daß der Pfalzgraf und Vormund Friederich, dessen Schutze er Brumat überlassen hatte, sich dieses Schirmrechtes gegen die jetzigen Besitzer begebe; ferner sollte er letzteren seine Gerechtsamen und die Weingülte zu Balbenborn, sowie auch seine Erbansprüche an die Grafschaft Saarwerden einräumen, sämmtliche Gefangenen gegen eine „slechte vrfehde" entlassen, den Herzog Ludwig von Zweybrücken-Veldenz für die Verwüstung der mit demselben gemeinsam inhabenden Herrschaft Gutenburg entschädigen, alle noch unerhobenen Brandschatzungen aufheben und die gefangenen leiningischen Edeln mit 14,000 fl. aus der Haft lösen; endlich müsse der Graf von Mörs mit den Lichtenbergern, Lützelsteinern und Binstingern eine Waffenruhe auf die Dauer von drei Jahren abschließen und sich mit denselben wegen ihrer bisherigen Spänne und nachbarlichen Irrungen zwischen hier und dem nächsten Pfingstfeste vergleichen; wenn dann der Gefangene eidlich gelobt habe, vorstehende Punkte unverbrüchlich zu halten und denselben nachzukommen, so solle er auf freien Fuß gesetzt werden und damit zugleich aller bisherige Neid, Hader und Feindschaft auf immer verziehen und vergessen sein [746]). Diese Uebereinkunft wurde wohl feierlich abgeschlossen, aber treubrüchiger Weise nicht gehalten, und alle seitherigen friedlichen Bestrebungen des straßburger Oberhirten, sowie anderer redlicher Freunde des Rechts und der leininger Familie, scheiterten an dem unversöhnlichen Hasse, sowie an den unehrenhaften Gesinnungen der Lichtenberger und vorzugsweise des Herrn Jacob gegen jene; Schafried mußte noch ferner im Kerker weilen, obgleich dessen Brüder sich am

---

746) Die geben sint zu zabern uff den fritag nach dem Sondage als man jn der heiligen kirchen gesungen hat Innocauit Anno dni 1452do. Daselbst.

darauffolgenden Tage für die gewissenhafte Erfüllung seiner
Zusagen eidlich verbürgt[747]), auch er selbst sich in einer besonderen Urkunde wiederholt verpflichtet hatte, sämmtliche
Bedingungen seiner Freilassung treulich halten zu wollen,
und überdem auch seine eigene Urfehde bereits ausgefertigt
war[748]). Dagegen wurden am vorhergehenden Tage zwanzig
leiningische Vasallen ihrer Haft erledigt und auf freien Fuß
gesetzt, nachdem ihre gemeinschaftliche Urfehde abgefaßt war
und jeder zudem noch einen Bürgen wegen Erlegung ihrer
Schatzung zu 14,000 fl. gestellt hatte[749]).

Die Lichtenberger suchten unter allerlei Ausflüchten die
Erfüllung ihrer feierlichen Zusage hinsichtlich der Entlassung
Schafried's hinzuhalten und hinauszuschieben; da nämlich
das letzterem zur Hälfte zustehende Amt Gutenburg, das
derselbe beim Beginne der Unruhen nebst Brumat unter den
Schirm des Pfalzgrafen Friederich I. gestellt hatte, während
dieses Krieges durch die Lichtenberger und ihre Verbündeten
sehr beschädigt worden war, so drangen sie vor allem darauf,
sowohl der Graf als auch der Pfälzer müßten auf allen
Schadenersatz Verzicht leisten, was auch beide, jener in seinem
Gefängnisse[750]) und dieser in seiner Residenz[751]) an Einem
Tage thaten. Im folgenden Monate ward die erste Hälfte
des Lösegeldes für die gefangen gewesenen leiningischen Adeligen mit 7000 fl. entrichtet, worüber die Lichtenberger

---

747) Der geben ist vff Samstag nach dem Sonbage der grossen
fastnacht Inuocauit zu latin genant In den voren rc. 1452 Joren.
Daselbst.

748) Beide sind batirt: Der geben ist vff Samßtag nach dem
Sontag der grossen faßnacht Innocauit zu latin genant, In den Jaren
rc. 1452 Jaren.

749) Der geben ist vff fritag nach dem Sontage als man in der
heiligen kirchen gesungen hat Inuocauit In den Jaren rc. 1452ten Jaren.
Leining. Archiv.

750) Der geben ist off mitwoch sant Gregorien tage als man zalt
rc. 1452 Jare. Pfälz. Copialbuch in Karlsruhe Nr. 100, a. Fol. 143.

751) Datum Heidelberg quarta feria post B^{tu} gregorij pape Anno
dni M°. CCCC°. L°. sedo.

und ihre zwei Hauptverbündeten eine Empfangsbescheinigung
ausstellten [752]). Nachdem also, wie gesagt, die Sache wegen
des pfälzischen Schirms geordnet war und der leininger Graf
deshalb seine Loslassung zuverlässig erwartete, da erhoben
die Lichtenberger neue Anstände wegen Brumat, in das sie
bereits eingewiesen waren, indem sie vorschützten, es möchten
noch Briefe von Schafried's Vater vorhanden sein, die ihnen
später nachtheilig werden könnten, auf welchen Umstand die
lichtenberger Brüder durch die Grafen von Lützelstein aufmerksam gemacht worden wären, welche jenen andeuteten:
sie glaubten, Schafried wolle der abgeschlossenen Rachtung
entweder nicht nachkommen, oder er habe im Sinne, die Bestimmungen derselben zu umgehen, was sie dem Gefangenen
mittheilen möchten [753]). Derselbe wendete sich nun sogleich
an seinen Bruder Emich, mit der dringenden Bitte, doch ja
alle Urkunden über Brumat herbeizuschaffen, damit er endlich
seine Freiheit erlange [754]). Auch dies geschah bis auf eine
Urkunde und die übrigen wurden bei der Stadt Straßburg
hinterlegt, bis die Einwilligung des mainzer Erzhirten, als
Lehensherrn über Brumat, erfolgt sei; allein jetzt erhoben die
Lützelsteiner wieder neue Bedenken, die sie unseren Brüdern
anzeigten, es sei nämlich die größte Vorsicht vonnöthen, weil
man sich auf Emich VII. nicht völlig verlassen könne, und
jener müsse daher noch andere und bessere Bürgschaft stellen,
damit alle Punkte der Rachtung gehalten würden, daher sie
am Schlusse ihres Schreibens sagten [755]): „vnd wann wir
„der punte noch vnser notburfft gantze volle vnd fertigung
„haben vnd vns geton ist, so soll er von vns libig gesetzt

---

752) Der geben ist des nehsten Dornstags noch dem Sontage zu
Latin genannt Quasimodogeniti, des jors rc 1452 Jore. Leining. Archiv.

753) Datum secunda post penthecostes Anno domini etc. LII°.
Daselbst.

754) Geben uff Mittwoch nach Sanct vrbanustag Anno etc. LII°.
Daselbst.

755) Dieses Schreiben hat wegen eiliger Ausfertigung keinen Datum.
Daselbst.

„werden noch billiger gebüre", welche Worte die von Lichten=
berg, wie man sich leicht denken kann, mit Vergnügen auf=
nahmen, um Schafried noch länger in Haft behalten zu
können, wiewohl jener Emich VII. wiederholt ganz ausführlich
wegen ihrer Sicherheit hinsichtlich Brumats an dieselben ge=
schrieben hatte [756]).

Während dieser Vorgänge beschäftigten auch noch andere
Gegenstände unsere lichtenberger Dynasten, denn der pfälzi=
sche Vormund Friederich I. erneuerte für seinen Mündel und
Neffen 1452 den Burgfrieden über ein Viertheil an Wörth [757]),
und weil Junker Jacob, wie uns bekannt ist, dem Mark=
grafen Jacob ein Achttheil an seiner Herrschaft und also
auch an jener Stadt, übergeben hatte, so mußte letzterer die
Verbindlichkeit eingehen, daß er gegen die Pfalz „stete vnd
„veste wolle halten, was in dem vorgeschr. brieff steet ge=
„schriben, wie sich dann das gebüret" [758]). Jener Jacob
schuldete auch der Stadt Straßburg außer dem obenerwähnten
Kapitale von 1000 fl. noch besonders 1700 fl., theils baar
geliehenes, theils auf den Bau zu Lichtenau verwendetes
Geld, was sämmtlich auf das Amt Lichtenau verschrieben
worden war, und vermöge seines Versprechens, auf nächstes
Weihnachtsfest 1100 fl. zu bezahlen, sowie auch den Rest
nach und nach aus den Gefällen jenes Amtes zu tilgen,
machte sich der dasige Amtmann Wigersheim anheischig, den
Zusagen seines Herrn gewissenhaft nachkommen zu wollen [759]).
Heinrich von Fleckenstein hatte sich, während des leiningischen
Krieges, in dem Hattgau ebenfalls wieder einige, in das

---

[756]) Gegeben am Samstage nach vnsers herren fronlichnam tag
Anno dni etc. quinquagesimo secundo.

[757]) Datum Heidelberg Sabbato post dnicam Oculi Anno domini
1452do.

[758]) Der geben ist an donrstag In der Heiligen Osterwochen, des
Jars rc. 1452 Jare.

[759]) Der geben ist vff zinstag In der Heyligen pfingstwuchen, Als
man zalte rc. 1452 Jare.

Anspruch gehörende Röder eigenmächtig und gewaltsam zugeeignet, weshalb er von Herrn Ludwig V. vor den König Friederich IV. „furgeheyschen" und durch denselben verurtheilt worden war, von jenen Rödern abzulassen, daher derselbe die Erklärung ausstellte, letztere seien wieder zu Wald angelegt worden, in welchen die vier Dörfer Hatten, Rittershofen und die zwei Bettesdorfe wie früher berechtigt wären [760]). Unser Junker Jacob erhob später mancherlei Anstände und wollte den Pfalzgrafen Friederich nicht zum Besitze des Viertheils an Wörth gelangen lassen, sowie auch den Frieden daselbst mit ihm nicht beschwören, wenn nicht folgender Satz in den darüber sprechenden Brief aufgenommen würde: „das unser herre hertzog Friederich globen solte an eydesstat „den Burgfrieden vnd ander verschribunge zu halten, „da widder nit zuthun". In dem alten Briefe stand nichts von diesem Vorbehalte, und da der neuere wörtlich nach jenem abgefaßt war, so ließ der Pfälzer diesen Gegenstand durch seine Räthe, unter dem Vorsitze Otto's, Herrn und Schenks zu Erpach, untersuchen, deren Ausspruch dahin ausfiel: Jacob müsse mit der Fassung des neuen Burgfriedens sich begnügen und vermöge der Verschreibung den Pfalzgrafen in seinen Theil an der in Rede stehenden Stadt kommen lassen [761]). Einige Tage nachher stellte derselbe Jacob nebst dem Grafen Hanemann und Heinrich von Zweybrücken-Bitsch dem Rathe Straßburgs das eidliche Zeugniß aus, dieselbe wäre bereits seit undenklichen Zeiten eine freie Stadt des Reiches gewesen, die dem deutschen Kaiser nur zum Kriegszuge nach Rom zu Diensten verpflichtet, dem dasigen Bischofe aber in weltlichen Sachen nie unterworfen gewesen sei, auch stünde ihr das Recht zu, ohne Jemandes Einsprache ihre Bürgermeister und

---

[760]) Der geben ist vff sonnentag nach vnsers hre fronlichenams tage Anno dni M°. CCCC°. LII°.

[761]) Der geben ist uff dinstag nach Sant Bartholomeus des heyligen zwolffbotten tag In dem Jare 2c. 1452 Jare.

Räthe, sowie ihre übrigen städtischen Beamten und Bediensteten selbst zu wählen, dieselben zu entsetzen u. s. w.⁷⁶²).

Unterdessen hatten aber die politischen Verhältnisse der oberen Rheinlande einen bedeutenden Umschwung erfahren, denn der bisherige pfälzische Vormund und Verweser Friederich I. war am 8. Januar 1452 von den Ständen des Landes zum Kurfürsten erhoben worden und setzte dann als solcher, nachdem er diese wichtige Angelegenheit geordnet, sowie sich zugleich durch Bündnisse gestärkt und befestigt hatte, den Krieg vorerst gegen die lützelsteiner Grafen mit dem größten Eifer fort. Mit einem wohlgerüsteten Heere zog er vor ihre Veste Lützelstein, die er aber über zwei Monate lang belagern mußte, bis er sie endlich im November 1452 eroberte und nach der Einnahme derselben hatte er die Freude, seinen in dem Kerker eines Thurmes daselbst befindlichen Rath und Diener Schafried von Leiningen in Freiheit zu setzen. So lange dauerte dessen unverantwortliche Gefangenschaft, und so wurde er durch des pfälzer Friederichs siegreiche Waffen endlich erlöst, während die Grafen von Lützelstein seitdem nie mehr zum Besitze ihres angestammten Gebietes gelangten, und nach Verlauf mehrerer Jahre aus der elsässer Geschichte gänzlich verschwinden⁷⁶³).

Es ist außer allem Zweifel, daß, nach der gewaltsamen Befreiung Schafried's durch den Kurfürsten von der Pfalz und nach dem bisherigen treubrüchigen Verhalten der Lützelsteiner und Lichtenberger, die Bedingungen, die jener in dem durch den straßburger Bischof vermittelten Sühnvertrage wegen seiner Loslassung eingegangen war, nun größtentheils keine Kraft und keinen Bestand mehr hatten, und obgleich unsere

---

762) Datum feria sexta post festum Sᵗ Bartholomei Apostoli scil. XXV die mensis Augusti sub Anno Domini MCCCCLII°. Lünigs Reichsarchiv Parte spec. Cont. IV. Theil II, 762 No. LIV.

763) Kremer's Geschichte des Kurfürsten Friederich I. von der Pfalz, Theil I, Buch I, 47—51. Nova subsidia diplomatica edid. Würdtwein X, 332—336.

zwei Brüder seitdem in dem Besitze Brumats und der übrigen zugesagten Ortschaften bis auf die Grafschaft Saarwerden geblieben waren, so mußte doch der Leininger dem Frieden mit denselben nicht recht trauen, denn er und sein Bruder Emich VII. schlossen 1453 mit dem Grafen Friederich von Zweybrücken-Bitsch ein Bündniß zu gegenseitiger Hülfe und Vertheidigung ab, in welchem ausbedungen war, ein jeder derselben müsse, wann sich der Krieg mit denen von Lichtenberg wieer erneuere, 70 reisige Pferde bereit halten und in's Feld stellen, sowie auch dasjenige, was erobert und erbeutet würde, es bestehe, in was es wolle, nach Verhältniß der Mannschaft, die jeder zu dem Kampfe stellen würde, getheilt werden sollte[764]). Die beiden Lichtenberger suchten sich, nach dem Vorgange bei Lützelstein, dem pfälzer Kurfürsten Friederich I. zu nähern, und Junker Jacob machte unter der Vermittlung des Markgrafen Jacob zu Baden, für sich und seinen Bruder, mit demselben eine Vereinbarung wegen ihrer bisherigen Irrungen, kraft deren ihre gegenseitigen Ansprüche durch den Erzbischof Diether zu Mainz verglichen werden sollten, und was derselbe darüber spreche, müsse beiden genehm sein, jedoch sollte das Recht des Herrn Jacob auf das lotharingische Lehen, bestehend in den Dörfern Forstheim, Hegene und Günstete, davon ausgenommen und dem Spruche jenes Erzhirten nicht unterworfen sein; sowohl der Markgraf als auch die Lichtenberger verzichteten auf den Schaden, der ihnen bei dem Heerzuge des Pfalzgrafen nach Lützelstein zugefügt worden sei, und obgleich unsere Junker jenem Markgrafen einige Theile an ihrer Herrschaft eingegeben hätten, so müßten sie demungeachtet die pfälzischen Lehen vermannen; hätten sie aber kein Geld zur Auslösung des achten Theiles ihres Gebietes von dem Markgrafen mit 2000 fl., so sollten sie es bei Kurpfalz aufnehmen und dann derselben

---

[764] Gegeben am dinstage vor unser lieben frawen Liechtmeß tag, In dem yore ꝛc. 1453 yore. Aus dem fürstl. leiningischen Archive.

dafür, wie früher ihrem Oheime, die Oeffnung in ihren Burgen und Städten verschreiben; auch gestanden sie dem Pfalzgrafen noch die Befugniß zu, die lichtenbergischen Pfandschaften an sich zu kaufen und ihnen später wieder die Einlösung derselben zu gestatten; wollten sie jedoch etwas veräußern oder versetzen, so müßten sie es jenem zuvor anbieten [765]). Wir ersehen daraus, der umsichtige pfälzer Kurfürst habe durch solche Verträge den Grund zur weiteren Ausdehnung seiner Macht im Elsaße zu legen und die darin gesessenen Dynasten immer mehr in sein Interesse zu ziehen gesucht, denn schon König Ruprecht hatte den Herrn Ludwig IV. von Lichtenberg in seinen und der Pfalz Schirm aufgenommen, daher dessen Sohn Jacob zwei Tage nach vorstehender Uebereinkunft gleichfalls ein Erbdiener des siegreichen Friederich I. wurde und sich mit Land, Leuten und Schlössern in dessen mächtigen Schutz und Verspruch begab [766]).

Nachdem Symunt von Zeißikeim sich verpflichtet hatte, dem Junker Ludwig V. lebenslänglich mit drei Pferden und gerüsteten Knechten in allen seinen Geschäften zum Dienste bereit zu sein, übergab ihm dieser die Veste Wasenburg zur Bewachung und Beschützung ebenfalls auf Lebenszeit [767]). Derselbe hatte auch die zwischen dem Deutschordenshause zu Than und der Gemeinde Zinsweiler obschwebenden Spänne wegen des Waidganges durch einen Vertrag ausgeglichen und aber dabei dem Comthur Reimbolt aus besonderer Freundschaft, so lange er lebe, den Genuß der Waide in Zinsweiler Gemarkung zugestanden [768]), und einige Wochen darauf mußte er, durch die Noth gedrängt, an einen Bürger in Straßburg

---

765) Der geben Ist zu Sels uff Scolasticen der heiligen Junffrauwen tag In dem Jare rc. 1453 Jare.

766) Der geben ist uff Sampßtag nach Sant Dorotheen dage des Jars rc. 1453 Jare. Karlsruher pfälzer Copialbuch Nr. 100, a. Fol. 216 b.

767) Geben uff den heiligen ostertag Anno dni M°. CCCC°. LIII°.

768) Datum dominica quasimodogeniti Anno dni M°. CCCC°. LIII°.

den Burgstaben und das Dorf Ingenheim an der Sorr für 500 Pfund gute Pfenninge, jedoch gegen einen Wiederkauf, veräußern [769]). Dem Markgrafen Jacob zu Baden mußte doch der Punkt in der oben angeführten Uebereinkunft der Herren von Lichtenberg mit Kurpfalz Bedenken erregen, daß sie, um den achten Theil ihrer Herrschaft von ihm auszulösen, das Geld bei dem Kurfürsten Friederich aufnehmen und dieser dann die Oeffnung in dem ganzen Gebiete haben sollte, daher er seinem Neffen Ludwig V. den ihm verschriebenen achten Theil an der Herrschaft Lichtenberg und zugleich ein Viertheil an Ingweiler unentgeldlich, aber mit der einzigen Bedingung wieder übergab, daß er fortan und so lange jener lebe, eine Oeffnung in dessen sämmtlichen Städten, Vesten, Kirchhöfen, Märkten und Dörfern zu genießen haben sollte [770]).

Wegen der Loslassung des Herrn Georg zu Ochsenstein aus der abermaligen lichtenberger Haft, waren auch noch nicht alle Anstände gehoben, und der Bischof Ruprecht von Straßburg, der sich viele Mühe gab, diese Irrungen beizulegen, hatte deshalb einen Tag zu Baden abgehalten; allein da man sich daselbst nicht verständigen konnte, so schrieb er nochmals eine Zusammenkunft nach Elsaßzabern auf den Mittwoch nach Kreuzerhöhung aus [771]), um diese Sache zu erledigen. Nach Verlauf einiger Wochen errichteten auch der Herzog Ludwig der Schwarze von Zweybrücken, Graf Friederich zu Bitsch und die beiden leininger Grafen Emich VII. und Schafrieb einen Bund zu gegenseitiger Hülfe wider die Lichtenberger [772]), und da die Verbündeten eine Zusammen-

---

[769] Der geben ist off des heiligen crutzes tage zu latin genant Inuencio Des Jors ꝛc. XIIII° LIII Jore.

[770] Der geben ist uff Mentag vor sant laurencien tag des Jars da man zalte ꝛc. 1453 Jare.

[771] Datum zabern Sabbato die bti Egidij confessoris. Anno etc. LIII°.

[772] Geben off Montag nach Sant Franciscustag. In dem Jare ꝛc. 1453 Jare.

kunft in der Burg zu Dürckheim auf den 28. October fest=
gesetzt hatten, um den Kriegsplan gegen letztere zu berathen,
forderte Schafried seinen Bruder Emich VII., für den er sich
vorläufig verbürgt hatte, schriftlich auf, an dem bestimmten
Tage jedenfalls daselbst zu erscheinen, um das für ihre Fa=
milie so wichtige und vortheilhafte Werk fördern zu helfen⁷⁷³),
worauf ihn derselbe versicherte, obgleich er augenblicklich mit
dem Kurfürsten Friederich I. in Bayern sei und nicht gut
abkommen könne, so würde er sich dennoch auf kurze Zeit
in Dürckheim einfinden, um seine dringende Bitte zu erfül=
len⁷⁷⁴). Wilhelm von Mittelhaus übergab dem Dynasten
Ludwig V. die Hälfte seines Dorfes Bußwiler für 500 fl.
gegen einen Rücklauf um dieselbe Summe⁷⁷⁵), worauf letz=
terer am folgenden Tage die Erklärung ausstellte, er habe
jenem kein Geld dafür gegeben, sondern nur das fragliche
Dorf, das bereits von Alters her in den Schirm der lichten=
berger Herrschaft gehört hätte, zu seinen Handen genommen,
um es gleich seinen übrigen Besitzungen zu schützen, wofür
die Bewohner desselben dem Amtmanne zu Ingweiler jährlich
8 Viertel Hafer zu liefern verbunden seien⁷⁷⁶).

Im nächsten Jahre beschwor dieser Ludwig V. auf zehn
Jahre lang sein Bürgerrecht in Straßburg vor dem dasigen
Rathe und versprach demselben treu, hold und seinen Geboten
gehorsam, sowie in allen Nöthen mit seinen sämmtlichen
Städten und Vesten gewärtig zu sein, jedoch sei die Stadt
nicht verbunden, ihm in seinen jetzigen und künftigen Kriegen
und Fehden Hülfe zu leisten⁷⁷⁷). Um diese Zeit nahm er

---

773) Gegeben am fritage noch sante dyonisen tag Anno domini
etc. L tertio. Leining. Archiv.

774) Geben off dorftsbag nach sant galn dag Anno etc. LIII°.
Daselbst.

775) Der geben ist uff zinstag noch sant Martinstage Anno dni
M°. CCCC°. LIII°.

776) Der geben ist uff mittwoch noch sant Martins des heiligen
Bischoffs tage des Jars ꝛc. 1453 Jor.

777) Der geben ist uff Samstag Sanct mathis abent des heiligen
zwolffbotten des Jors ꝛc. 1454 Jore.

auch wieder viele Edeln zu Helfern an, und vorzugsweise
den Hanns von Wangen, der sich ihm auf zwanzig Jahre
lang zum Dienste verpflichtete, und ihm zugleich die Oeffnung
in Wangen, Burg und Stadt, sowie im Schlosse Wangen-
berg gestattete, wogegen unser Herr ihn und die Seinen auf
die Dauer von 20 Jahren zu schirmen und zu vertreten
versprach[778]). Es ließ sich mit Bestimmtheit erwarten, Graf
Schafried habe wegen der Ungerechtigkeit, welche die Lichtenberger im Kerker an ihm verübt, seitdem auf eine jede Gelegenheit gelauert, um sich an denselben zu rächen, zu welchem
Behufe er bereits mehrere Schutz- und Trutzbündnisse mit
Fürsten und Grafen eingegangen war, und endlich fand sich
auch eine Veranlassung dazu, indem Herr Diebolt von Hohengeroltseck seine schon oft angeführten Erbansprüche von
seiner Mutter her auf Buchsweiler gegen Ende des Jahres
1453 wieder erneuert hatte und darüber mit den Herren zu
Lichtenberg in Kampf und Fehde gerathen war, daher Schafried und seine Genossen sich sogleich mit dem Geroltsecker
verbanden, und nach damaligem Brauche dies- und jenseits
Rheins sengen und rauben halfen, wodurch dann der
alte Haß zwischen den früher streitigen Parthien wieder auf's
neue angefacht wurde. Der Rath in Straßburg gab sich
indessen viele Mühe, diese schon so lange währenden geroltsecker Ansprüche auseinander zu setzen und zu vergleichen,
was ihm auch nach vielfachen Verhandlungen zuletzt glückte,
indem die lichtenberger Brüder jenem Diebolt 3500 gute
rheinische Gulden zusagten, worauf derselbe auf alle Anforderungen an Buchsweiler verzichtete und seine Beweisurkunden
auslieferte[779]). Später verglich auch jene Stadt noch den
Georg von Ochsenstein mit unseren Dynasten, der von seiner
Mutter Adelheid von Geroltseck her ebenfalls Erbansprüche

---

778) Diese 3 Urkunden sind datirt: Der geben ist uff mendag nach
dem sonnendag Inuocauit anno dni 1454.

779) Die geben sint uff den nechsten Mitwuch nach dem Sontag
als man in der heiligen Kirch sang Judica, des Jars ꝛc. 1454 Jare.

auf Buchsweiler erhoben hatte, daß derselbe nicht nur darauf, sondern auch seiner ersten und jetzigen Gefangenschaft halber nochmals eine Urfehde und einen Verzicht auf Scharleberg= heim, Schloß und Dorf, sowie auf die Hälfte seines Theils an der Stadt Morsmünster, an den Vesten Geroltseck am Wasichen und an der dazu gehörigen Marke ausstellte [780]). Die Lichtenberger und Lützelsteiner wurden durch Herrn Georg sogleich in Morsmünster ꝛc. eingesetzt, und da aber Johannes von Binstingen damals außer Landes war, so machte sich jener am anderen Tage noch besonders anheischig, letzteren nach seiner Zurückkunft ebenfalls daselbst einweisen zu wollen [781]). Seitdem scheinen die Ochsensteiner wenigstens auf eine Zeitlang mit unseren beiden Brüdern in gutem Einvernehmen gelebt zu haben; denn Ludwig V. versprach, als ihm durch den straßburger Domprobst, Johannes von Ochsenstein, in seinem und des Herrn Georg Namen, in der Veste und der Stadt Reichshofen gegen die Stadt Cöln Enthalt zugesagt war, einen guten Burgfrieden mit den da= sigen Gemeinern pflegen zu wollen [782]).

Dessen Bruder Jacob hatte Irrungen mit Georg von Schowenburg dem Jüngeren, und da sich dieser zur Beile= gung derselben nicht verstehen wollte, so brachte er seine Klage vor den kaiserlichen freien Stuhl des heimlichen Ge= richtes zu Wickede bei Dortmund. Die Veranlassung dazu kennen wir nicht genau, und es scheint überhaupt nur eine Ehrenbeleidigung gewesen zu sein, weil es in dem Urtheile heißt: jener Georg sei von unserm Herrn verklagt worden wegen einer Sache, die des letzteren „ere vnd glympff ser „hohe antreffende". Der Beklagte wurde mehrmals vorge=

---

780) Diese vier Briefe sind gegeben: Vff fritag nechst vor dem sonnentag Quasimodogeniti Des Jors ꝛc. 1454 Jore.

781) Der geben ist uff samstag vor dem sonntag Quasimodogeniti Des Jors ꝛc. 1454 Jor.

782) Der geben ist vff sonnendag als man singet In der heiligen kirchen Misericordia dni do man zalte 1454 Jore.

laden, und da er aber nie erschien, endlich durch das Gericht oder „in der heymlichen achte vnder konixbanne, myt der „lesten sentencien bezweit vnd verachtet vnd rechtlois vnd „vrebelos verwunnen, als des hilgen Richsubirsten frien= „gerichtz recht ist", und nachdem er bisher nicht das Geringste gethan hatte, um die Irrung beizulegen oder um aus dem Banne und der Acht zu kommen, sondern „zu verachtunge „versmeheniße vnd hinterbruckungen des hilgen Richsubristen „friengerichtz" verblieb, so erging an alle Fürsten, Grafen, Freie, Ritter und Knechte, die Freischöffen sind, und überhaupt an alle sonstigen Freigrafen und Freischöffen des heiligen Reichs, unter Königsbanne, das Gebot, die Acht an dem Verurtheilten zu vollziehen, mit demselben keine Gemeinschaft zu haben, mit ihm nicht zu essen und zu trinken, zu kaufen oder zu verkaufen, „vnd sust keyn wandelunghe myt Ime „myt zu haben, sunder daran zu syne, daz Jorg von Scho= „wenberg gerechtferbigt vnd mit yme vortgefaren werde, als „der heymlichen achte recht is". Später werden wir noch einigemal auf diese Geschichte zurückkommen [783]).

Die Lichtenberger fühlten damals schon die allmälig zunehmende Ueberlegenheit des frei- und hochanstrebenden Kurfürsten Friederich I. von der Pfalz und boten beswegen alles auf, sich mit demselben zu befreunden, oder in nähere Berührung mit ihm zu kommen, daher vorerst Junker Jacob im Sommer 1454 dessen mächtigen Schutz nachsuchte und ansprach; allein die pfälzischen Räthe fällten, gestützt auf folgende Gründe: er habe in dem letzten Kriege gegen die Lützelsteiner es mit denselben gehalten, sie in seine Burgen aufgenommen und auf alle mögliche Weise unterstützt, da er doch, als ein pfälzischer Mann, das Beste seines Herrn zu fördern, sowie ihn vor Schaden zu warnen, schuldig gewesen und Schirm überhaupt eine Gnade sei, deren man sich durch

---

783) Datum Anno dni Millio quadringentesimo Quinquagesimo quarto Crastino post bti viti Mris.

sein Betragen würdig machen und wofür man auch dankbar sein müsse; dann hätte er auch, als in der früheren Fehde mit dem Grafen Schafried Kurpfalz einen Tag nach Germersheim ausgeschrieben, denselben nicht angenommen, also dadurch die pfälzische Vermittlung von sich gewiesen, und überdem, trotz des Pfalzgrafen Abmahnen, während dieses Krieges die im pfälzischen Schirme gestandene Stadt Brumat eingenommen und geschleift; aus diesen Gründen fällten sie das einmüthige und ungezweite Urtheil: ihr Herr, der Pfalzgraf, sei nicht verbunden, in Sachen, „die brieff vnd sigil „antreffend", jenen Jacob zu schirmen oder zu vertreten [784]). Einige Wochen darauf machte sein Bruder Ludwig V. ebenfalls einen Versuch am pfälzischen Hofe, um dessen Schirm zu erlangen, und wollte sogar aus einem Schutzbriefe des Pfalzgrafen Ruprecht II. von 1395 beweisen, es sei des Kurfürsten Pflicht, seine Bitte zu gewähren; allein der pfälzische Kanzler nebst den Räthen erklärten vorerst jenen Schirmbrief für erloschen, weil die von Lichtenberg keinen Gebrauch davon gemacht und ihn seither nicht hätten erneuern lassen, daher sie auch den Junker Ludwig unter Anführung dieser Gründe mit seinem Gesuche gleichfalls abwiesen [785]).

Mit dem Bischofe Ruprecht in Straßburg war der letztgenannte um diese Zeit auch in verdrießliche Händel gerathen, welche endlich so weit gediehen, daß der Prälat den Bann über denselben verhängte, dieser aber jenem gegen Ende des Jahres 1454 seine Eide und Gelübde als Rath und Diener aufsagte, und zwar unter Anführung der schweren Beschuldigung: „bewile ir mich swerlich geschuldiet haben an mynen „glimpff vnd ere, vnd darzu mir haben bun bz myne nemen, „die mynen sohen vnd wunden vnd anderß gegen mir ge-

---

[784]) Der geben ist vff Sampßtag nach vnsers herren Fronlychnams tag Anno domini 1454 Jare.

[785]) Geben zu Heidelberg Off Sampßtag nach Sant Jacobs des heiligen zwolffbotten tag In dem Jare ꝛc. 1454 Jare.

„handelt das mich vnbillich bedunket"⁷⁸⁶). Fragen wir nach der Ursache solcher Zerwürfnisse, so werden wir wieder auf Schafried's Gefangenschaft zu Lützelstein zurückgeführt, und auf den damit in engster Verbindung stehenden Besitz der leiningischen Hälfte Brumats, denn der Domscholaster in Straßburg, Graf Friederich von Leiningen=Rixingen, war mit unserem Junker Ludwig deshalb in Uneinigkeit gerathen, weil er auf einen jährlichen Zins von 112 fl. daselbst An= sprüche erhob, den ihm jener als anmaßlicher Inhaber dieser Stadt nicht zugestehen wollte, daher auf des Scholasters Anrufen durch den Bischof der Kirchenbann über denselben ausgesprochen worden war. Beide Theile brachten also im nächsten Jahre diese Angelegenheit vor den straßburger Rath zur Entscheidung, der aber erklärte: er könne und dürfe erst nach gelöstem Banne darüber sprechen⁷⁸⁷). Da nun diese Lossprechung bereits in der letzten Woche des Januar 1455 durch den Papst Calistus III. erfolgt⁷⁸⁸), die Bulle aber vermuthlich noch nicht in Straßburg eingetroffen war, so legte doch endlich jener Rath diesen Zwist wirklich bei. — Zugleich fanden wir, daß auf unseren lichtenberger Herren, als eine unausbleibliche Folge ihrer steten Fehden und Un= einigkeiten, damals auch noch ältere Verbindlichkeiten lasteten, z. B. bei dem Grafen Rudolf von Leiningen=Rixingen eine Schuld von 2250 Goldgulden, wofür sie früher drei abelige Bürgen eingesetzt hatten, nach deren Hinscheiden sie nun in diesem Jahre wieder drei andere einstellen mußten⁷⁸⁹). Da= gegen hatte Ludwig V. von Frau Susanna, einer gebornen von Burn und Wittwe Wilhelm's von Elme, mehrere Lehen=

---

786) Uff sonnentag nach sanct andres tage Anno etc. LIIIItn.

787) Der geben ist uff zinstag noch dem Sontag Misericordia dni 1455 Jor.

788) Dat. Rome apud Sanctum petrum Anno Incarn. dominice 1455. Septimo Kl. Februar. Pont. nri Anno primo.

789) Der geben ist uff unser frouwen tage purificacionis anno etc. LVto.

ſtücke und Güter zu Burn (Oberbronn) käuflich an ſich gebracht, die er dem Gotz Baltram von Bußwilre als Mannlehen übertrug ⁷⁹⁰).

Noch waren die Zerwürfniſſe der Lichtenberger mit dem Grafen Schafried nicht ausgetragen, beſonders wegen des Beſitzes von Brumat, wobei es ſonderbar war, daß beide Parthien ſich auf die Rachtung des Biſchofs Ruprecht von 1452 beriefen, indem der Graf behauptete, die Beſtimmungen derſelben wären, weil die beiden Brüder ihren Verpflichtungen nicht nachgekommen ſeien, ſondern ihn fortwährend in widerrechtlicher Haft gehalten hätten, gänzlich erloſchen, letztere dagegen aber auf der genauen Durchführung jenes Vertrages beharrten und deswegen bei den im Herbſte 1455 darüber wieder begonnenen Verhandlungen ihrem getreuen Konrad von Lampertheim dieſes Aktenſtück zur Verwahrung übergaben ⁷⁹¹). Dieſe Sache ſchien endlich einer gütlichen Löſung entgegen zu gehen und einen friedlichen Ausgang nehmen zu wollen, indem auf der Betheiligten Bitten und Begehren zwei Fürſten, nämlich der ſiegreiche Pfälzer Friederich I. und Pfalzgraf Ludwig der Schwarze von Zweybrücken, Graf zu Veldenz, ſich erboten, mit Beiziehung eines der drei Grafen, Philipp's zu Katzenelnbogen, Johann's zu Naſſau oder Philipp's von Hanau, ihre „Spenne vnd Zweytracht" entweder mit der Minne oder mit dem Rechte zu löſen und zu ſchlichten, jedoch unter der ſonderlichen Bedingung, derjenige Theil, der die Vermittlung jener beiden Fürſten nicht annehme oder ihrem Spruche nicht nachkommen würde, ſollte ſich für die Zukunft keines Schutzes oder Beiſtandes des einen oder des anderen

---

790) Der geben iſt vff den heiligen pfingſtag, des Jors ꝛc. 1455 Jore.

791) Der geben iſt vff mentag ſanct michel des Heiligen ertzengels tage Anno dni Mº. CCCCº. L quinto, und Konrad gab den Revers darüber: Geben vff dornſtag ſant Dyoniſien tage Anno dni Mº. CCCCº. Quinquageſimo Quinto.

zu erfreuen haben [792]). Schafried wendete sich darauf sogleich an den Bischof Ruprecht, mit dem er „in verschribung" sei, und ersuchte ihn um seinen Rath, ob er vorstehendes Anerbieten jener Fürsten zu einem gütlichen Austrage mit den Lichtenbergern eingehen solle oder nicht [793]), indem er nächstens deshalb eine Zusammenkunft mit obigem Pfalzgrafen Ludwig dem Schwarzen (dem Bruder des Bischofs) und mit anderen, dieser Angelegenheit verwandten Herren veranstalten wolle, worauf jedoch der Prälat keine bestimmte Antwort gab, sondern sich erbot, bei jener Versammlung erscheinen zu wollen, um zu dem beabsichtigten Zwecke mitzuwirken [794]). Der Graf schrieb ihm darauf wieder, der Pfalzgraf, sein Vetter, der Graf von Bitsch, und andere hätten ihm zur Annahme jenes fürstlichen Erbietens ganz bringend gerathen, und da er seine Erklärung darüber zwischen hier und dem Dienstage nach Allerheiligen abgeben müsse, die Zeit aber zu kurz sei, um vorher eine Zusammenkunft halten zu können, so möge er ihm doch seine Ansicht bald zukommen lassen [795]), allein es erfolgte vermuthlich aus Rücksicht auf die Herren von Lichtenberg eine ausweichende Antwort [796]), bis dann endlich nach Verlauf einiger Wochen Schafried den Bischof in Kenntniß setzte, seine Gegner hätten die Vermittlung der Fürsten abgelehnt, und ihm dabei zugleich bemerkte, es werde dies ihm „erlichen vnd nutzlichen", jenen aber später gewiß „schentlich vnd schedelich sin" [797]).

---

792) Der geben ist zu Worms off Fritag nach Sant Michelstag als man zalt ɾc. 1455 Jar.

793) Datum uff samstag sante Lucas des heiligen evangelisten dag Anno dni etc. LVto.

794) Datum Zabern nro sub Secreto quinta post btar Vndecim millium virginum Anno etc. quinquagesimo quinto.

795) Datum uff Sontag vor sante Symon vnd Juden der heiligen aposteln dag Anno dni etc. LVto.

796) Datum Zabern quarta post Btor. Symonis et Jude Aplor. Anno etc. L quinto.

797) Datum uff fritag nach sante Kathrinen der heiligen Jungfrauwen dag Anno dni etc. LVto.

Außer dieser alten bedeutenden Irrung mit dem leininger Grafen hatten unsere Dynasten auch noch unangenehme Weiterungen mit anderen, z. B. der jüngere Bruder Ludwig V. mit Hagenau, der aber seine Klage bei dem Reichsoberhaupte anhängig machte, so daß jene Stadt gegen den Schluß des Jahres 1455 ihren Geheimschreiber, Peter Billung, als Anwalt und Procurator in dieser Sache bevollmächtigen mußte [798]). Das oben erwähnte Achtsurtheil der heiligen Behme hatte zur Beilegung der Mißhelligkeiten des Herrn Jacob mit dem von Schauenburg wenig oder gar nichts beigetragen, daher letzterer diese Angelegenheit vor das Reichsgericht in Rotweil brachte, und da dieses ein für denselben günstiges Urtheil erließ, so appellirte der Beklagte zu Anfang des folgenden Jahres gleichfalls an den Kaiser [799]). — Schafried hatte vermöge der Rachtung von 1452, und um aus dem Kerker zu kommen, den Lichtenbergern unter anderem auch Geubertheim zugesagt, und sie waren bereits in dessen Besitz gekommen, allein da des Ritters Lutolt von Ramstein Ehefrau jährlich mit 36 Vierteln Korngülte und 2 Pfund Hellern auf die Hälfte dieses Dorfes verwitthumt und auch durch das geistliche Gericht zu Straßburg darin bestätigt war, so überließen ihr jene den Genuß solcher Hälfte bis zur einstigen Ablösung ihrer Rechte [800]). Junker Jacob hatte die Orte Leychelshurst und Bollißhurst an Claus Bock zu Bledeßheim verpfänden müssen, daher dieser jenem die schriftliche Versicherung ausstellte, ihm gegen Erlegung von 300 fl. und einer jährlichen Rente von 45 Pfund Hellern die zwei Orte wieder einräumen zu wollen [801]).

---

798) Der geben ist uff mentag nach sanct lucien tag In dem Jore ꝛc. 1455 Jore.

799) In dem Jor ꝛc. 1456 uff fritag noch sant Mathistag des heiligen zwolffbotten.

800) Der geben ist off mentag nach Sanct anthonien tage Anno dni M°. CCCC°. LVI°.

801) Der geben ist off Sant mathis des heiligen zwolffbotten tag Anno domini M°. CCCC. L^{mo} sexto.

Unterdessen hatte sich eine neue Fehde zwischen unseren Brüdern und der Stadt Straßburg und zwischen dem festen Cuntz Pfil von Ulmbach, zweybrückischem Amtmanne zu Neucastel, und ihren beiderseitigen Helfern entsponnen, welche hartnäckig und langwierig zu werden drohte. Jene fanden es daher für gut, mit ihrem früheren Verbündeten, dem Herrn Wilhelm von Vinstingen, Anfangs Januar 1456 einen neuen Hülfsvertrag abzuschließen, in welchem sich beide eidlich zusagten, einander bei wirklicher Eröffnung der Fehde mit ihren sämmtlichen Streitkräften zum Beistande bereit zu sein, sowie sich auch gegenseitig alle ihre Burgen zum Kriegsdienste und zum Benutzen zu öffnen; indessen möge jeder von ihnen die Gefangenen, die er mache, für sich behalten, allein er dürfe sie nicht entlassen, ohne daß auch sein Verbündeter in ihren Urfehden und Verschreibungen bedacht und gesichert wäre, und endlich sollte es jedem der Betheiligten freistehen, diese Vereinbarung dem anderen acht Tage vorher zu kündigen und aufzusagen, und zwar aus dem höchst sonderbaren Grunde: „vff das wir Jn fruntschafften bester baß gesin „vnd verliben mogen"![802]) Beiderseits rüstete man sich; die Haupthelfer des Amtmanns, Contz Dersch und Wilhelm von Wentelberg, sandten den Widersachern ihres „lieben „Junchers" Fehde- und Absagebriefe zu[803]), worauf man mit dem Beginne der guten Frühjahrswitterung in's Feld rückte und sich gegenseitig großen Schaden und Abbruch zufügte. Nachdem dies eine Zeitlang gewährt hatte, traten endlich Hanns von Thalheim, der Kurpfalz Vogt zu Germersheim, mit Philipp Schnittlauch von Kestenburg, als Vermittler auf, die vorerst eine Waffenruhe von Freitags nach Fronleichnam bis Michaelis zu Stande brachten, während welcher Frist beide Parthien ihre gegenseitigen Ansprüche,

---

802) Geben sint vff Sanct erharts tage des Heyligen bischoffs Anno dni M°. CCCC°. LVI to.

803) Geben vff suntag nach sant Mattyß dage in dem LVI Jar.

Antworten u. s. w. einander, und zwar die von Lichtenberg nach der Veste Drachenfels, der Amtmann aber nach Lichtenberg schriftlich zuschicken sollten, auf deren Grund hin dann jene die gütliche Hinlegung des Spannes versuchen würden [804]), und wirklich gelang es auch ihren Bemühungen, die feindseligen Gemüther einander näher zu bringen und sie durch folgende Bestimmungen zu sühnen: aller bisherige Unwille, Fehde und was überhaupt zwischen ihnen vorgefallen sei, sollte „gerichtet geslichtet vnd gesunet sin", sämmtliche Gefangenen gegen Urfehden entlassen werden, sowie auch jede Brandschatzung eingestellt sein, und weil beide Theile der Ansicht waren, jeder hätte den andern eigenmächtig und ohne irgend eine Veranlassung beeinträchtigt, gekränkt und zu Schaden gebracht, so entschieden die unparteiischen Vermittler „dwile Cuntz pfil Jnc die fientschafft vnherfordert furgenom-„men vnd viel merclicher schaden gethan hat", so dürfe er in Jahresfrist gegen jene beiden Herren und die Stadt nichts unternehmen, es sei denn, daß ihm von denselben wegen seiner Forderungen Rechts versagt würde oder er während dieser Zeit seines Herrn, des Herzogs Ludwig des Schwarzen von Veldenz, Helfer und dadurch ihr Feind werden müsse, was er aber unsern Junkern in ihre Stammburg Lichtenberg, der Stadt aber in des Ammeisters Behausung, vier Wochen zuvor schriftlich anzukündigen verbunden sei, und müsse er seinem Herrn, dem Herzoge, in seinen gegenwärtigen Irrungen mit den Lichtenbergern und Straßburgern helfen und rathen, so solle ihm diese Rachtung und Sühne daran gleichfalls nicht hinderlich sein [805]).

In demselben Jahre ließen sich unsere Dynasten durch ihren Vetter Karl von Baden, den Sohn des seitdem verstorbenen Markgrafen Jacob, dem sie früher, wie uns bekannt

---

804) Geben vff blustag nehst noch vnsers herren fronlichamstage, Als man schreip 1456 Jore.

805) Geben vnd geschehen vff Samstag nach vnser lieben frauwentag Concepcionis zu latine genannt Anno domini 1456to.

ist, den achten Theil ihres herrschaftlichen Gebietes gegen eine Summe Geldes eingeräumt hatten, bezeugen: diese Pfandschaft sei wieder eingelöst und die darüber sprechenden Briefe zurückgegeben worden; würden sich indessen noch mehrere Urkunden darüber vorfinden, so sollten sie ihnen ebenfalls zugestellt werden [806]). Um diese Zeit ließ der zu Rom residirende General des heiligen Geistordens durch zwei Bevollmächtigte dem Ordenshause zu Stephansfelden neue Satzungen ertheilen, in welchen bezüglich unserer Familie folgendes angeordnet war: der Meister müsse jährlich zweimal oder zum wenigsten einmal über die Verwaltung seines Hauses oder über Einnahme und Ausgabe desselben vor Ludwig V. von Lichtenberg, dem Schutzherrn und vorzüglichen Wohlthäter jener Anstalt [807]), und in Gegenwart der Ordensbrüder Rechnung ablegen; auch dürfe ohne des Vogts Einwilligung durch den Meister und Prior von den Gütern des Klosters nichts veräußert oder verpfändet werden; dann müsse jener einen Schlüssel zu den Kleinodien, Baarschaften und Urkunden haben, sowie es ihm zugleich freistehe, nach eigenem Ermessen neue, den augenscheinlichen Nutzen und die Wohlfahrt des Hauses bezweckende Ordnungen und Vorschriften zu ertheilen, und endlich solle der Meister bei dem Vollzuge dieser Satzungen gegen jeden widerspännstigen Ordensbruder den weltlichen Arm oder die Hülfe des Schirmvogtes in Anspruch nehmen, dessen besondere und wichtige Pflicht es überhaupt sei, die Gerechtsamen, Gerichtsbarkeit und Ordnung zu schützen und zu handhaben [808]). Später übergab Graf Wilhelm zu Lützelstein, nach seines Bruders Ableben, seinem lichtenberger Verwandten Ludwig dasjenige, was ihm in der durch den Bischof

---

806) Der geben ist zu Baben uf fritag nach unsers herren fronlichnamstag Anno dni 1456to.

807) Coram Illustri et Generoso Domino Domino Ludouico de Claromonte ipsius nostrae Domus protectore et benefactore praec. etc.

808) Datum et actum in domibus nostris Stesfeld die uicesima quarta Mensis Junij etc. De anno Domini 1456to.

von Straßburg 1452 bethädingten Rachtung aus dem Verzichte Schafried's, sowie aus der Urfehde des Herrn Georg von Ochsenstein, zu Oberbronn, Offwiler und Zinzwiler heimgefallen war, jedoch müßte jener von den dasigen jährlichen Gefällen ihm für ein Pfund Gelts 20 Pfund, für ein Viertel Korn 5 Pfund und für ein Viertel Hafer 3 Pfund Pfenninge vergüten, und zugleich erklärte derselbe, wenn der Junker Jacob wegen der durch des Ochsensteiners Verzicht an ihn gekommenen Theile zu Pfaffenhofen mit ihm keine Uebereinkunft treffen würde, so wolle er sie auf die nämliche Weise an Ludwig V. überlassen [809]), auch stellte endlich noch der Prior und sein Convent zu Sanct Mergenthal (Marienthal), vom Orden des heiligen Wilhelm, diesem Junker die feierliche Erklärung aus, sie hätten die ihnen von demselben ertheilte Erlaubniß, ihr Vieh zehn Jahre lang auf die Mittelhart zur Waide treiben zu dürfen, nicht als ein ihnen zustehendes Recht, sondern nur als eine Vergünstigung oder Gnade bekommen, die sie mit ihrem Gebete zu Gott und zur Himmelskönigin Maria wieder zu verdienen begehrten [810]).

Eine äußerst bittere Erfahrung mußte Graf Schafried von Leiningen gegen Ende dieses Jahres und aus Veranlassung des in fortwährenden Verhandlungen schwebenden Streites mit den Lichtenbergern machen, denn da dieselben, wie wir oben dargethan haben, das Anerbieten von Kurpfalz und Pfalz-Zweybrücken oder Veldenz zur friedlichen Ausgleichung mit dem Leininger ausgeschlagen hatten, so suchten sie letzterem seine nächsten Verwandten und tüchtigsten Helfer abwendig zu machen, was ihnen auch nach beinahe jahrelanger Bemühung mit dessen Schwager, dem Grafen Jacob von Mörs-Saarwerden, glückte, der die Lichtenberger in seine Burgen Saarwerden, Bockenheim und Sanct Lorenzen eingesetzt und eingelassen hatte, in der Hoffnung, sie würden

---

[809]) Der geben ist off vnßer lieben frowen dag nativitatis zu latin genand des Jors 2c. 1456 Jor.

[810]) Geben uff sce Michelstag des Jares do man zalt 2c. 1456 jar.

Schafrieden darin fangen können. Derselbe hatte wohl in der bekannten Rachtung von 1452 auch auf seine Ansprüche an die Grafschaft Saarwerden zu Gunsten seiner Todfeinde, der Lichtenberger, Verzicht geleistet, um seine Freiheit zu erlangen, allein letztere brachen ihre Zusage und hielten ihn fortwährend in jahrelager schmachvoller Haft, so daß jene Rachtung nicht zum Vollzuge kommen konnte und demnach als erloschen zu betrachten war, um welchen Gegenstand es sich eben damals noch zwischen den beiden hadernden Parthien handelte. Da beging nun der vertrauteste Freund des Leiningers, der von Mörs, die Treulosigkeit und räumte dessen Widersachern seine Vesten ein, was noch um so auffallender ist, weil jenem ein Drittheil der genannten Burgen verpfändet und wirklich eingegeben war, daher er ja einen eigenen Amtmann in Saarwerden hielt, ihm zudem noch Erbrechte daran gebührten, und auch, wie wir bereits oben hörten, Graf Jacob sich mit demselben zu Schutz und Trutz verbunden hatte, ja jener setzte die Ehre seiner Familie und seines Standes so frevelhaft aus den Augen, daß er die fraglichen Häuser dem Herrn von Lichtenberg nicht nur geöffnet und eingegeben, sondern ihnen auch sogar noch seines Schwagers Eigenthum daselbst an Knechten, Pferden, Harnischen und Vorräthen aller Art überlassen hatte. Emich VII. und Schafried erließen einige Tage nach diesem Verrathe ein gemeinsames scharfes Schreiben an den von Mörs, hielten ihm den begangenen Treubruch mit grellen Farben vor Augen, und ermahnten ihn, die feierlich beschworenen Burgfriedensbriefe zu halten, von den wortbrüchigen Lichtenbergern abzulassen, sowie seine etwaigen Klagen und Ansprüche an das leininger Haus dem deutschen Kaiser Friederich III. anheimzustellen[811]). Graf Jacob antwortete darauf dem bedrängten Schafried äußerst barsch und heftig und verstand sich zu gar nichts, auch

---

811) Geben uff Dienstag nach Sant Luceien tage Anno etc. quinquagesimo Sexto. Aus dem fürstlich leiningischen Archive.

erklärte er auf's bündigste und bestimmteste, nur vor dem pfälzer Kurfürsten zu Recht stehen zu wollen, und an demselben Tage schrieb er auch im nämlichen Tone an seinen anderen Schwager Emich VII.⁸¹²). So hatte also Schafried für die Zukunft eine Hauptstütze bei der Betreibung seiner Ansprüche an Lichtenberg verloren und war von seinem früheren innigsten Vertrauten und Verwandten verlassen und verrathen! Jedoch ihm sollte, wie wir bald vernehmen werden, noch Schrecklicheres und Schwereres widerfahren!!

Die mit dem Grafen von Mörs geschlossene Freundschaft trug bald gute Früchte für die Lichtenberger, denn als sich nachher bedeutende Zerwürfnisse mit dem straßburger Oberhirten Ruprecht wegen der Wildbahnen und des Gränz-Umganges erhoben, da trat jener Graf 1457 sogleich als Beistand und Vermittler für Ludwig V. auf und vereinigte die streitenden Theile dahin, dergleichen Gegenstände sollten entweder durch ihre eigenen Manne und Beamten oder, wenn dies nicht zulässig sei, durch vier beiderseits erwählte Vertrauensmänner, zu denen der von Mörs noch den fünften stellen würde, gütlich oder rechtlich verglichen werden, ihre übrigen, Schulden betreffende, Ansprachen aber auf sich beruhen⁸¹³). Später gelobte derselbe Bischof den Frieden in der Burg und Stadt Morsmünster, sowie zu Groß- und Kleingeroltseck, sowohl mit unseren Brüdern als auch mit den übrigen Ganerben, die daselbst verburgfriedet waren⁸¹⁴). Die Klage der Gebrüder Georg, Reinhart und Friederich von Schawenburg gegen die Lichtenberger, deren wir schon einigemal gedacht haben, war weder durch den Spruch der heiligen Vehme und durch den des kaiserlichen Gerichtes zu

---

612) Beide ausgestellt: Geben vff Sant Anthoniustage Anno etc. LVIIᵒ. Daselbst.

813) Geben vff Mitwoch sant Mathis des heiligen Aposteln abent In den Jaren ꝛc. 1457ᵈᵉⁿ Jaren.

814) Datum Zabern secunda post Btorum Philippi et Jacobi Aplor. anno domini 1457ᵐᵒ.

Rotweil, noch durch die Berufung auf das Reichsoberhaupt
erledigt worden, und dieselbe kam endlich vor den pfälzer
Kurfürsten Friederich I., der kraft eines besonderen Anlasses
beiden Parthien den Donnerstag nach Sanct Thomas 1457
anberaumte, wo seine Räthe die Sache verhandeln und friedlich
beilegen würden [815]); allein da jener Fürst um die festgesetzte
Zeit „bißher mergklichen sachen die vns angelegen vnd zuge-
„fallen, beladen gewest vnd noch sint", so verlängerte er die
Frist und bestimmte einen anderen ihm gelegenen Tag, zwischen hier und Sanct Johannis 1458 [816]), an welchem dann
auch vermuthlich dieser alte Haber gütlich ausgetragen ward.

 Wir haben nun über eine betrübte und empörende Begebenheit zu berichten, die einen bedeutenden Schatten auf
die Verhältnisse des von Manchen so sehr gepriesenen Mittel-
alters, besonders aber auf das letzte Jahrhundert desselben
wirft, welche uns zugleich das unselige Faustrecht grell vor
unsere Blicke führt und die damaligen äußerst gesunkenen
Zustände unter der leider nur allzulange dauernden kraft-
und thatenlosen Regierung des Kaisers Friederich III. lebhaft
zu erkennen gibt; zugleich werden sich als Folgen dieses
Vorganges später noch Charakterlosigkeiten von fürstlicher
und adeliger Seite ergeben, die uns die Gewißheit aufdrängen,
in den Augen Vieler habe das frühere Rittermäßige, Edle
und Ehrenhafte damals keinen Werth mehr gehabt, ja man
habe zuweilen Brief und Siegel, Treu' und Glauben, Wort
und Zusage gerne und absichtlich gebrochen, wenn man nur
die Hoffnung und Aussicht hatte, dadurch eine Burg und
Stadt oder wohl gar eine einträgliche Herrschaft zu erringen!
— Wir wissen nämlich aus dem früher Gesagten, daß die
Lichtenberger bisher alle ihnen dargebotenen, rechtlichen oder
gütlichen Mittel und Veranlassungen, die aus der Rachtung

---

815) Datum Heidelberg secunda feria post festum omnium san-
ctorum Anno dni 1457mo.
816) Datum Heydelberg feria tercia post dnicam Judica anno
domini 1458uo.

von 1452 entsprungenen Irrungen mit Schafried von Leiningen friedlich zu beendigen, im Gefühle ihres Unrechtes, immer absichtlich und schlau abgelehnt hatten, und daß sie vielmehr nur auf eine Gelegenheit lauerten, wie wir dies bei ihrer Einsetzung in die mörs=saarwerder Burgen vernommen haben, ihres Gegners habhaft zu werden, um so auf dem Wege der rohen Gewalt sich Recht zu verschaffen und zu ertrotzen, was ihnen auch, freilich auf Unkosten ihrer Ehre, endlich meisterhaft gelang. Sie ließen nämlich, als Graf Schafried unter kaiserlichem Geleite nach Niederbaden reiste, um daselbst in einer Streitsache des Hanns von Rechberg mit der Stadt Ulm vor dem Markgrafen Karl von Baden, dem Bevollmächtigen des Kaisers, zu erscheinen[817]), demselben durch ihre Diener und Beamten auflauern, wobei es dem Amtmanne von Hattgen glückte, ihn auf verrätherische Anzeige hin, und nachdem er dessen Knechte niedergeworfen hatte, am Abende vor Michaelis, also am 28. September 1457, bei Uffensheim oder Iffezheim jenseits des Rheins zu überwältigen und als Gefangenen nach der Burg Lichtenberg zu bringen, und nicht lange hernach ward auch Herr Georg zu Ochsenstein, mit welchem unsere Junker indessen gar keine Zweiung mehr hatten, bei Hagenau durch ihre Diener aufgegriffen und gleichfalls in einen Kerker jener Veste gelegt.

Kaum hatten Schafried's Brüder, Emich VII. und Bernhart, diese verrätherische, aller gesetzlichen Ordnung Hohn sprechende Gewaltthat durch die entkommenen Knechte vernommen, so stellten sie den Lichtenbergern in einem Schreiben den an ihrem Bruder verübten Frevel lebhaft vor, indem sie denselben, während er in des badischen Markgrafen und in des Reichsoberhauptes öffentlichem Geleite gezogen, auch mit ihnen seither in gar keiner Fehde gestanden wäre, also „ohne „alle findtschafft vnerfordert vnd vnerfolget alles rechten" ergriffen und in ihrer Burg eingethürmt hätten, mit dem

---

[817] Chmel's Regesten Kaiser Friederich's III, 445. Nr. 4300.

Begehren, denselben entweder sogleich auf freien Fuß zu
setzen, oder sich im Weigerungsfalle vor dem Markgrafen
Karl wegen dieser Unthat zu verantworten [818]). Als darauf
keine Antwort erfolgte, so drückten beide in einem abermaligen Brief ihr Befremden darüber aus und forderten Ludwig V. wiederholt zur Rechtfertigung auf, entweder vor dem
Kaiser, den drei geistlichen Kurfürsten, dem Pfalzgrafen
Friederich I. oder vor einem der ihnen früher benannten
sieben Fürsten und Herzogen, indem von leiningischer Seite
früher alles mögliche geschehen sei, um durch die Vermittlung
hoher Fürsten und Herren die bisherigen Irrungen ausgleichen zu lassen; würden aber er und sein Bruder auch
dieses rechtliche Anerbieten ausschlagen, so sei es dann Männiglichen sonnenklar, „das du den gemelten onsern bruder
„vnd die sinen zu onbillichem onerlichen nottrengen vnter-
„stundest zu vergewaltigen" [819]). Endlich kam eine Erklärung
von Junker Jacob, in seinem und seines Bruders Namen,
worin er die durch Schafried nicht vollzogenen Bedingungen
der Rachtung von 1452 als den einzigen Grund ihrer
Handelsweise angab, welchen Vertrag ihr seliger Vater
Emich VI. und sie selbst besiegelt und verbürgt hätten; die
Befretung ihres Bruders aus dem lützelsteiner Gefängnisse
durch den pfälzer Kurfürsten bezeichnete Jacob mit folgenden
Worten: „als jme Schoffrit off sin eigenwillig verbrechen
„furnam lebig zu sin"; zugleich rühmten beide Junker ihre
öfters bezeigte Bereitwilligkeit, sich durch den Stadtrath in
Straßburg oder durch andere Fürsten mit demselben gütlich
und friedlich vertragen zu lassen, Schafried aber hingegen
habe sie und ihre Herrschaft befehdet und beschädigt, auch
sei er seinen eiblich verbrieften Verpflichtungen nicht nachgekommen, und da dann nun „Schoffrit durch göttliche ver-
„hengnisse wider zu minen handen broht ist", so könnten sie

---

818) Geben am Samstag nach Sant Michelstag Anno etc. Quinquagesimo septimo. Aus dem fürstlich leiningischen Archive.

819) Geben off Mittwoch Sant Otmarstag Anno etc. LVIImo.

auf die angebotene Vermittlung durch einen der genannten
Fürsten, was sie selbst seither mehrmals verlangt und darauf
angetragen hätten, nicht mehr eingehen, sondern sie wollten
sich jetzt selbst Recht verschaffen und ihren in ihrer Gewalt
befindlichen Feind zur Erfüllung seiner Zusagen zwingen und
anhalten, was die Leininger, wenn sie sich mit den bezeichneten
Fürsten und Herzogen darüber berathen wollten, selbst für
rechtlich anerkennen müßten[820]). Jeder unserer Leser, der
der Erzählung der früheren Vorgänge aufmerksam gefolgt ist,
wird leicht ermessen können, in wie fern diese Angaben in
Wahrheit gegründet seien oder nicht, sowie auch der Umstand
schon den Stab über das sogenannte gute Recht unserer lich=
tenberger Brüder bricht, daß sie immer jede fremde Vermittlung scheuten und auf's hartnäckigste verweigerten. —

Emich VII. und Bernhart führten darauf den Lichten=
bergern nochmals schriftlich zu Gemüthe, wie durch ihre offen
erklärte Eigenmächtigkeit: sie würden sich selbst zu Recht
gerhelfen und auf keine Vereinbarung durch andere Fürsten
eingehen, die Ehrenhaftigkeit, Wahrheit und Rechtmäßigkeit
ihrer Sache und ihrer Handlungen in den Augen aller
Ehrenmänner auf's tiefste erschüttert werde, und forderten
dieselben schließlich nochmals auf, sich vor den ihnen vorge=
schlagenen hohen Herren zu verantworten, den klagbaren
Gegenstand durch dieselben zum Austrage kommen zu lassen
und ihnen in Zeit von zwei Wochen für solche Verhandlungen einen besonderen Tag zu bezeichnen[821]). Als aber
auch diese Aufforderung ohne alle Erwiederung blieb, so
bedeuteten jene gräflichen Brüder unsern beiden Junkern,
ihren Gegnern, kurz und bündig: sie hätten durch ihre bisherige unverzeihliche Handelsweise, sowie durch die fortgesetzte
Weigerung ihnen wegen ihres Bruders Ehre und Rechts vor

---

820) Geben uff mentag noch sant Niclausen des heiligen Bischoffs
tage Anno etc. LVII°.

821) Geben uff Sant Johans tag in den heiligen Winachten Anno
etc. LVIImo.

den Fürsten zu stehen und sich zu vertheidigen, „ir selbs „ehre vnd Adelichen Namen geringt vnd licht geachtet"; würden sie nun wegen des an Schafried begangenen „Kelen= „griffs" sich in Zeit von 8 Tagen nicht nach Ehre und Recht verantworten wollen, wie ihnen bereits mehrmals vor= geschlagen worden wäre, so seien sie genöthigt, ihr unehrliches Verhalten „allen vnsern herren vnd guten frunden, so wir „schentlichst mogen, es sey mit schriften, munde, malen oder „uff slahen" zur Kenntniß zu bringen und dann mit den= selben zu berathen, was weiter in dieser Angelegenheit zu thun sein möchte [822]). Auf das bedeutsame und ehrenrührige Schimpfwort „Kelengriff" (gleichbedeutend mit dem jetzigen Banditenwesen) ging Junker Jacob in seiner Antwort noch nicht ein, sondern er wiederholte nur die alte Geschichte der nicht vollbrachten Rachtung von 1452, zu deren Vollzuge sich die leininger Brüder selbst anheischig gemacht und aber ihr Wort ebenfalls nicht gelöst hätten, würden sie also ihrer Drohung gemäß ihren Freunden der Lichtenberger Betragen schildern wollen, so müßten sie auch zugleich sich selbst mit anklagen und das könnte ihm an seiner Ehre nichts schaden und benehmen, oder wie die Worte lauten: „mochte das aber „ye nit vermitten sin, so kan ich nit gedenken, das jr mich „schentlicher, oder, verkerlicher, dann als jr an uch selbs sint, „gemolen können", auch beschuldigte er die Grafen, sie hätten ihm und seinem Bruder in dieser Sache niemals zu Ehren und Recht stehen wollen [823]). Auf dieses offenbar lügenhafte Vorgeben bemerkten die Leininger in einem letzten Schreiben: solche Aeußerungen befremden sie nicht im geringsten, weil er seinen Kelengriff nicht anders entschuldigen könne, oder: „du „kanst villicht der vbeln geschicht kein ander beschonung oder „gegenwehre finden"; zugleich versicherten sie denselben, sie

---

822) Geben am Montag vor Sant Anthonien tag Anno etc. LVIIImo.

823) Geben off vnser lieben Frauwen Kertzwyhungetage. Anno dni etc. LVIII.

würden und müßten mit der Schilderung und Bekanntmachung seines „vnerlichen verwirckens", bei ihren Freunden und bei andern Ehrenmännern, so lange fortfahren, bis er und sein Bruder entweder deshalb Ehre und Recht geben und nehmen oder den Grafen Schafried nebst den Seinen mit Vergütung alles bisherigen Schadens des Gefängnisses erledigen würden [824]). Dieser Brief verfehlte seine Wirkung nicht, denn Herr Jacob griff in seiner Antwort die Benennung Kehlengriff in ihrer wahren schmachvollen Bedeutung auf und bann bangte ihm doch auch vor der öffentlichen Meinung seiner Standes=genossen, unter denen sich doch sicherlich noch viele Ehren=männer befanden, daher er sich erbot, entweder vor dem pfälzer Kurfürsten Friederich I. oder vor dem straßburger Rathe erscheinen zu wollen, jedoch nur, um dieselben darüber erkennen und sprechen zu lassen, daß er ein Recht dazu gehabt oder rechtlich gehandelt hätte, den Schafried wieder in seine Haft und Gewalt zu bringen [825]). Auf einen solchen einseitigen Antrag konnten oder wollten aller Wahrscheinlich=keit nach, weder der Pfalzgraf oder die Stadt Straßburg, noch auch die leininger Brüder nicht eingehen, so daß der bisherige Briefwechsel in's Stocken gerieth.

Dagegen aber hatten sich nun letztere unmittelbar an den Kaiser Friederich III. um Abhülfe gewendet, der dann mehreren geistlichen und weltlichen Reichsfürsten, nebst dem Grafen Ulrich von Würtemberg, den Auftrag ertheilte, zur Befreiung Schafried's aus den Händen der Lichtenberger kräftigst mitzuwirken, allein als Monate verstrichen waren, ohne daß darauf etwas erfolgt wäre, so baten Emich VII. und Bernhart den Erzbischof von Mainz, die Bischöfe zu Straßburg und Speyer, sowie jenen Grafen Ulrich, ihnen doch kund zu thun, was bisher in dieser Sache durch sie geschehen sei,

---

[824]) Geben am Frytage nach Sant Dorotheen der Heyligen Jung=frauwen tag Anno etc. LVIIImo.

[825]) Geben off Frytag Sant Matthis des Heyligen Aposteln tag Anno dni M°. CCCC°. L°. octano.

damit sie es dem Monarchen zur Anzeige bringen und auch bemessen könnten, wie sie sich gegen die von Lichtenberg zu verhalten hätten [826]). Nur von letzterem, dem Würtemberger, ist noch folgende Antwort vorhanden: er wäre seither mit merklichen und großen Geschäften beladen gewesen, und da aber das Reichsoberhaupt auch noch an andere Fürsten und Herren geschrieben hätte, so würden dieselben wohl eine besondere Versammlung veranstalten, um die Sache wegen ihres Bruders zu verhandeln, bei welcher er sich dann ebenfalls einfinden wolle, um mit ihnen zu berathschlagen, was darin vorzunehmen sein möchte, denn er sei „wolgeneigt, uch „lieb vnd Fruntschafft zu bewisen" [827]), aber — bei dieser Versicherung blieb's auch. —

Früher schon, zu Anfang des Jahres 1458, hatten die Leininger den Rath in Straßburg ersucht, bei den Herren von Lichtenberg dahin wirken zu wollen, daß sie ihren Bruder Schafried der Gefangenschaft erledigen, oder ihnen vor irgend einem Fürsten zu Ehren und Recht stehen möchten, wozu der Rath um so mehr verpflichtet sei, weil Straßburg eine freie Stadt des heiligen römischen Reichs und ihr Bruder auch in des Kaisers freiem Geleite aufgegriffen worden wäre [828]); allein der Bürgermeister, Ritter Ludwig von Mulnheim, gab ihnen unter der Erklärung, ihre Spänne mit den Lichtenbergern seien ihm sehr unangenehm, als kurze Rückantwort zu bedenken, letztere seien selbstständige Freiherren, welche die Stadt nicht drängen dürfe, und bat zugleich die Grafen, den Rath auf's künftige mit dergleichen Aufträgen zu verschonen [829]). Als der Kaiser später auf Anstehen der Leininger mehreren elsäßer und anderen Reichsstädten ebenfalls die Weisung zugehen ließ, sich bei unseren Junkern

---

826) Geben am heiligen Pfingst Montag Anno etc. LVIIImo.
827) Geben zu Kirchem am Sonntag Trinitatis Anno etc. LVIIImo.
828) Geben am Montage vor Sant Anthonien tag Anno etc. LVIIImo.
829) Geben off Samßtag noch vnser Frauwen tag Purificacionis anno etc. LVIIImo.

wegen der Entlassung Schafried's aus seinem Gewahrsam
thätig zu verwenden, so baten die zwei leininger Grafen,
ebenso wie sie auch mit den obengenannten Fürsten gethan
hatten, die freien Städte Kolmar, Schlettstadt, Straßburg,
Hagenau, Weissenburg, Speyer und Worms, sie doch zu
benachrichtigen, was sie bisher dem ihnen gewordenen hohen
Auftrage gemäß hierin bewirkt hätten, damit sie es zur
Kenntniß des Kaisers bringen und auch ihr ferneres Be=
nehmen darnach regeln könnten [830]). Die Antworten sämmt=
licher Städte sind bis auf Schlettstadt noch aufbewahrt, alle
bedauerten jene Irrungen und Straßburg bat wiederholt,
die Stadt künftig nicht mehr mit solchen Gegenständen zu
behelligen, indem sie auch des Monarchen Brief selbst beant=
worten wollte [831]); die übrigen Städte gaben aber die ein=
müthige Versicherung, wenn das Reichsoberhaupt mit den
Fürsten, sowie mit sonstigen Herren und Städten, diese An=
gelegenheit zur Hand nehmen und berathen würde, zu einem
guten Verständnisse treulich mitwirken zu wollen [832]).

Im Juli desselben Jahres legte Herr Ludwig V. vor
einem Notar Berufung an den deutschen Kaiser ein, gegen
ein „vermessen" Urtheil, das der pfälzer Kurfürst Friederich I.
zu Gunsten Heinrich's von Fleckenstein des alten streitigen
Gegenstandes, nämlich des Hattgaues, wegen erlassen hatte [833]).
Auffallend bleibt es, daß jener Monarch, dem doch, wie wir
aus den Erlassen an die Fürsten und Städte ersehen haben,

---

[830]) Geben am Heyligen Pfingst Montag Anno etc. LVIIImo.

[831]) Geben off Dinstag vor Viti et modesti Anno etc. LVIIImo.

[832]) Unter folgenden Daten: Colmar: Datum Secunda post beati
Urbani; Hagenau: Geben off Mitwoch vnsers Herren Fronlichnams
obent; Weissenburg: Geben off Mentag nach vnsers Herren Fronlichams=
tag; Speyer: Datum feria secunda post festum Corporis Christi,
und Worms: Geben off Montag nach vnsers Herrn Fronlychnamstag;
sämmtlich Anno etc. LVIIImo. Alle vorerwähnten Aktenstücke von
Nr. 818 an stammen aus dem fürstl. leinig. Archive.

[833]) Geben 1456 Jore off dornstag den Tag der heyligen Jung=
frauwen margarethe der 13ber des Heumonats.

die unerlaubte Handelsweise der Lichtenberger gegen Schafried, sowie überhaupt der ganze schmähliche Vorgang genau bekannt war, den Junker Jacob durch eine besondere Gnadenbezeugung auszeichnen konnte; denn obgleich dazu gar keine rühmliche Veranlassung vorhanden war, so erklärte derselbe dennoch in einem Documente vom Jahr 1458: er habe die nützlichen und getreuen Dienste „gütlich" angesehen, die der edle Graf Jacob zu Lichtenberg ihm und dem heiligen Reiche bisher erzeigt hätte und künftig noch erweisen würde, darum habe er ihn zu seinem Diener aufgenommen und empfangen, so daß er in Zukunft ohne Jemandes Verhinderung alle und jegliche Freiheiten, Rechte und Herkommen genießen möge, deren sich seither andere kaiserliche Diener zu erfreuen gehabt hätten [834]). Seit diesem merkwürdigen Erlasse schrieb und nannte sich jener Jacob bald Graf, bald Herr zu Lichtenberg und bediente sich auch bei Urkundenausfertigungen theils rothen, theils grünen Siegelwachses.

Einen offenbaren Gegensatz zu dieser Auszeichnung und Standeserhöhung bilden die gerichtlichen Verhandlungen gegen unsere zwei Lichtenberger vor dem kaiserlichen Kammergerichte, welche sonderbarer Weise mit jenem Gnadenakte vom 8. Dezember 1458 gerade zusammentreffen, denn am 11. desselben Monats klagte der kaiserliche General=Fiscal=Procurator die beiden Brüder, Jacob und Ludwig V., weil sie den in des Reichsoberhauptes Geleite reisenden Grafen Schafried auf dem Rheinstrome widerrechtlich ergriffen, ihm und den Seinigen ihr Hab und Gut genommen, jenen in schweres, hartes und ungewöhnliches Gefängniß gesetzt hätten, „vnd „darin also swerlich vnd hertiglich haltende", als Majestätsverbrecher und Landfriedensstörer an, vorzüglich aber noch deshalb, weil sie auch des Monarchen Gebot, den Grafen und seine Diener der Haft zu entledigen, bis jetzt keine

---

[834] Geben zu Gretz an Erichtag vor sand Lucien tag. Nach Cristi gepurd 2c. 1458sten Jaren.

Folge geleistet hätten. Sie wurden also vorgeladen, um sich wegen dieser schweren Beschuldigungen zu verantworten, allein auf mehrmalige Mahnungen und Ladungen erschienen sie nicht in der gesetzlichen Frist, daher das Kammergericht sie am 14. Februar 1459 in die dadurch verwirkte harte Strafe der Reichsacht verurtheilte, beide zugleich ihrer Lande und Leute verlustig erklärte und jenen Procurator mit dem Vollzuge dieses Spruches beauftragte. Dieses Urtheil hatte fünf Erlasse des Kaisers von demselben Tage zur Folge; in dem ersten ermahnte er alle des Reiches getreue Unterthanen, jenen kaiserlichen Beamten, den Fiscal-Procurator, in seinen Amtsverrichtungen gegen die Verurtheilten zu unterstützen und ihm Hülfe zu leisten; im zweiten ertheilte derselbe allen Fürsten, Grafen, Ständen und Städten des Reichs den Befehl, die geächteten lichtenberger Brüder, wo sie sie fänden, zu verhaften und auszuliefern, sowie auch ihre Güter in Beschlag zu nehmen; im dritten forderte er letztere auf's ernstlichste auf, den kaiserlichen Urtheilen wegen Schafried's Gefangenschaft, in Zeit von sechs Wochen, ohne Säumen und Widerrede, nachzukommen und Gehorsam zu leisten, um wieder zu seiner Gnade gelangen zu können, und in den beiden folgenden gebot der Monarch dem Pfalzgrafen Friederich I. und dem Rathe in Straßburg, die Geächteten fürder in ihren Gebieten nicht zu hausen und zu hofen, zu ätzen noch zu tränken und überhaupt im Wandel und Handel gar keine Gemeinschaft mit ihnen zu unterhalten, bis sie dem allerhöchsten Befehle wegen des leininger Grafen, in allen seinen Theilen, gehorsamlich nachgekommen wären und auch wegen der über sie verhängten Acht dem Kaiser und Reiche ein vollkommenes Genüge gethan hätten[835]). Einige Monate später gab Friederich III. dem Markgrafen Karl von Baden

---

835) Alle 5 sind ausgestellt: Geben zu wien am 14ten tage des monats February nach cristi geburt 1459sten Jaren. Aus dem leining. Archive.

noch die Weisung, weil der lichtenbergische Uebergriff im kaiserlichen, ihm im Namen des Reiches übertragenen Geleite geschehen sei, und damit auch das Kammergerichtsurtheil nicht verachtet oder verhindert würde, auf jede mögliche und rechtliche Weise zum Vollzuge des letzteren mitzuwirken[836]). Solche vielfachen Bemühungen waren jedoch ohne allen sichtbaren Erfolg, Schafried blieb fortwährend im Kerker der Lichtenberger und diese selbst deßhalb unangefochten, denn alles, was sie dagegen thaten, bestand in einer notärischen Appellation, die sie in diesem Rechtsstreite am 8. Mai einlegen ließen[837]).

Einige Tage vorher ward durch den straßburger Domcustor, den Grafen Ludwig von Bitsch, eine Irrung zwischen dem Abte Peter in Stürzelbronn und zwischen unserem Junker Jacob, der von jenem beschuldigt war, er belästige des Klosters Hof in Altdorf allzusehr mit Atz für Jäger und Hunde, mittelst der begütigenden Entscheidung ausgeglichen: letzterer möge sich in der fraglichen Atzberechtigung „fruntlich „vnd mitticlich" halten[838]). Zu Anfang des folgenden Jahres war Ludwig V. aus „vrsach siner mißhandelung dem heyligen „Riche vnd unserm furstenthum zu smehede furgenomen", als Gefangener in die Hände des Markgrafen Karl zu Baden gerathen, daher die leininger Grafen, Emich VII., Bernhart und Diether, sich sogleich an letzteren mit der Bitte wendeten, er möge doch ja, kraft des kaiserlichen Auftrages, diese erwünschte Gelegenheit nicht vorübergehen lassen, um ihrem Bruder, nebst dem Ersatze des bisher erlittenen Schadens, aus dem Kerker zu verhelfen[839]); allein selbst dieser

---

836) Geben zu der Nuwenstatt am samßtage vor dem heiligen ostertage, nach Cristi geburt 1459sten jaren. Ebendaher.

837) Anno a Natiuitate dni 1459 die vero Martis que fuit octaua mensis Maij.

838) Geben sint vff zinstag nach dem sonnentage vocem Jocunditatis In dem Jore ꝛc. 1459 Jore.

839) Geben am Samstag nach Dorothee virg. Anno etc. LXmo. Leining. Archiv.

Schritt war umsonst, und Niemand wagte es, deshalb gegen die lichtenberger Herren ernstlich vorzugehen. Auch der Kurfürst Friederich I. von der Pfalz blieb ungeachtet des allerhöchsten Gebotes unthätig in dieser Sache, obgleich ihm auf dem Fürstenconvente zu Nürnberg 1459 unter anderem die Auflage geworden war, den Grafen Schafried ohne alles Lösegeld aus der lichtenbergischen Haft zu befreien [840]), welche Beschlüsse derselbe aber nicht annahm und woraus im Jahr 1460 dessen Krieg mit dem Erzbischof Diether von Mainz und mit anderen Fürsten entsprang, an welchem Emich VII. und seine Brüder gleichfalls und zwar gegen Kurpfalz Antheil nahmen. Der siegreiche Pfälzer demüthigte indessen seine zahlreichen Widersacher in dem Treffen bei Pfeddersheim und die Leininger wurden nach mannigfachen Bemühungen erst im Juli 1461 mit jenem Kurfürsten ausgesöhnt, bei welcher Veranlassung derselbe versprach, sich in Verbindung mit dem badischen Markgrafen bei den Lichtenbergern dahin verwenden zu wollen, daß Schafried endlich auf freien Fuß gestellt werde [841]), allein auch diese feierliche Zusicherung hatte nicht die geringste Wirkung, sondern es zeigten sich später entgegengesetzte Erfolge und Einflüsse, und der Gefangene seufzte fortwährend in seinem engen Gewahrsame.

Mehrere Knechte der Grafen von Eberstein hatten, das Vorbild ihrer Gebieter in jenen fehdelustigen Jahren nachahmend, einen straßburger Bürger bei Lichtenau niedergeworfen und überwältigt, weshalb sie durch Junker Ludwig V. gefangen genommen, aber doch später wieder ihrer Haft lebig wurden, daher der Graf Johannes zu Eberstein demselben, sowie der Stadt Straßburg einen Verzicht auf allen Schadenersatz wegen dieses Vorganges ausstellte [842]). Richart von

---

840) Kremer's Geschichte Kurfürst Friederich's I. des Siegreichen von der Pfalz I, 129 ꝛc.

841) **Datum Heydelberg** vff sambstag nach der heyligen zwölfbotten schiedungtag Anno dni 1461mo. Aus dem leining. Archive.

842) Geben uff dinstag nach dem sontag Misericordia dni Jn latin genant. Do man zalt ꝛc. 1461 Jare.

Hohenburg hatte den Nicolaus von Tan im Gefängnisse gehabt, und da Ludwig V. denselben, als seinen Mann und Diener, von jenem ledig forderte, weigerte er sich dessen, daher er „gefenglich angenommen vnd vff Lichtenberg jn thurn" gelegt, endlich aber doch wieder entlassen ward, worüber er 1461 eine stattliche Urfehde von sich geben mußte[843]. Graf Jacob zu Lichtenberg, Obervogt zu Straßburg, belehnte in diesem Jahre seinen lieben Getreuen, Heinrich von Altdorf, genannt Wollenschläger, mit folgenden Lehenstücken, vorerst mit der Hälfte seines Antheils an dem Schlosse Hinterwinstein, sammt allen Zuständigkeiten, „Jnwendig vnd vßwendig" und mit einem Thurm „gelegen hie nyden an dem Staden by „dem Tiche genant Groffestein", dann mit drei Theilen an dem niederen Rheinfahre bei Straßburg, von welchem diese Stadt jährlich 10 Schilling Pfenninge entrichte, ferner mit drei Theilen an 48 Morgen Aeckern in der Ruprechtsaue daselbst, von welchen beiden Lehenstücken Ritter Heinz von Mülnheim den vierten Theil als Lehen trage, und endlich noch mit einer Matte (Wiese) jenseits des Rheins, oberhalb der Neumühle auf der Kinzig gelegen, die „kůshnn" geheißen[844], aus welchem Lehenbriefe hervorzugehen scheint, Jacob habe sich nur in solchen, entweder Lehen oder sonstige Hoheitssachen der Herrschaft Lichtenberg betreffenden Urkunden des gräflichen Titels und zugleich des rothen Siegels bedient. Derselbe und sein Bruder schlossen sich nach Verlauf einiger Tage der Vereinbarung an, die der siegreiche Pfälzer Friederich I. mit dem straßburger Bischofe und mit mehreren Fürsten, Grafen und Herren, sowie mit den elsässer und anderen Reichsstädten geschlossen hatte, um dem Unwesen der heimlichen Gerichte mit aller Macht entgegen zu wirken und ihren Unterthanen nicht zu gestatten, Recht bei denselben zu

---

843) Der geben ist vff sanct Laurencien des heyligen martelers tage Jnn dem Jore ꝛc. 1461 Jore.

844) Der geben ist des nehsten Samstages vor sant kathrinen tag der heiligen Jungfrowen des Jores do man zalte ꝛc. 1461 Jore.

suchen ⁸⁴⁵). Einige Wochen später machten die Straßburger ihrem Obervogte, dem Grafen Jacob, die Anzeige, sie hätten vermöge des Bundesbriefes die Stadt Saarburg ebenfalls in dieses Bündniß gegen die westphälischen oder Vehmgerichte aufgenommen ⁸⁴⁶).

Ludwig V. stand auch 1462 in Spännen und Irrungen mit dem Abte und Convente zu Neuburg wegen der baulichen Unterhaltung der Kirche zu Rotbach, die er jedoch sogleich durch das Anerbieten gütlich beilegte, er wolle das Kirchen= dach und das Holzwerk daran „Inn gutem gebuwe hant= haben vnd halten", dagegen aber der Abtei und der Gemeinde und zwar jeder zum halben Theile, die Unterhaltung des Thurmes und des Daches auf demselben zustehe ⁸⁴⁷). Kaum waren seitdem einige Monate verflossen, da trat ein Umstand ein, der, so unwichtig er auch anfänglich scheinen mochte, dennoch in seinen vorberechneten Folgen bedeutsam und nach= theilig auf die Entlassung Schafried's aus dem Kerker ein= wirkte. Es ist uns nämlich aus den früheren Verfällen bekannt, Kurfürst Friederich I. oder der Siegreiche sei bisher stets auf der Seite jenes wahrhaft mißhandelten Grafen, also auf der Seite des Rechts gestanden und habe wiederholte Versuche gemacht, dessen Zerwürfnisse mit den Lichtenbergern auszugleichen und ihm die Freiheit wieder zu verschaffen; allein wir haben auch zugleich bemerkt, wie schnöde unsere Junker diesen Fürsten behandelt, wie sie keinen einzigen der durch denselben anberaumten Tage besucht und also hart= näckig jeden Vermittlungsversuch von sich abgelehnt hatten; wir wissen ferner, der Kurfürst habe gemeinschaftlich mit dem Markgrafen von Baden in einem Anlasse zu Gunsten

---

845) Der geben ist uff zinstag noch sant Andrestag des heiligen zwölffbotten Als man zalte ꝛc. 1461 Jore. Ist auch unvollständig ge= druckt in Müller's Reichstagstheater I, 126 und anderswo.

846) Geben uff montag vor der heiligen drie kunigktag Anno 1462.

847) Die geben sint vff sante Vlrichstag Anno dni M°. CCCC°. LX°. secundo.

dieser Sache die Bedingung festgestellt, wer von den beiden
Betheiligten ihre Vermittlung ausschlüge, der solle fürder
keine Hülfe mehr von ihnen zu erwarten haben, in welchen
Fall sich die Lichtenberger muthwillig und wissentlich versetzt
hatten; auch war dem Pfälzer vom Kaiser der Auftrag ge=
worden, gegen dieselben als Geächtete einzuschreiten und zur
Befreiung Schafried's thätigst mitzuwirken, wozu er sich in
dem Sühnvertrage mit den Leiningern von 1461 noch beson=
ders verpflichtet hatte; zudem bezeigten sich unsere Dynasten
jederzeit feindselig gegen den siegreichen Pfalzgrafen schon
seit seinem ersten kriegerischen Auftreten gegen die wider=
spännstigen Lützelsteiner Grafen, deren Helfer sie wurden,
daher auch die pfälzischen Räthe 1454 wegen dieser aus=
drücklich angeführten Felonie sie des nachgesuchten kurpfäl=
zischen Schirmes für unwürdig erklärt hatten, und zudem
standen sie in dem entschiedenen Treffen bei Pfeddersheim
1460, wo es wirklich galt: heute Kurfürst oder nie mehr!
abermals auf der Seite seiner zahlreichen Feinde und Wider=
sacher; allein siehe da, ungeachtet aller dieser Vorgänge ließ
der Pfalzgraf aus eigenem Antriebe im October 1462 allen
Unwillen gegen den edeln, seinen lieben Getreuen, Ludwig V.,
Herrn zu Lichtenberg, plötzlich schwinden, nahm denselben,
sowie seine Lande und Leute auf Lebenszeit in seinen „son=
„derlichen" Schirm und „versprechnuß", in sofern er nämlich
von den pfälzischen Räthen Recht nehmen würde, wogegen
dieser sich jenem zu allen seinen Geschäften zum Dienst ver=
pflichtete, jedoch nur nicht gegen das Reich, den Herzog von
Burgund, die Stadt Straßburg und den Grafen Philipp I.
von Hanau, seinen Eidam. Ferner vereinbarten beide noch
folgendes: Ludwig V. dürfte mit seinen Burgen, Städten
und Gebieten gegen Kurpfalz „mit reten oder teten nit sin
„ober tun" und dies auch seinen Untergebenen nicht gestatten;
den „unwillen", der seither zwischen ihnen wegen eines den
Grafen und Junker Jacob betreffenden Briefes obgewaltet,
suchte der gütig gesinnte Fürst durch die Bestimmung beizu=

legen: jenes Schreiben sollte in Monatsfrist bei obigem Ha=
nauer Grafen hinterlegt werden, der, wenn sich Friederich I.
unterdessen mit Ludwig V. nicht selbst vertragen könne, nebst
dem Hofmeister Diether von Sickingen und dem Fauth zu
Heydelberg, Ritter Symon von Balßhoven, darüber sprechen
sollte, mit welchem Entscheide sich dann beide zufrieden geben
müßten; ja um für die Zukunft alles Anstößige unter ihnen
möglichst zu vermeiden, machte der Pfälzer den Vorschlag,
ihre bisherige „irrung vnd zweytracht" über die Wildbahnen
in den zwischen Lützelstein und Lichtenberg gelegenen Waldungen
durch einen „zimlichen gutlichen vßtrag" beseitigen zu lassen [848]).
Einige Tage darauf ward ein Punkt in vorstehendem Ver=
trage noch sorgsam dahin erläutert: wenn eine Fehde zwi=
schen dem Kurfürsten und der Stadt Straßburg ausbrechen
würde, so dürfe der Lichtenberger, weil Bürger in letzterer,
derselben helfen und beistehen, ohne dadurch seinen Verpflich=
tungen als pfälzischer Diener zu nahe zu treten [849]). Als
eine Merkwürdigkeit und zum Beweise, wie tief damals die
Geistlichkeit theilweise gesunken war, müssen wir hier noch
eine Urkunde einfügen, in welcher der straßburger Bischof
Ruprecht gestattete, daß die beiden Söhne des Kirchherrn
und Erzpriesters zu Ingweiler, Michael Rosenlecher, Namens
Gabriel und Hieronimus, nach ihres Vaters Ableben dessen
sämmtlichen Nachlaß an Häusern, Gütern, Hausrath, Büchern,
Kleinobien u. s. w. „zu Jren handen vnd gewalt nemen
„mögen", welche bischöfliche Anordnung unser Herr Ludwig,
dessen Diener und Capellan jener Geistliche war, 1463
ebenfalls genehmigte und die zwei Kinder in dem Besitze
ihres Vermögens zu schützen versprach [850]).

---

[848]) Datum Heydelberg vff fritag vor der eilf dusent megden tag
anno dni 1462ᵈᵒ. Pfälzisches Copialbuch in Karlsruhe Nr. 13, Folio 1 u. 2.

[849]) Datum Heydelberg vff Dornstag nach sanct lurtag anno dni
1462ᵈᵒ. Daselbst Folio 2 und 3.

[850]) Der geben ist vff Mentag den 21ſten tag hornung des Jars
ꝛc. 1463 Jare

Inwiefern der vorhin angeführte freundliche pfälzische Schirmvertrag mit der Befreiung Schafried's in Verbindung stand, werden wir sogleich vernehmen, sowie uns auch noch ein anderer Schritt des Junker Jacob die Ueberzeugung gewährt, demselben habe jene Vereinbarung nicht vollkommen genügt und er habe sich, zur Wahrung der ganzen Herrschaft, bei der Ausführung des verwerflichen schändlichen Planes gegen den gefangenen Leininger, ganz sicher stellen wollen, denn er ließ, im Mai 1463, sämmtliche lichtenbergische Besitzungen, Schlösser, Städte, Dörfer, Unterthanen und Diener, in den besonderen Schutz des Königs Ludwig XI. von Frankreich aufnehmen [851]).

Wir haben aus dem früher Gesagten zur Genüge vernommen, daß Schafried sämmtliche Bestimmungen der Nachtung von 1452, um deren Gültigkeit oder Nichtigkeit bisher gestritten ward, erfüllt hatte, bis auf die Herausgabe des unwesentlichen Witthumsbriefes seiner Mutter über die Hälfte Brumats und bis auf die Uebergabe seiner Rechte auf Saarwerden, in welch' letztern die Lichtenberger indessen, wie wir oben erfuhren, 1456 durch den Grafen von Mörs selbst eingesetzt worden waren, allein es handelte sich jetzt bei seiner Freilassung von Seiten seiner Feinde hauptsächlich darum, denselben auch noch um sein letztes und einziges Besitzthum, nämlich um die Hälfte der Veste und um drei Viertheile der ansehnlichen, aus dreizehn, größtentheils beträchtlichen, Dörfern, mit sehr fruchtbaren Gemarken und mit bedeutenden Waldungen, bestehenden Herrschaft Gutenburg zu bringen, die er in Gemeinschaft mit dem Herzoge Ludwig dem Schwarzen von Velденz besaß und auf deren Erwerbung der Pfalzgraf Friedrich I. schon längst sein Augenmerk gerichtet hatte. Aus diesem Grunde hatte er sich durch den vorberührten Schutzbrief, den er den Lichtenbergern gewährte, mit denselben auf

---

[851] Donné a tarbe Le XV$_{me}$ Jour de may Lan de grace mil CCCC soixante troys. Et de nre Regne le second.

einen freundschaftlichen Fuß gesetzt und zugleich alle sonstigen und möglichen Veranlassungen zum Unfrieden zwischen sich und ihnen beseitigt, sowie auch aus der Eile der darüber gepflogenen Verhandlungen nur zu deutlich hervorgeht, das Ganze sei ein abgedroschener Handel gewesen, da man mit Sicherheit darauf zählen konnte, Schafried werde, aus Liebe zur Freiheit, auf jegliche, ja sogar auf die härteste Bedingung eingehen.

Der Hauptlenker dieser Angelegenheit war jener Herzog Ludwig der Schwarze, und nachdem derselbe sowohl mit dem Kurfürsten, als auch mit den Lichtenbergern, namentlich mit Ludwig V., der damals selbst mit seinem Bruder Jacob in Unfrieden lebte, den ganzen Plan verabredet hatte, war er seiner Sache schon so gewiß, daß er bereits am Dienstage vor der Verzichtleistung des leininger Grafen seinen Canzler und zwei seiner Räthe beauftragte, den Burgfrieden zu Gutenburg und Minfeld, wo sich ebenfalls eine Veste befand, mit Kurpfalz zu geloben [852]), sowie er auch jene Beamten an dem nämlichen Tage bevollmächtigte, am Freitage nach dem Frohnleichnamsfeste mit den kurpfälzischen Abgeordneten die Huldigung in der Gemeinschaft Gutenburg (so nannte man diese Herrschaft wegen des gemeinsamen Besitzes derselben durch Pfalzveldenz und Leiningen) einzunehmen [853]). Am darauf folgenden Tage, Mittwochs, stellte nun Schafried den merkwürdigen Verzicht aus, durch welchen seine endliche Freilassung allein bedingt war, und man kann wahrlich nicht ohne Wehmuth und Bitterkeit lesen, was dieser, durch Ludwig V. vorher gehörig bearbeitete, sowie durch die, in's sechste Jahr dauernde, schwere Haft äußerst gedemüthigte und auf's ungerechteste mißhandelte Mann in dem Eingange

---

852) Der geben ist zu Zweybrücken uff dinstag nach dem Suntag **Trinitatis** Anno Domini 1463.

853) Der gebenn ist zu Zweinbrucken uff dinstag nach Sanct Bonifacien dag 2c. 1463 Jare.

seiner Verzichturkunde erklären mußte. Darin sagt derselbe, er habe früher eine Fehde mit seinen lieben Vettern, den Herren Jacob und Ludwig zu Lichtenberg, gehabt und wäre dabei in deren Gefängniß gerathen, aus welchem er durch die bekannte Rachtung des straßburger Bischofs von 1452 und anderer Freunde und Gönner erlöset worden sei (daß ihn aber die treubrüchigen Lichtenberger nach dieser abge= schlossenen Sühne noch über anderthalb Jahre in ihrem Kerker behalten hatten, bis ihn der pfälzer Kurfürst befreite, davon durfte er kein Wörtchen erwähnen). Nachher habe er sich aber wieder den Unwillen jener beiden Brüder zugezogen, und besonders sei Herr Ludwig V. durch die Schritte, die er bei Fürsten, Grafen und Herren gegen denselben später ge= than, bewogen worden, ihn abermals gefangen zu nehmen, in dessen Kerker er seitdem „bis in das sechst jor betrupt= „lichen und elentlichen dorjnne verliben", obgleich er seine Brüder und andere Freunde ersucht hätte, ihm, wenn auch mit Aufopferung seines gesammten zeitlichen Gutes, aus der Haft zu verhelfen, allein es habe alles dieses „nit verfangen", oder nichts geholfen und er wäre bisher in seinem harten Gefängnisse „drostlos verliben", bis dann endlich sein ge= dachter Vetter Ludwig durch seine „hitzige junige Begerung „vnd mutung", sowie durch seine „verlossene troftlosickeit" erweicht und bewogen worden sei, ihm Mittel und Wege an die Hand zu geben, wie er die Freiheit wieder erlangen könne, und er habe daher die ihm vorgeschlagenen Stücke und Punkte, wodurch derselbe für den bisherigen Kosten und Schaden, den er durch seine früheren Anklagen und auch durch seine Verköstigung während der Haft erlitten, entschä= bigt werden könne (in diesem geschichtlichen Eingange ist jedes Wort eine colossale Lüge!), „mit wolbedachtem mut vnd „friem willen bewilliget und zugesagt." — Demnach trat er an denselben ab: 1) seine Theile und Gerechtsame in den beiden Schlössern Gutenburg und Winfeld, sowie an den dazu zählenden Dörfern, Leuten u. s. w.; 2) dann verzich=

tete er, zu Gunsten der Lichtenberger, auf die 2000 Gulden, womit er von seinem Schwager, dem Grafen Jacob von Mörs, einen Theil der Grafschaft Saarwerden erkauft hatte; 3) auch übergab er denselben das Dorf Wolfesheim, das zur Gutenburg gehörige Hofthal (den hastler Hof) und gelobte zugleich, den Grafen Heinrich von Bitsch wieder in seinen Antheil in Lindelbrunn einzusetzen; 4) die bischöfliche Rachtung von 1452 müsse vollständig in ihren Kräften bleiben und 5) hauptsächlich wegen Brumat's vollzogen werden, durch die Auslieferung des Witthumsbriefes seiner Mutter Clara von Binstingen und durch die Entlassung der Eide und Pflichten der in diesem Amte wohnenden Bürger und Unterthanen; 6) ferner wolle er dafür sorgen, daß der von Zinsheim in Monatsfrist zum Besitze Rynheims gelange und zugleich die von Volsperg ihrer Gelübbe losgesagt würden; 7) weiter machte sich Schafried verbindlich, alle „Beschwerung", in welche die lichtenberger Herren, durch die Klagen seiner Brüder, bei dem Kaiser gerathen seien, ohne ihre Kosten zu vertragen und sie deren zu entledigen, 8) sowie er sich auch anheischig machte, damit der Kurfürst Friederich I. und der Pfalzgraf Ludwig von Veldenz wegen der früher mit ihm eingegangenen Bündnisse und Verschreibungen später nicht in Verlegenheit gerathen oder deßhalb angesprochen werden möchten, denselben alle Urkunden, sie betreffen nun Einungen, Bündnisse, Rath- oder Dienstgelder, bis nächsten Sanct Johannistag auszuhändigen, alle deßfallsigen Ansprüche aufzugeben und künftig nie mehr gegen beide, weder mit Worten oder Werken, zu thun, und 9) endlich mußte er versprechen, gegen seinen Schwager, den Grafen von Mörs, nichts mehr zu unternehmen, denselben der mit ihm gelobten Burgfriedenspflichten zu entheben und zugleich alle Bewohner der Grafschaft Saarwerden der ihm geleisteten Huld und Pflichten loszusagen, auch gegen den Rath der Stadt Straßburg nie mehr zu sein. Schließlich mußte Schafried „mit offgehob=
„nen vingern leiplichen zu gott vnd den heiligen frey vnd

„vngebunden vor viel fromen leuten, edeln vnb vnebeln, „offentlich einen eit mit geſtabten worten" ſchwören, alle vorgenannten Stücke „wor ſtet veſt vnb vnuerprochlichen zu „halben" und dabei auf jede, geiſtliche oder weltliche, Rechts= wohlthat zum Voraus Verzicht leiſten. Ueberdem war er genöthigt, an demſelben Tage über einen jeden der obge= ſchriebenen neun Punkte noch eine beſondere Urkunde auszu= ſtellen und ſowohl unter dieſe als auch unter den Haupt= verzicht zu größtmöglichſter Sicherheit noch folgende eigen= händigen Worte zu ſchreiben: „Zu merer getzugniß vnd dieſer „vnſer verſygelung zu hulff haben wir dyeſen bryeff myt „vnſer eigen hantgeſchryfft vnderſchryeben."⁸⁵⁴)

Das heißt doch gewiß die Vorſicht auf's äußerſte treiben und im Gefühle einer ungerechten Sache ſich gleichſam Leib und Seele verſchreiben laſſen! — In dem erſten Kampfe der Lichtenberger mit den Leiningern war auch, wie uns be= kannt iſt, die Herrſchaft Gutenburg durch jene bedrängt und beſchädigt worden, und weil der velbenzer Herzog Ludwig der Schwarze darin in Gemeinſchaft ſtand, ſo war er wegen des Schadens, den ihm Ludwig V. „zugefuget, mit demſelben zu „Forderungen vnd etwas hitzigen ſchrifften kommen"; allein aus Liebe zum Frieden und um bezüglich der Erlangung Gutenburgs für ſeinen mächtigen ſiegreichen kurfürſtlichen Verwandten allen ferneren Unannehmlichkeiten mit den Lichtenbergern vorzubeugen, verzichtete derſelbe an dem näm= lichen Mittwoche auf den durch Ludwig V. in jener Herr= ſchaft erlittenen Nachtheil an Dörfern und an Leuten ⁸⁵⁵). Am Frohnleichnamsfeſte mußten natürlich alle Verhandlungen in dieſer Angelegenheit ruhen, aber am folgenden Tage

---

854) Der geben iſt vff mytwoch nehſte nach dem ſonnentage der heiligen drifaltifeit Des Jars als man zalte ꝛc. 1463 Jare. Die oben bemerkten 9 Urkunden tragen daſſelbe Datum.

855) Geben vff mitwoch vnſers Heren fronlichams abendt Anno dni 1463cio.

nahmen die zwei gegenwärtigen Fürsten von Kurpfalz und Veldenz sie sogleich wieder auf, denn Ludwig von Lichtenberg verkaufte denselben die ihm durch Schafried überlassene Hälfte der Vesten Gutenburg und Minfeld, nebst den drei Viertheilen an den dazu gehörigen dreizehn Dörfern, für erb und eigen, um 7000 Goldgulden [856]), und am nämlichen Tage gelobten beide Fürsten zugleich nochmals den Frieden in den genannten Burgen jener Herrschaft [857]), die sie seitdem vermöge einer besonderen Vereinbarung zu zwei gleichen Theilen besaßen. Da Schafried, als eine Folge seiner langjährigen Haft, die (oben unter Nummer 8 bemerkten) pfälzischen Verschreibungen in der anberaumten Frist nicht beizubringen vermochte, so erklärte er dieselben durch eine eigene Urkunde für ungültig und kraftlos, oder, wie er selbst sagt: „so boiten „vnd vnkrefftigen wir die obgerurten brieffe zu krafft diß „brieffs" [858]). So endigte sich dieses Drama auf eine für den leininger Grafen, bezüglich zeitlichen Gutes, sehr empfindliche und betrübte Weise; allein viel nachtheiliger waren die Folgen desselben für den unehrenhaften, heimtückischen Charakter seiner Gegner, der sich dadurch offen zur Schau gelegt hatte. Wir müssen bald noch einmal auf diesen Vorgang zurückkommen. —

6) Beschluß der lichtenbergischen Geschichte bis zum Aussterben des Stammes, 1480.

Während der bisher erzählten Begebenheiten lebten die lichtenberger Brüder in beständigem Unfrieden, dessen Haupt-

---

[856] Der geben ist off frytag nach vnsers Herrn Fronleichnams Tag deß Jars 2c. 1463 Jare.
[857] Geschehen vnd geben off frytag nach vnsers lieben Herrn fronleichnams Tag Anno eiusdem 1463.
[858] Der geben ist am mitwoch vor sant Johanns dage des teuffers Anno dni 1463eio. Diese Belege von Nummer 852 an sind theils aus dem hanauer, theils aus dem leininger Archive.

grund der Umstand war, daß Graf Jacob nach dem Ableben
seiner Gattin Walburg, einer gebornen Gräfin von Mörs
und Saarwerden, mit welcher er keine Kinder erzeugt hatte,
eine gemeine Dirne, Barbara aus Ottenheim, zu sich in die
Burg zu Buchsweiler genommen hatte, dieselbe, als sei sie
seine Gemahlin, uneingeschränkt schalten und walten, auch,
nach der Art solcher Buhlerinnen [859]), sich selbst, sowie seine
Unterthanen durch sie beherrschen und letztere noch auf's här=
teste drücken und beeinträchtigen ließ. Um die armen Leute
ihre Obergewalt recht fühlen zu lassen, mußten sie ihr, so=
wohl männlichen als weiblichen Geschlechts, wöchentlich an
zwei oder drei Tagen in der Frohnde, jedoch ohne Kost,
arbeiten, nämlich Leinsaamen säen, denselben ausjäten, Lich=
ter machen, spinnen u. dgl.; jede Hausfrau war überdem
noch verpflichtet, derselben in jedem Jahre ein Pfund ge=
sponnenes Garn zu liefern, sowie den Rahm von der Milch
in's Schloß abzugeben, und wer sich über diese freche Dirne,
oder über den Druck, den sie übte, äußerte, der kam, wann
sie es erfuhr, waren es nun Männer oder Weiber, in den
Thurm oder an's Halseisen, und jene wurden zudem noch
geschätzt, oder an Geld gestraft, kurz „sie thette den Armen
„leuten grosse smacheit an". Auch war die Barbel klug
genug, um sich in ihrer herrschsüchtigen Stellung vor jeder
Störung seitens der Familie oder der Verwandten zu wah=
ren, daß sie ihrem leichtsinnigen Gebieter, der von ihren kör=
perlichen Reizen gänzlich eingenommen war, sowohl seinen
Bruder, als auch andere seiner nächst gesippten Freunde,

---

[859] Bernhart Herzog wendet in seiner elsäßer Chronik V, 32 das
schon damals (1592) gültige und gebräuchliche Sprichwort auf die=
selbe an:

Ein H..r auff einem Schloß,
Ein Bettler auf eim Roß,
Ein Laus in einem Grindt,
Nicht findt sich stolzers gsindt! —

beständig zu verdächtigen und überhaupt jede Zusammenkunft mit denselben zu hintertreiben suchte, ja sie hatte sogar die zwei Brüder zu einer Fehde aufgestachelt, so daß Graf Jacob 1461 in Sulzbach einfiel und seinem Bruder bedeutenden Schaden daselbst anrichtete, welchen Zugriff der Meister Hanns Konrab Bock und der Rath zu Straßburg nur mit der größten Mühe begütigen konnten [860]).

Als nun jene Barbel im folgenden Jahre abermals einen Frohnbtag gebot, da traten die solcher heillosen Wirthschaft überdrüssigen Bewohner Buchsweilers zusammen, beriethen sich mit einander und schickten einige aus ihrer Mitte zu ihrem verblendeten Herrn, um ihm ihre Noth zu klagen und vorzustellen, „wie sie die uneheliche Fraw ungebürlich „hielte, das kondten sie nicht mehr erdulden, sie wolten ehe „alle auß der Statt gehn"; der Graf ließ dieselben wohl vor sich und hörte auch ihre Beschwerden an, allein er entfernte sich, ohne ihnen ein: Antwort gegeben zu haben, daher die männliche Bevölkerung sich eines Thores bemächtigte, ihre Waffen holte und aus der Stadt zog, bis auf sechs Männer, die zurückblieben, worauf der Graf die Stadt schließen und nach anderen Unterthanen schicken ließ, die ihm die Thore hüten sollten. Die Ausgewichenen begaben sich nach Lichtenberg zu Ludwig V., dem Bruder ihres Herren, klagten ihm die Gewalt, die ihnen jenes Weib angethan, was ihnen für die Folge unerträglich sei, und ersuchten ihn, sie zu schützen und ihr Herr und Pfleger zu sein, der sie auch freundlich aufnahm, sie da zu bleiben hieß und ihnen Unterkunft in der Stadt Ingweiler gewährte. Kaum hatte die Concubine den Abzug der Männer aus Buchsweiler vernommen, da faßte sie den Entschluß, auch deren Weiber sammt ihren Kindern aus der Stadt zu jagen, allein sowie letztere dies erfuhren,

---

[860) Geben uff sanct Symon vnd Judas abent apostolorum. Anno domini etc. LX°. primo.

hielten sie ebenfalls eine Versammlung ab und schwuren
einen Eid, beisammen zu bleiben und sich wehren zu wollen.
Der städtische Amtmann gebot indessen den Frauen von
Haus zu Hause, mit ihren Angehörigen die Stadt zu ver=
lassen, was sie auch alle bereitwillig zusagten; als aber jener
dies seinem Herrn meldete und die „böß Fraw" auf solche
Nachricht hin sogleich die Burgknechte nebst den sechs zurück=
gebliebenen Männern zu sich nahm, um die Weiber auszu=
treiben, da rotteten sich dieselben zusammen und jede brachte
eine Waffe mit; eine ergriff einen Bratspieß, die andere eine
Heugabel, die dritte hatte einen Speer und die vierte
einen Kolben, die fünfte bewaffnete sich mit einem Prügel,
die sechste mit einer Axt, kurz „was jede gehaben mochte",
und wehrten sich tapfer, trieben das „böse weib" sammt
ihren Helfern und Knechten in die Burg zurück und
behaupteten siegreich die Stadt. Diese merkwürdige Be=
gebenheit nannte man nachher den Weiberkrieg zu
Buchsweiler! —

Da nun der Graf Jacob aus den bisherigen Vorgängen
wohl abnehmen konnte, sein Bruder würde deshalb bewaffnet
einschreiten und er auch von anderen, weil mit allen seinen
Freunden und Waffengenossen gespannt, keine Hülfe zu er=
warten hatte, so ließ er demselben sagen: er solle „barbel
„sine byrne libs vnd gutz trösten vnd sicher sagen", sowie
auch die aus Buchsweiler gewichenen Einwohner, Edle oder
Unedle, wieder an ihren rechtmäßigen Herrn heimweisen und
ihm darüber in Zeit von 14 Tagen eine bestimmte Zusage
geben, oder er würde ihn sonst enterben. Diese letztere
Drohung beunruhigte Ludwig V. nicht wenig, weil ihre bei=
den Herrschaften damals noch mit vielen Schulden behaftet
waren und sich auch einer für den anderen dafür verbindlich
gemacht hatte, daher er's für's gerathenste hielt, mit den be=
drängten buchsweiler Ausgewanderten, jedoch versehen mit
seiner ganzen Wehrkraft, wozu ihm der Bischof von Metz
und der badische Markgraf ansehnliche Zuzüge geleistet, die

Stadt Straßburg aber 40 reisige Knechte und mehrere Büchsen gestellt hatten, nach Buchsweiler zu ziehen, um entweder durch die Belagerung der dortigen Burg dem Vorhaben seines Bruders, ihn zu enterben, mit Gewalt zuvorzukommen, oder, um den ganzen Handel mit der Dirne in Güte abzumachen und dieselbe von ihm zu bringen. Jenes ward indessen glücklich vermieden und letzteres hingegen gelang, indem zwei Verwandte, der Domcustor zu Straßburg, Graf Ludwig von Bitsch, und Georg Herr zu Ochsenstein, sich der Sache annahmen und mit Hülfe Egenolf's von Lützelnburg und der ehrsamen Rathsfreunde Kun Nopen, Hanns Merswin, beide Stättmeister, und Konrat Nissen, Lohnherrn aus Straßburg, als Mitthädingsleuten, sich alle Mühe gaben, die Brüder gütlich zu vertragen und „fürzukommen mereren vn„willen, kumber vnd kosten so daruß laffen möchte", was auch folgendermaßen geschah: Jacob sollte seine Herrschaft lebenslänglich und nutznießlich im Besitze behalten, allein er müsse eidlich angeloben, ohne seines Bruders Zustimmung nichts zu veräußern oder sonst irgendwie in fremde Hände kommen zu lassen, auch solle unter den Unterthanen der beiden brüderlichen Gebiete wie früher wieder freier Wandel und Handel bestehen, um die Märkte zu besuchen und sich ernähren zu können; die Unterthanen Jacob's in Schlössern, Städten und Dörfern müßten einen Eid ablegen, nach ihres Herrn Tode nur Ludwig V. oder dessen Erben für ihren rechten, natürlichen und zeitlichen Gebieter anzuerkennen und ihm zu gehorchen, im Falle aber, daß Jemand vor oder nach des Grafen Jacob Ableben, sich einer von dessen Städten oder Burgen bemächtige, sollen die darin befindlichen Leute der ihrem bisherigen Herrn geschworenen Gelübden sogleich „strax „libig fin" und bei dem vorerwähnten Eide nur seinen Bruder Ludwig V. für ihren rechtmäßigen Herrn haben, halten und ihm allein gehorsamen; die Barbel solle geloben, sich unverzüglich in die Stadt Speyer zu begeben, daselbst zu bleiben, ohne Wissen und Willen Ludwig's V. nie mehr zu dem Grafen zurückzukehren, auf's künftige nichts gegen die Herrschaft Lichtenberg zu unternehmen und das ihr zustehende Gut, das sie bisher besessen habe, zurückzulassen, dagegen aber dasjenige, „was sie hat von Hüßrot vnd zu Jrem libe „gehören", ihr auf Lebenszeit verbleiben und später wieder an die Herrschaft zurückfallen solle; Jacob müsse sich eidlich verpflichten, gegen die Edeln, Bürger und Unterthanen, die „vnwillen gehapt haben Barbelen regierens halp vnd durch „sie vertriben sint", oder nach Jngweiler sich begeben hatten, alle Ungnade fahren zu lassen, auch wegen des Vorgefallenen keine Rache an denselben zu üben, und ein Gleiches sollte auch hinsichtlich der Straßburger und der übrigen Helfer Ludwig's V. gelten; hätte aber Jemand während dieser bis= herigen Bedrängnisse und Mißhelligkeiten Schaden genommen, auf dessen Vergütung müsse allseitig Verzicht geleistet wer= den; am Schlusse versprach Graf Jacob bei seinem Eide, Vorstehendes treu und unverbrüchlich zu halten und nicht das Geringste dagegen zu unternehmen [861]).

So war denn endlich die Ruhe wieder hergestellt, allein der Familienfrieden war für immer auf's häßlichste gestört und Graf Jacob, der die erlittene schmachvolle Demüthigung und die Entfernung seiner Geliebten nicht verschmerzen konnte, machte, vermöge seines niederen Charakters, seinem Unmuthe nachher noch oft durch offene Feindseligkeiten Luft. Die Barbel von Ottenheim ließ sich in Hagenau häuslich nieder, wo sie später der Zauberei angeklagt und deshalb hingerichtet ward [862]). —

Schon im nächsten Jahre traten solche weitgehende und langwierige, durch jenen Jacob heraufbeschworene Zerwürf= nisse in unserem Hause ein, die in ihren Folgen der Herr=

---

[861]) Der geben ist vnd versiegelt off mitwoch noch vnsers herren offartztag Anno dni 1462do.

[862]) Bernhart Herzog's Chronicon Alsatiae V, 32—84, Strobel's Geschichte des Elsasses III, 414—417 und Handschriftliches.

schaft äußerst nachtheilig und gefährlich zu werden droheten, in welche sich denn auch der Kurfürst Friederich der Siegreiche gemischt und das jenem Grafen gehörige Städtchen Wörth, sowie Baldeborn, sammt den Vesten Huneburg und Schöneck in Besitz genommen hatte, weil nach seiner Ansicht „des ogenanten Jacobs Regierung frembe vnd vnordenlichen „sei, vnd davon der herschafft Liechtenberg merglicher schade „vnd verlust entstanden sey vnd forter geschee, wo das nit „furkommen wurde". — Indessen kam dieser Vorgang dem Herrn Ludwig V. äußerst bedenklich vor und da er befürchtete, es möchten auf solche Weise bedeutende Theile des lichtenberger Gebietes allmälig in den allzu fürsorglichen pfälzischen Besitz übergehen, so nöthigte er dem Kurfürsten folgende Erklärung ab: er sei „nur zu offgange Eren vnd „frommen" der zum Fürstenthume der Pfalz gehörigen Herrschaft Lichtenberg „begirlich geneigt", darum habe er auch nur derselben zu gut und um die brüderliche Einigkeit zu befördern, jene Orte und Burgen zu seinen Handen genommen, allein er und seine Erben wollten dieselben durchaus nicht der „pfaltz zu frummen jene behalten" und sie auch sonst auf keine andere Weise der lichtenberger Familie entfremden, sondern, sowie die uneinigen Brüder mit einander gütlich vertragen und die genannten Städte und Vesten dem Junker Ludwig zugesprochen seien, würde er sie demselben sogleich einräumen, was auch geschehen sollte, wenn sein Bruder Jacob bei fortwährendem Unfrieden das Zeitliche segnen würde, jedoch vorbehaltlich der Gerechtsamen, die Kurpfalz in jenen Orten herkömmlich zuständen. Wie weit die Feindseligkeiten zwischen den Brüdern bereits gediehen waren, ersehen wir aus der weiteren Zusicherung des Pfalzgrafen, er wolle Ludwig V. in den Schlössern und Städten, die derselbe bereits eingenommen habe, als Neuweiler und Buchsweiler, mit den zuständigen Dörfern und auch in denjenigen, die er noch später erobern würde, schützen, handhaben und vertreten, insofern er und seine Unterthanen vor ihm und seinen Räthen Recht nehmen wollten ⁸⁶³). Vermuthlich wurden solche Mißhelligkeiten noch im Laufe dieses Jahres ausgeglichen, denn gegen das Ende desselben hatten die Brüder eine gemeinsame Fehde mit Heinrich und Georg von Stouffenberg, und der Rath in Straßburg errichtete einen Anlaß, um beide Theile auszusöhnen ⁸⁶⁴).

Wir erinnern uns, Graf Schafried habe sich bei seiner Entlassung aus dem Kerker der Lichtenberger unter anderem verbindlich gemacht, die Aufhebung der Reichsacht über dieselben bei dem Kaiser Friederich III. bewirken zu wollen, und er war auch bei letzterem deswegen besonders dringend eingekommen, allein er ward 1464 abweisend beschieden, mit der kurzen Erklärung: „das wir jm aber abgeschlagen vnd „nicht thun haben wöllen, als wir dan vns vnd dem riche „des schuldig vnd pflichtig sein" ⁸⁶⁵). Schafried war also auf treubrüchige Weise um seine ganze Habe gebracht worden, auch hatte er, ehe er seine Freiheit erhielt, noch in den Verkauf der Herrschaft Gutenburg an Kurpfalz und an Pfalz-Veldenz einwilligen müssen, bei welcher Gelegenheit er unter Thränen erklärt haben soll: es sei ihm jetzt nur noch eine jährliche Rente von zehn Gulden bekannt, die er sein nennen könne! und er sah sich deshalb gleichsam gezwungen, weil er sich des Reichsoberhauptes Huld und Gnade zu erfreuen hatte, den pfälzer Kurfürsten und die Lichtenberger vor dem kaiserlichen Hofgerichte zu verfolgen und wegen jener unerhörten Vorgänge anzuklagen. Dieses Gericht ließ daher 1465 diejenigen Fürsten, Grafen und Städte vorladen, denen der Kaiser früher den Vollzug der Acht gegen unsere Junker übertragen hatte, die aber ihrer Pflicht nicht nachgekommen

---

863) Datum Heydelberg an Mitwoch nach dem Sonntag als man singet in der heyligen kirchen Oculi. Anno dni 1464to.

864) Der geben ist vff sant Martins tag Epi Anno dni 1464to.

865) Geben zu der Nuwenstatt am Montag nach sant Francissentag rc. 1464stes rc. Jaren. Leining. Archiv.

waren, vielmehr freundschaftlichen Umgang mit den Geächteten gepflogen und sogar, wie von Kurpfalz geschehen, die dem leininger Grafen mit Gewalt abgedrungenen Ländereien noch käuflich an sich gebracht hatten, um sich darüber zu verantworten, allein nur einige der Angeklagten waren erschienen und vertheidigten sich zugleich sehr ungenügend, daher der Kaiser und sein Hofgericht zu Recht erkannten: die Lichtenberger seien, bis sie sich der bestehenden Ordnung gefügt und das an dem Grafen begangene Unrecht wieder vollständig vergütet hätten, fortwährend mit der Acht und Aberacht des Reiches bestrickt, zu deren Vollzuge Jeder berufen wäre, und zugleich sei Schafried aller ihm gewaltsam abgepreßten Zusagen und Verschreibungen quitt und los, weil man auch einem Geächteten, der von selbst jeder Ehre und alles Rechtes baar sei, sein gegebenes Wort nicht zu halten brauche [866]). Als eine Folge dieses Urtheils erging einige Monate nachher das gemessene und gebräuchliche kaiserliche Mandat an sämmtliche Fürsten, Grafen, Herren und Getreuen des Reichs, die mit der Acht belegten lichtenberger Brüder auf keine Weise zu unterstützen, zu beherbergen u. s. w., bis sie „vns vmb „solich obgemelt Peen vnd puße kerung, wandel vnd abtrag" geleistet hätten, wieder in des Monarchen und des Reiches Gnade und Gehorsam gekommen seien und auch dem Leininger „ein benügen getan haben" und zudem wurden an demselben Tage die lichtenbergischen Unterthanen und Angehörigen angewiesen, ihren geächteten Herren keinen Zins, Gülte oder Rente mehr zu verabreichen, auch denselben nicht mehr mit Diensten gehorsam und gewärtig zu sein, bis sie sich dem Rechte und der Ordnung gefügt hätten [867]). Zugleich ward dem Grafen Schafried durch das Hofgericht die Rechtswohl-

---

[866]) Geben zu der nwenstadt an dem virden tag des monats apprilis ꝛc. 1465sten ꝛc. Joren. Ebendaher.

[867]) Beide ausgestellt: Geben zu der Newenstadt am fritag vor Sant Veiptage ꝛc. 1465sten ꝛc. Jaren. Daselbst.

that der Schadloshaltung durch die Helfer der Herren von Lichtenberg zuerkannt und demnach den Schultheißen und Schöffen der Städte Ingweiler, Neuweiler, Wörth, Boßweiler und Merstorf, die sich bei und während dessen Gefangenschaft besonders rührig bezeigt hätten, im October jeder derselben die Entrichtung einer Entschädigungssumme von 20,000 rheinischer Gulden zugesprochen⁸⁶⁸). Alle diese Befehle hatten aber nicht den geringsten Erfolg, wiewohl der pfälzer Kurfürst sich noch im folgenden Jahre wegen dieser unangenehmen Begebenheiten bei dem über ihn erzürnten Monarchen zu vertheidigen suchte⁸⁶⁹) und auch das Reichshofgericht dem velbenzer Herzoge den rechtmäßigen Besitz des von den lichtenbergern Brüdern gekauften leiningischen Theils an der Herrschaft Gutenburg, zu Schafried's Gunsten, durch ein Urtheil absprach⁸⁷⁰). Zwar erneuerte Kaiser Friederich III. 1467 nochmals den ernstlichen Auftrag an die Reichsfürsten ꝛc. ꝛc. mit den in die Acht und Aberacht gefallenen Junkern Jakob und Ludwig fürder kein „Gemeinsam" mehr zu haben oder zu unterhalten⁸⁷¹), und ein Jahr später ertheilte der ebenfalls zu Hülfe gerufene Papst Paulus II. dem speyerer Dompropste und dem Dechant in Basel die Weisung, die gegen die Gebrüder von Lichtenberg, den Herzog Ludwig zu Velbenz und gegen fünf Städte erlassenen Urtheile des kaiserlichen Hofgerichts zu bestätigen und sogar unter Verhängung des kirchlichen Bannes zu vollziehen⁸⁷²), welcher Auf-

---

868) Sämmtlich datirt: Geben mit vrteil zu der nwenstadt am funfften dag des monats Octobris ꝛc. 1465ſten ꝛc. Joren. Ebendaher.

869) Geben zu Heydelberg vf Mitwoch nach dem Sontag Cantate Anno dni 1466to. Lünigs Reichsarchiv XXII, 404.

870) Geben zu der nwenstadt am 14den dag des monabes Augusti ꝛc. 1466ſten Jaren. Daselbst XXII, 405.

871) Geben zu der Newenstadt am vierzehenden des Monebs Juny ꝛc. 1467ſten ꝛc. Jaren.

872) Dat. Rome apud Sanctum Petrum Anno Incarnacionis dnice 1468vo. Quinto Id. Januarij. Pont. nri Anno Quinto. Unvollständig bei Lünig c. l. XXII, 411.

trag einige Monate hernach den Bischöfen zu Worms und Speyer ebenfalls gegeben wurde [873]), allein auch diese Drohungen des heiligen Vaters, sowie die früheren strengen Befehle und Urtheile des schwachen weltlichen Regiments waren und blieben kraftlos, ohnmächtig und brachten nicht die geringste Aenderung hervor; die List und Bosheit trug den vollständigsten unrühmlichen Sieg davon und Graf Schafried war für immer seines Eigenthums beraubt! —

Wir kehren nach dieser zur Vervollständigung nöthig gewesenen Abschweifung wieder zu unseren beiden Herren zurück; Ludwig V. bewirkte 1465 eine Einigung zwischen seinen lieben Getreuen, Bechtolt von Wildsperg und Anton von Hohenstein, die des Dorfes Quatzenheim wegen spännig geworden waren [874]), und bald darauf ertheilte er den Bewohnern von Schwindolz- oder Schwindratzheim, deren Kirche durch ein Gewitter übel zugerichtet worden war, und damit der Gottesdienst daselbst wieder in Gang gebracht werden möchte, die Erlaubniß, zur Wiederherstellung ihres Gotteshauses in allen Orten des lichtenbergischen Gebietes bei gutthätigen Seelen milde Gaben sammeln zu dürfen [875]). Unterdessen waren wieder neue Wirren unter unseren Brüdern entstanden, besonders wegen des Amtes Willstätten, das Ludwig V. nebst dem größten Theile der ganzen Herrschaft seit den letzten Irrungen noch im Besitze und seinem Bruder Jacob bisher vorenthalten hatte. Da sich nun der oftgenannte pfälzer Friederich I. lange Zeit viele Mühe gegeben hatte, diese Zwietracht zu heben und die Habernden wieder zu vereinigen, so stellten sie als eine Anerkennung solcher Bemühungen, "weil siner gnaden selbs person vnd die sinen

---

873) Dat. Rome apud Sanctum Petrum anno Inc. dnice. 1468vo. Quinto Non. Marcij. Pont. nri Anno Quinto.

874) Geben uff Samstag Sant mathis abent Anno dni M°. CCCC°. LXVto.

875) Geben off vnser lieben frauwen tag Annunciacionis Anno dni M°. CCCC°. LXVto.

"hohen vnd merglichen fliß Mue vnd arbeit getan vnd be-
"wiesen hat, das wir zu hertzen genommen", demselben die
Entscheidung ihrer seitherigen Irrungen anheim, verzichteten
auf alle "furheischung vnd labunge", sowohl von des Kaisers
als von anderer Seite, und gelobten, sich seinem Spruche,
den sie am nächsten weißen Sonntage 1466 in der fürstlichen
Canzlei zu Heydelberg entgegen nehmen wollten, ohne Widerrede zu fügen⁸⁷⁶). Nachdem nun der Kurfürst und seine
Räthe sich eine genaue Kenntniß der bisherigen Vorgänge
und der ganzen Lage der Sache verschafft hatten, fällten sie
folgenden gütlichen Entscheid: dem Grafen Jacob solle fortan
das Amt Willstätten mit allen damit verbundenen Dörfern,
Gerechtsamen, Zöllen u. s. w. verbleiben, dessen jährliche
Gefälle aber in Geld angeschlagen werden, und wenn dieselben
die Summe von 1000 Gulden nicht erreichten, so müsse ihm
sein Bruder das daran Fehlende auf andere Einkünfte seiner
Herrschaft anweisen, wobei zwei Viertel Waizen, 2½ Viertel
Korn und vier Viertel Hafer, jede Sorte zu einem Gulden
angeschlagen werden sollte; auch müßten die Bewohner jenes
Amtes dem Grafen Jacob auf's neue huldigen, ihm auf
Lebenszeit, als ihrem rechten Herrn zu gehorchen, und wie
früher mit Diensten gewärtig zu sein, er dürfe aber nichts
davon verkaufen, versetzen, oder sonst in andere Hände kommen lassen, ohne seines Bruders Wissen und Willen, der
ihn zugleich in dem ruhigen Besitze und Genusse des fraglichen Amtes zu schützen und zu schirmen versprach. Dagegen
solle letzterer, weil Jacob durch sein früheres unsittliches
Betragen und auch durch sein seitheriges Benehmen sich der
Regierung unwürdig bewiesen habe, das gesammte übrige
lichtenberger Gebiet, bis auf Willstätten, inhaben und regieren und diese Uebereinkunft müsse auch auf den Fall Bestand

---

876) Der geben ist off Dornstag nach vnnser frauwentag kertzwihe
Anno dni 1466ᵗᵒ.

haben und gehalten werden, wenn derselbe vor seinem Bruder mit Tode abgehen würde, jedoch möge Graf Jacob, als der älteste und wie bisher, alle Lehen vergeben, sollte indessen nachher wegen des einen oder des anderen der vorstehenden verglichenen Punkte wieder einiger Unwillen oder Zwietracht entstehen, worüber die Brüder sich nicht einigen könnten, so müßten dieselben gleichfalls dem Kurfürsten zum gütlichen Austrage überlassen bleiben [877]).

Ludwig V. hatte auch in demselben Jahre, als Ganerbe zu Morsmünster und Geroltseck, mit dem Gemeiner Heinrich Maye von Lamsheim eine Irrung, zu deren Beilegung der dasige Obmann, Friederich von Fleckenstein, letzterem einen Eid zuschob [878]). Bisher hatte der pfälzer Kurfürst die Veste Huneburg fortwährend in seinen Händen behalten, allein nach Schlichtung der vorerwähnten Mißhelligkeiten, räumte er dieselbe Ludwig V. wieder ein, jedoch mit dem Vorbehalte der Oeffnung, des Burgfriedens, sowie seiner Mannschaften und Lehensrechte daselbst [879]). Georg Bock von Stauffenberg hatte an unsere Familie eine jährliche Rente von 60 Gulden zu fordern, wovon jedoch seit vielen Jahren schon über 1000 fl. versessen waren, daher er Ludwig V. bekriegte und sehr beschädigte, welchen Streit man ebenfalls vor Pfalzgraf Friedrich I. zur Sühne brachte, der dann entschied, unser Herr müsse alle Rückstände berichtigen, die von Stauffenberg aber jenen Zins wieder wie früher zu Lehen empfangen [880]). Der ebengenannte Kurfürst hatte seinem

---

877) Datum Heydelberg off Samstag als man Jnn der Heyligen kirchen Singet Oculi Anno dni 1466to.

878) Geben off Montag nach dem Suntag Vocem Iocunditatis Jn dem Jare ꝛc. 1466 Jare.

879) Der geben ist uff mentag noch des heilgen crütztag als es erhohet ward Do man zalt ꝛc. 1466 Jour.

880) Geben zu Heidelberg off montag sannt Martinsabend Anno dni 1466to.

Neffen und Mündel, dem Herzoge Philipp, den vierten Theil an Burg und Stadt Wörth eingegeben, der darauf nach Maßgabe des Briefes des Königs Ruprecht vom J. 1401 mit den übrigen Gemeinherren 1467 den Frieden darin beschwor [881]). Ludwig V. erkaufte einige Wochen später von den vier Brüdern Hanns, Jacob, Ludwig und Anton von Renchen, sowie von deren Schwester Agnes und ihrem Ehemanne Thoman von Robe, die Hälfte des Dorfes Berenthal mit allen Gerechtsamen und dem sogenannten Heinzenwald, dann einen Felsen, auf welchem vor Zeiten das Schloß Ramstein gestanden, nebst einem Weiher und anderen Zubehörden, ebenfalls zur Hälfte und endlich noch eine früher dem Hans von Burn zuständig gewesene und von demselben ererbte Matte, dies alles zusammen um 90 rheinische Goldgulden [882]). Von dem Reimbolt Volsche hatte jener Junker früher Geld aufgenommen, demselben dafür die Gefälle in Drusenheim und in anderen Dörfern verschrieben und mit ihm 1466 abgerechnet, so daß er, nach der Befriedigung seines Gläubigers, noch 80 Pfund Pfenninge herausbekam [883]); wie wir soeben hörten, erwarb er das Dorf Berenthal durch Kauf, und da er überhaupt als alleiniger Inhaber der Herrschaft Lichtenberg, bis auf das seinem Bruder überlassene Amt Willstätten, die durch letzteren in Unordnung gerathenen Finanzen und andere Uebelstände wieder zu verbessern suchte, so lieh er bei jenem Volsche, sowie bei Jacob von Colmar und Rudolf Volsche, im J. 1467 abermals 3900 fl., wofür er denselben die Einkünfte zu Brumat und Weiler verpfändete und von welcher Summe er 600 fl. zur Auslösung des

---

881) Datum Heidelberg off dornstag nach assumpcionis marie anno dni 1467mo.

882) Der geben ist off Dunnerstag vor vnser frawen tag der Jungern Jn dem Jare ꝛc. 1467 Jare.

883) Geben off vnser lieben frowen dag annunciacionis Jn dem Jare ꝛc. 1466 Jare.

Uffriebs, 700 fl. zur Einlösung des Amtes Brumat verwendete und 700 fl. dem Kaiser Friederich III. überließ [884]).

Einige Gemeiner aus Oberwasenstein hatten 1468 einen lichtenbergischen Leibeignen aufgefangen, beraubt, in die Veste geschleppt und wollten ihn erst gegen eine Schätzung oder Lösegeld wieder entlassen, daher Ludwig V. sogleich mit Heereskraft vor dieselbe zog und ernstliche Anstalten machte, sie zu erstürmen. Als das die übrigen Gemeinherren sahen, suchten sie ihren gnädigen Herrn zu begütigen und die Burg vor Zerstörung zu bewahren, was ihnen auch endlich dadurch gelang, daß jene fünf Ganerben, die sich dieses Frevels schuldig gemacht hatten, den armen Mann auf freien Fuß setzen, denselben vollständig entschädigen und zudem die Verpflichtung eingehen mußten, während 11 Jahre lang gegen den Kurfürsten Friederich I., den Pfalzgrafen Philipp, dessen Pflegsohn, sowie gegen Ludwig V. und deren Fürstenthümer und Gebiete „nit zuthunde nach schaffen gethan werden mit worten oder wercken" [885]). Indessen waren die beiden lichtenberger Junker auf's neue „zweyträchtig worden", indem Graf Jacob sich beschwerte, sein Bruder hätte die Bestimmungen des letzten Vertrages von 1466 nicht gehalten und er werde an der ihm jährlich ausgesetzten Einnahme von 1000 fl. verkürzt; allein da nach eben dieser Uebereinkunft alle künftigen Irrungen nur durch den pfälzer Kurfürsten entschieden werden durften, so ließ sie derselbe vor sich nach Germersheim kommen und bestimmte den Mittwoch nach Sanct Ulrichstag, an welchem dieses Zerwürfniß durch den Landvogt in Bischweiler beigelegt werden sollte. Herr Jacob habe also bis dahin glaubliche Kuntschaft darzubringen, wie viel Willstätten jährlich ertrage und was an den für ihn bestimmten

---

[884] Der geben ist off sante Martinstag des heiligen Bischoffs Jnn dem Jare als man schreib rc. 1467 Jare.
[885] Geben off mitwuch den Non abent Jn dem Jare rc. 1468 Jare.

1000 fl. fehle, das müsse ihm sein Bruder auf die Erträgnisse des Amts Ingweiler anweisen und ihm dafür acht ihrer Lehensmänner zu Bürgen stellen; könnten sie sich jedoch zu Bischweiler darüber nicht vereinigen, so soll es wieder an den Pfalzgrafen zur Entscheidung gewiesen werden und zugleich müsse Graf Jacob die Saalbücher, Register, Lehen= und andere Briefe, sowie auch das Schloß Schöneck in des Landvogts Hände stellen, der aber letzteres erst nach vollbrachter Einigung herausgeben dürfe, und endlich solle derselbe noch nachweisen, was Willstätten in den zwei Jahren weniger ertragen hätte, welchen Abgang ihm sein Bruder Ludwig gleichfalls mittelst anderer Gefälle vergüten müßte unter ebenmäßiger Bürgschaft, wie oben festgesetzt sei [886]).

Auf diesem Tage zu Bischweiler ward nichts bezweckt und ausgemacht, was wir uns recht gut erklären können, wenn wir erfahren, wie unser Herr Jacob unterdessen, sowohl durch den Bischof Ruprecht von Straßburg, als auch durch die Grafen von Sulz bearbeitet worden war, um letzteren die hochstiftischen Lehen der Herrschaft Lichtenberg zuzuwenden, wozu jener Prälat und sein Capitel durch eine besondere geheime Vereinbarung bereits die Einwilligung ertheilt hatten. Da aber in dem pfälzischen Entscheide von 1466 dieser mögliche Fall vorgesehen war, weil man den Charakter des älteren Bruders genau kannte, indem es deswegen darin heißt: „es soll auch der egenant Jacob dieselben „lube vnd gut (nämlich das Amt Willstätten, weil ihm ja „über die sonstigen Theile der Herrschaft keine Verfügung mehr „zustand) Jnn kein ander hende verendern versetzen verschri„ben verkauffen, Noch hingeben on des egenanten Ludwigs „vnd siner erben wissen vnd willen", so war es nichts leichtes, einen solchen ungesetzlichen heimtückischen Streich

---

[886]) Datum germerßheim vff samstag nach sant Johans baptisten geburt Anno dnj 1468ᵘ⁰.

einzufädeln, demselben einen rechtlichen Anstrich zu geben und in Vollzug zu setzen, wozu indessen der geistliche Herr aus Straßburg, Mittel gefunden zu haben wähnte und unter dessen Leitung und Einwirkung dann auch folgende merkwürdige Uebereinkunft zu Stande kam. Der Graf Jacob zu Lichtenberg „Erbmarschalck ꝛc. vnd ober vogt zu straßburg" erklärte nämlich: sein Bruder Ludwig hätte ihn „mit ande„ren die Im das verhulffen haben", seines väterlichen Erbes entsetzt, und wiewohl darüber vor dem Kurfürsten von der Pfalz ein Vertrag errichtet worden sei, so habe dennoch sein Bruder denselben nicht gehalten und wäre den übereingekommenen Punkten nicht nachgekommen, darum hätte er darauf gedacht, wie er denselben dahin vermögen könne, ihm sein väterliches Erbe wieder zukommen zu lassen und er habe deshalb den Entschluß gefaßt, „In mit Recht vor den aller„durchl. keyser Friederich furnemen lossen vnd zu Rechtingen". — Er sei zu dem Ende mit den gräflichen Brüdern Rudolf und Halwig zu Sultz über folgendes übereingekommen: die eben Genannten sollten seinen Bruder wegen „des Han„dels vnd der sachen zwuschen" ihnen, in seinem Namen vor dem Reichsoberhaupte anklagen und vornehmen und ihm in diesem Rechtsstreite alle Hülfe und Beistand leisten, vor allen Dingen aber dahin arbeiten, daß die auf dem Grafen Jacob noch lastende Acht aufgehoben und so das Haupthinderniß, um zum Rechte gelangen zu können, gehoben werde; wäre aber seine persönliche Gegenwart bei dem Kaiser vonnöthen, so müßten ihn die Grafen von Sultz mit gehörigem Geleite versorgen. Da nun dies alles mit bedeutenden Kosten verbunden sei, so habe er, nachdem der straßburger Bischof und sein Capitel jenen Brüdern bereits die urkundliche Zusicherung gegeben hätten, ihnen nach der beiden Herren von Lichtenberg Absterben alle von dem Hochstifte rührenden lichtenbergischen Lehen übertragen zu wollen, ebenfalls in diese Verschreibung eingewilligt, mit der bestimmten Erklärung, daß die gedachten Brüder von Sultz, wenn er

ohne leibliche Lehenserben mit Tode abgegangen sei, ohne
Jemandes Widerrede, mit den fraglichen Lehen beliehen wer=
den sollten, und endlich machte er sich noch anheischig, die
genannten Grafen, auf ihr Begehren, in das straßburgische
Lehen Willstätten, oder was er sonst noch von solchen Lehen
in seine Gewalt bekomme, einsetzen zu wollen, damit sie die=
selben nach seinem Ableben bereits in ihren Händen hätten,
jedoch dürfe er dadurch im ruhigen lebenslänglichen Genusse
dieser Lehensstücke nicht gehemmt oder gehindert werden [887]);
zu mehrer Bekräftigung hing auch der straßburger Oberhirte
sein Siegel an diese Uebereinkunft. Es ist überflüssig zu
bemerken, dieses Actenstück sei, weil gegen bestehende Ver=
träge und früher eingegangene Verpflichtungen gerichtet, spä=
ter ohne alle Wirkung geblieben, auch ward die über die
Lichtenberger verhängte Reichsacht durch den Kaiser nicht
aufgehoben und demnach konnten keine Verhandlungen mit
denselben gepflogen werden; nur der schlaue Prälat suchte
Vortheil aus jenem Vertrage zu ziehen, was ihm auch nicht
lange darauf wirklich gelang.

Als Gegensatz zu solch' verwerflichem Treiben dient uns
der Ausdruck wahrhaft edler Gesinnungen, der sich aus fol=
gendem Vorgange kund giebt. Ludwig V. hatte nämlich keine
männliche Nachkommenschaft, sondern nur zwei Töchter,
Anna und Else, von denen jene an den Grafen Philipp I.
von Hanau, diese aber an Symon Wecker IV., Grafen von
Zweybrücken=Bitsch, vermählt war und da, vermöge des
elsässer Landrechtes, wenn eine dieser Schwestern noch bei
ihres Vaters Lebzeiten Todes verblichen wäre, die andere sie
überlebende den ganzen väterlichen Nachlaß erhalten, die
Kinder der Verstorbenen aber nichts davon geerbt hätten, so
stellte derselbe seinen Töchtern und deren Ehemännern diesen

---

[887] Geben sint vff Samstag nechst noch sannt michels tag des
heiligen ertzengels des Jors rc. 1468 Jare.

möglichen Fall vor, verbunden mit der Erklärung, er sei gesonnen, eine solche Anordnung zu treffen, damit auch die Kinder der nicht mehr am Leben befindlichen Tochter gleiches Erbrecht mit denjenigen der Ueberlebenden haben sollten, wenn sie dazu ihre Einwilligung geben würden, worauf Graf Symon Wecker und Else aus den Gründen, weil die Stunde ungewiß sei, wann sie Gott von dieser Welt fordern und es zugleich ihren beiderseitigen Kindern von entschiedenem Nutzen sein würde, zudem auch die zwei gräflichen Schwäger und deren Gattinnen sich seither „geschwusterlich mit eynander „gehalten vnd bewisen hätten", am Schlusse des J. 1468 ihre Einwilligung hiezu gerne ertheilten und es dem Ermessen ihres Schwähers und Vaters gänzlich anheimstellten, eine beliebige Erbordnung oder „zwo glich anteylunge" unter ihnen zu errichten, welche unverbrüchlich zu halten, sie bei ihren Treuen, Eiden und Ehren angelobten***). Nachdem auch von Seiten des hanauer Grafen und seiner Anna, wie wir zuversichtlich annehmen können, obgleich die Urkunde darüber nicht mehr auf uns gekommen ist, eine gleiche Erklärung und feierliche Zusage erfolgt war, so machte nun unser Herr Ludwig V., nach vorheriger genauer Berathung mit dem pfälzer Kurfürsten Friederich I., mit Wissen und Willen seiner beider Eidame und seiner Töchter „aus naturlicher libe", sowie auch vermöge der ihm durch kaiserliches Recht und Gesetz gebührenden Gewalt 1469 folgendes Erbstatut: würde es sich begeben, daß eine seiner Töchter während seines Lebens mit Tod abgehe, so sollte den Kindern derselben gleiches Erbrecht an seine hinterlassenen Güter und Lande mit der überlebenden Tochter zustehen, als ob ihre Mutter noch am Leben und selbst persönlich zugegen wäre, welchem allem treulich nachzukommen, sämmtliche Betheiligte eidlich zusagten

---

888) Der geben ist uff sant Thomas des heiligen zwolffbotten obent In dem Jare 2c. 1468.

und zugleich mit jenem Pfalzgrafen, weil derselbe „auch gne-
„diglichen zu diesen dingen uns allen zu gut muhe vnd fliß
„getan hat", diese wichtige Urkunde besiegelten ⁸⁸⁹).

Als äußerer Beweggrund zu dieser vorsorglichen Anordnung mag auch allerdings bei Ludwig V. die allmälige Ab-
nahme seiner Körperkräfte mitgewirkt haben, da derselbe seitdem nicht mehr in Verschreibungen und bei öffentlichen Verhandlungen erscheint, und zugleich konnte ihm der eigenmäch-
tige und ungesetzliche Schritt seines erbosten und leicht zu
beherrschenden Bruders, wozu der Bischof Ruprecht denselben
vermocht hatte, nämlich den Grafen von Sulz die hochstift-
straßburgischen Lehen der Herrschaft Lichtenberg in die Hände
zu spielen, nicht verborgen geblieben sein, indem ja diese Angelegenheit am kaiserlichen Hofe betrieben werden sollte, daher
er aus diesen beiden äußeren Gründen von seiner Seite
wenigstens durch obiges Erbstatut allen möglichen späteren
Zerwürfnissen in seiner Familie zuvorkommen wollte. Seine
anhaltende Schwäche verwandelte sich indessen endlich in eine
schwere Krankheit, und im Vorgefühle seines baldigen Hin-
scheidens und als er auch auf seinem Schmerzenslager bei
ruhigerem Nachdenken und bei kälterem Blute einsehen mochte,
er habe doch vielleicht seinem Bruder in mancher Beziehung
zu viel gethan, schickte er zu demselben, ließ ihn wegen dessen,
was zwischen ihnen vorgefallen sei, „dann sie ihr lebenlang
„stets viel seltzame händel mit einander gehabt", um Ver-
zeihung bitten und, obgleich ihm die Herrschaft Lichtenberg,
bis auf das Amt Willstätten, vertragsmäßig übergeben war,
sein Bruder aber gar keine Leibeserben und er, wie wir
wissen, nur zwei Töchter hatte, so übertrug er bennoch, mit
der Zustimmung seiner Eidame und Töchter, seinem Bruder
die lebenslängliche Verwaltung des gesammten lichtenbergischen

---

889) Die geben sint off sannd laurencien tag nach Cristi geburt
2c. 1469 Jare.

Gebietes. Dieses unerwartete Zutrauen und Anerbieten bewirkte einen plötzlichen Umschlag der bisherigen Gesinnungen des Grafen Jacob, er ward dadurch zu Thränen gerührt, verzieh seinem Bruder alle bisherigen Unbilden, sicherte seinen beiden Nichten und deren Eheherren, den Grafen von Hanau und zu Bitsch, auch noch seine Besitzungen als einstiges Erbe zu und erklärte zugleich die den sultzer Grafen gegebene Verschreibung wegen der straßburger Lehen für null und nichtig, worüber jedoch der Prälat Ruprecht sehr aufgebracht wurde und auf seine Lehensrechte nicht verzichten wollte [890]). Ludwig V. endigte bald darauf seine bewegte Laufbahn, denn er schlummerte, ausgesöhnt und beruhigt, am 25. Februar 1471 zum besseren Jenseits hinüber und fand seine Ruhestätte in der lichtenberger Capelle des Stiftes Neuweiler [891]). Graf Jacob aber ließ, um auch vor der Welt seine veränderten Gesinnungen gegen seinen verewigten Bruder Ludwig augenscheinlich zu offenbaren, nachher dessen Exequien mit großem Aufwande und mit bedeutenden Kosten im Münster zu Straßburg auf's prächtigste begehen, welcher Feier der Pfalzgraf Philipp, der Markgraf Karl zu Baden, die Gesandten des Herzogs aus Lothringen, viele Grafen, der gesammte elsäßer Adel, die lichtenberger Lehensmänner und Amtleute, acht Aebte, der Rath von Straßburg u. s. w. beiwohnten und bei den abgehaltenen Mahlzeiten für sämmtliche Anwesenden wurde auch die Bürgerschaft der Stadt nicht vergessen, vorzüglich aber die Armen mit Spenden reichlich bedacht. — Nachdem diese Trauerfeierlichkeiten vollbracht waren, fing

---

890) Aus einer gleichzeitigen Notiz; siehe auch Bernh. Herzog's elsäßer Chronik V, 84.

891) Wo ihm ein Grabstein mit folgender Umschrift gesetzt wurde: Anno Dni MCCCCLXXI, V^{to} KL Martij obiit nobilis et generosus Dnus Ludouicus Baro de Liechtenberg, Gubernator strenuus. Cuius aia in pace requiescat. Orate pro eo.

Graf Jacob an, nach und nach die herkömmliche Huldigung in der Gesammt-Herrschaft Lichtenberg einzunehmen [892]).

Herr Ludwig V. vermählte sich erst einige Monate nach der mit seinem Bruder vollzogenen Theilung, im Februar 1441, mit der Gräfin Elisabetha von Hohenlohe und errichtete mit der, damals verwittweten Mutter, sowie mit den zwei Brüdern derselben, den Grafen Crafft und Albrecht, den Hinlichsbrief, Inhalts dessen sie 8000 baare rheinische Gulden zur Ehesteuer und Mitgift erhielt, wogegen er ihr, als Wiederlegung, eine gleiche Summe zum Witthum bestimmte, welche 16,000 fl. er mit seines Bruders Zustimmung auf die Burg und Stadt Lichtenau, wo sie, eintretenden Falles, auch ihren Wittwensitz haben sollte, und auf 23, jenseits und diesseits Rheins gelegene, Dörfer verschrieb und versicherte [893]). Sie lebten eine glückliche und zufriedene Ehe, denn Ludwig V. vermachte, „angesehen solliche liebe truwe vnd fruntschaft die „wir scheinberlich an vnnser lieben Elichen gemaheln her„funden haben", ihr in demselben Jahre, zu einer rechten Morgengabe, noch besonders 1500 rheinische Goldgulden, für welche Summe er ihr seinen Antheil am Wein- und Kornzehnten zu Obersulzbach und Windeberg, sowie auch den ganzen Wein- und Kornzehnten im Dorf und Banne von Schillersdorf eingab, um damit, bis zur Ablösung jener Summe, wie mit ihrem eigenthümlichen freien Gute zu verfahren, daher auch diese Zehnten und Gülten von lichtenbergischer Seite nicht verpfändet werden dürften [894]), in welche Verschreibung aber sein Bruder Jacob nicht eingewilligt hatte. Diese Verbindung war nur mit zwei Kindern, weiblichen Geschlechts, gesegnet; die älteste Tochter, Anna, erblickte das

---

892) Bernhard Herzog's Chronicon Alsatiae V, 35.

893) Der geben ist off den nehsten samstag nach sant Mathis des heiligen zwolffbotten tag des Jars 2c. 1441 Jare.

894) Der Geben ist off den Sunnendag nach sant Michahele des heiligen Ertzengels dag, Des Jars 2c. 1441 Jare.

Licht der Welt am 25. October 1442, Elisabetha aber, die Jüngere, gewöhnlich Else geheißen, am 9. August 1444; jene erhielt zum Gemahl Philipp I., Grafen von Hanau, im J. 1458 und diese 1464 den Grafen Symon Wecker IV. von Zweybrücken-Bitsch, wie wir später vernehmen werden.

Diese beiden Eidame des seligen Herrn Ludwig V. mochten entweder die Hoffnung und Erwartung hegen, der Oheim ihrer Gattinnen, Graf Jacob werde ihnen auch seines vorgerückten Alters wegen die ihrem Schwäher früher in der Theilung zugefallenen Burgen, Städte und Dörfer zur Verwaltung eingeben und überweisen, oder vielleicht suchten sie auch nur von demselben eine urkundliche Erklärung oder Bestätigung seiner, bei der vorberührten Aussöhnung mit seinem Bruder und in augenblicklicher Rührung des Gemüthes gegebenen Zusage, daß seine Nichten nach seinem Ableben auch den von ihm bisher besessenen Theil des lichtenberger Gebietes erblich erhalten sollten, zu erlangen, allein als derselbe sich anschickte, nicht nur in den ihm früher zugetheilten Aemtern, sondern allmälig auch in den übrigen sich huldigen zu lassen, da erhoben sie Einrede wegen des Nachlasses ihres Schwiegervaters und wegen der ihren Ehefrauen als Mitgift verschriebenen Güter. Die deshalb befürchteten Irrungen kamen indessen nicht zum Ausbruche, indem es ausdrücklich heißt: „die spenne so darumb erlautet sein", sondern beide Theile vereinigten sich sogleich dahin, dieselben durch den Meister und Rath Straßburgs friedlich austragen zu lassen, was denn auch, in Monatsfrist nach dem Tode Ludwig's V., auf folgende Weise geschah. Graf Jacob solle die Huldigung im ganzen Gebiete einnehmen, allein sämmtlichen Unterthanen, Amtleuten, Pförtnern, Knechten ꝛc. müßte dabei in ihren Eid noch ausdrücklich eingebunden werden: wenn ihr jetziger Herr ohne Leibeserben tödtlich abgehen würde, daß sie dann den Grafen von Hanau und von Bitsch, wegen deren Frauen Anna und Else, als alleinigen rechtmäßigen Erben der Gesammt-Herrschaft Lichtenberg gehorsam sein sollten; würde

aber Herr Jacob noch leibliche Nachkommen erzielen, so bleibe
den ebengenannten Töchtern Ludwig's V. ihr Erbrecht an ihres
seligen Vaters Hälfte jenes Gebietes vorbehalten; den Grafen
von Hanau und Bitsch sollte auch, von ihren Gattinnen und
Kinder wegen, frei stehen, bei denjenigen Herren, von denen
lichtenbergische Güter zu Lehen rührten, zu bewirken, daß
sie jetzt schon mit dem Grafen Jacob in die Gemeinschaft
derselben eingesetzt würden, jedoch ohnbeschadet der Rechte und
Gewalt des letzteren über die ganze Herrschaft, sowie auch
vorbehaltlich der den Töchtern und der Gemahlin Ludwig's V.
verschriebenen Morgengaben und Witthumsgütern; den Antheil des zuletzt Genannten an Morsmünster, die Pfandschaft
zu Bühl, Trügenbach und Löwenbuch, das Uffriet, den von
dem Grafen von Salm verpfändeten Zoll zu Sels und' die
bei dem Markgrafen zu Baden ausstehenden 500 Gulden,
sollten aber jene zwei Grafen, von ihren Hausfrauen her,
jetzt schon erblich zu gebrauchen und zu genießen haben, dann
müsse der Graf von Hanau die seinem verstorbenen Schwäher
geliehenen 500 fl. sammt Zinsen wieder zurückerhalten und
demselben auch die von der Ehesteuer seiner Gemahlin noch
rückständigen, auf Gersdorf und auf das Amt Hatten verschriebenen, 200 Gulden erstattet werden; das Silbergeschirr,
Kleinodien, Hausrath, Geschütz und Proviant solle, nach
altem Herkommen der Herrschaft Lichtenberg, in denjenigen
Schlössern und Orten verbleiben, wo es sich befinde; was
aber der selige Herr Ludwig neu angeschafft hätte, das gehöre seinen Kindern zu und etwaige Spänne über solche
Gegenstände müßten ebenfalls durch die Stadt Straßburg
ausgetragen werden; sämmtliche Urkunden und Briefe solle
Graf Jacob in sicherem Verwahre behalten, allein er müsse
jedem der beiden Grafen ein Verzeichniß derselben einhändigen
lassen und da jener straßburger Bürger war, so wiederholte
und erneuerte er auch noch die mit dieser Stadt früher eingegangenen Verbindlichkeiten, nämlich Niemandem Theil oder
Oeffnung in den lichtenbergischen Schlössern und Städten zu

gestatten, auch nichts davon zu versetzen oder zu veräußern, ohne des Rathes Wissen und Willen, jedoch ohnbeschadet seiner Befugniß, das Land nach seinem Gutdünken zu regieren u. s. w.; dagegen versprachen die beiden Eidame Ludwig's V., nach Jacob's Hinscheiden die Herrschaft Lichtenberg entweder in Gemeinschaft besitzen, oder dieselbe theilen zu wollen und gleichfalls ohne der Stadt Straßburg Bewilligung nichts davon zu verpfänden, zu verkaufen oder sonst in andere Hände kommen zu lassen; würde indessen einer dieser Fälle zur Nothwendigkeit werden, so müßten sie es auch vorher dem straßburger Rathe zur Anzeige bringen, und endlich stehe es jedem derselben frei, dem anderen seinen Erbtheil abzukaufen, oder die Pfandschaften einzulösen, aber, wenn ein solches Stück veräußert werden sollte, es jener Stadt ebenfalls zuvor, um eine bestimmte Summe zum Kaufe anzubieten [895]). Mehrere Wochen darauf traten die Grafen von Hanau und Bitsch wiederholt zusammen und gelobten einander nochmal auf's feierlichste, sowohl diesen Vertrag, als auch das Erbstatut ihres verewigten Schwähers vom J. 1469 treu, redlich und gewissenhaft halten, sowie auch künftig dasjenige, was ihnen durch ihre beiden Ehegemahle von der lichtenberger Herrschaft erblich anfallen würde, zu zwei gleichen Theilen inhaben und genießen zu wollen, und an demselben Tage legten sie zugleich in einer Truhe mit zwei Schlüsseln ihre gemeinsamen Briefe hinter den Dechanten des Sanct Thomas-Stiftes zu Straßburg [896]).

So war denn also in unserer lichtenberger Familie alles geordnet und für die Zukunft allen möglichen Zerwürfnissen umsichtig und klug vorgesehen worden. Graf Jacob beschwor noch in dem nämlichen Jahre den Frieden zu Wörth mit

---

[895]) Geschriben vnd geben off fritag noch dem Sondag Letare Anno dni 1471mo.

[896]) Beide Urkunden sind ausgestellt: Der gebin ist off Philippi vnd Jacobi der heiligen zwolffbotten tage Anno dni 1471mo.

dem Pfälzer Friederich I., dem ein Viertheil davon zustand ⁸⁹⁷),
allein nicht lange nachher gerieth er in Uneinigkeit mit der
Wittwe seines verlebten Bruders, Elisabetha von Hohenlohe,
wegen der ihr zum Witthum verschriebenen Güter, vornehmlich wegen des Amtes Lichtenau, das nach und nach sehr mit
Pfandschaften beschwert worden war, was, nach dem klaren
Ausspruche ihres Witthumsbriefes, nicht stattfinden durfte.
Beide übertrugen die Entscheidung darüber dem obengenannten Kurfürsten von der Pfalz und dessen Räthen, welche letzteren auch im Winter 1472 die Wittwe aufforderten, ihre
Witthumsbriefe vorzulegen und ihre sonstigen Ansprachen
schriftlich einzureichen, worauf ihr gnädigster Herr einen Tag
nach Heidelberg anberaumen würde, um die Sache zu verhören und die Parthien, wo möglich, gütlich zu vereinigen;
diejenigen Gegenstände jedoch, über die man nicht einig werden könnte, sollten später durch den Pfalzgrafen allein, nach
„billicheit", verglichen werden, bei dessen Spruche es denn
auch sein Bewenden haben müsse ⁸⁹⁸). In demselben Jahre
nahm letzterer auch den Grafen Philipp I. oder den Aelteren
von Hanau (der ja, wie wir vorhin vernommen haben, nebst
seinem Schwager von Bitsch bereits mehrere lichtenbergische
Güter im Genusse hatte), sammt dessen Söhnen, Philipp II.,
Ludwig, Hanns und dessen Besitzungen, in seinen, seines
Sohnes, des Pfalzgrafen Philipp und der Kurpfalz Schirm
und Verspruch, „so ferre sie fur vnns vnd vnsern Retten,
oder an den enden sie das mit recht hinwisen, mit recht ge-
„nugt" ⁸⁹⁹). Jener Reichsfürst konnte indessen doch keine
durchgreifende Einigung zwischen der Wittwe Elisabetha und

---

897) Der geben ist off montag nach sante Adolffstage A°. dni 1471ᵐᵒ. Pfälzisches Copialbuch zu Karlsruhe Nr. 100 a. Fol. 219.

898) Actum Heydelberg off Sontag Reminiscere Anno dni M°. CCCC°. LXX°. scdo. Daselbst Nr. 14 Fol. 107.

899) Datum Heidelberg off fritag nach vnsers Herrn fronlichnams-tag Anno domini 1472ᵈᵒ.

ihrem Schwager Jacob zu Stande bringen, daher er, am Schluſſe des Jahres 1472, letzteren abermals, wegen dieſer Witthumsangelegenheit, vor ſich nach Heidelberg beſchied [900]) und zugleich, einige Tage ſpäter (da die beiden Parthien vor den kurfürſtlichen Räthen in Heidelberg nochmals erſchienen waren und man ſich aber wieder nicht verſtändigen konnte), jener Wittwe, ſowie ihren Städten, Schlöſſern und Unterthanen, ſeinen und ſeines pfalzgräflichen Sohnes Schutz und „verſprechniß" zuſagte, ſo lange dieſelbe nämlich „vnuer=„andert iſt (d. h. eine Wittwe bleibe) vnd ſich zu jren kinden „halten wirt" [901]). Endlich kam dann, Anfangs Juni 1473, durch des Kurfürſten und der Seinigen Bemühungen eine Vereinbarung dieſer Wittwe mit unſerem Herrn Jacob zu Stande, kraft deren derſelbe nicht pflichtig ſein ſollte, jene wegen der, durch ihren Gemahl auf Lichtenau gehäuften und verſchriebenen, Pfandſchaftsſummen zu entſchädigen, weil er ja nicht der Erbe ſeines Bruders ſei, ſondern nur deſſen Landestheile, vermöge des Vertrages mit ſeinen Eidamen und Töchtern, in lebenslängliche Verwaltung genommen habe; was aber hingegen Ludwig V. ſeiner Gattin ſonſt noch als Morgengabe, ſowie auch ſeinen Hof in Straßburg, die Reben oder Weinberge bei Wangen, an Hausrath, Silbergeſchirre u. ſ. w., jedoch mit Berückſichtigung der Beſtimmungen des elſäſſer Landrechtes, zugewendet und worin ſie Graf Jacob beeinträchtigt hätte, das müſſe ihr allein und unverkümmert zum Genuſſe verbleiben [902]).

Wir haben oben, aus der durch Straßburg bethädingten Vereinbarung dieſes Grafen mit Hanau und Bitſch ver=

---

[900]) Datum Heidelberg off binſtag nach Thome apli A°. etc. LXXIIdo.

[901]) Datum Heydelberg off donrſtag nach der heiligen dryer konig tag Anno dni M°. CCCC°. LXXIII°. Pfälz. Copialbuch in Karlsruhe Nr. 14 Fol. 172.

[902]) Datum Heidelberg off Mitwoch nach dem Sontag Exaudi Anno dni M°. CCCC°. LXX°. tercio.

nommen, letztere sollten sich als alleinige und rechtmäßige Erben der Herrschaft Lichtenberg bemühen, um noch bei jenes Lebzeiten durch die Lehensherren gemeinsam mit ihrem Oheime beliehen zu werden, in welchem Streben ihnen derselbe noch sogar behülflich war, indem er dem Bischofe Georg von Metz, einem gebornen Markgrafen zu Baden, bei seiner Anwesenheit in Baden diese Bitte selbst vortrug, und nachdem die beiden Grafen nachher noch schriftlich darum eingekommen waren, so setzte sie jener Oberhirte sogleich in die Gemeinschaft der von seinem Hochstifte rührenden lichtenbergischen Lehen ein [903]) und gebot zugleich am nämlichen Tage sämmtlichen Amtleuten, Vögten, Gerichten und Einwohnern in der Stadt Ingweiler, in der Burg und Stadt Buchsweiler, sowie auch in Ober- und Niedersulzbach, Utweiler, Mönchenhofen, Eichwiller, Mittelhausen, Atzenheim, Frankenheim, Wolmesheim, Dossenheim und Dettweiler, dieselben, nach dem Hinscheiden des Grafen Jacob, als ihre alleinigen, ungezweifelten Erbherren und Lehensträger des Hochstifts Metz anzuerkennen, ihnen zu huldigen und gehorsam zu sein [904]).

Herr Ludwig V. war bei seinem Ableben, 1471, noch mit des Reiches Acht behaftet, und über seinen Bruder Jacob war diese Strafe ebenfalls verhängt und noch nicht aufgehoben worden, wiewohl derselbe 1473 bei des Kaisers Friederich III. feierlichem und prachtvollem Einzuge in Straßburg dennoch anwesend war [905]). Als nun dieser Monarch im folgenden Jahre mit dem Herzoge von Burgund in Krieg gerieth und unser Graf jenem dazu seinen kräftigen Beistand und thätige Hülfe zugesagt hatte, so gab derselbe das feierliche Versprechen von sich, alle und jede Acht, Abeacht, An-

---

903) Uebergeben zu Wiche off Montag nach Unser lieben Frawen tag Visitationis Im Jar 1473 Jare. Aus dem fürstl. leining. Archive.

904) Gegeben zu Wich off Montag nach Unsern Lieben Frawen tage Visitationis In dem Jar 1473. Eben daher.

905) Königshofen's elsässer Chronik 368 a.

leite, Erfolgung 2c., die sowohl bei dem kaiserlichen Kammer- oder Hofgerichte, als auch an anderen Hof- und Landgerichten gegen Herrn Jacob ergangen und erlangt worden wären, sollten, so lange dieser Kampf dauere und er ihm Hülfe leiste, aufgehoben und eingestellt sein und weder ihm, noch seinen Besitzungen den geringsten Nachtheil bringen [906]. Vorher schon hatte der Kaiser demselben die Reichslehen abgenommen und sie, auf den Fall seines Absterbens, dem Grafen Rudolf von Sulz zugewendet und übertragen; allein da jener das Burglehen zu Hagenau später wieder an sich zog, so begab sich unser Graf im J. 1474 seiner Rechte und Ansprüche darauf [907].

Vermuthlich beschäftigte der vorhin angedeutete Kampf den Junker Jacob während des folgenden Jahres, indem uns während dieser Zeit nicht eine einzige Nachricht von ihm zu Gesichte kam, und später scheint auch das Reichsoberhaupt, als eine Folge jener Kriegsbegebenheiten, sich mit unserer Familie wieder ausgesöhnt und allen Groll gegen dieselbe vergessen zu haben, denn er belehnte den Grafen Symon Wecker IV. von Bitsch 1476 mit den von Ludwig V., seinem Schwäher, herrührenden und durch eine Uebereinkunft mit dem Oheim seiner Gattin Else auf ihn gekommenen Reichs- lehen, bestehend in den Zöllen zu Ingweiler, Lichtenau und Willstätten, ferner in den Vesten Arnsburg und den Theilen an Winstein, in dem Burglehen zu Hagenau, in den Orten Schwindolzheim und Ringendorf, in den, mit Ochsenstein gemeinsamen, Dörfern Pfaffenhofen und Niedermater und endlich in dem Hattgaue, wozu noch der Freihof zu West- hofen, die Hälfte des Zehnten und vier Fuder Weingülte

---

[906] Geben zu wurzburg an Mittwoch nach Sand Elsbethen tag Nach Christi 2c. 1474sten 2c. Jarenn.

[907] Der geben off mitwochen sant Mattheus des heiligen zwolff- botten tag, des jares 2c. 1474 jare. Schöpflini Alsatia diplom. II, 408 Nr. 1387.

zu Balbeborn und das halbe Dorf Trenheim kamen ⁹⁰⁸), und in demselben Jahre belehnte Graf Jacob, Erbmarschall und Obervogt zu Straßburg, den Hanns von Falkenstein mit einer jährlichen Rente von 8 Pfund Hellern auf dem, von dem Stifte zu Straßburg herrührenden, Zolle in dieser Stadt ⁹⁰⁹).

Unterdessen hatte sich Elisabetha, die Wittwe des Herrn Ludwig V., wieder an den Grafen Hugo von Montfort vermählt und beide erneuerten nun die alten Ansprüche an den Grafen Jacob wegen ihres Witthums, die gleichfalls vor den kurpfälzischen Räthen verhandelt wurden, bei welcher Veranlassung aber auch letzterer zugleich mit einer Klage gegen seine Schwägerin einkam, sie hätte die Bedingungen des pfälzischen Spruches von 1473 nicht gehalten, denn er wäre gedrungen worden, die Forderungen der Grafen von Fürstenberg, Eberstein u. s. w. an das Amt Lichtenau zu berichtigen, was eigentlich der Wittwe zugestanden hätte, da er ja kein Erbe der Güter seines Bruders sei, worauf aber die Räthe, weil beide Gegner ihre Angaben und Behauptungen nicht urkundlich nachgewiesen hatten, 1476 die Sache ganz kurz und oberflächlich dahin entschieden: die Gräfin von Montfort sei nicht verbunden, zur Bezahlung der Schulden der Herrschaft Lichtenberg etwas beizutragen, indem sie, wegen ihres Einbringens, das Amt Lichtenau nur unnießlich inne habe u. s. w. ⁹¹⁰). Sogar andere Fürsten suchten diesen Familienzwist zu heben, denn auch der Markgraf Christoph zu Baden, Graf zu Spanheim, hatte im Februar 1477 die streitenden

---

908) Geben zu der Newenstatt am Montag nach Sant Paulustag Conversionis etc. 1476 ꝛc. Jaren. Lünig's Reichsarchiv von Grafen und Herren 57 Nr. XXXIX.

909) Der geben ist vff Montag nach dem Sonntag Resurrexit des Jors ꝛc. 1476 Jare.

910) Datum Heidelberg vff Samstag nach sant Johanstag decollacionis Anno dni M°. CCCC°. Septuagesimo sexto.

Theile vor sich nach Baden beschieden, allein es gelang ihm nur über einen Punkt eine Vereinigung zu Stande zu bringen, und zwar über die der Gräfin Elisabetha von Montfort durch Ludwig V. verschriebenen Reben bei Wangen, die Graf Jacob dem Gemahle derselben übergeben und ihm dazu noch 8 Fuder Wein liefern sollte; aber die Forderungen jener Gräfin hinsichtlich der Morgengabe und der fahrenden Habe blieben unentschieden und der Markgraf bemerkte darüber etwas empfindlich in seinem Entscheide wegen dieser Gegenstände: „haben wir sie of dißmal nit können betragen vnd „steend Jn Zuuersicht, Sie werden sich deßhalb baß bedencken, „Damit hernachmals verfenglicher dann Jetzunt dar Jnn „zwuschen Jne zu Richtung zu arbeiten sey", indessen sollten aber solche Ansprüche der Habernden „gutlich Ruwen" zwischen hier und dem künftigen Weihnachtsfeste [911]). Unser Junker Jacob erscheint von nun an nicht mehr in dieser Klagsache, sondern nur die Grafen von Hanau und Bitsch, als Erben Ludwig's V. zu Lichtenberg.

Die Unentschiedenheit der pfälzischen Räthe hatte zur Folge, daß sich Graf Hugo von Montfort mit seiner Klage an den Kaiser Friederich III. wendete, der auch die Parthieen vor sich heischen ließ; allein kaum hatte der pfälzer Kurfürst Philipp dies erfahren, so legte er bei demselben sogleich Verwahrung dagegen ein und bat ihn, weil der von Hanau und von Bitsch seine Räthe, Manne und Diener wären und er also ihrer mächtig sei, sie sich auch zu Recht vor ihm erboten hätten und durch die Verhandlungen vor dem kaiserlichen Gerichte in viele ohnnöthige Kosten gebracht würden, ihm auch überdieß die goldene Bulle, sowie andere allerhöchste Privilegien, diese Freiheit ausdrücklich zusprächen, er möge doch durch das Hof- oder Kammergericht kein Urtheil über

---

[911] Gegeben zu Baden of Mentag Sanct Mathis tag des Heiligen zwölffbotten Anno domnj 1477mo.

die Grafen ergehen laſſen, ſondern ſie an ihn und an ſeine Räthe zurückweiſen [912]); zugleich ſchrieb er auch an die Gräfin von Montfort, welche in die pfälziſche Vermittlung ſogleich einwilligte und die Klage bei dem Monarchen wieder zurück zu nehmen verſprach, was ihr eben abweſender Eheherr bei ſeiner Anheimkunft beſorgen werde [913]). Indeſſen hatten ſich, wie ein noch vorhandener Briefwechſel bezeugt, Hanau und Bitſch ebenfalls auf's entſchiedenſte mit einander verbunden, dieſe Irrung nur durch Kurpfalz beilegen zu laſſen, und nachdem auch der Graf Hugo hierin gewilligt hatte, ſo forderte der ſpeyerer Biſchof Matthias, in ſeinem und der übrigen kurpfälziſchen Statthalter und Räthe Namen, beide Theile zur Erklärung auf, ob ſie mit der Vermittlung des Pfalzgrafen zufrieden ſeien und ſich damit begnügen wollten, oder nicht [914]), worauf ſämmtliche Betheiligten ihre bejahende Erklärung abgaben [915]). Nach ſeiner Rückkehr lud ſie nun der Kurfürſt Philipp I. ein, am Montage vor Sanct Marien Magdalenen tag vor ſeinen Räthen in Heidelberg zu erſcheinen [916]), allein weil der Graf von Montfort um dieſe Zeit im Gefolge des Erzherzogs Maximilian abweſend ſein mußte und alſo die Verhandlungen an dem beſtimmten Tage nicht vorgenommen werden konnten, ſo ließ der Pfälzer dies die beiden anderen Grafen ſogleich wiſſen [917]). Dieſe Sache zog

---

912) Geben zu Heydelberg uff Sonntag Oculj Anno etc. LXX septimo.

913) Datum uff donrſtag nach dem ſondage ocli Anno etc. LXXVIIº.

914) Geben off mitwoch nach dem palmtag Anno etc. LXXVIIº.

915) Vom Grafen von Montfort: Geben off den heylgen karefrytag und vom Grafen Symon Wecker und dem von Hanau: Datum uff Samſtag noch ſpere vnd Crone tag Anno etc. LXXVIIº.

916) Datum Heydelberg vf mitwoch noch Johannis baptiste Anno etc. LXXVIIº.

917) Datum Heidelberg uff Samßtag nach kyliani Anno etc. LXXVIIº.

sich indessen noch gewaltig in die Länge und während der Zeit nahm auch der Pfalzgraf, im Februar 1478, unseren Herrn Jacob, seine Herrschaft und die Seinen in der Kurpfalz besonderen Schirm und Verspruch auf [918]), allein endlich war doch alles so weit gediehen, daß Kurfürst Philipp, im October des genannten Jahres, den betheiligten Grafen den zweiten December als den Tag bezeichnen konnte, an welchem über ihre Klage und Forderungen entschieden werden sollte [919]). Gegen Ende dieses Jahres erging auch ein Spruch der pfälzischen Räthe, des Hofmeisters Blicker Landschade, des Canzlers Dr. Thomas Dornberg und des Vicedoms zu Neustadt, Ritter Engelhart's von Niperg, zwischen dem Grafen Jacob zu Lichtenberg und dem Hanns von Massenbach genannt Teilacker, indem dieser jenen beschuldigt hatte, dessen Leute hätten in einer markgräflich badischen Fehde drei seiner Knechte gefangen genommen und sie 25 Wochen lang in Haft behalten, bis ihre Pferde und Harnische für Verköstigung verzehrt gewesen wären, und wodurch ihm großer Schaden und Nachtheil erwachsen sei, allein da die lichtenbergischen Anwälte im Gegentheil nachwiesen, diese Knechte wären als Feinde der Pfalz in jenes Dorf gekommen und hätten den Schultheißen gebeten, sie als Gefangene aufzunehmen, damit sie ja nicht in andere Hände gerathen möchten und weil nun der von Massenbach sich um dieselbe nicht bekümmert, auch den ihm angebotenen Weg Rechtens nicht ergriffen hätte, so seien denn durch die lange Haft jene Kosten entstanden, worauf die vorerwähnten Räthe das Urtheil fällten: „das Juncher Jacob Hansen von Massenbach genant „teylacker vmb bise sin forderung nit pflichtig sey" [920]).

---

[918]) Datum Heydelberg vff Dinstag nach dem Sontag Reminiscere Anno dni 1478mo.

[919]) Datum Heydelberg off sanct lucastage evangelisten Anno etc. LXXVIIIo.

[920]) Der geben ist vf dinstag nach Sandt thomastag Apostoli Anno domini 1478mo.

Entweder kam die vorhin besprochene pfälzische Vermittlung, für die schon ein besonderer Tag anberaumt war, zwischen den lichtenberger Erben und dem Grafen Hugo von Montfort nicht zu Stande und der Tag wurde gar nicht besucht, oder man konnte gar keine Vereinbarung erzielen, kurz es ward am kurpfälzischen Hofe nichts ausgemacht, daher die Parthien die Stadt Straßburg ersuchten, ihre Angelegenheit in die Hand zu nehmen und den Bemühungen der beiden Ritter, Hanns Rudolf von Endingen und Adam Zorn, sowie des Altammeisters Jacob Ammlung und Marx Kerling's, „die habent sich so flißlich vnd ernstlich in die Dinge geleit „vnd die gutlicheit so getrumelich zwuschent vns gesuchet vnd gearbeitet", gelang es zuletzt, im November 1479, eine allerseits befriedigende Lösung der so lange schon schwebenden Irrungen, durch folgende gütliche Vereinbarung herbeizuführen: von der, auf der Markgrafschaft Baden haftenden, jährlichen Rente von 500 Gulden, auf welche dem Heinrich Beger bereits 222 fl. verschrieben und angewiesen wären, sollte die Gräfin Elisabetha von Montfort den Rest mit 278 fl. lebenslänglich zu genießen haben, allein nach ihrem Hinscheiden falle diese Summe wieder an ihre Tochtermänner von Hanau und von Bitsch zurück; löse jedoch der Markgraf jene Summe ab, so müßten letztere dieselbe wieder anlegen und ihrer Schwiegermutter jedes Jahr die festgesetzten 278 fl. reichen und geben. Die Verschreibung Ludwig's V. über die Morgengabe jener Gräfin zu jährlich 1500 Goldfl. müsse unverbrüchlich gehalten werden, und nach des Grafen Jacob's Tode seien ihre beiden Eidame gehalten, ihr die Rückstände davon entweder baar zu entrichten, oder auf andere Einkünfte anzuweisen; die fahrende Habe sollte derselben, nach dem elsässer Landrechte, zu einem Drittheile zustehen, aber diejenige des Grafen Jacob falle nach dessen Ableben seinen Erben, oder seinen zwei Nichten und deren Ehegatten zu, und endlich wurde noch ausgemacht, wenn der Graf Hugo seine Gattin überlebe, so müsse er die von Hanau und von Bitsch zum ohngestörten Besitze des Schlosses und Fleckens Lichtenau, nebst sämmtlichen Zuständigkeiten, kommen lassen, mit Ausnahme der vorbemerkten fahrenden Habe und der Morgengabe, was aber zur Wehre und Vertheidigung jenes Schlosses gehöre, das bleibe mit demselben verbunden, allein was er und seine Gemahlin dahin gebracht hätten, das dürfe ihm nicht vorenthalten werden; übrigens sollte diese Uebereinkunft den Gerechtsamen, Briefen und Verschreibungen der Stadt Straßburg über Lichtenau „vnuergriffen vnd vnschedelich sin" und damit sollten auch von nun an, alle bisherigen Irrungen und Spänne gänzlich und gar geschlichtet, sowie sämmtliche, seither ergangenen, Gerichtshändel, Urtheile, Sprüche u. s. w. tod und ab sein [921]).

So hatte also Graf Jacob zu Lichtenberg die Beilegung dieser langjährigen Zerwürfnisse noch erlebt, und von ihm selbst finden wir aus dem letzten Jahre seines Wirkens nur noch folgende zwei Nachrichten, nämlich dessen Bürgschaft bei dem Markgrafen Christoph von Baden für den Bischof Georg zu Metz, wegen eines entliehenen Capitals von 2000 fl. [922]), und einige Wochen nachher belehnte er den Hanns von Flersheim, Monsheimer geheißen, mit dem Dorfe Schweigen bei Hornbach [923]). Am 5. Januar des Jahres 1480, des Nachts zwischen 9 und 10 Uhr, endete derselbe sein irdisches Dasein zu Ingweiler, als der letzte männliche Sprosse des alten und angesehenen lichtenberger Stammes; seinem letzten Willen gemäß fanden seine Gebeine ihre Ruhestätte in der Jacobskirche des in geringer Entfernung von der Stammburg Lichtenberg gelegenen Dörfchens Reipertsweiler, die er zwei

---

921) Geben vff sant Martinsobent des heiligen Bischoffs Als man zalte ꝛc. 1479 Jore.

922) Gegeben zu wich an Sant Johannesabent des Heiligen tauffers Ime Jare ꝛc. 1479 Jor.

923) Der geben ist vff Sonntag nach sannt Ulrichstag In dem Jare ꝛc. 1479 Jare.

Jahre zuvor aus eigenen Mitteln erbauet, oder eigentlich nur erweitert und seinem Namens= und Schutzheiligen gewidmet hatte. Ueber seiner Gruft, in welche, nach damaligem Brauche und zum Zeichen des erloschenen Geschlechtes, zugleich der auf seinem Sarge liegende, aber zerbrochene lichtenberger Wappenschild mit eingesenkt ward, ließen ihm seine Erben, die Eheherren seiner beiden Nichten, die Grafen Philipp I. von Hanau und Simon Wecker IV. von Zweibrücken=Bitsch, später ein schönes Denkmal errichten ⁹²⁴).

Die Inschrift auf diesem Monumente bezeichnet den 12. Januar als den Todestag des Grafen Jacob und wir haben aber oben den 5. desselben Monats angegeben, was auch richtig und zuverlässig ist; denn ein Beamter des Verstorbenen, Friederich von Kirschpach, sein Leibdiener Hanns Kips und sein Secretair, Jacob der Schriber, fertigten noch in der Sterbenacht einen Boten an den hanauer Grafen Philipp, mit einem (noch im Originale vorhandenen) Schreiben ab, in welchem sie denselben benachrichtigten: „das der wolgepern „Jungher Jacob Graue zu Liechtenberg ꝛc. mit gutter ver=„nunfft von dießer welt off hinnacht zwuschen nune vnd zehen „verscheiden ist" ⁹²⁵). Die davon abweichende Angabe auf dem Grabstein rührt daher, weil ein anderer, durch den

---

924) Von demselben ist keine Spur mehr vorhanden, aber ein hanauischer Beamter, der es 1685 noch sah, beschreibt es folgendermaßen: „diß Epitaph besteht in einem erhabenen schönen, auff Löwen „ruhenden stein, darauff dieser graff in Lebensgröß, mit einem langen „Thalar angethon, auffs sauberste außgehauen liegt, findet sich in der „Kirchen zu Reipertsweiler vorm Altar." Dasselbe hatte folgende Umschrift: ANNO. DNI. M. CCCC. LXXX. DUODECIMA. DIE. IANUARIJ. MENSIS. OBIIT. GENEROSUS. DOMINUS. DOMICELLUS. IACOBUS. COMES. IN. LIECHTENBERGA. MARSCHALKUS. etc. ET. ADVOCATUS. SUPERIOR. IN. ARGENTINA. CUJUS. ANIMA. REQUIESCAT. IN. PACE.

925) Datum off („mitwoch" ist durchstrichen, denn der heiligen drey Könige Tag fiel auf den Donnerstag) der heilige dry kuninge nacht Anno etc. LXXXº.

straßburger Bischof Albrecht bestochener, Kämmerling des Grafen, Jacob Bermann, dessen Absterben mehrere Tage lang (aber nicht vier ganzer Wochen lang, wie Bernhart Herzog angiebt, was ja auch eine Ohnmöglichkeit gewesen wäre [926])) verheimlichte, bis jener Prälat das Schloß Willstätten, das vorzüglichste Stück unter den den Lichtenbergern durch das Hochstift gereichten Lehen, erobert und sich in den Besitz dieses Amtes gesetzt hatte, daher man, nachdem dies geschehen war, später den 12. Januar als Todestag angab. Wir erinnern uns nämlich aus dem J. 1468, wie der Graf Jacob aus Widerwillen und Abneigung gegen seinen Bruder Ludwig V., mit der Einwilligung und auf Anstiften des Bischofs Ruprecht, den Grafen von Sulz die Anwartschaft auf die bischöflichen Lehen des lichtenberger Hauses verschrieben hatte, was er aber durch spätere, von dem pfälzer Kurfürsten verbürgte, Verträge wieder zurückgenommen hatte, „welches Bischoff Ruprechten (damals 1470) hoch verschmachte". Dessen Nachfolger, Albrecht, wollte jedoch die durch seinen Vorgänger erwirkten Vortheile nicht ganz dahin schwinden lassen, sondern wenigstens einigermaßen Früchte aus den Bemühungen desselben ziehen, welchen Zweck er auch erreichte, denn die beiden lichtenberger Erben, Hanau und Bitsch, rüsteten sich wohl mit großer Heeresmacht, um jenem Prälaten Willstätten wieder zu entreißen, was denselben auch zuverlässig gelungen wäre, allein da ihnen die, durch Jacob's Absterben wirklich erledigten ansehnlichen hochstiftischen Lehen, nach solchen Vorgängen gar leicht durch den Bischof streitig gemacht, oder wohl gar entzogen und anderen hätten übertragen werden können, so wählten sie, auf das Anrathen ihrer Freunde, statt der Waffen, den Weg der Güte und schlossen mit letzterem, der es auch seinerseits mit den lichtenbergischen Erben, als den mächtigsten Herren des unteren

---

926) Chronicon Alsatiae V, 35.

Elsasses und den gewaltigsten Verbündeten der Stadt Straßburg, nicht verderben wollte, eine friedliche Uebereinkunft ab, vermöge deren sie ihm 8000 Goldfl. erlegen sollten, dahingegen er Willstätten räumen und den Grafen die althergebrachten bischöflichen Lehen wieder ertheilen mußte [927]).

Das kinderlose Hinscheiden des letzten männlichen Gliedes des lichtenberger Hauses nahm zugleich die Aufmerksamkeit der Grafen von Leiningen-Hartenburg, wegen der dem Grafen Schafried, der unterdessen den Weg alles Fleisches gewandelt war, durch die Lichtenberger mit Gewalt und Unrecht entrissenen väterlichen Erbtheile, in sehr hohem Grade in Anspruch, daher Emich VII., auf die erste Nachricht davon, sogleich seine zwei Brüder, Philipp und Diether, in's Elsaß sandte, die ihm aber berichteten, die Grafen von Hanau und von Bitsch hätten die ganze Herrschaft Lichtenberg, bis auf Willstätten, das sich der Bischof aus Straßburg gewaltthätig zugeeignet, in Besitz und überall die Huldigung eingenommen, daher sie ihm den Rath gäben, von denselben die Stadt Brumat wieder zurückzufordern, was ihm, als nunmehr erledigtes und heimgefallenes mainzer Lehen, sowie auch wegen seiner früheren rechtlichen Erbansprüche darauf nicht versagt werden könne [928]). Der Leininger that wohl wiederholte Schritte, um zu seinem Rechte zu gelangen, allein die lichtenberger Erben wollten sich durchaus zu nichts verstehen, worüber sich jener, in einem weitläufigen Schreiben an den heiligen Vater, in welchem er demselben nochmals den geschichtlichen Hergang der durch die Lichtenberger an seiner Familie begangenen Ungerechtigkeiten und Beeinträchtigungen vor Augen führte, bitter beschwerte und ihn zugleich um seinen Beistand anflehte, um den, in dieser

---

927) Chronicon Alsatiae V, 35 u. 36. Strobel's elsässer Geschichte III, 417 und 418, sowie aus handschriftlichen Nachrichten.

928) Geben zu Strasbvrg vff Sondag sant anthonigen abent Anno etc. LXXX. Aus dem fürstlich leiningischen Archive.

Sache früher erlassenen, kaiserlichen Mandaten Kraft und Vollzug zu verschaffen ⁹²⁹), allein es erfolgte nichts darauf und dies ist überhaupt die letzte Klagstimme über jene unheilvolle Begebenheit.

Bereits in seinem zehnten Jahre, 1426, ward Jacob, unter der Mitwirkung des Bischofs Wilhelm von Straßburg, mit Walpurg, der ältesten Tochter des Grafen Friederich von Mörs-Saarwerden, verlobt und nach Verlauf von drei Jahren sollte die Ehe, nach der durch jenen Prälaten vermittelten Beredung, vollzogen werden; dem Bräutchen ward eine Mitgift von 6000, an dem Wechsel oder an der Münze zu Speyer in Jahresfrist auszurichtenden, Goldgulden bestimmt, wogegen Jacob's Vater ihr eine gleiche Summe als Witthum auf das Amt Willstätten verschreiben müsse, damit der künftigen Gemahlin von diesem Gesammtcapital eine jährliche Witthumsrente von 1000 Goldgulden gesichert werde. Ueberlebe Junker Jacob seinen Vater Ludemann IV., so solle er so viel von dessen Herrschaft erhalten und erben, als nach den Landesrechten dem ältesten Sohne gebühre, und eben dies sollte auch bei Gräfin Walpurg der Fall sein, wenn ihr Vater Friederich ohne männliche Nachkommen aus der Welt scheiden würde. Sterbe eines der Verlobten vor vollzogenem Beilager, so solle dann, und zwar mit derselben Ehesteuer von beiden Seiten, dem einen oder dem anderen, der folgende älteste Sohn, oder die weitere älteste Tochter zur Ehe gegeben werden, stürben aber beide vor der Hochzeit, so sei diese Uebereinkunft als aufgelöset und als ungültig zu betrachten ⁹³⁰). Da die verlobten Kinder noch im vierten Grade der Blutsfreundschaft mit einander standen, so besorgte der

---

929) Datum Hartenburg Kald. April. Anno dni 1480mo. Eben daher.

930) Der geben ist zu Zabern des nehsten zinstags nach dem Heiligen osterbage, Des Jors 2c. 1426 Jare.

straßburger Oberhirte auch zugleich die erforderliche kirchliche Dispens vom heiligen Stuhle [931]).

Allem Vermuthen nach wurde diese Vermählung zur festgesetzten Zeit, auf Johannis des Täufers Tag 1429, wirklich vollzogen, denn der Graf Friederich von Mörs übergab, zwei Jahre später, seinem lieben Eidame Jacob zu Lichtenberg und seinen Erben, aus „sunderer fruntschafft vnd gutem „willen, die wir zu im haben", die Hälfte seines Theils an dem Schlosse Greifenstein mit allen Zubehörungen, um sich dessen, gleich den übrigen Gemeinern und dem Burgfrieden gemäß, zu bedienen [932]). Diese Verbindung blieb, wie wir bereits mehrmals angedeutet haben, kinderlos, auch wurde Walpurga frühzeitig (vor 1450) vom Tode überrascht, worauf dann ihr Gemahl auf die oben geschilderten Abwege gerieth, die ihm so manche Schmach zuzogen und ihm zugleich so viele Unannehmlichkeiten bereiteten.

---

[931]) Datum Rome apud sanctum petrum Non. Maij. Pont. dni Martini ppe V Anno Nono.

[932]) Der geben ist vff Mittwoch nehst vor sant vits vnd mobesten dage, Des Jors ꝛc. 1431 Jor.

Uebersicht und Inhalt.

Urkundliche Geschichte der Grafschaft Hanau-Lichtenberg.

Einleitendes Vorwort, Seite V.

A. Erster Theil.

Geschichte der Dynasten von Lichtenberg bis zum Aussterben ihres Geschlechtes im J. 1480.

(Siehe Stammtafel Nr. 1.)

Abschnitt I.

Aelteste Geschichte bis zur Trennung des lichtenberger Stammes in zwei Aeste, oder bis zum J. 1252. Seite 13.

Abschnitt II.

Die ältere oder Heinrich'sche, Linie bis zu ihrem Erlöschen; vom J. 1252 bis 1390.

1) Heinrich II. Seite 27.
2) Konrad I. Seite 32.
3) Hanemann II. Seite 37.
4) Heinrich III. oder der Aeltere Seite 60.
5) Konrad II. Seite 69.

Abschnitt III.

Die jüngere, oder Ludwig'sche, Linie der Herren von Lichtenberg, bis zum Aussterben des älteren Hauptzweiges derselben, vom J. 1252 bis zum J. 1405.

1) Ludwig II. Seite 76.
2) Johannes I. oder der Aeltere Seite 78.
3) Johannes III. oder der Jüngere Seite 88.
4) Symon oder Symunt Seite 102.
5) Johannes IV. Seite 147.

Abschnitt IV.

Die Schicksale des jüngeren Zweiges der ludwig'schen Linie der Herren von Lichtenberg, bis zum Erlöschen des ganzen Stammes, vom J. 1335 bis zum J. 1480.

1) Ludemann III. von Lichtenau Seite 169.
2) Heinrich IV. oder der Jüngere Seite 180.
3) Ludwig oder Ludemann IV. Seite 194.
4) Jacob und Ludwig V. bis zur vollzogenen Theilung. 1440. Seite 232.
5) Jacob und Ludwig V. bis zur Beendigung des leiningischen Krieges 1463. Seite 256.
6) Beschluß der lichtenbergischen Geschichte bis zum Aussterben des Stammes, 1480. Seite 327.

www.ingramcontent.com/pod-product-compliance
Lightning Source LLC
Chambersburg PA
CBHW032045220426
43664CB00008B/865